Édouard BLED
Directeur honoraire de collège à Paris

Odette BLED
Institutrice honoraire à Paris

Lauréats de l'Académie française

BLED

4e / 3e

ORTHOGRAPHE
CONJUGAISON
VOCABULAIRE
MÉMENTO GRAMMATICAL

Nouvelle édition 2012
dirigée par Daniel Berlion
Inspecteur d'académie honoraire
avec la collaboration d'Anne-Laure Chat
Certifiée de Lettres modernes
Collège Pablo-Picasso, Champs-sur-Marne

hachette
ÉDUCATION

En 1990, une série de rectifications orthographiques a été rédigée par un comité d'experts (professeurs, linguistes, éditeurs de dictionnaires...). Ce texte a été adopté par le Conseil supérieur de la langue française et d'autres institutions de la francophonie (au Québec, en Belgique...) et approuvé par l'Académie française.
Cette « réforme » a pour but de réduire certaines anomalies et incohérences orthographiques pour faciliter l'apprentissage (et l'enseignement) du français. Elle concerne quelque 2 000 mots.
L'emploi de la nouvelle orthographe n'est pas imposé.
Dans l'enseignement, aucune des deux graphies (ancienne ou nouvelle) ne peut être tenue pour fautive.

Les exercices sont classés en trois niveaux de difficulté :

* Facile **Moyen ***Difficile

Il est toujours indispensable, en cas de doute, de vérifier l'orthographe des mots dans un dictionnaire.

Création de la maquette d'intérieur et de couverture : Adeline Goyet
Mise en page : Médiamax

Pour Hachette Éducation, le principe est d'utiliser des papiers composés de fibres naturelles, renouvelables, recyclables, fabriquées à partir de bois issus de forêts qui adoptent un système d'aménagement durable.
En outre, Hachette Éducation attend de ses fournisseurs de papier qu'ils s'inscrivent dans une démarche de certification environnementale reconnue.

ISBN : 978-2-01-125654-6

43, quai de Grenelle, 75905 Paris cedex 15

www.hachette-education.com

Avant-propos

L'apprentissage de l'orthographe exige des efforts patients, persévérants et ordonnés. C'est cette démarche qu'adoptèrent Mme et M. Bled dans tous leurs ouvrages ; nous avons tenu à conserver cette ligne de conduite qui a assuré le succès de la collection. La rigueur, l'exhaustivité, la clarté de la présentation, la formidable somme d'exercices (656 exactement pour cet ouvrage) que l'élève doit aborder avec méthode et détermination, tous les utilisateurs du Bled retrouveront ces qualités qui structurent un enseignement difficile pour le professeur et un apprentissage laborieux pour l'élève.
Alors pourquoi une refonte, puisque la permanence de ces valeurs n'échappe à personne ?

Depuis la date de la première édition – 1946 – les conditions d'enseignement ont changé, la didactique orthographique a mis en évidence certains faits qui permettent de mieux soutenir les progrès de l'élève. Nous avons ciblé les notions et difficultés qui figurent dans les programmes, même si des extensions sont proposées car, sur de nombreux points, certains élèves sont capables de poursuivre leurs apprentissages à partir des bases qui leur sont données.
En somme, nous avons voulu offrir à l'élève le plus en difficulté un ouvrage qui lui permette de reprendre confiance, et, à l'élève le plus avancé dans ses apprentissages, une possibilité de perfectionner son orthographe jusqu'à l'excellence

Nous avons également actualisé le vocabulaire, pour placer l'élève devant des situations qu'il rencontre quotidiennement : la télévision, Internet, la vidéo, le sport, les moyens de transport, les modes alimentaires, les avancées technologiques, les loisirs, les voyages, bref, tous les centres d'intérêt d'un adolescent d'aujourd'hui servent de support aux exemples et exercices.

Au-delà des notions orthographiques traditionnellement abordées (une large place est réservée aux formes homophones, sources de nombreuses erreurs), nous proposons un **mémento grammatical** accompagné d'exercices qui permettront aux élèves de s'approprier les notions grammaticales indispensables pour écrire correctement. Ils seront conduits à identifier la nature et la fonction des mots, pour qu'ils puissent appliquer les règles qui président aux différents accords de la phrase.

L'étude de la conjugaison a une grande importance, parce que le verbe est le mot essentiel de la proposition. L'élève doit se familiariser avec ses formes multiples, tant pour acquérir une bonne orthographe que pour construire des phrases correctes. Tous les temps figurant aux programmes des classes de 4e et 3e sont étudiés pour les verbes d'usage courant, même s'ils présentent des formes irrégulières.

Enfin, nous avons réservé quelques leçons au vocabulaire, afin que les élèves découvrent les règles de formation des mots et les différents problèmes que pose leur emploi adéquat des mots, selon les situations d'écriture.

Pour permettre un usage aussi flexible que possible de l'ouvrage, toutes les leçons se présentent sous une forme identique. Chaque règle expose les éléments à retenir pour une mise en œuvre immédiate dans les exercices de difficulté croissante, qui gagneront à être copiés en totalité.

À travers l'apprentissage de l'orthographe, c'est en fait la maîtrise de la langue que nous visons ; si l'élève est à l'école de la rigueur et de la correction, il (elle) automatisera progressivement son orthographe et sera ainsi plus attentif(ve) à tous les problèmes que pose une expression personnelle, puisque c'est évidemment l'objectif ultime : **mettre l'orthographe au service de l'expression de chacun**.

Daniel Berlion

Sommaire

Alphabet phonétique 8

Orthographe lexicale 9

Des signes orthographiques

1 Les accents – Le tréma 10-11
2 L'apostrophe – Les liaisons – Le trait d'union 12-13

L'écriture des sons

3 Les majuscules – Les abréviations – Les sigles – Les symboles 14-15
4 Les écritures des sons [s] et [z] 16-17
5 Les écritures des sons [ɑ̃] et [ɛ̃] 18-19
6 Les écritures du son [j] 20-21
7 Les écritures des sons [g] et [ʒ] 22-23
8 Les écritures des sons [k] et [f] 24-25

L'écriture des mots

9 Les consonnes doubles 26-27
10 Les consonnes doubles après la voyelle initiale « a » 28-29
11 Les noms terminés par les sons [i] et [y] 30-31
12 Les noms terminés par le son [o] 32-33
13 Les noms terminés par le son [ɛ] 34-35
14 Les noms terminés par le son [e] 36-37
15 Les noms terminés par les sons [u] et [wa] 38-39
16 Les noms terminés par le son [ɑ̃s] 40-41
17 Les noms terminés par le son [sjɔ̃] 42-43
18 Les mots terminés par les sons [sjɛl], [sjɛ̃], [sjal], [sjø] 44-45
19 Les noms terminés par les sons [œʀ] et [waʀ] 46-47
20 Les noms terminés par les sons [l] et [ʀ] 48-49
21 La lettre « h » 50-51
22 Les lettres muettes 52-53
23 La lettre « x » 54-55

Révisions 56-62

Orthographe grammaticale 63

La ponctuation

24 Les points – Les virgules – Les points-virgules 64-65
25 Les deux points – Les guillemets – Les tirets – Les parenthèses 66-67

Le nom

26 Le genre des noms 68-69
27 Le pluriel des noms 70-71
28 Le pluriel des noms propres et des noms d'origine étrangère .. 72-73
29 Le pluriel des noms composés 74-75

Accords dans le groupe nominal

30 Le féminin des adjectifs qualificatifs 76-77
31 Le pluriel des adjectifs qualificatifs 78-79
32 Les déterminants numéraux 80-81

Le verbe

33 L'accord du verbe 82-83
34 L'accord du verbe (cas particuliers)
(y compris forme impersonnelle) 84-85
35 L'accord du verbe (cas particuliers) 86-87

Le participe passé

36 Le participe passé employé avec l'auxiliaire « être » 88-89
37 Le participe passé employé avec l'auxiliaire « avoir »
(y compris suivi d'un infinitif) 90-91
38 Le participe passé des verbes pronominaux 92-93

Des confusions à éviter

39 Participe passé en *-é* ; infinitif en *-er* ; terminaison en *-ez* 94-95
40 Participes passés ou verbes conjugués ?
(y compris dû / du et crû / cru) 96-97
41 eus – eut – eût – eu / fus – fut – fût 98-99
42 Le participe présent et l'adjectif verbal 100-101

Homophones

43 es – est – et / ai – aie – aies – ait – aient 102-103
44 sont – son / se (s') – ce (c') – ceux 104-105
45 ses – ces / c'est – s'est / sais – sait 106-107
46 ont – on – on n' 108-109
47 c'est – ce sont / soi – soit – sois – soient 110-111
48 ou – où / si – s'y / ni – n'y 112-113
49 ma – m'a – m'as / ta – t'a / ton – t'ont 114-115
50 sans – s'en – sent – sens / même – mêmes 116-117
51 quel(s) – quelle(s) – qu'elle(s) 118-119
52 quelque(s) – quel(s) que – quelle(s) que 120-121
53 la – là – l'a – l'as / sa – ça – çà 122-123
54 peu – peut – peux / prêt(s) – près 124-125
55 tout – tous – toute – toutes 126-127
56 quoi que – quoique / pour quoi – pourquoi /
parce que – par ce que 128-129
57 quand – quant – qu'en / dans – d'en 130-131

58 leur(s) – leur 132-133
59 plutôt – plus tôt / tant – t'en – tend(s) – temps / demi – nu .. 134-135

Révisions 136-146

Conjugaison 147

Le verbe

60 Les verbes : infinitifs – groupes – temps – modes – personnes 148-149

L'indicatif

61 Le présent de l'indicatif : *avoir* – *être* – 1er groupe 150-151
62 Le présent de l'indicatif : 2e et 3e groupes 152-153
63 Le présent de l'indicatif : verbes irréguliers 154-155
64 L'imparfait de l'indicatif : 1er, 2e et 3e groupes 156-157
65 L'imparfait de l'indicatif : avoir – être – verbes irréguliers 158-159
66 Le futur simple : *avoir* – *être* – 1er et 2e groupes 160-161
67 Le futur simple : 3e groupe – verbes irréguliers 162-163
68 Le passé simple : *avoir* – *être* – 1er groupe 164-165
69 Le passé simple : 2e et 3e groupes en « -i » 166-167
70 Le passé simple : 3e groupe en « -u » et « -in » 168-169
71 Les temps composés de l'indicatif 170-171

Le conditionnel

72 Le présent du conditionnel 172-173
73 Le présent du conditionnel : verbes irréguliers 174-175
74 Les temps composés du conditionnel 176-177

Le subjonctif

75 Le présent du subjonctif 178-179
76 Le présent du subjonctif : verbes irréguliers 180-181
77 L'imparfait du subjonctif 182-183
78 Les temps composés du subjonctif 184-185

L'impératif

79 Le présent de l'impératif 186-187

80 Particularités des verbes en -yer, en -eler et en -eter 188-189
81 Particularités des verbes en -cer, en -ger, en -guer et en –quer 190-191
82 Particularités des verbes comme *peser* et *régler* 192-193

Révisions 194-200

Vocabulaire 201

83 La formation des mots : les préfixes 202-203
84 La formation des mots : les suffixes 204-205

85 Les familles de mots *régulières et irrégulières* 206-207
86 Les synonymes – Les antonymes – Les hyperonymes 208-209
87 Les homonymes lexicaux 210-211
88 Les paronymes – Les barbarismes – Les pléonasmes 212-213
89 L'origine des mots 214-215

Révisions 216-218

Mémento grammatical

Mémento grammatical 219
90 Les types et les formes de phrase 220-221
91 Les propositions indépendantes, juxtaposées, coordonnées, subordonnées 222-223
92 Les propositions subordonnées relatives 224-225
93 Les propositions subordonnées complétives 226-227
94 Les propositions infinitives et participiales 228-229
95 Les compléments d'objet – *Le complément d'objet second* 230-231
96 L'attribut du sujet et du complément d'objet 232-233
97 Les compléments circonstanciels : temps – lieu – manière – moyen 234-235
98 Les compléments circonstanciels : cause – conséquence – but – opposition 236-237
99 Les compléments circonstanciels : condition – concession – comparaison 238-239
100 Les expansions du nom *(y compris le complément du nom)* 240-241
101 Le groupe adjectival – Les degrés de l'adjectif 242-243
102 Les déterminants et les pronoms indéfinis *(y compris « nul »)* 244-245
103 Les adverbes *(y compris les adverbes en « -ment »)* 246-247
104 Voix active – Voix passive 248-249
105 L'emploi du subjonctif 250-251
106 Natures et fonctions *(y compris interjections et onomatopées)* 252-253

Révisions 254-257

Annexes

Classes grammaticales 258-259
Fonctions grammaticales 260-261
Tableaux de conjugaison 262-267
Mots invariables qui doivent être connus parfaitement 268
Index 269-272

ALPHABET PHONÉTIQUE

12 voyelles			
[a]	**a**mi ; m**a**t	[ɔ]	s**o**rt ; d**o**nner
[ɑ]	m**â**t ; b**a**s	[ø]	bl**eu** ; n**œu**d
[e]	caf**é** ; parl**er**	[œ]	b**eu**rre ; **œu**f
[ɛ]	m**è**re ; b**e**lle ; f**ê**te	[ə]	ch**e**min ; r**e**voir
[i]	**i**c**i** ; pl**i**	[u]	f**ou** ; g**oû**t
[o]	s**o**t ; **eau** ; r**ô**le	[y]	**u**ser ; m**û**r

4 voyelles nasales			
[ɑ̃]	bl**an**c ; v**en**dre	[œ̃]	br**un** ; parf**um**
[ɛ̃]	f**in** ; pl**ein** ; p**ain**	[ɔ̃]	m**on**de ; s**om**bre

3 semi-consonnes (ou semi-voyelles)			
[j]	**y**aourt ; ra**il** ; r**i**en	[ɥ]	n**u**it ; l**u**i ; h**u**ile
[w]	**ou**i ; r**ou**age		

17 consonnes			
[b]	**b**ar**b**e ; ta**b**le	[r]	**r**a**r**e ; pou**r**
[k]	**c**ave ; mar**qu**er ; s**k**i	[s]	**s**ur ; tra**c**e ; le**ç**on
[d]	**d**ur ; su**d**	[t]	**t**ous ; re**t**ard
[f]	**f**eu ; **ph**oto	[v]	**v**i**v**re ; **w**agon
[g]	**g**ant : va**gu**e	[z]	ro**s**e ; **z**éro
[l]	**l**une ; rou**l**er ; vi**ll**e	[ʃ]	**ch**at ; ri**ch**e
[m]	**m**ain ; per**m**is	[ʒ]	**j**eton ; man**g**er
[n]	**n**avire ; fari**n**e	[ɲ]	vi**gn**e ; a**gn**eau
[p]	**p**oule ; ta**p**er		

ORTHOGRAPHE LEXICALE

1 LES ACCENTS – LE TRÉMA

1 Lorsqu'on écrit, on utilise des lettres pour composer les mots, mais également des signes qui facilitent la lecture et donc la compréhension du message.

2 **L'accent aigu** se place sur la lettre « **e** », prononcée **[e]**.
Le détective prétend découvrir la vérité en réfléchissant peu.

3 **L'accent grave** se place souvent sur la lettre « **e** » prononcée **[ɛ]**.
Quand il a de la fièvre, mon père achète des remèdes.
On place parfois un accent grave sur les lettres « **a** » et « **u** » pour différencier deux homonymes.
Sur une route où il y a des virages dangereux, on roule à vitesse réduite ou on adopte une conduite prudente.

4 **L'accent circonflexe** se place sur la lettre « **e** » prononcée **[ɛ]**.
Il ne faut pas rêver ; on n'obtient pas facilement un prêt sans intérêt.
L'accent circonflexe peut être placé sur les autres voyelles, sauf « **y** ».
Pour quelques temps, on place également des **accents circonflexes** sur certaines terminaisons verbales.
Nous arrivâmes à l'heure. – Bien qu'il eût raison, il n'insista pas.

5 **Le tréma**, placé sur la lettre « **i** », indique que l'on doit prononcer séparément ce « **i** » et la voyelle qui le précède immédiatement.
Ces mosaïques ont été réalisées avec des carreaux de faïence.
Le tréma est parfois placé sur la lettre « **e** ».
un canoë – Noël – exiguë – la ciguë – Israël

POUR ALLER PLUS LOIN

• Lorsqu'une consonne est doublée, il n'y a **jamais d'accent** sur la voyelle qui la précède. Inversement, une consonne n'est pas doublée après une voyelle accentuée.
mettre – un mètre *une malle – un mâle* *derrière*
Exception : un châssis (et les mots de la même famille : enchâsser ; une châsse).

1 Copiez les mots en complétant, si nécessaire, avec des accents. ★★

1 l'intestin
2 detruire
3 un systeme
4 un proces
5 du nougat
6 un diese
7 la seance
8 une echappee
9 irreel
10 un bemol
11 inquiet
12 une etagere
13 des degats
14 une baguette
15 une piece
16 un verrou
17 une fleche
18 une boite
19 des guepes
20 un chateau
21 une peche
22 il boite
23 des guetres
24 un gateau

2 **Copiez ces expressions en plaçant, si nécessaire, des accents circonflexes.**

★★

1 calculer la cote d'une moto d'occasion **2** jeuner pendant une semaine **3** évoluer avec la grace d'une danseuse **4** ne pas entrer dans la zone interdite **5** s'installer à flanc de coteau **6** prendre son déjeuner au lit **7** effectuer un mouvement gracieux **8** déguster un cone glacé à la vanille

3 **Copiez les phrases en plaçant les accents graves ou aigus oubliés.**

★★

1 L'adoption du systeme metrique a considerablement simplifie les calculs ; pourquoi certains pays ont-ils conserve leurs anciennes mesures ? **2** Pour proteger les pierres des intemperies, les maçons crepissent la façade de cet edifice plus que centenaire. **3** Lors d'une ceremonie emouvante, le jeune chevalier faisait allegeance a son suzerain. **4** La vesicule biliaire secrete un liquide qui facilite la digestion des aliments. **5** Le principal du college presente le reglement scolaire aux eleves qui entrent en sixieme. **6** Au dix-neuvieme siecle, les mineurs de fond se mettaient parfois en greve pour echapper a la misere. **7** On dit que le roi Saint Louis plaçait son trone sous un chene pour rendre la justice ; mais il s'agit probablement d'une legende.

4 **Copiez les phrases en plaçant les accents et les trémas oubliés.**

★★★

1 La date de la fete de Paques chretienne est determinee selon le calendrier lunaire, assez different du calendrier habituellement utilise ; elle n'est donc pas fixe. **2** La solidite des cables des telepheriques est controlee avec le plus grand soin au debut de chaque saison hivernale. **3** Une algue mysterieuse s'attaque aux huitres du bassin d'Arcachon ; le prejudice est enorme pour les ostreiculteurs. **4** Il y a bien longtemps que les chevaux ne tirent plus les peniches sur le chemin de halage du canal du Centre ; les pecheurs ont pris leur place ! **5** Quelles que soient les circonstances, les comportements egoistes et racistes sont haissables. **6** Si vous regardez l'avant d'un bateau, babord est-il a droite ou a gauche ?

5 **Copiez les phrases en plaçant les accents et les trémas oubliés.**

★★★

1 La grele a ravage les champs de mais ; de nombreux epis sont abimes et la recolte sera peu abondante. **2** Arbres miniaturises par des tailles particulieres, les bonsais sont de veritables œuvres esthetiques : les Japonais maitrisent parfaitement cet art. **3** Par une coincidence inouie, monsieur Grisoni a rencontre un ancien camarade de lycee lors d'un sejour aux iles Baleares. **4** La fievre typhoide survient lorsque les regles d'hygiene ne sont pas respectees ; heureusement, il existe un vaccin qui peut etre administre aux personnes se rendant dans les regions a risque. **5** Il parait que la chair du caiman est assez savoureuse ; c'est du moins ce que disent les Indiens d'Amazonie qui la trouvent a leur gout. **6** Bob Marley, considere comme le maitre de la musique jamaicaine, l'a fait connaitre au monde entier.

VOCABULAIRE

› l'orfèvrerie › espiègle › la manière › un hémisphère › la carrière › un poème › une poêle › un hêtre › la mêlée › la trêve › la crête › extrême › frêle › s'arrêter › le crâne › une châtaigne › une gâchette › un châtiment › saumâtre › se relâcher

2 L'apostrophe – Les liaisons – Le trait d'union

1 **L'apostrophe** se place en haut et à droite d'une lettre pour marquer l'élision de « **a** », « **e** » ou « **i** » devant un mot commençant par une voyelle ou un « **h** » muet.

Lorsqu'il pleut, je m'abrite dans l'encadrement du portail.

2 À l'oral, on prononce souvent la dernière consonne d'un mot avec la première voyelle du mot suivant ; c'est **une liaison**.

*un bon (**n**)outil – Il est (**t**)arrivé. – une rue trop (**p**)étroite*

La liaison avec un mot terminé par « **s** » ou « **x** » se prononce **[z]**.

*les (**z**)animaux – deux (**z**)ans*

La liaison avec un mot terminé par « **d** » se prononce **[t]**.

*du grand (**t**)art – Quand (**t**)il fait froid, on se réchauffe.*

3 **Le trait d'union** sert à lier plusieurs mots. On le place :

– entre les éléments de nombreux mots composés

un arrière-goût – aigre-doux – des hommes-grenouilles

– à la forme interrogative lorsque le pronom sujet suit le verbe

Avez-vous votre tenue de sport ?

– entre le verbe à l'impératif et le(s) pronom(s) personnel(s)

assieds-toi – allez-vous-en – donne-le-moi

– dans les déterminants numéraux inférieurs à cent

trente-deux – quatre-vingt-dix-neuf

– devant les particules « ci » et « là » renforçant un pronom démonstratif

cette voiture-ci – ce jour-là – ceux-ci – celui-là

– dans certaines locutions adverbiales ou expressions

avant-hier – pêle-mêle – ci-joint – là-haut – jusque-là

POUR ALLER PLUS LOIN

• La liaison ne se fait jamais après la conjonction « et », ainsi qu'après un nom terminé par une consonne muette.

6 **Copiez les phrases en plaçant correctement les apostrophes et en marquant les liaisons.**

*

1 Le pétrolier se est échoué à la extrémité de la jetée ; un remorqueur se approche pour essayer de le dégager. **2** La élection des délégués de classe se est effectuée à la issue du cours de français ; Francine et Damien ont été élus. **3** Après une heure de course, les coureurs de fond doivent boire et se alimenter, sinon ils peuvent être victimes de crampes ; le abandon sera alors inéluctable. **4** Lorsque on effectue un retrait de argent au distributeur, on doit composer son code à le abri des regards. **5** À la occasion de la arrivée du printemps, la nature se éveille et la température se élève.

7 ★ **Copiez les phrases en plaçant correctement les traits d'union.**

1 Le chef d'atelier a décidé de remplacer la main d'œuvre non spécialisée par des machines outils. **2** Beaucoup de Bretons déplorent que les coutumes de leurs arrière grand parents partent à vau l'eau. **3** Au self service du collège, les plateaux repas sont placés tout naturellement au début de la chaîne. **4** Pour fêter leur victoire, les rugbymans gallois reprennent à tue tête des chants traditionnels. **5** Monsieur Matrey ne laisse à personne le soin de préparer le coq au vin ; il fait tout lui même. **6** Aucun des vingt cinq élèves de la classe n'a obtenu une note au dessous de la moyenne.

8 ★★ **Copiez les phrases en plaçant correctement les apostrophes et les traits d'union.**

1 La actrice se moque des que en dira te on ; elle se habille toujours avec des vêtements voyants et porte de énormes lunettes de soleil. **2** Les nids de poule rendent cette route dangereuse ; ne la empruntez pas, prenez plutôt celle là. **3** Ne répondez pas à cette question à brûle pourpoint ; analysez la et réfléchissez. **4** Une maladie cardio vasculaire ne serait elle pas à la origine des ennuis de santé de M. Steiner ? **5** Avec cette brise là, le cerf volant se envolera t il sur le champ ou bien restera t il cloué au sol ? **6** Dans un plat extrême oriental, la viande peut être cuite une heure avant les légumes. **7** La recette est précise : « Écaillez le poisson, videz le, farinez le, préparez lui un lit de fenouil et placez le aussitôt au four. »

9 ★★ **Copiez les phrases en plaçant correctement les apostrophes et les traits d'union.**

1 Le alpiniste gravit à grand peine les derniers mètres qui le séparent du sommet ; il se appuie sur son piolet. **2** Tu travailles de arrache pied pour obtenir ton brevet, ce est à dire que tu te efforces de réviser régulièrement pour être prêt le jour de le examen. **3** Existe t il un oiseau capable de imiter la voix humaine ? Le perroquet peut être. **4** Dans un va et vient incessant, de énormes camions apportent les matériaux nécessaires à la construction des ouvrages de art qui franchiront la autoroute. **5** Qui connaît aujourd hui le nom de toutes les sous préfectures de France ? **6** Les policiers ont dressé le portrait robot de le agresseur ; la enquête devrait progresser rapidement.

10 ★★★ **Transformez les phrases en gras en phrases interrogatives, puis injonctives.**

1 Les freins de ton scooter ne fonctionnent plus. **Tu les vérifies.** **2** Suite à ton retard, nous réclamons une explication. **Tu nous en donnes une.** **3** Les musiciens répètent pour la dernière fois. **Vous vous retirez sans faire de bruit.** **4** Il y a trop de fumée dans cette pièce. **Tu l'aères pour purifier l'atmosphère.** **5** L'ampoule du lampadaire est grillée. **Nous la remplaçons par un modèle plus économique.** **6** Le métier d'architecte te plaît. **Tu te renseignes sur les qualités exigées pour l'exercer.**

VOCABULAIRE

› ci-dessus › ci-joint › ci-gît › ci-devant › ci-contre › de-ci de-là › par-ci par là
› à bras-le-corps › à contre-courant › à contre-jour › à cloche-pied
› en demi-teinte › un demi-tarif › une demi-heure › une demi-mesure

3 Les majuscules – Les abréviations – Les sigles – Les symboles

1 **La lettre majuscule** s'emploie au début d'une phrase, d'un nom propre ou d'un nom désignant une chose personnifiée.

La nouvelle Renault est fabriquée dans les usines de Sochaux.

On ne place pas de majuscule après un point-virgule ou deux points.

2 Dans un langage courant, nous utilisons fréquemment des **abréviations**, des **sigles** et des **symboles**.

Pour former **une abréviation**, on retranche des lettres (en modifiant parfois le mot d'origine).

*collection → **coll.*** *et cætera → **etc.*** *c'est-à-dire → **c.-à-d.***

Pour former **un sigle**, on ne retient que les initiales (en lettres majuscules) des mots essentiels qui composent le groupe ou l'expression.

*un questionnaire à choix multiple → un **QCM***

*une bande dessinée → une **BD***

Certains sigles se prononcent sans épellation des lettres qui les composent : ce sont des **acronymes**.

*le plan **ORSEC** – l'**UNESCO** – un **OVNI***

Dans les domaines mathématique, scientifique ou technique, on utilise **des symboles** communs à presque toutes les langues.

*le gramme → **g*** *la minute → **min*** *l'eau → H_2O*

Les symboles ne prennent jamais la marque du pluriel.

Pour aller plus loin : la lettre majuscule

- Le nom qui marque la nationalité ou qui désigne les habitants d'un lieu est un nom propre.

*les **Marocains** – les **Lyonnais***

- Le nom qui désigne une langue, un produit d'origine et l'adjectif qualificatif s'écrivent sans majuscule.

*parler **l'anglais** – le **roquefort** – les films **américains***

- Il faut placer les accents et le tréma sur toutes les voyelles majuscules.

Être ou ne pas être ; telle est la question. –
À Évian, on est proche de la Suisse.

11 **Donnez la signification de ces abréviations.** ★★

1 M.	**6** zool.	**11** env.	**16** encycl.	**21** myth.	**26** éd.
2 Mme	**7** trad.	**12** astron.	**17** fém.	**22** plur.	**27** conj.
3 hab.	**8** subst.	**13** masc.	**18** invar.	**23** suiv.	**28** loc.
4 réf.	**9** ex.	**14** adj.	**19** ital.	**24** sing.	**29** av.
5 pharm.	**10** voc.	**15** chap.	**20** max.	**25** inv.	**30** math.

12 **Copiez ce texte en plaçant les majuscules et les points.**

★★

je m'appelle don josé lizarrabengoa, et vous connaissez assez l'espagne, monsieur, pour que mon nom vous dise aussitôt que je suis basque si je prends « le don », c'est que j'en ai le droit, et si j'étais à elizondo, je vous montrerais ma généalogie sur un parchemin on voulait que je fusse d'église, et l'on me fit étudier, mais je ne profitais guère j'aimais trop jouer à la paume et c'est ce qui m'a perdu quand nous jouons à la paume, nous autres navarrais, nous oublions tout un jour que j'avais gagné, un gars de l'alava me chercha querelle ; nous prîmes nos maquilas, et j'eus encore l'avantage ; mais cela m'obligea à quitter le pays je rencontrai des dragons, et je m'engageai dans le régiment d'almanza

D'après Prosper Mérimée, *Carmen*, 1845.

13 **Copiez ce texte en plaçant les majuscules et les points.**

★★

le forgeron qui avait sa redingote, tenait gervaise à son bras gauche et virginie à son bras droit à côté de goujet, tout noir, les deux femmes semblaient deux cocottes mouchetées, la couturière avec sa toilette de mousseline semée de bouquets roses, la blanchisseuse en robe de percale blanche à pois bleus ils étaient à la recherche de coupeau déjà ils avaient battu tout le haut du pavé de la rue des poissonniers, regardant aux bons endroits : à *la petite civette*, renommée pour les prunes ; chez la mère baquet, qui vendait du vin d'orléans à huit sous ; au papillon, le rendez-vous de messieurs les cochers, des gens difficiles enfin, en bas de la rue, ils découvrirent coupeau et poisson dans l'assommoir du père colombe

D'après Émile Zola, L'*Assommoir*, 1877.

14 **Copiez les phrases en remplaçant les sigles et les mots abrégés en gras par leur signification d'origine.**

★★★

1 À la **télé**, les films sont souvent coupés par des **pubs** ; nous n'en sommes pas encore comme aux **USA** où même les **infos** sont interrompues. **2** La **MJC** organise une **expo** de **photos** prises par un **ado** du quartier au Kamtchatka. **3** Audrey et Samira occupent, en **coloc**, un logement **sympa** dans une **HLM**. **4** **M.** Desbois se prend pour un **mécano** de génie ; il a confectionné un **ULM** avec quelques matériaux en **alu** et un moteur de **moto**. Le jour de sa première sortie, la **météo** était mauvaise et ce fut la **cata** : l'engin s'est écrasé. **5** Savez-vous qui a créé les **Restos** du cœur ? **6** Le cabinet du **Dr** Mangola est proche de celui d'un **kiné** ; ainsi, ils n'ont qu'une seule secrétaire médicale.

15 **Donnez la signification de ces sigles. Vous pouvez effectuer des recherches sur Internet.**

★★★

1 av. J-C	**4** RAS	**7** un COD	**10** un BTS	**13** l'UE	**16** un QI
2 CQFD	**5** la PJ	**8** les DOM	**11** un LP	**14** l'ONU	**17** un RIB
3 TSVP	**6** une ZEP	**9** un PV	**12** le CIO	**15** un CV	**18** l'EPS

VOCABULAIRE

› L'octet (symbole : **o**) unité qui permet de mesurer les quantités de données stockées dans un ordinateur ou une clé USB (*Universal Serial Bus*).

› le kilo-octet (**ko**) mille octets › le méga-octet (**Mo**) un million d'octets

› le giga-octet (**Go**) un milliard d'octets

4 Les écritures des sons [s] et [z]

1 **Le son [s]** peut s'écrire :
- « **s** » → *la **s**alade – **s**auter – **s**olide – la répon**s**e – un rictu**s***
- « **ss** » → *la creva**ss**e – la grai**ss**e – une a**ss**iette – pou**ss**er*
- « **c** », seulement devant « e », « i » et « y »
→ *un **c**er**c**eau – l'urgen**c**e – un **c**itron – un **c**ygne*
- « **ç** » devant « a », « o » et « u » → *une fa**ç**ade – un gla**ç**on – un aper**ç**u*
- « **t** » seulement devant la lettre « i », à l'intérieur ou en fin de mot.
→ *la condi**t**ion – la puni**t**ion – balbu**t**ier – un quo**t**ient*
- « **sc** » dans quelques mots → *la **sc**ience – la di**sc**ipline – la pi**sc**ine*

Dans les noms composés de deux mots soudés, le son [s] peut s'écrire exceptionnellement avec un seul « **s** ».
*un tourne**s**ol – la pré**s**éance – un ultra**s**on – la photo**s**ynthèse*

2 **Le son [z]** peut s'écrire :
- « **z** » → *un **z**éro – le ga**z**on – bi**z**arre – la lu**z**erne*
- « **zz** » → *le bli**zz**ard – une me**zz**anine*
- « **s** » lorsque celui-ci est placé entre deux voyelles
→ *le mu**s**ée – le vi**s**age – le poi**s**on*

Entre deux voyelles, la lettre « s » se prononce [z]. Elle doit être doublée pour obtenir le son [s].
*déjouer une ru**s**e – parler le ru**ss**e*
*téléphoner à son cou**s**in – s'asseoir sur un cou**ss**in*

16 **Complétez les mots dans lesquels on entend le son [s].**

*

1 un gla…on	**7** balbu…ier	**13** une pou…e	**19** la démocra…ie
2 le pailla…on	**8** l'inven…ion	**14** le ti…age	**20** le subcon…ient
3 un vi…ère	**9** un pa…ant	**15** une péripé…ie	**21** substan…iel
4 la pi…iculture	**10** la di…ipline	**16** un cale…on	**22** un bra…elet
5 mena…ant	**11** la ran…on	**17** le pou…e	**23** une bra…ée
6 effica…e	**12** su…eptible	**18** a…urer	**24** la …ène

17 **Complétez les mots dans lesquels on entend le son [z].**

*

1 bi…arre	**7** un maga…ine	**13** le ha…ard	**19** plai…anter
2 un tré…or	**8** dé…erter	**14** un bi…on	**20** la ga…elle
3 le menui…ier	**9** le ba…ar	**15** une ama…one	**21** la na…isme
4 une di…aine	**10** un blou…on	**16** pui…er	**22** pré…ent
5 un arti…an	**11** cui…iner	**17** le ma…out	**23** l'a…ote
6 le bli…ard	**12** un ra…oir	**18** le ga…on	**24** l'hori…on

18 **Copiez les phrases en complétant les mots dans lesquels on entend le son [s].**

★★

1 Autrefois, le **repa…age** était une activité **e…en…iellement** féminine, ce qui n'est plus le cas aujourd'hui. **2** Il n'est pas **fa…ile** d'**effa…er** un mot tracé avec un stylo à bille. **3** Il faut être bien **auda…ieux** pour entreprendre l'**a…en…ion** des sommets de l'Himalaya lorsqu'on n'est pas un **profe…ionnel** de la montagne. **4** La **poli…e pro…ède** à l'**arresta…ion** de l'**agre…eur** des vieilles dames, qui **…évi…ait …urtout** à la tombée de la nuit. **5** Les **adole…ents** sont une des **…ibles** privilégiées des **publi…itaires**. **6** La **fréquenta…ion** de la **pi…ine muni…ipale** est en **hau…e** depuis qu'un nouveau **ba…in**, chauffé **grâ…e** à des panneaux **…olaires**, est à la **disposi…ion** de **…eux** qui craignent l'eau trop froide. **7** Que faut-il faire pour que les fumeurs prennent **con…ien…e** de la **no…ivité** du tabac ?

19 **Copiez les phrases en complétant les mots dans lesquels on entend le son [z].**

★★

1 L'hydrogène est un **ga…** qui s'enflamme **ai…ément**, c'est pourquoi on ne l'**utili…e** plus pour gonfler les ballons dirigeables. **2** Comme il s'absente pour une **quin…aine** de jours, monsieur Bonatti a confié les clés de sa **mai…on** à son **voi…in**. **3** Si vous **condui…ez** trop brutalement, vous **u…erez** plus rapidement vos pneumatiques. **4** Au **mu…ée** Rodin, on peut admirer de nombreuses **réali…ations** en **bron…e** de ce sculpteur de génie. **5** Dans une **…one** située entre le tropique et l'équateur, tous les navigateurs savent que les **ali…és** soufflent régulièrement d'est en ouest.

20 **Trouvez les noms dans lesquels on entend les sons [s] ou [z] correspondant à ces définitions.**

★★

1 Grâce à elles, les dents sont solidement fixées. → **les ge…**
2 Ce petit mammifère est très recherché pour sa fourrure. → **le vi…**
3 Pour naître, il doit briser la coquille ! → **le po…**
4 On dit que c'est peut-être le plus intelligent des singes. → **le ch…**
5 Partie souterraine de la tige de certaines plantes. → **le rh…**
6 Une danseuse ne saurait se passer d'eux. → **ses ch…**
7 Vivaldi a composé quatre concertos pour les célébrer. → **les sa…**

21 **Copiez les phrases en complétant les mots dans lesquels on entend les sons [s] et [z].**

★★

1 Êtes-vous certain que les **me…ages** échangés sur Internet demeurent **confiden…iels** ? **2** Les **fian…ailles** de la **prin…e…e** ont donné lieu à une **…érémonie grandio…e** en **pré…en…e** de **plu…ieurs** rois et reines des pays **voi…ins**. **3** Pendant une **quin…aine** de jours, les **commer…ants organi…ent** une grande campagne **publi…itaire** pour **revitali…er** le **…entre** de la ville. **4** Le nouveau **tron…on** d'autoroute, ouvert à la **…ircula…ion** depuis peu, **fa…ilitera** la **liai…on** entre les communes de l'**aggloméra…ion toulou…aine**.

VOCABULAIRE

› un mélèze › une rizière › le benzène › l'ozone › une merguez › une enzyme
› le discernement › incandescent › irascible › la convalescence › acquiescer
› la presbytie › impartial › la gentiane › le quotient › insatiable › les initiales

5 Les écritures des sons [ɑ̃] et [ɛ̃]

1 **Le son [ɑ̃]** peut s'écrire :

- « **an** » → une p**an**carte – l**an**cer – m**an**ger – un g**an**t

Les **participes présents** et de nombreux **adjectifs verbaux** se terminent par « -ant ».

en march**ant** – un projet motiv**ant** – des fusées éclair**antes**

- « **en** » → une c**en**taine – la d**en**tition – m**en**tir – la p**en**te

De nombreux **adverbes de manière** se terminent par « -ment ».

rapidem**ent** – simplem**ent** – normalem**ent**

- « **am** » ou « **em** » **devant les consonnes** « b », « m » et « p ».

→ **am**bitieux – tr**em**bler – **em**mener – un v**am**pire – **em**porter

Attention : Il existe quelques écritures plus rares du son [ɑ̃].

[ɑ̃] → un p**aon** – un f**aon** – un t**aon** – J**ean** – la ville de C**aen**

2 **Le son [ɛ̃]** peut s'écrire :

- « **in** » ou « **im** » → un dauph**in** – un p**in**ceau – m**in**ce – le t**im**bre
- « **ain** » → un souver**ain** – un cop**ain** – un poul**ain**
- « **ein** » → une c**ein**ture – p**ein**dre – le fr**ein** – une empr**ein**te
- « **yn** » ou « **ym** » → un s**yn**dicat – le l**yn**x – un s**ym**bole – ol**ym**pique
- « **en** » → un moy**en** – un p**en**tagone – le b**en**zène – un gardi**en**

Attention : Il existe quelques écritures plus rares du son [ɛ̃].

[ɛ̃] → un d**aim** – la f**aim**

Comme le choix entre ces différentes écritures est difficile, il est prudent de consulter un dictionnaire en cas de doute.

POUR ALLER PLUS LOIN

- On peut parfois trouver la bonne écriture des sons [ɑ̃] et [ɛ̃] avec des mots de même famille.

la santé → sanitaire ; le genre → générique ; le pin → la pinède

22 **Complète les mots dans lesquels on entend le son [ɑ̃].** ★★

1 un c…peur	**4** la b…quise	**7** un m…suel	**10** une tr…saction
2 une b…derille	**5** une c…tatrice	**8** la c…sure	**11** f…tasque
3 un s…dre	**6** f…faronner	**9** un c…didat	**12** une …bul…ce

23 **Copiez les phrases en complétant les mots où on entend le son [ɑ̃].** ★★

1 Cet espion n'aurait pas dû faire **confi…ce** à un inconnu ; sa mission est désormais compromise. **2** L'estomac des **rumin…ts compr…d** quatre parties : la **p…se**, le bonnet, le feuillet et la caillette. **3** Faites **att…tion**, car il reste un peu de braise sous la **c…dre**. **4** La **t…te** de Léonie travaille dans une **ag…ce** immobilière ; elle vend des **appartem…ts** et des villas. **5** Dans l'armée de terre, quel est le grade **immédiatem…t** supérieur à celui d'**adjud…t** ? **6** L'…bassadeur de **T…zanie** présente ses lettres de **cré…ces** au président de la République.

24 **Complète les mots dans lesquels on entend le son [ɛ̃].**

★★

1 un p…gou… **4** un cr… **7** la t…ture **10** un mém…to **13** …berbe
2 une c…bale **5** cr…dre **8** m…cir **11** la s…taxe **14** le lo…t…
3 un l…guiste **6** un c…tre **9** tr…quer **12** un ch…panzé **15** un vilebrequ…

25 **Copiez les phrases en complétant avec des mots où on entend le son [ɛ̃].**

★★

1 Le s…**doux** est un produit utilisé en cuisine, que l'on obtient en faisant fondre la graisse de porc. **2** Avant de passer les épreuves du brevet, Lucas est **ser**… car il a bien révisé. **3** Une perforation du **t**…**pan** peut entraîner une diminution, voire une perte de l'audition. **4** Sur le verglas, un automobiliste doit proscrire tout brusque coup de *fr*… . **5** Pour **att**…**dre** les branches hautes du cerisier, vous devrez disposer d'une échelle. **6** Un sonnet est toujours composé de deux **quatr**…**s** et de deux tercets. **7** Le **médec**… constate que Mandy présente tous les **s**…**ptômes** de la grippe ; elle devra observer un repos complet pendant **c**…**q** jours avant de retourner au collège. **8** Le baccalauréat est un **exam**… que passent tous les **lycé**…**s** à la *f*… de leurs études. **9** Les **musici**…**s** d'autrefois dédiaient souvent leurs **s**…**phonies** aux **souver**…**s** qui les protégeaient.

26 **Copiez les groupes de phrases en les complétant avec des mots homonymes dans lesquels on entend le son [ɛ̃].**

★★

1 Avant son passage à l'antenne, la maquilleuse étale du fond de **t**… sur le visage du présentateur. **2** La cuisine provençale fait un usage fréquent de branches de **t**… . **3** Malgré les risques, le journaliste **t**… à s'approcher au plus près de la zone de combat.

4 Avant de célébrer un mariage, le maire **c**… une écharpe tricolore. **5** Il semble que les bébés nourris au **s**… pendant les premières semaines résistent mieux aux agressions microbiennes. **6** Il y a bien longtemps que les prénoms attribués aux enfants ne font plus exclusivement référence aux **s**… du calendrier. **7** Le notaire précise aux héritiers que leur oncle a rédigé son testament **s**… d'esprit.

27 **Copiez les phrases en complétant les mots dans lesquels on entend les sons [ɑ̃] et [ɛ̃].**

★★★

1 Nombre de **vêtem**…**ts** de sport sont fabriqués en tissu **s**…**thétique**. **2** Il n'est pas **cert**… que le **c**…**cer** sera **v**…**cu** dans les prochaines années ; espérons **né**…**moins**. **3** Au milieu du **terr**…, le demi de mêlée a **t**…**té** une *f*…**te** de passe, mais son adversaire ne s'est pas laissé **pr**…**dre** et il l'a plaqué. **4** Le **tr**… de 8 heures 30 en direction de **Ch**…**béry** ne circule pas le **dim**…**che** ni les jours fériés. **5** Dans la mythologie grecque, les **N**…**phes** étaient des divinités qui vivaient en harmonie avec les **élém**…**ts** naturels. **6** Le **p**… au **lev**… que prépare le **boul**…**ger** du quartier est d'excellente qualité. **7** Ce **p**…**tre** a délaissé **provisoirem**…**t** sa palette de couleurs pour utiliser le **fus**… .

VOCABULAIRE

› une fanfare › une mandibule › un ouragan › un gendre › un mentor › la gencive
› flamboyant › gambader › un pamphlet › un rempart › trembler › rempailler
› un vaurien › humain › le levain › la synthèse › le placenta › le benjamin

6 LES ÉCRITURES DU SON [j]

1 **Le son [j]** peut s'écrire :
- « **y** » → *un crayon – le doyen – la noyade – rudoyer*
- « **ill** ». Dans ce cas, la lettre « i » est **inséparable des deux** « l » et ne se prononce pas avec la voyelle qui la précède.
→ *souiller – se réveiller – un caillou – une feuille*
- « **ll** » **seulement après la voyelle** « **i** » qui termine une syllabe.
→ *le billard – sillonner – des morilles – une pastille*
- « **i** » **entre une consonne et une voyelle** ; il se confond souvent avec le son [i].
→ *un serrurier – supplier – la nation – impatient*

Des mots d'origine étrangère débutent par la lettre « y » prononcée [j].
le yoga – le yaourt – un yacht – le yen

2 **Les noms terminés par le son [j]**
Les noms féminins terminés par le son [j] s'écrivent « **-ille** ».
la bataille – la vieille – la feuille – une grenouille
Les noms masculins terminés par [j] s'écrivent « -il ».
un bétail – le soleil – le treuil – le fenouil
Exceptions : les noms composés masculins formés avec le nom féminin « **feuille** ».
un portefeuille – un millefeuille – le chèvrefeuille
Entre deux consonnes, la voyelle « y » se prononce [i].
le cyclone – un système – paralyser – le rythme
Il ne faut pas confondre les noms masculins terminés par « **-il** » avec les verbes conjugués de la même famille qui sont du 1er groupe.
l'émail (nom), mais *il émaille* (verbe).

POUR ALLER PLUS LOIN

- Les deux « ll » se prononcent [l] dans :
tranquille – un village – un million – un milliard – un bacille

28 **Copiez les mots en complétant avec l'écriture du son [j] qui convient.**
★★

1 verdo…ant	**9** déno…auter	**17** une méda…e	**25** une abe…e
2 un plaido…er	**10** des ri…ettes	**18** une bou…otte	**26** le gru…ère
3 un éca…eur	**11** le netto…age	**19** le bou…on	**27** pa…er
4 un ra…on	**12** déplo…er	**20** distra…ant	**28** grou…ant
5 défa…ir	**13** un soupira…	**21** cue…ir	**29** dou…et
6 la go…ave	**14** le poula…er	**22** orgue…eux	**30** bru…ant
7 un mare…eur	**15** l'outi…age	**23** un recue…	**31** des œ…ères
8 un cari…on	**16** péti…ant	**24** unépouvanta…	**32** la ra…ure

29 **Copiez les phrases en les complétant avec des mots dans lesquels on entend le son [j].**

★★

1 À l'arrivée de la course du tiercé, le **poitr...** de *Blanc du Mortier* est couvert d'écume, tant l'effort fut intense. **2** À la fête foraine, **l'apparit...** d'un **gori...** à bord du train fantôme a provoqué une belle **fra...eur** parmi les jeunes enfants ; heureusement, ce n'était qu'un **emplo...é** fort bien déguisé. **3** Comme vos chaussures sont **mou...ées**, vous êtes priés d'utiliser le **pa...asson** qui se trouve sur le **se...** de la maison. **4** Pour leur petit-déjeuner, les Anglais préparent volontiers des œufs **brou...s**. **5** Au Moyen Âge, le **pi...age** des châteaux forts était une pratique habituelle des vainqueurs. **6** Au soir du **rév...on**, chacun souhaite une bonne année à ses parents et amis. **7** Lorsqu'ils partaient à l'abordage, les pirates hissaient le **pav...on** noir à tête de mort. **8** Quand on emménage, il est de tradition de pendre symboliquement la **créma...ère**.

30 **Trouvez les noms, dans lesquels on entend le son [j], correspondant à ces définitions.**

★★

1 On entretient celui de la cheminée avec des bûches. → **un fo...**
2 Elle deviendra chrysalide, puis papillon. → **une che...**
3 Un animal sur lequel on réalise des expériences. → **un cob...**
4 Ils sont utilisés par les jardiniers et les pompiers ! → **les tu...**
5 Herbe aromatique souvent confondue avec le persil. → **le cer...**
6 Une vigne que l'on fait pousser contre un mur. → **une tre...**
7 Elle attaque sournoisement le fer. → **la rou...**
8 Un locataire le paie chaque mois. → **le lo...**

31 **Copiez les phrases en les complétant avec des mots – dans lesquels on entend le son [j] – de la même famille que ceux entre parenthèses.**

★★

1 **(le vent)** Les spectatrices, incommodées par la chaleur, agitaient leur ... . **2** **(le gibier)** Tous les chasseurs de la région savent que les sous-bois de la forêt de Blanchot sont ... . **3** **(l'envoi)** Il y a bien longtemps que mon cousin de Tourcoing ne m'a pas ... de ses nouvelles. **4** **(un brin)** En période estivale, il suffit d'une étincelle sur quelques ... pour que le feu prenne. **5** **(la cité)** Dans un pays démocratique, tous les ... ont le droit de vote. **6** **(rude)** Un cavalier digne de ce nom ne doit jamais ... sa monture. **7** **(raide)** Les échappés abordent le dernier ... ; ils se disputeront la victoire au sommet. **8** **(tenir)** Pour arracher un clou, il vaut mieux prendre des ... qu'un marteau !

32 **Écrivez les adjectifs qualificatifs, dérivés de ces noms, dans lesquels on entend le son [j].**

★★★

Exemple : **la joie → joyeux**

1 le roi **2** la loi **3** la raie **4** la soie **5** la malveillance **6** l'effroi **7** la paie **8** la monnaie **9** la brillance **10** la fuite **11** la moyenne **12** l'orgueil **13** le péril **14** le pou **15** la croûte

VOCABULAIRE

› périlleux › rocailleux › joyeux › ennuyeux › judicieux › ingénieux
› un aïeul / des aïeux › un œil / des yeux › un ciel / des cieux
› le chevreuil › le bouvreuil › le treuil › l'écureuil › le deuil › le fauteuil

7 LES ÉCRITURES DES SONS [g] ET [ʒ]

1 **Le son [g]** peut s'écrire :
- « g » **devant les voyelles** « a », « o », « u » et **devant les consonnes.**
le gardien – goûter – guttural – la rigole – régler – regretter
- « gu » **devant les voyelles** « e », « i » et **exceptionnellement** « y ».
la gueule – la longueur – guider – se déguiser – Guy

Pour écrire le son [g], il faut quelquefois **doubler** le « g ».
l'agglomération – un toboggan – aggraver

Il existe également quelques écritures plus rares pour écrire le son [g].
le zinc – la seconde – l'eczéma – le ghetto – une geisha – le bobsleigh

2 **Le son [ʒ]** peut s'écrire :
- « g » **devant les voyelles** « i » et « y ».
une girouette – rigide – le gymnase – un gyroscope
- « g » ou « j » **devant la voyelle** « e », accentuée ou pas.
général – gêner – légère – une jérémiade – le sujet – un rejeton
- toujours « j » **devant la voyelle** « u ».
le jugement – une injure – juste – une conjuration

On trouve parfois l'écriture « j » devant les voyelles « a » et « o ».
un jacuzzi – jaloux – joli – un jouet
- « ge » devant les voyelles « a » et « o ».
exigeant – un dirigeable – un cageot – un plongeon
- À la fin d'un mot, le son [ʒ] s'écrit « ge ».
le visage – rouge – large – le prestige – une loge

POUR ALLER PLUS LOIN

- On trouve la lettre « j » dans un certain nombre de noms empruntés à des langues étrangères ; la prononciation d'origine est souvent conservée.
le jazz – le djebel – un jean – un fjord – le jackpot

33 **Copiez les mots en les complétant avec les écritures des sons [g] et [ʒ] qui conviennent.** ★★

1 un sauva…on
2 la di…estion
3 un fa…ot
4 élo…ieux
5 s'a…lutiner
6 une …irlande
7 fati…er
8 l'en…eu
9 la diver…er
10 l'er…onomie
11 ima…iner
12 l'oxy…ène
13 le cartila…
14 l'évan…ile
15 exi…er
16 l'or…at
17 un contin…ent
18 un diri…ant
19 ai…iser
20 …ubiler
21 un ad…udant
22 en …ourdir
23 l'épilo…
24 sié…er
25 la poly…amie
26 l'oran…ade
27 une échau…ette
28 une man…oire
29 l'entre…ent
30 des …illemets
31 une en…ambée
32 un don…on

34 **Copiez les phrases en les complétant, comme il convient, avec le participe présent ou l'imparfait de l'indicatif des verbes.**

★★

1 Pourquoi **(partager)**-tu le gâteau en t'**(adjuger)** la meilleure part ? **2** Le professeur d'EPS **(encourager)** les élèves du collège qui **(disputer)** la finale départementale de volley-ball. **3** J'**(effectuer)** les calculs en **(négliger)** les parties décimales. **4** Lorsqu'il **(être)** jeune, monsieur Tarello **(voyager)** en **(partager)** les frais avec son cousin. **5** Les véhicules **(converger)** vers le lieu du rassemblement se **(faire)** toujours plus nombreux. **6** **(Juger)** la poursuite de l'ascension bien trop dangereuse, le guide **(envisager)** de rebrousser chemin. **7** Le maraîcher **(protéger)** ses semis en **(changer)** fréquemment les bâches.

35 **Trouvez les noms, dans lesquels on entend les sons [g] ou [ʒ], correspondant à ces définitions.**

★★

1 La ligne suivie par une fusée lancée dans l'espace. → **la tra…**
2 Dans ce sport, les passes en avant sont interdites. → **le ru…**
3 Qualité essentielle pour les mannequins. → **l'élé…**
4 Avec ses œufs, on prépare le caviar. → **l'estur…**
5 En tête d'un nom propre. → **la ma…**
6 Importante masse de glace qui dérive en mer. → **un iceb…**
7 Sur une scène de théâtre, échange entre deux acteurs. → **un dial…**

36 **Copiez les phrases en complétant avec des mots dans lesquels on entend le son [g].**

★★

1 Les veilles de fêtes, il y a de **lon…** files d'attente devant les caisses des **ma…sins**. **2** La construction d'une **di…** devrait permettre d'éviter que les crues ne fassent trop de **dé…** . **3** À l'approche de l'hiver, les ornithologues ont **ba…é** quelques **ci…gnes** en partance pour l'Afrique du Nord. **4** Pour assurer la sécurité des passants, les platanes de l'avenue Mermoz vont être **éla…** . **5** Lucky Luke, le héros de bandes dessinées, **dé…aine** plus vite que son ombre. **6** Sous un aspect effrayant, le **bouledo…** est un chien dont la compagnie est fort **a…able**. **7** À l'issue de la **Se…onde …erre** mondiale, les **dra…eurs** de mines ont œuvré dans les ports français pour que la sécurité des navires soit assurée.

37 **Copiez les phrases en complétant avec des mots dans lesquels on entend le son [ʒ].**

★★★

1 Le **gou…on** a-t-il une **na…oire** dorsale développée ? **2** L'arboriculteur se **ré…ouit** de voir enfin tomber la pluie ; il craignait que les **bour…ons** ne souffrent du manque d'eau. **3** Êtes-vous capable de **…ongler** avec trois balles ? **4** Avec une couche de **badi…on**, les murs du hangar retrouveront un aspect plus avenant. **5** Pour préparer ses **dra…ées**, ce confiseur sélectionne ses amandes avec le plus grand soin. **6** Le hamster est capable d'emmagasiner sa nourriture dans ses **ba…oues**. **7** Abondamment utilisé en ébénisterie, le bois d'**aca…ou** risque de disparaître si on ne protège pas les forêts tropicales. **8** Lorsqu'un compte bancaire est à découvert, son titulaire paie des **a…ios** importants.

VOCABULAIRE

› un gendarme › la gentillesse › une gerçure › la génétique
› la jeunesse › un jeton › la jonction › le jumelage › la jalousie › la jauge
› aujourd'hui › davantage › jamais › toujours › jadis › malgré

8 Les écritures des sons [k] et [f]

1 **Le son [k]** peut s'écrire :

– « **c** » devant les lettres « **a** », « **o** », « **u** » et devant les consonnes.
un cachet – une colline – récupérer – un tracteur – l'acné
Un certain nombre de mots s'écrivent avec deux « **c** ».
une occasion – accompagner – une accusation – acclamer

– « **qu** » → *quatre – une quille – un quotient – un masque*

– « **k** » → *un kangourou – un kyste – le parking*
Dans deux mots, le « **k** » est doublé : *le drakkar – le trekking*

– « **ch** » → *la chronologie – charismatique – la psychose*
Dans quelques mots le son [k] final s'écrit « **ch** ».
un almanach – des aurochs – le varech

Il existe des écritures plus rares du son [k].
« **ck** » → *un jockey – le racket – un teckel*
« **cqu** » → *l'acquittement – Jacques – le jeu de jacquet*
Remarque 1 : Devant les voyelles « e », « i », « y », le son [k] ne s'écrit jamais avec un « c » (sinon le [c] se prononcerait [s]).
Remarque 2 : Les lettres « qua » peuvent se prononcer [kwa] dans les mots d'origine latine :
l'aquarium – l'équateur – le quartz – l'aquarelle

2 **Le son [f]** peut s'écrire :

– « **f** » → *une fraise – enfouir – la définition – une fable*
– « **ff** » → *suffire – la souffrance – le souffle – siffler*
– « **ph** » → *la phrase – la physique – la catastrophe – un éléphant*
On peut trouver la lettre « **f** » en fin de mot.
vif – actif – un canif – un tarif
Mais attention, il existe d'autres terminaisons :
la greffe – la girafe – un biographe
Les mots commençant par **aff-**, **eff-**, **off-**, s'écrivent tous avec deux « **f** ».
Exceptions : *afin – l'Afrique – africain*

38 ** **Dans ces mots, on entend le son [k] ; complétez-les comme il convient.**

1 un sto…	**8** bu…oli…e	**15** maléfi…	**22** l'élo…ence
2 le …aolin	**9** une ra…ette	**16** une …yrielle	**23** le …rome
3 une o…urrence	**10** ar…aïque	**17** la …olère	**24** le ho…ey
4 un …ipro…o	**11** le …iosque	**18** un hama…	**25** tru…er
5 un kope…	**12** syn…ronisé	**19** le paddo…	**26** le li…ide
6 é…arrir	**13** le …oléra	**20** du basili…	**27** l'or…estre
7 un …ar…ois	**14** le li…en	**21** un ti…et	**28** le ho…et

39 Dans ces mots, on entend le son [k] ; complétez-les avec c ou cc.

★★

1 é…onomiser	**6** sa…adé	**11** a…user	**16** a…oucher
2 le ba…alauréat	**7** un a…ord	**12** a…omplir	**17** un a…robate
3 un a…ompte	**8** l'a…adémie	**13** su…omber	**18** un a…teur
4 l'a…ueil	**9** un mo…assin	**14** é…arter	**19** la lo…ation
5 impe…able	**10** une a…almie	**15** un a…ordéon	**20** re…ueillir

40 Copiez les phrases en plaçant les mots que vous aurez complétés avec l'écriture du son [k] qui convient.

★★★

beau…oup – …ommode – …olestérol – ..apitaine – te…nique – …ommun – haddo… – olympi… – or…idée – mosaï… – anti…aire – judo…a – pi…po…ets – bifte… – …ompagnon

1 Saviez-vous que la vanille est le fruit d'une … ? **2** À l'issue d'une finale palpitante, ce … vient d'être sacré champion … . **3** Savez-vous s'il y a … de … dans un … cuit sur le grill ? **4** Il faut se méfier des … qui sévissent dans les transports en … . **5** Les artisans qui réalisèrent nombre de … dans les villas romaines possédaient une … transmise de père en fils. **6** Pour donner un nom au célèbre …, c… de Tintin, Hergé s'est peut-être inspiré du …, poisson plus connu sous le terme d'aiglefin. **7** Où cet … a-t-il déniché une … du XVIIIe siècle en si bon état ?

41 À la fin de ces mots, on entend le son [f] ; complétez-les comme il convient.

★★★

1 une ga…	**6** une cara…	**11** un para…	**16** une agra…	**21** une épita…
2 une ne…	**7** une gri…	**12** un che…	**17** une stro…	**22** un fie…
3 le relie…	**8** une tru…	**13** le passi…	**18** un shéri…	**23** le triom…
4 un cali…	**9** un réci…	**14** le sta…	**19** un fugiti…	**24** un esqui…
5 un géogra…	**10** une nym…	**15** une tou…	**20** une éto…	**25** une coi…

42 Copiez les phrases en plaçant les mots que vous aurez complétés avec l'écriture du son [f] qui convient.

★★★

gau…res – …araon – mor…ine – e…ets – …aïence – por…yre – a…iche – ty…on – terri…ants – esbrou… – …alanges – o…iciels – sarco…ages

1 Quel était le nom du … qui ordonna la construction de la pyramide de Kheops où furent placés les … . **2** À Paris, si vous visitez les Invalides, vous découvrirez le tombeau en … de Napoléon Ier. **3** Un … d'une rare violence a dévasté les côtes du Japon. **4** Le pouce est le seul doigt qui n'a que deux … . **5** Joris saupoudre du sucre glace sur ses … . **6** Le principal … les résultats … du brevet des collèges. **7** Ce camelot fait beaucoup d'… pour attirer l'attention sur la qualité de ses plats en … . **8** La … est un médicament qui atténue la douleur, mais c'est également une drogue aux … … pour la santé, car elle crée une dépendance presque irréversible.

VOCABULAIRE

› un reliquat › quotidien › la quinine › une quenelle › un délinquant
› un stock › un teckel › le paprika › le poker › un smoking › un kayak
› aphone › l'euphorie › un prophète › l'œsophage › l'atrophie › un phénix

9 LES CONSONNES DOUBLES

1 **Une consonne peut être doublée :**
– entre deux voyelles.
une co**ll**ine – di**ff**icile – la po**mm**e – une le**tt**re – la te**rr**e
– entre une voyelle et la consonne « l ».
si**ff**ler – l'a**gg**lomération – ra**pp**liquer – a**cc**lamer
entre une voyelle et la consonne « r ».
adme**tt**re – a**pp**rocher – sou**ff**rir

2 **Précédée d'une autre consonne,** une consonne n'est **jamais doublée.**
par**l**er – com**p**ter – un ver**g**er – une ar**m**ée – la pe**n**te

3 La consonne qui suit une voyelle accentuée n'est jamais doublée.
une étre**nn**e, **mais** une sir**è**ne   un parte**rr**e, **mais** un caract**è**re
Exception : le ch**â**ssis (et les mots de la même famille : la ch**â**sse – ench**â**sser).

4 Entre deux voyelles, si la lettre « **s** » est doublée, elle se prononce **[s].**
le poi**ss**on – ba**ss**e – la ca**ss**e – un ru**ss**e
Entre deux voyelles, si la lettre « **s** » est simple, elle se prononce **[z].**
le poi**s**on – la ba**s**e – la ca**s**e – une ru**s**e

5 On peut trouver une double consonne à la fin de certains noms d'origine étrangère :
le blu**ff** – le stre**ss** – le handba**ll** – un wa**tt** – le ja**zz**

POUR ALLER PLUS LOIN

• Neuf consonnes sont assez **souvent doublées** : **c – f – l – m – n – p – r – s – t**
Cinq ne sont que **rarement doublées** : **k – b – d – g – z**
Six consonnes ne sont **jamais doublées** : **h – j – q – v – w – x**

• Dans quelques mots, le « e » qui précède des consonnes doubles n'est pas prononcé **[ɛ]**, mais **[e]**.
une dent**e**llière – un prun**e**llier – interp**e**ller

43 **Copiez les expressions en les complétant avec une consonne simple ou double.**
*
1 se re…ever après une chu…e
2 esca…ader la bu…e
3 un ca…efour très dange…eux
4 nou…ir ses ca…aris avec des graines
5 résoudre un problè…e di…icile
6 a…lamer les co…édiens
7 ba…er les trois derniers chi…res
8 ava…er un exce…ent de…ert
9 ra…i…er les fla…es du foyer
10 jouer du vio…once…e
11 dé…endre son te…itoire
12 pou…er des wago…ets
13 cou…ir à perdre haleine
14 mou…ir de peur

44 Trouvez les noms (contenant une consonne double) correspondant à ces définitions.

*

1 Un bel oiseau multicolore qui peut parler. → **un pe…**
2 L'accessoire indispensable de tout arbitre. → **un si…**
3 Il contient une grande quantité de vin. → **un to…**
4 On ouvre celle de la porte avec une clé. → **la se…**
5 Un animal qui nourrit ses petits avec son lait. → **un ma…**
6 Il n'y avait pas que les chauves à en porter… → **des pe…**
7 Ils défilent vêtus de robes magnifiques. → **les ma…**
8 Une usine où l'on transforme le pétrole en essence. → **une ra…**

45 Copiez les phrases en complétant les mots avec une consonne simple ou une consonne double.

**

1 Les **co…o…es** de ce temple grec sont admirablement conservées. **2** On ne **co…aît** pas un seul **poi…on** qui n'ait pas **d'arê…es**. **3** Les coups de **to…e…e** ébranlent les murs de **l'i…euble** ; les habitants ferment leurs **fenê…res**. **4** La **marmo…e** s'endort tout l'hiver dans son **te…ier**. **5** Pour expédier ce **cou…ier**, il faudra le placer dans une grande **enve…o…e**. **6** Ce **quadrila…ère** à des **cô…és pa…a…è…es** deux à deux. **7** Avez-vous trouvé le bon **nu…é…o** au **ti…age** ou au **gra…age** ? **8** Une **gou…e** de fleur d'oranger **su…it** pour donner du goût aux **crê…es**. **9** Avec les **nouve…es techno…ogies**, les **pa…abo…es** ont remplacé les **ante…es**.

46 Donnez l'antonyme de ces mots ; ils ont tous une consonne double.

***

Exemple : interdire → permettre

1 facile
2 ami
3 sécant
4 un amateur
5 la défense
6 la paix
7 décoller
8 continuer
9 semblable
10 l'orient
11 finir
12 devant
13 refroidir
14 minuscule
15 condamner

47 Copiez les couples de phrases en complétant avec des mots homonymes dont un seul aura une consonne double.

***

1 Le troubadour a composé une **ba…** pour distraire les invités du seigneur de Brandon. – Le club photo du collège organise une **ba…** au bord de l'étang de Gibles pour compléter la collection d'oiseaux migrateurs.

2 Pour **pa…** l'absence d'un tuyau d'arrosage, monsieur Nunès utilise un arrosoir. – Le cabinet dentaire se trouve sur le même **pa…** que celui d'un radiologue.

3 Sur le chantier de construction de la nouvelle bibliothèque, une **p…** mécanique creuse une tranchée. – Roberta **p…** les pommes pour éviter d'absorber les produits chimiques qui pourraient demeurer sur la peau.

4 Monsieur Larue, éleveur en Charolais, possède un troupeau de cent vingt **b…** . – Il paraît que le gratin de côtes de **b…** préparé par ce cuisinier étoilé est un vrai régal.

VOCABULAIRE

› sourire › nourrir › mourir › courir › pourrir › atterrir › barrir › périr
› une colonnade › un corollaire › l'emballage › une palissade › un millénaire
› une bagarre › une baraque › un corridor › le jarret › leurrer › insérer
› la trappe › attraper › s'échapper › frapper › laper › déraper

10 LES CONSONNES APRÈS LA VOYELLE INITIALE « a »

1 **Les mots commençant** par [ap] prennent souvent deux « p ».
appuyer – l'apprentissage – l'appétit – l'appareil – apprécier
Principales exceptions : apercevoir – apaiser – après – s'apitoyer – aplatir – l'apostrophe – l'apéritif – l'apesanteur

2 **Les mots commençant** par [ac] prennent le plus souvent deux « c ».
accepter – l'accordéon – accablant – accuser
Principales exceptions : l'acrobate – l'académie – l'acacia – l'acompte – un acarien – l'acajou – acoustique – acariâtre

3 **Les mots commençant** par [af], [ɛf], [of] prennent deux « f ».
affaiblir – effrayant – une offense
Exceptions : afin – l'Afrique – africain

4 **Les mots commençant** par [at] prennent le plus souvent deux « t ».
l'attaque – l'attirail – un attentat – atteindre
Principales exceptions : l'atelier – l'athlète – l'atlas – l'atmosphère – l'atome – l'atout – atroce – un atoll

5 **Les mots commençant** par [ag] ne prennent qu'un seul « g ».
agacer – s'agenouiller – l'agresseur – un agrume
Exceptions : aggloméré – agglutiner – aggraver

6 **Les mots commençant** par [ab] ne prennent qu'un « b ».
l'abattoir – abondant – un abreuvoir – abstrait – l'abîme
Exceptions : un abbé – une abbesse – une abbaye

7 **Les mots commençant** par [ad] ne prennent qu'un « d ».
s'adapter – un adulte – adopter – un adagio – un adjudant
Exceptions : une addition – l'adduction

8 **Les mots commençant** par [am] ne doublent pas le « m ».
l'ampleur – un amateur – amusant – amoureux – l'amitié
Exception : l'ammoniaque

48 **Copiez ces mots en doublant, si nécessaire, les consonnes.**
*

1 am…orphe
2 une at…aque
3 ap…olitique
4 un ap…erçu
5 am…oral
6 l'af…ront
7 l'ap…arence
8 un ap…ui
9 un am…algame
10 ac…rocher
11 les ad…ucteurs
12 af…ubler
13 l'am…iante
14 ac…oster
15 l'am…itié
16 ef…ilé
17 une am…éthyste
18 ap…euré
19 une ap…lication
20 un ap…ort
21 l'ap…ophyse
22 ac…idulé
23 ab…oyer
24 l'ac…abit
25 ap…urer
26 un am…iral
27 ac…aparer
28 ac…outrer

49 **Copiez les phrases en complétant les mots avec une consonne simple ou double.**

★★ **1** Cet **a…artement** laissé à l'**a…andon** est envahi par les toiles d'**a…aignées**. **2** L'**a…robate** **a…omplit** des sauts fantastiques ; le public **a…laudit** à tout rompre. **3** En 1848, l'**a…olition** **o…icielle** de l'esclavage est l'œuvre d'un grand républicain, Victor Schœlcher. **4** L'**a…étylène** est un gaz inflammable. **5** L'absence de preuves **a…rédite** les rumeurs les plus extravagantes au sujet du mariage du prince héritier de la couronne de Norvège. **6** On ajoute parfois des **a…itifs** à certaines denrées pour en favoriser la conservation.

50 **Copiez les phrases en complétant avec des mots de la même famille que ceux entre parenthèses.**

★★ **1** **(la couche)** Désormais, de nombreuses femmes … dans de bonnes conditions grâce à l'anesthésie péridurale. **2** **(la baisse)** Lorsque l'alerte était passée, les défenseurs du château fort … le pont-levis. **3** **(le cumul)** Mathias … les albums de Tony Corso, un héros de bandes dessinées. **4** **(tarder)** À la sortie du spectacle de Bob Santy, les admiratrices s'… pour solliciter des autographes. **5** **(maigrir)** Pour interpréter le rôle d'un naufragé dans son prochain film, cet acteur suit une cure d'… . **6** **(le front)** En finale de la coupe du monde, les Français … la redoutable équipe des All-Blacks.

51 **Copiez les phrases en complétant les mots par une consonne simple ou double.**

★★ **1** **L'a…ronome** **a…irme** que l'utilisation massive d'engrais, si elle **a…éliore** les rendements, **a…rave** **l'a…auvrissement** des sols. **2** L'**a…lomération** grenobloise **s'a…randit** **d'a…ée** en **a…ée** ; de nouvelles constructions **s'a…ignent** le long de larges avenues censées favoriser la circulation des véhicules. **3** Les rois de France reconnaissaient leurs enfants **i…égitimes**, mais ceux-ci n'avaient pas **a…ès** au trône. **4** Un **a…roupement** de curieux se forme sur le lieu de **l'a…ident**, heureusement sans gravité. **5** En vue de son **a…errissage**, l'Airbus **a…orce** un virage **a…in** de se trouver face à la piste que lui a indiquée la tour de contrôle. **6** Le bébé essaie **d'a…endrir** sa maman en **a…itant** les mains et en souriant. **7** Des campeurs imprudents ont **a…umé** un barbecue près de la pinède ; le mistral **a…ise** les braises tombées sur le sol.

52 **Copiez les phrases en complétant les mots avec une consonne simple ou double.**

★★ **1** Le garde-chasse **a…iste** impuissant à **l'a…onie** d'un éléphant **a…attu** par des braconniers. **2** Pour ne pas **a…ourdir** tes bagages, **n'a…epte** pas tous les cadeaux que **t'o…rent** tes **a…is** **a…ricains** ; ils ne t'en voudront pas. **3** Il faut faire **a…ention** lorsque vous vous **a…rochez** d'une ruche ; les **a…eilles** peuvent **s'a…oler** et vous piquer en grand nombre. **4** Certaines personnes portent des **a…ulettes** autour du cou ; elles pensent ainsi **a…irer** la chance. **5** Les discussions devraient **a…outir** dans les jours prochains ; un **a…ord** à **l'a…iable** est en vue. **6** Il n'est pas facile **d'a…rivoiser** un guépard.

VOCABULAIRE

› accablant › accaparer › une accalmie › s'acclimater › accomplir › accréditer
› un attelage › l'attente › attendrir › atténuer › une attestation › attirer
› l'agence › l'agilité › une agrafe › agréable › aux aguets › aguicher

11 LES NOMS TERMINÉS PAR LES SONS [i] ET [y]

1 **Les noms féminins** terminés par le son [i] s'écrivent « **-ie** ».
une éclaircie – la vie – une scie – la parodie – l'inertie
Exceptions : *la souris – la brebis – la perdrix – la fourmi – la nuit*

2 **Les noms masculins** terminés par le son [i] peuvent s'écrire :
« **-i** » → *un cri – un oubli*
« **-ie** » → *un parapluie – un génie*
« **-is** » → *un croquis – un radis*
« **-it** » → *un délit – un répit*

Il existe quelques terminaisons plus rares.
le persil – le prix – le riz – un nid – un rallye – le jury

3 **Les noms féminins** terminés par le son [y] s'écrivent « **-ue** ».
la sangsue – la cohue – une verrue – une coquecigrue
Exceptions : *la tribu – la vertu – la bru – la glu*

4 **Les noms masculins** terminés par le son [y] peuvent s'écrire :
« **-u** » → *le tissu – un fichu*
« **-us** » → *le refus – un obus*
« **-ût** » → *à l'affût*
« **-ut** » → *le rebut – un bahut*
« **-ux** » → *le flux – le reflux*

POUR ALLER PLUS LOIN

• « **merci** », toujours écrit avec un « **i** » final, peut être :
– un nom masculin → *Mon ami m'adresse **un grand merci**.*
– ou un nom féminin → *Ce pilote est à **la merci** d'un incident mécanique.*

53 **Complétez ces noms terminés par le son [i].** ★★

1 un sos… **2** la poés… **3** un par… **4** un rub… **5** l'ort… **6** la voir… **7** une env… **8** un crucif… **9** un débr… **10** un fus… **11** la chim… **12** un part… **13** une perdr… **14** une hern… **15** un préav… **16** un confl… **17** un salsif… **18** l'insomn… **19** la myop… **20** un produ… **21** une otar… **22** un parad… **23** un établ… **24** une écur… **25** un raccourc… **26** une part… **27** une boug… **28** une poul… **29** un band… **30** un incend…

54 **Complétez ces noms terminés par le son [y].** ★★

1 la lait… **2** le dess… **3** une iss… **4** un zéb… **5** la vert… **6** une fond… **7** une mass… **8** une reten… **9** un attrib… **10** le reven… **11** le men… **12** la mor… **13** la décr… **14** la ven… **15** la berl… **16** un boss… **17** la reten… **18** le résid… **19** un merl… **20** un pend… **21** le conten… **22** un aperç… **23** une batt… **24** la déconven… **25** un imprév…

55 **Copiez les phrases en complétant les noms terminés par le son [i].**

★★

1 Les éditeurs vendent désormais des **encyclopéd**... qui sont consultables sur ordinateur. **2** Les **sort**... de secours doivent être toujours dégagées. **3** Le maçon utilise un **tam**... pour passer le sable avant de crépir le mur. **4** De quel pays, la **roup**... est-elle la monnaie ? **5** Victime d'une **avar**..., le navire s'est échoué sur la côte normande. **6** Le plongeur est remonté à la surface, au bord de **l'asphyx**... . **7** Traverser l'Atlantique à la rame, beaucoup pensaient que c'était une **fol**..., et pourtant Gérard d'Aboville l'a fait en solitaire, en 1980. **8** Quand on a bien étudié la **théor**..., il faut passer à la pratique. **9** Les clients du supermarché poussent leur **cadd**... à travers les rayons. **10** Ce local est un véritable **taud**... ; nous devons y mettre de l'ordre. **11** Seuls les véhicules de petit **gabar**... circulent sur ce pont. **12** La **dynast**... des Bourbons a donné sept rois à la France. **13** Si vous souffrez **d'insomn**..., buvez une infusion de tilleul avant de vous coucher.

56 **Copiez les phrases en complétant les noms terminés par le son [y].**

★★

1 Les **él**... au conseil d'administration du collège se réunissent ce soir. **2** La roue arrière du tracteur a mordu sur le **tal**... ce qui l'a déséquilibré, heureusement sans gravité. **3** Au mois de décembre, l'**aven**... des Champs-Élysées, ainsi que les **r**... avoisinantes, sont illuminées. **4** Mme Laurent paie la facture et le comptable lui remet un **reç**... . **5** Mes parents ont demandé une **entrev**... au conseiller d'orientation. **6** Ce **réb**... n'est pas facile à déchiffrer. **7** Chaque été, la Côte d'Azur connaît un **affl**... de touristes. **8** La Garonne est en **cr**... ; les habitants des bas quartiers de Toulouse sont inquiets. **9** Le Pouilly-Fuissé est un **cr**... renommé de la région mâconnaise. **10** À **l'iss**... de la partie, le **vainc**... serre sportivement la main de son adversaire. **11** Avec cette **charr**... perfectionnée, on laboure de vastes **étend**.. de terrain. **12** Les employés contrôlent le **fl**... des clients attirés par les soldes d'hiver. **13** La Fontaine a imaginé que la **tort**... est arrivée avant le lièvre ; mais ce n'était qu'une fable ! **14** Le vent violent a déséquilibré la **gr**... du chantier, heureusement sans trop de dommages.

57 **Copiez les phrases en les complétant avec des mots de la même famille que les mots entre parenthèses.**

★★

1 Gwenaëlle attend avec impatience le ... (**débuter**) de son émission préférée. **2** Les marins remontent le ... (un **chalutier**) ; la pêche est exceptionnelle. **3** La neige tombe en abondance ; le guide demande à la cordée d'opérer un prudent ... (**replier**). **4** Un ... (**refuser**) de priorité est lourdement sanctionné par un retrait de points sur le ... (**permettre**) de conduire du conducteur. **5** La pelle mécanique a sectionné un ... (**conduire**) d'alimentation en eau potable lors des travaux de réfection de la chaussée. **6** L'... (**abuser**) d'alcool nuit à la santé. **7** Les paroles s'envolent et les ... (**écrire**) restent. **8** Avec la ... (**venir**) du printemps, les ... (**semer**) vont commencer.

VOCABULAIRE

› un génie › un incendie › le messie › une comédie › une tragédie › une mélodie
› le torticolis › le cambouis › un salsifis › un préavis › un éboulis
› une laitue › une entrevue › une ingénue › la retenue › une fondue
› un fondu › un disparu › un invendu › un intrus › un pardessus › un talus

12 LES NOMS TERMINÉS PAR LE SON [o]

1 Beaucoup de noms terminés par le son **[o]** s'écrivent « **-eau** ».
*un rid**eau** – le berc**eau** – un ros**eau***
Seuls deux noms terminés par « **-eau** » sont du genre féminin :
la peau
et *l'eau*.

2 Il existe deux autres terminaisons :
« **-au** » → *un pré**au** – un fabli**au** – le noy**au***
« **-o** » → *un éch**o** – un cocoric**o** – un quiproqu**o***
À la fin des noms terminés par « **-o** » ou « **-au** », il y a assez souvent une lettre muette.

*un jabo**t***	*un héro**s***	*le galo**p***	*un accro**c***
*un sursau**t***	*un crapau**d***	*le tau**x***	*un zo**o***

Devant la lettre « **t** », on place parfois un accent circonflexe sur le « **-o** ».
*un imp**ôt** – le supp**ôt***
Beaucoup de noms terminés par « **-o** » sont des noms abrégés.
*la météorologie → la mété**o***   *un stylographe → un styl**o***

POUR ALLER PLUS LOIN

• Il est parfois possible de trouver la consonne finale d'un nom terminé par « **-au** » ou « **-o** » en cherchant un mot de la même famille dans lequel on entend cette consonne.
*un rabo**t** → rabo**t**er – le repo**s** → repo**s**er*
Mais il y a des exceptions : *pianoter → le pian**o***

• Les noms pluriels en **[o]** s'écrivent « **-aux** » (sans « **e** ») lorsque le nom singulier se termine par « **-al** » ou « **-ail** » : *les végét**aux** → un végét**al***
*les vitr**aux** → le vitr**ail***

58 **Complétez ces noms terminés par le son [o] ; vous ajouterez un complément du nom.** ★

Exemple : un cage**ot** de légumes

1 un boy…	**11** un cr…	**21** un plat…	**31** un chari…
2 un surs…	**12** le gal…	**22** un matéri…	**32** un lavab…
3 un réch…	**13** un cern…	**23** un faisc…	**33** un encl…
4 un maill…	**14** un joy…	**24** un fag…	**34** un monc…
5 un moin…	**15** un cout…	**25** un îl…	**35** un can…
6 un flé…	**16** un gig…	**26** un du…	**36** un cap…
7 un chapit…	**17** un tuy…	**27** un échev…	**37** un studi…
8 un angel…	**18** un sombrer…	**28** un morc…	**38** un rob…
9 un rab…	**19** un caill…	**29** un gât…	**39** un kimon…
10 un grum…	**20** un pann…	**30** un lamb…	**40** un land…

59 **Copiez les phrases en complétant les noms terminés par le son [o].**
★★

1 Dans quelle partie du bœuf se trouve le morceau de l'**aloy**… ? **2** Avec un **rafi**… pareil, même un marin expérimenté ne parviendrait pas à rallier les côtes corses. **3** La légende voudrait qu'autrefois, les bergers confectionnaient des **flûti**… avec des tiges de **sur**… . **4** En cas de forte houle, mieux vaut verrouiller les **hubl**… du navire. **5** On dit que le rein a la forme d'un **haric**…, et inversement ! **6** Les villes de Nantes et de Carpentras revendiquent toutes deux la paternité du **berling**…, ce bonbon si caractéristique. **7** Au **lot**…, on a une chance sur dix-neuf millions de trouver les six bons **numér**… : c'est vraiment peu !

60 **Copiez les phrases en les complétant par des mots homonymes des mots entre parenthèses.**
★★

1 **(tôt)** Le … de rémunération du livret de la Caisse d'épargne vient d'être porté à 2 %. **2** **(l'eau)** Ce commerçant vient de recevoir un … de chaussures de sport. **3** **(héraut)** Benjamin Malaussène est le … de nombreux romans de Daniel Pennac. **4** **(écho)** Lorsque ces cinq amis organisent un pique-nique, chacun paie son … . **5** **(chaux)** L'expression « peu me … » ? vient de l'ancien verbe « chaloir » et signifie « peu m'importe ». **6** **(faut)** Une calculatrice ne donne un résultat … que si on ne saisit pas les bons chiffres. **7** **(clot)** Le … de la Chize donne un cru réputé, à consommer avec modération, bien sûr. **8** **(tarot)** Le … est une plante tropicale dont les tubercules sont comestibles.

61 **Copiez les phrases en les complétant par des noms de même famille que les mots entre parenthèses.**
★★

1 **(l'espérance)** Le docteur Zamenhof a créé l'… pour que tous les hommes parlent la même langue. **2** **(la souris)** La morale de la fable « Le cochet, le chat et le … » indique qu'il ne faut pas juger les gens sur leur mine. **3** **(traîner)** En hiver, les Lapons se déplacent en … . **4** **(déposer)** Au fond de certaines bouteilles de sirop, on trouve parfois un … de sucre. **5** **(comploter)** Le 20 juillet 1944, un … de militaires hostiles à Hitler échoua malheureusement ; sa réussite aurait peut-être changé le cours de l'Histoire. **6** **(la cargaison)** Un … moderne peut transporter plus de mille conteneurs. **7** **(la côte)** Monsieur Bazin a bâti sa maison sur un … dominant la vallée.

62 **Trouvez les noms – terminés par le son [o] – dont voici les définitions telles qu'on les trouve dans les mots croisés.**
★★★

1 Mammifère marin souvent confondu avec la baleine. → **le c…**
2 S'oppose très souvent au recto ! → **le v…**
3 Surnom péjoratif donné par les catholiques aux protestants. → **les h…**
4 Il paraît que la gourmandise en est un petit… → **un d…**
5 Ceux en or fréquentent les coffres-forts ! → **les l…**
6 Dans un village, maisons à l'écart du bourg. → **un h…**
7 Ils se ressemblent tellement qu'on peut les confondre. → **les j…**
8 Ses mâchoires serrent les pièces métalliques. → **l'é…**

VOCABULAIRE

› un lumbago › un ghetto › du sorgho › un lamparo › un brasero › du curaçao
› un arbrisseau › le renouveau › un jouvenceau › un panonceau › un hobereau
› le culot › un magot › un sanglot › un brûlot › un asticot › un javelot › un garrot

13 LES NOMS TERMINÉS PAR LE SON [ɛ]

1 **Les noms masculins terminés par le son [ɛ]** s'écrivent souvent « **-et** ».
le maill**et** – le budg**et** – un cheval**et** – un cabar**et** – un bosqu**et**
Mais il existe d'autres terminaisons qu'il faut connaître.
« **-ai** » → le miner**ai** – le bal**ai**
« **-ais** » → le pal**ais** – le mar**ais**
« **-ès** » → le déc**ès** – le congr**ès**
« **-ait** » → le forf**ait** – le l**ait**
« **-ect** » → le resp**ect** – l'asp**ect**
« **-ey** » → le jock**ey** – le pon**ey** – le troll**ey**
« **-ay** » → le tramw**ay** – le fair-pl**ay**
Beaucoup de noms de langues, de régions et d'habitants se terminent par « **-ais** ».
le polon**ais** – le Nivern**ais** – les Irland**ais**
On peut parfois trouver les lettres muettes finales avec un mot de la même famille dans lequel ces lettres sont prononcées.
le lait → la lai**t**erie   le respect → respe**ct**er

2 **Les quelques noms féminins terminés par le son [ɛ]** s'écrivent « **-aie** ».
la cr**aie** – la pl**aie** – la b**aie**
Exceptions : la p**aix** – la for**êt**
Beaucoup de lieux plantés d'arbres (ou d'arbustes) sont des noms féminins terminés par « **-aie** ».
l'oliver**aie** – la bananer**aie** – l'oranger**aie** – la palmer**aie**

POUR ALLER PLUS LOIN

- Les noms en « **-ey** » et « **-ay** » sont des emprunts à la langue anglaise, sauf le gam**ay** (nom d'un cépage).
- Les écritures « **-ay** » et « **-ey** » terminent de nombreux noms propres.
Vézel**ay** – Bomb**ay** – Duvern**ay** – Disn**ey** – Lyaut**ey** – Hallyd**ay**
le Dahom**ey** – le Paragu**ay**

63 **Copiez les phrases en complétant les noms terminés par le son [ɛ].**
*
1 Un **exc**… de précipitation a fait échouer l'arrimage de la nacelle de la montgolfière. **2** L'épandage massif d'**eng**… entraîne parfois une pollution des nappes phréatiques. **3** En raison d'une panne informatique, les contribuables bénéficieront d'un **dél**… pour rédiger leur déclaration de revenus. **4** On ignore toujours les circonstances exactes du **déc**… du chanteur américain Michael Jackson. **5** Le **gen**… est une plante caractéristique des landes bretonnes. **6** Les écoliers romains écrivaient sur des tablettes de cire à l'aide d'un **styl**… . **7** Une sauce tomate accompagne les **beig**… de courgettes.

64 **Complétez ces noms terminés par le son [ɛ].**

1 un laqu… **2** du mugu… **3** une cocoter… **4** un souh… **5** un forf… **6** un cabar… **7** une fut… **8** un coffr… **9** un cors… **10** un ét… **11** un for… **12** le gr… **13** un attr… **14** un broch… **15** un progr… **16** un arch… **17** un cheval… **18** un rembl… **19** un maill… **20** un orgel…

65 **Copiez les phrases en plaçant les noms, terminés par le son [ɛ], que vous aurez complétés.**

menu… – corn… – j… – cypr… – bol… – poign… – pal… – jarr… – succ… – h… – for… – congr… – jock…

1 La représentation d'*Andromaque* par les comédiens du Théâtre de l'Odéon fut un franc … . **2** Monté sur *Belle des Champs*, ce … a franchi la ligne d'arrivée avec cinq longueurs d'avance. **3** Karin n'a qu'une petite faim ; il se contentera d'un … de frites. **4** Les Alsaciens ne conçoivent pas une bonne choucroute sans un … de porc. **5** Avec un … de plus de quatre-vingts mètres, le lanceur de javelot finlandais enlève la médaille d'or. **6** Le … était la danse en vogue à la cour du Roi-Soleil. **7** Le … des festivals accueille un … de médecins ophtalmologistes. **8** Une … de … protège les plantations de tomates du mistral. **9** Si vous voulez cueillir de savoureux …, rendez-vous dans la … de Tramayes. **10** Le scaphoïde est l'os du … le plus fragile.

66 **Copiez les phrases en les complétant avec des noms, terminés par le son [ɛ], de la même famille que les mots entre parenthèses.**

1 **(faire)** Les … sont là : il n'y a pas d'autre solution que de refaire tous les calculs. **2** **(retirer)** Mme Vernay effectue un … d'argent au distributeur proche de chez elle. **3** **(le bras)** Pour son anniversaire, Jennifer a reçu un splendide … en argent. **4** **(la boule)** Les galériens de jadis avaient un … attaché à leur cheville. **5** **(lacer)** Avant d'entrer sur le terrain, les joueurs vérifient la solidité des nœuds de leurs … . **6** **(rejeter)** La greffe de la peau de ce grand brûlé a réussi ; il n'y a pas eu de … . **7** **(attirer)** L'île de Zanzibar exerce un … particulier ; te plairait-il d'y aller ? **8** **(un sac)** Placé dans une armoire, un … de lavande parfume agréablement le linge. **9** **(le couple)** Le premier … de *La Marseillaise* est le plus connu ; mais la version officielle en compte sept !

67 **Copiez les phrases en complétant les noms terminés par le son [ɛ].**

1 Lors de son séjour à Bora Bora, M. Sarnin a nagé parmi les **r…** léopards ; elles sont inoffensives. **2** Modigliani a peint de nombreux **portr…** féminins. **3** À l'occasion de la fête des Mères, Sarah offre un **bouqu…** d'**œill…** à sa maman. **4** Qui se cachait derrière le *Masque de fer*, enfermé au **secr…** dans le château de Pignerol ? **5** Tous les élèves du collège ont un **carn…** de correspondance. **6** Le **proc…** des principaux responsables nazis se déroula à Nuremberg à l'issue de la Seconde Guerre mondiale. **7** Vous devez, bien entendu, le **respe…** aux personnes âgées. **8** Sans soins, cette **pl…** risque de s'infecter. **9** Seuls les emprunteurs dont les ressources sont faibles peuvent obtenir un **pr…** sans **intér…** .

VOCABULAIRE

› un budget › un flageolet › un ricochet › un décret › un quolibet › un chai › un geai

14 Les noms terminés par le son [e]

1 Beaucoup de noms masculins terminés par le son **[e]** s'écrivent « **-er** ».
le papier – le danger – l'épervier – un loyer
Ce sont assez souvent des noms de métiers ou d'arbres :
→ *un boucher – un pompier – un routier – un serrurier*
→ *un framboisier – un cerisier – un rosier – un olivier*
Mais comme il existe d'autres terminaisons, il est prudent de consulter un dictionnaire :
- « **-é** » → *un traité – le marché – le karaté*
- « **-ée** » → *un lycée – un mausolée – un scarabée*
- « **-ez** » ou « **-ed** » → *le nez – le pied – le trépied – le marchepied*

2 Les noms féminins terminés par le son **[e]** s'écrivent « **-ée** ».
une arrivée – la vallée – la purée – une poupée
Exceptions :
- *la clé* (qui peut aussi s'écrire *la clef*) – *l'acné – une psyché*
- la plupart des noms terminés par « **-té** » ou « **-tié** ».

3 Les noms féminins terminés par « **-té** » ou « **-tié** » s'écrivent sans « **e** ».
la bonté – la liberté – la santé – l'amitié
Exceptions :
- *la dictée – la montée – la remontée – la jetée – la portée – la butée – la pâtée*
- les noms qui indiquent un contenu : *une brouettée de sable*

POUR ALLER PLUS LOIN

- Certains participes passés sont employés comme noms.
un corrigé – un énoncé – un déboulé – un soufflé – un traité
- Certains sont employés au masculin ou au féminin.
un(e) réfugié(e) – un(e) employé(e) – un(e) accusé(e)
- Il ne faut pas confondre *la pâtée* du chien (nom féminin) qui fait exception à la règle des noms féminins en « **-té** » ou « **-tié** », et *le pâté* (nom masculin).

68 **Complétez ces noms terminés par le son [e].**

*

1 le corrig…	**8** la remont…	**15** la mosqu…	**22** un clich…
2 un troph…	**9** un procéd…	**16** le goût…	**23** une racl…
3 une azal…	**10** une bouch…	**17** la mar…	**24** le gibi…
4 un luthi…	**11** une arm…	**18** la gel…	**25** le scaphandri…
5 une bou…	**12** la fidélit…	**19** la fermet…	**26** une all…
6 la volont…	**13** le caf…	**20** le doigt…	**27** la gaiet…
7 un souffl…	**14** la journ…	**21** la parit…	**28** un chimpanz…

69 **Écrivez les noms terminés par [e] correspondant à ces verbes. Vous ajouterez un complément du nom.**

Exemple : renommer → la renommée d'un écrivain

1 tourner	**5** traverser	**9** ruer	**13** déléguer	**17** énoncer
2 fumer	**6** geler	**10** résumer	**14** défiler	**18** dicter
3 penser	**7** échapper	**11** rentrer	**15** monter	**19** obscurcir
4 feuilleter	**8** crier	**12** veiller	**16** tracer	**20** assembler

70 **Copiez les phrases en les complétant avec des noms terminés par le son [e].**

1 Pour tracer les **côt**... de ce **carr**..., utilisez une équerre et un compas. **2** Un **romanci**... doit toujours avoir une **id**... nouvelle ; c'est son **méti**... . **3** La **qualit**... des **antiquit**... exposées dans ce **mus**... est indéniable. **4** Le **foy**... d'une **chemin**... doit être régulièrement nettoyé de ses cendres. **5** Le **plombi**... a perdu la **cl**... de son **ateli**... ; il cherche un **serruri**... . **6** Dans cette auberge, on peut manger une **pot**... aux choux ou un petit **sal**... aux lentilles. **7** Près de l'**entr**... du préau du collège, l'intendance a installé plusieurs **rang**... de **casi**... pour que les élèves y placent leurs livres et leurs **cahi**... . **8** Le **bijouti**... du **quarti**... expose des **colli**... d'une **beaut**... exceptionnelle. **9** Une **sociét**... vient d'installer des éoliennes pour produire de l'**électricit**... sans émission de gaz polluants. **10** À l'école des **sorci**..., la **spécialit**... de Rogue, ce sont les potions. **11** La **chauss**... enneigée sera dégagée dans la **matin**... . **12** Avec une **pinc**... de sel, ce **velout**... de champignons sera délicieux. **13** Le **caissi**... est en **cong**... ; contre une **indemnit**..., son collègue le remplace.

71 **Transformez les groupes nominaux selon l'exemple.**

Exemple : une histoire réelle → la réalité d'une histoire

1 une personne timide	**6** une énigme difficile	**11** une grave décision
2 un pays pauvre	**7** une terre fertile	**12** un animal vif
3 un document légal	**8** un emploi stable	**13** une mode nouvelle
4 un manuscrit rare	**9** un caractère ferme	**14** un sol inégal
5 une entrée gratuite	**10** une pièce humide	**15** un artisan méticuleux

72 **Trouvez les qualités, ou les défauts, dont voici les définitions qui se terminent par le son [e].**

1 Posséder une raison saine et claire. → **la lu**...
2 Croire tout ce qu'on dit. → **la cr**...
3 Faire souffrir de manière impitoyable. → **la cr**...
4 Entreprendre sans réflexion et sans prudence. → **la té**...
5 Aimer autrui comme son frère. → **la fr**...
6 Être toujours à l'heure en toutes circonstances. → **la po**...
7 Chercher à tout savoir. → **la cu**...
8 Être dépourvu de distinction et de délicatesse. → **la vu**...

VOCABULAIRE

› la majorité › l'exiguïté › la sérénité › la solennité › l'hilarité › l'impartialité
› un passager › un étranger › un horloger › un plancher › un greffier › un bouclier
› un cétacé › un dégradé › un cervidé › un préjugé › un panaché › un débauché

15 Les noms terminés par les sons [u] (ou) et [wa] (oi)

1 **Les quelques noms féminins** terminés par le son [u] s'écrivent « **-oue** ».
la j**oue** – la h**oue** – la gad**oue**
Exception : la t**oux**

2 **Les noms masculins** terminés par le son [u] s'écrivent souvent « **-ou** ».
l'acaj**ou** – un ch**ou** – le bamb**ou**
Mais il existe d'autres terminaisons et il est prudent de consulter un dictionnaire en cas de doute.
l'at**out** – le courr**oux** – le l**oup** – le p**ouls** – un burn**ous** – le c**oût**
Les noms masculins terminés par « **-ou** » font leur pluriel en « **-s** », hormis sept noms :
les bij**oux** – les caill**oux** – les ch**oux** – les gen**oux** – les hib**oux** – les jouj**oux** – les p**oux**

3 **Les noms féminins** terminés par le son [wa] s'écrivent souvent « **-oie** ».
la pr**oie** – la j**oie** – une **oie**

4 **Les noms masculins** terminés par le son [wa] s'écrivent souvent « **-oi** ».
le renv**oi** – le désarr**oi** – l'octr**oi**
Mais il existe d'autres terminaisons pour les noms masculins et féminins :
- « **-oi** » → la par**oi** – la f**oi**
- « **-oix** » → la v**oix** – la p**oix**
- « **-oie** » → le f**oie**
- « **-oigt** » → le d**oigt**
- « **-ois** » → une f**ois** – un cham**ois**
- « **-oit** » → le dr**oit** – un expl**oit**
- « **-oid** » → le fr**oid**
- « **-oids** » → le p**oids**

POUR ALLER PLUS LOIN

- Un certain nombre de noms d'habitants se terminent par « **-ois** ».
un Chin**ois** – un Niç**ois** – un Dan**ois** – un Champen**ois**

73 Complétez les noms terminés par le son [u].

*

1 ne pas marcher dans la **b**... sans bottes
2 verser l'eau de vaisselle dans l'**ég**...
3 être pris dans un **rem**... du torrent
4 boucher un **tr**... avec du plâtre
5 arracher un **cl**... avec des tenailles
6 desserrer l'**écr**... de la **r**... avant
7 pousser le **verr**... du portail
8 se placer à la **pr**... du navire
9 être exact au **rendez-v**... fixé
10 apprécier le **g**... d'une quiche
11 porter un **bij**... en argent
12 sucer un **cach**... à la réglisse

74 Écrivez le nom des habitants de ces pays, de ces villes ou de ces régions.

*

Exemple : Reims → un Rémois

1 la Suède
2 Lille
3 la Hongrie
4 Vienne
5 Saint-Étienne
6 Grenoble
7 l'Ariège
8 Dax
9 le Bénin
10 Brest

75 Complétez les noms terminés par le son [wa].

*

1 respecter la **l**… en toutes occasions
2 mettre une **n**… de beurre sur le rôti
3 placer des flèches dans un **carqu**…
4 suivre un **conv**… de camions
5 allumer un feu de **b**…
6 avoir un belle **v**… de soprano
7 déguster des petits **p**…
8 doubler un **p**… lourd
9 mettre une **cr**… dans la bonne case
10 remporter un **tourn**…

76 Copiez les phrases en complétant les noms terminés par le son [u].

**

1 Le **red**… inquiète les responsables de la station de La Clusaz ; on va bientôt skier sur les **caill**… . 2 Le hamster garde une partie de sa nourriture dans ses **baj**… .3 Marius prétend qu'il n'y a rien de meilleur qu'une soupe au **pist**… . 4 M. Guigon s'inquiète du **c**… des travaux dans son appartement ; le devis initial est dépassé. 5 Connaissez-vous le **gn**…, cet animal qui a l'aspect à la fois d'un jeune buffle et d'un cheval ? 6 Le **courr**… de Jupiter était terrible ; il déclenchait la foudre pour une peccadille. 7 Les mineurs redoutaient par-dessus tout les **c**… de **gris**…, un gaz souterrain très inflammable. 8 Un mystérieux **marab**… africain prétend envoûter vos ennemis, moyennant finances, bien sûr !

77 Copiez les phrases en complétant les noms terminés par le son [wa].

**

1 L'**ém**… provoqué par l'assassinat du pasteur Martin Luther King fut réel aux États-Unis et dans le monde. 2 Si vous mangez trop de chocolat, vous pouvez être victime d'une crise de **f**… . 3 Le **pat**… bressan n'est plus parlé que par quelques personnes âgées. 4 Les conseils de M. Guyon sont toujours de bon **al**… . 5 Les frais d'**env**… ne sont pas compris dans le prix de cet appareil commandé par correspondance. 6 Le **m**… de septembre est celui de la rentrée des classes. 7 Mme Savet est à la recherche d'un **empl**… de secrétaire. 8 Les **r**… francs étaient hissés par leurs sujets sur un **pav**…, un énorme bouclier.

78 Trouvez les noms – terminés par le son [u] – dont voici les définitions telles qu'on les trouve dans les mots croisés.

**

1 Un animal sauteur qui ne vit qu'en Australie. → **le kan**…
2 La graisse du porc fondue. → **le sain**…
3 Articulation située entre la jambe et la cuisse. → **le g**…
4 Ample tunique colorée portée par les Africaines. → **le bou**…
5 Arbuste aux feuilles épineuses d'une belle couleur verte. → **le h**…
6 Individu peu recommandable, capable de mauvaises actions. → **un vo**…

79 Trouvez les noms – terminés par le son [wa] – dont voici les définitions telles qu'on les trouve dans les mots croisés.

**

1 Ses tuiles recouvrent la maison. → **le t**…
2 Si elle est ferrée, les trains peuvent circuler. → **la v**…
3 Celui qui bat un record en réalise un. → **un ex**…
4 Celle du ventilateur d'un moteur doit toujours être tendue. → **la cou**…
5 Petit poisson de mer que l'on consomme mariné et salé. → **l'anch**…

VOCABULAIRE

› un burnous › le dessous › un avant-goût › un époux › boire tout son saoul (soûl)
› un chamois › un putois › l'octroi › de bon aloi › la lamproie › être de guingois

16 LES NOMS TERMINÉS PAR LE SON [ɑ̃s]

Les mots terminés par le son [ɑ̃s] sont des **noms féminins** souvent abstraits. Ils désignent une qualité, une action ou son résultat. Deux orthographes dominent.

1 **Le son [ɑ̃s]** s'écrit « **-ance** ».
Ces noms sont construits à partir d'un adjectif se terminant par « **-ant** »,
*élégant → l'élég**ance** ; arrogant → l'arrog**ance***
ou du participe présent d'un verbe.
*croire → croyant → la croy**ance** ;*
*se méfier → se méfiant → la méfi**ance***

2 **Le son [ɑ̃s]** s'écrit « **-ence** ».
Ces noms sont formés à partir d'un adjectif se terminant par « **-ent** »,
*décent → la déc**ence** ; prudent → la prud**ence***
ou d'un verbe.
*exiger → l'exig**ence** ; préférer → la préfér**ence***

3 Trois autres orthographes, **beaucoup plus rares**, sont possibles :
- « **-anse** » → *une p**anse** – la d**anse** – la tr**anse** – une g**anse***
- « **-ense** » → *une dép**ense** – une off**ense** – une disp**ense***
- « **-ens** » → *le s**ens***

POUR ALLER PLUS LOIN

Seuls deux mots terminant par le son [ɑ̃s] sont **masculins** :
le silence – le sens.

80 ★★ **Modifiez le suffixe de ces verbes pour en faire des noms se terminant par le son [ɑ̃s].**

1 souffrir **2** offenser **3** espérer **4** nuire **5** résider **6** croire **7** voir **8** préférer **9** présider **10** affluer **11** différer **12** venger **13** dévier **14** confier **15** insister **16** défaillir **17** ressembler **18** appartenir **19** descendre **20** exister **21** prévenir **22** endurer **23** somnoler **24** survivre **25** présider

81 ★★ **Transformez ces mots pour former des noms se terminant par le son [ɑ̃s]. Vous pouvez modifier le radical et/ou ajouter un préfixe (con- ; sur- ; in- ; mé-).**

Exemple : *soucier → l'in-souci-ance*

1 concourir **2** dire **3** veiller **4** venir **5** choir **6** seoir **7** audible **8** croître **9** (se) fier **10** savoir **11** pertinent **12** indépendant **13** défendu **14** puissant **15** clément **16** consistant **17** patient **18** l'incident **19** (se)soucier **20** alterner

82 Remplacez les noms en gras par un synonyme se terminant par le son [ɑ̃s].

★★★

1 L'**atmosphère** (l'am…) qui règne dans cette réunion est très tendue. **2** Le plâtrier a changé les **carreaux** (faï…) de la salle de bains. **3** Tout petit déjà, Martial éprouvait du **dégoût** (de la répu…) pour les huîtres. **4** La danseuse enchaîne les entrechats avec beaucoup de **facilité** (d'ais…). **5** L'**aide** (L'assi…) de mon frère lorsque j'ai installé ce logiciel m'a été précieuse. **6** Même muets, les deux amis ne cessaient d'échanger des signes de **complicité** (conni…). **7** La carrière de cette jeune actrice est compromise par la **banalité** (l'insi…) de son visage. **8** La **gentillesse** (la bien…) de Farida charme tous ceux qu'elle rencontre.

83 Copiez les phrases et complétez-les par un nom terminé par le son [ɑ̃s] de la même famille que le mot entre parenthèses.

★★★

1 (danseur) M'accorderez-vous cette … ? **2 (science)** La … d'avoir commis une faute tourmenta Rachid toute la soirée. **3 (conférer)** On calcule la … d'un cercle en multipliant son diamètre par le nombre π. **4 (déambuler)** Alertés par la sirène de l'…, les automobilistes se rangèrent sur le côté de la rue. **5 (outrer)** L'… de cette caricature est telle qu'on ne reconnaît pas la personne représentée. **6 (vrai)** La déposition de ce suspect contient de nombreuses … . **7 (jouir)** La … que lui avait procurée ce repas émut monsieur Gossot pendant des semaines.

84 Copiez les phrases en les complétant par des noms se terminant par le son [ɑ̃s].

★★★

1 Les États-Unis d'Amérique ont acquis leur **ind**… le 4 juillet 1776. **2** On ignore les **cir**… de l'incendie qui a détruit une partie de la forêt. **3** Avec beaucoup de **pers**…, vous parviendrez à maîtriser le fonctionnement de cet ordinateur. **4** La **déc**… de l'Empire romain a certainement débuté avec le règne de Néron. **5** L'alcool et le tabac sont des **sub**… qui altèrent la santé. **6** À la mort du roi Louis XIV, c'est Philippe d'Orléans qui assura la **rég**… du royaume de **Fr**… pendant huit ans.

85 Copiez les phrases en transformant l'adjectif en gras en nom.

★★★

Exemple : Nathan est profondément choqué par ces propos malveillants.
→ La malveillance de ces propos choque profondément Nathan.

1 Je suis ravie par mes **excellentes** notes en mathématiques. **2** Tu es indigné par cette tenue **indécente**, à juste raison d'ailleurs. **3** Les enquêteurs sont troublés par les paroles **incohérentes** du principal témoin. **4** Le moniteur de l'auto-école est enchanté par la conduite **prudente** de son élève. **5** Les spectateurs sont agacés par le ton **grandiloquent** de cet acteur. **6** Quand on écrit, il ne faut pas négliger le rôle **important** de la ponctuation. **7** Les jeunes lecteurs sont enthousiasmés par les héros **vaillants**. **8** Victoria est déçue par l'attitude **arrogante** de Stéphanie. **9** Le journaliste est déconcerté par la réponse **ambivalente** de cet homme politique.

VOCABULAIRE

› la persévérance › la convenance › l'intendance › la constance › la délinquance
› l'impertinence › l'intelligence › l'éloquence › l'apparence › la véhémence
› la défense › l'offense › la dépense › la récompense › l'anse › la panse › la danse

17 Les noms terminés par le son [sjɔ̃]

L'écriture du son final [sjɔ̃] est une des difficultés majeures de l'orthographe lexicale. On ne peut que dégager quelques tendances.

1 La **très grande majorité des noms** terminés par le son [sjɔ̃] s'écrivent « **-tion** ».
*la concep**tion** – l'atten**tion** – l'indiscré**tion** – la voca**tion** – la révolu**tion** – l'adop**tion***
Après la consonne « **s** », l'écriture « **-tion** » se prononce [sjɔ̃].
*la ques**tion** – la diges**tion** – la combus**tion***

2 Il existe d'autres terminaisons :
– « **-sion** » → *la pen**sion** – l'aver**sion** – la distor**sion** – l'émul**sion***
Après les consonnes « **l** » et « **r** », on écrit généralement « **-sion** ».
*la répul**sion** – la convul**sion** – l'expul**sion** – l'immer**sion** – la disper**sion** – la conver**sion** – la propul**sion***
Exceptions : *l'asser**tion** – la déser**tion** – l'inser**tion** – la por**tion***
– « **-ssion** » → *l'admi**ssion** – la retransmi**ssion** – la répre**ssion***
– « **-xion** » → *la conve**xion** – la réfle**xion** – l'interconne**xion***
– « **-cion** » → *la suspi**cion***
– « **-ccion** » → *la su**ccion***
– « **-scion** » → *un **scion***
– « **-xtion** » → *l'immi**xtion***

POUR ALLER PLUS LOIN

- Précédée d'une voyelle, l'écriture « **-sion** » se prononce [zjɔ̃].
*la révi**sion** – l'occa**sion** – l'adhé**sion** – l'éclo**sion***

86 **Copiez les phrases en complétant les noms terminés par le son [sjɔ̃].**
★★
1 L'**hyperten**... artérielle peut entraîner de graves complications cardiaques. **2** Le chanteur a quitté la scène sous les **ova**... du public. **3** Les parents de Ludovic ont réglé la demi-**pen**... pour le premier trimestre de l'année scolaire. **4** Les enquêteurs ne croient pas la **ver**... des faits du principal témoin. **5** Pour jouer le rôle de Rodrigue, ce comédien a travaillé sa **dic**... . **6** On dit parfois que la réalité dépasse la **fic**... . **7** Le frère de Salvatore a réussi son brevet avec la **men**... « bien ». **8** Les **vibra**... du marteau-piqueur fatiguent énormément les ouvriers. **9** L'**attribu**... des places sur la grille de départ du Grand Prix de Monaco donne lieu à une farouche empoignade entre les pilotes. **10** Il ne faut pas confondre une **irrup**... de boutons et une **érup**... volcanique ; les conséquences ne sont pas les mêmes ! **11** En négociant avec le vendeur de chaussures, madame Liaudet obtient une **réduc**... importante. **12** L'**omi**... de la **ponctua**... peut parfois modifier totalement le sens d'une phrase ou entraîner des quiproquos.

87 Écrivez les noms terminés par [sjɔ̃] correspondant à ces verbes. Vous ajouterez un complément du nom.

★★

Exemple : éduquer → l'**éducation** des enfants

1 accéder **2** émettre **3** réduire **4** annexer **5** rédiger **6** appréhender **7** compresser **8** suspendre **9** succéder **10** permettre **11** oxyder **12** recevoir **13** aérer **14** polluer **15** fabriquer **16** louer **17** punir **18** lacérer **19** varier **20** situer **21** immigrer **22** émaner **23** estimer **24** comprendre **25** séparer

88 Copiez les phrases en complétant les noms terminés par le son [sjɔ̃].

★★

1 En 1981, les députés français ont voté l'**aboli**... de la peine de mort. **2** La **tradi**... veut que le roi Carnaval soit brûlé au soir du dernier jour des festivités. **3** Cet été, nous avons prévu une **excur**... au Mont-Saint-Michel. **4** La **forma**... du pluriel des noms terminés par « -ou » compte sept **excep**... ; les connaissez-vous ? **5** Désormais, toutes les **profe**... peuvent être exercées indifféremment par des hommes ou des femmes. **6** Lorsque l'alarme incendie du collège a retenti, l'**évacu**... des élèves s'est effectuée dans le calme ; ce n'était qu'un exercice. **7** Au moment de choisir l'itinéraire à suivre, il y a eu quelques **dissen**... au sein du groupe. **8** Pour pénétrer dans l'étroit boyau, le spéléologue effectue maintes **contor**..., car son équipement freine sa **progre**... . **9** La municipalité a prévu la **recon**... des locaux de l'ancienne usine textile en centre culturel. **10** Les députés ont voté de nombreuses lois lors de la dernière **se**... de l'Assemblée nationale.

89 Écrivez les noms terminés par [sjɔ̃] correspondant à ces adjectifs. Vous ajouterez un complément du nom.

★★

Exemple : ambitieux → l'**ambition** des hommes politiques

1 convexe **2** nourrissant **3** régressif **4** séduisant **5** exempt **6** déçu **7** sélectif **8** direct **9** déduit **10** attentif **11** promu **12** perdu **13** progressif **14** obsédé **15** convertible **16** tordu **17** imprimé **18** intuitif **19** inventif **20** ému **21** fluctuant **22** répétitif **23** coloré **24** aberrant **25** expéditif **26** libre **27** appréciable **28** admis **29** acclamé **30** réglable

90 Trouvez les noms – terminés par le son [sjɔ̃] – correspondant à ces définitions.

★★

1 En cours de français, elle peut être écrite ou orale. → **l'ex...**
2 Celle des agents secrets est parfois complexe. → **la mi...**
3 Radioactives, elles sont extrêmement dangereuses. → **les ém...**
4 Une ligne de métro en compte plusieurs. → **des st...**
5 L'ensemble des incisives, des canines et des molaires. → **la de...**
6 La longueur et la largeur d'un rectangle. → **les di...**
7 La part que chaque adhérent d'une association paie. → **la coti...**
8 Si elle est bonne, elle permet d'économiser de l'énergie. → **l'is...**

VOCABULAIRE

› la subversion › l'extension › la propension › l'incursion › l'extorsion
› la digression › la scission › la rémission › la procession › la transgression
› la déposition › la corruption › la proportion › une suggestion › l'exhibition

18 Les mots terminés par les sons [sjɛl], [sjɛ̃], [sjal], [sjø]

1 **Les noms et adjectifs** terminés par le son [sjɛl] s'écrivent « **-ciel** » ou « **-tiel** ».
*indi**ciel** – préjudi**ciel** – pestilen**tiel** – différen**tiel***
Au féminin, les adjectifs doublent le « l ».
*une question préjudicie**lle** – une odeur pestilentie**lle***

2 **Les noms et adjectifs** terminés par le son [sjɛ̃] s'écrivent « **-cien** », « **-tien** », « **-ssien** », exceptionnellement « **-sien** ».
*un statisti**cien** – un livre an**cien***
*un mar**tien** – un temple égyp**tien***
*un parois**sien** – un chalet juras**sien***
*les os tar**siens** (des os du pied)*

3 **Les adjectifs** terminés par le son [sjal] (peu nombreux) s'écrivent « **-cial** » ou « **-tial** ».
*solsti**cial** – médico-so**cial** – mar**tial** – abba**tial***
Au féminin, ces adjectifs ne doublent pas le « l ».
*une fête solsticia**le** – une église abbatia**le***
Au pluriel, ces adjectifs se terminent par « **-aux** ».
*des centres médico-soci**aux** – des airs marti**aux***

4 **Les adjectifs** terminés par le son [sjø] s'écrivent « **-cieux** » ou « **-tieux** ».
On écrit « **-cieux** » quand l'adjectif est formé à partir d'un nom terminé par « **-ce** » ou « **-ci** ».
*l'avarice → avari**cieux*** *le silence → silen**cieux***
On écrit « **-tieux** » quand l'adjectif est formé à partir d'un nom terminé par « **-tion** » ou « **-tie** ».
*la prétention → préten**tieux*** *la facétie → facé**tieux***

91 **Copiez les phrases en complétant les mots terminés par le son [sjɛl].**
★★
1 Après l'obtention de son CAP de charpentier, Jimmy a trouvé un emploi à temps **par**… . **2** Les résultats **offi**… des élections législatives seront proclamés dans la soirée. **3** Le conseiller d'orientation présente à l'ensemble des élèves intéressés un **référen**… des métiers de la restauration. **4** Sur ce site, vous trouverez **l'essen**… des informations concernant votre prochain voyage aux Açores. **5** L'entraîneur de ce club de football estime que Yohan et Farid ont un énorme **poten**… de progression. **6** La vente de téléphones portables a connu une progression **exponen**… au début du XXIe siècle. **7** Une pluie **torren**… s'est abattue sur la petite ville de Charlieu, provoquant des inondations catastrophiques. **8** Le lac **artifi**… de Sainte-Croix, alimenté par le Verdon, est utilisé pour les écopages des Canadairs lors des incendies de forêt. **9** Les brûlures, même **superfi**…, peuvent s'infecter si elles ne sont pas soignées correctement.

92 Écrivez les mots de la même famille que les noms entre parenthèses.

★★

1 (l'astuce) Seul un raisonnement ... vous permettra de résoudre ce problème. **2 (l'ambition)** Construire le viaduc de Millau, c'était un projet ... . **3 (l'infection)** Dans les pays pauvres, les maladies ... font des ravages parmi les jeunes enfants. **4 (la grâce)** Comme les gestes de cette danseuse sont ... ! **5 (la milice)** Pendant l'Occupation du territoire français, des ..., au service de l'ennemi, ont traqué les résistants. **6 (l'espace)** Cette entreprise en pleine expansion devra s'installer dans des locaux plus ... que ceux où elle se trouve actuellement. **7 (la pharmacie)** Madame Rufin tend son ordonnance au ... . **8 (la substance)** Les heureux gagnants du dernier tirage du loto se partageront une somme ... . **9 (la sentence)** Le gourou s'adresse à ses rares fidèles sur un ton ... .

93 Copiez les phrases en complétant les adjectifs terminés par le son [sjal].

★★

1 Le premier vol **sp**... fut réalisé par Youri Gagarine, en 1961. **2** Un centre **co**... s'est installé à la périphérie de la ville. **3** Le gouvernement d'Afrique du Sud pratiqua une politique **ra**... pendant plusieurs décennies. **4** À l'écoute d'un récit aussi extravagant, la réaction **ini**... des enquêteurs fut l'incrédulité. **5** Certains prétendent que la vie **pro**... est beaucoup plus calme que la vie parisienne. **6** Au moment **cru**..., le parachutiste eut un instant d'hésitation, mais, courageusement, il s'élança dans le vide. **7** Un silence **gla**... accueillit l'annonce de la démission du président du club de badminton. **8** Ce service **so**... œuvre sans relâche pour aider les personnes handicapées.

94 Copiez les phrases en complétant les mots comme il convient.

★★★

1 Einstein, le plus célèbre des **physi**..., avait l'esprit fort **mali**... ; il se fit photographier tirant la langue. **2** L'ingénieur donne de **judi**... conseils aux **techni**... chargés de monter les moteurs de ce nouvel avion. **3** Les personnes **supersti**... se rendent parfois chez les **cartoman**..., persuadées qu'elles leur prédiront un avenir radieux. **4** Ce **musi**... prend le plus grand soin de son violon, un instrument **pré**..., confectionné par le célèbre luthier italien Stradivarius. **5** Ce joueur d'échecs est un fin **tacti**... ; il déjoue les pièges les plus **vi**... . **6** Ce **logi**... est bien **capri**... : même les meilleurs **informati**... ne parviennent pas à le maîtriser. **7** Ce sont les **Phéni**... qui ont inventé l'écriture alphabétique. **8** Les grenouilles et les crapauds sont les plus connus et les plus communs des **batra**... .

95 Trouvez les adjectifs correspondant à ces définitions.

★★★

1 Un arbitre doit l'être en toutes circonstances. → **un arbitre im**...
2 Chez les oiseaux, ce vol précède l'accouplement. → **un vol nu**...
3 Une paralysie des muscles de la face. → **une paralysie fa**...
4 Il prétend tout savoir sur tout ! → **un homme pré**...
5 Un choix qui se révèlera le bon. → **un choix jud**...
6 Un message réservé à son seul destinataire. → **un message confi**...

VOCABULAIRE

› un opticien › un électricien › un diététicien › un polytechnicien › un généticien
› un Vénitien › un Martien › un Tahitien › un Laotien › un Capétien › un Haïtien
› judicieux › licencieux › irrévérencieux › fallacieux › pernicieux

19 Les noms terminés par les sons [œR] et [waR]

1 **Les noms – masculins et féminins –** terminés par le son [œR] s'écrivent « **-eur** ».

un acteur – la valeur – un relayeur – une ardeur

Exceptions :

le beurre – la demeure – l'heure – un heurt (heurter) – un leurre (leurrer)

le cœur – la sœur – la rancœur – un chœur

Quelques adjectifs masculins (peu nombreux) se terminent également par « **-eur** ».

le meilleur moment – un résultat flatteur – le règlement intérieur

2 **Les noms féminins** terminés par le son [waR] s'écrivent tous « **-oire** ».

la mémoire – la préhistoire – une périssoire

3 **Les noms masculins** terminés par le son [waR] s'écrivent très souvent « **-oir** ».

le savoir – un tiroir – un mouchoir

Mais il y a quelques exceptions : *le laboratoire – le répertoire – un territoire – un observatoire…*

POUR ALLER PLUS LOIN

- Le nom **mémoire** peut être féminin (avoir une bonne **mémoire**) ou masculin (rédiger un **mémoire** sur les châteaux forts) ; ils ont des sens différents.
- Quelques noms empruntés à des langues étrangères se terminent par le son [œR], mais ils peuvent garder leur orthographe d'origine.

un bookmaker – un challenger – un kidnapper – un dealer

96 **Copiez les phrases en complétant les noms terminés par le son [waR].**

*

1 Pour parfaire son invention, le professeur Tournesol ne quitte pas son **labo**… . **2** Satisfait du service, ce client laisse un bon **pour**… aux employés. **3** Avant d'être conduite au moulin, la récolte de grains est placée dans un **séch**… à la ferme. **4** Verglacé, ce **tro**… est une véritable **pati**… ; marchez lentement. **5** Il y a longtemps que les lavandières ne se rendent plus au **lav**… . **6** Les **accou**… de ce fauteuil sont râpés ; il faudra changer le tissu qui les recouvre. **7** Le **man**… du Capitaine Fracasse tombait en ruine, alors il partit avec une troupe de comédiens ambulants. **8** Ce dictateur a pris le **pou**… à la suite d'un coup d'État ; la population est terrorisée. **9** Les écologistes ont obtenu un **morat**… suspendant la culture des OGM. **10** Prendrez-vous votre consommation au **comp**… ou sur la terrasse ?

97 **Donnez les noms – terminés par les sons [œʀ] ou [waʀ] – de la même famille que ces adjectifs ; vous ajouterez un complément du nom.**
★★
Exemple : gros → la **grosseur** d'un noyau

1 effrayant	**6** maigre	**11** long	**16** glorieux	**21** adaptable
2 vigoureux	**7** blanc	**12** tiède	**17** historique	**22** possessif
3 furieux	**8** présentable	**13** ardent	**18** mémorable	**23** terreux
4 laid	**9** mince	**14** pâle	**19** rond	**24** correct
5 large	**10** frais	**15** épais	**20** mangeable	**25** répétitif

98 **Copiez les phrases en les complétant avec des noms – terminés par le son [waʀ] – de la même famille que les verbes entre parenthèses.**
★★
1 (éliminer) Les … du tournoi de Roland-Garros ont permis à trois Français de se qualifier. **2 (mâcher)** Quoi de plus redoutable que la … d'un crocodile ? **3 (observer)** Cette cabane constitue un excellent … pour étudier la faune de l'étang de Villars. **4 (plonger)** Arrivé au bout du … de cinq mètres, Mouloud respire longuement avant d'effectuer un saut carpé. **5 (désespérer)** Au grand … de ses professeurs, Vanessa ne donne pas le meilleur d'elle-même. **6 (passer)** Dès qu'ils seront à point, tu verseras les haricots verts dans une … pour éliminer l'eau de cuisson. **7 (parler)** Le prisonnier attend impatiemment de se rendre au … pour rencontrer son avocat. **8 (présenter)** Les articles en promotion sont placés sur des … facilement accessibles.

99 **Trouvez les noms – terminés par les sons [œʀ] ou [waʀ] – correspondant à ces définitions.**
★★★
1 On l'enfile au sortir du bain ou de la douche. → **un p…**
2 Avec lui, le jardinier apporte de l'eau à ses plantations. → **un a…**
3 Il double l'acteur principal pour les scènes dangereuses. → **le ca…**
4 Animal qui peut avaler trente mille fourmis par jour ! → **un ta…**
5 Petit instrument pour mesurer les angles. → **un ra…**
6 Un vieux fusil rouillé. → **une pét…**
7 Il prend soin de ses abeilles. → **un a…**
8 Un ustensile pour remplir correctement les bouteilles. → **un en…**

100 **Copiez les phrases en complétant les noms terminés par les sons [waʀ] ou [œʀ].**
★★★
1 Le président du tribunal procède à l'**interr…** des témoins. **2** Le missile n'était qu'un **l…** destiné à tromper l'ennemi. **3** Aujourd'hui, certains **ordi…** sont capables d'effectuer des millions d'opérations en quelques secondes. **4** Ce **brocan…** a déniché une armoire normande de grande **va…** dans le grenier d'une maison abandonnée. **5** Pour tenir le rôle de la reine Victoria, cette actrice porte un splendide **saut…** de perles. **6** Un solide **but…** est installé au bout de la voie de garage. **7** Sous l'œil vigilant des ouvriers métallurgistes, de minces plaques de fer sortent du **lami…** .

VOCABULAIRE

› un répondeur › un cascadeur › l'équateur › un catalyseur › un précurseur
› un réquisitoire › un suppositoire › le prétoire › un exutoire › le conservatoire
› un égouttoir › un encensoir › un abattoir › un pressoir › un réservoir

20 Les noms terminés par les sons [l] et [R]

1 **Les noms** terminés par le son [il] s'écrivent « **-ile** » ou « **-il** ».
« **-ile** » → une pi**le** – le texti**le**
« **-il** » → le m**il** (la céréale) – un fen**il**
Exceptions : la v**ille** – le baci**lle** – un mi**lle** – un vaudevi**lle**
la chlorop**hylle** – une id**ylle** – le st**yle** – une **île** – une presqu'**île**

2 **Les noms** terminés par le son [yl] s'écrivent « **-ule** ».
la tarent**ule** – une caps**ule** – un véhic**ule**
Exceptions : le calc**ul** – le rec**ul** – le cum**ul** – le cons**ul** – le t**ulle** –
la b**ulle**

3 **Les noms masculins** terminés par le son [al] s'écrivent « **-al** » ou « **-ale** ».
« **-al** » → un tribun**al** – un génér**al** « **-ale** » → un vand**ale** –
un ov**ale**
Exceptions : un m**âle** – un r**âle** – un ch**âle** – un interv**alle**

4 **Les noms féminins** terminés par le son [al] s'écrivent « **-ale** » ou « **-alle** ».
« **-ale** » → une cig**ale** – une diagon**ale**
« **-alle** » → une m**alle** – une st**alle**

5 **Les noms** terminés par le son [iR] s'écrivent « **-ir** » ou « **-ire** ».
« **-ir** » → le dés**ir** – un lois**ir** « **-ire** » → une tirel**ire** – le p**ire**
Exceptions : le mart**yr(e)** – une l**yre** – un sat**yre** – le porph**yre**

6 **Les noms** terminés par le son [yR] s'écrivent « **-ure** ».
un sil**ure** – une échancr**ure** – une fiss**ure**
Exceptions : le m**ur** – le fém**ur** – le fut**ur** – l'az**ur**

7 **Les noms masculins** terminés par le son [aR] s'écrivent :
« **-ar** » → un osc**ar** – le doll**ar** « **-are** » → un cig**are** – un hect**are**
« **-art** » → un dép**art** – un qu**art**
« **-ard** » → un chauff**ard** – un bagn**ard**
Exceptions : un tintam**arre** – un j**ars** – un béc**arre**

8 **Les noms féminins** terminés par le son [aR] s'écrivent « **-are** » ou « **-arre** ».
« **-are** » → une fanf**are** – une g**are**
« **-arre** » → une bag**arre** – une esc**arre**
Exceptions : la p**art** – la plup**art** – des **arrhes**

101 ★ **Écrivez les noms en [yR] de la même famille que ces verbes. Vous ajouterez un complément du nom.**
Exemple : mordre → la **morsure** du serpent

1 écorcher	**4** meurtrir	**7** rompre	**10** gercer	**13** cultiver
2 teindre	**5** blesser	**8** fourrer	**11** mesurer	**14** ouvrir
3 ceindre	**6** lire	**9** nourrir	**12** murmurer	**15** souder

102 **Écrivez les noms en [aR] de la même famille que ces verbes.**
*
1 raconter 3 brouiller 5 grogner 7 poignarder 9 cauchemarder
2 bavarder 4 bazarder 6 écarter 8 traîner 10 chauffer

103 **Copiez les phrases en complétant les noms terminés par le son [iR].**
**
1 Le centre de la cible se trouve dans la ligne de **m**… du tireur. 2 Selon la légende, Dracula est le plus célèbres des **vam**… de Transylvanie. 3 Quel sera le **deven**… des centrales nucléaires lorsqu'elles ne produiront plus d'électricité ? 4 La **l**…, ancienne monnaie italienne, a été remplacée par l'euro. 5 Certains **fak**… peuvent dormir sur des planches cloutées. 6 Les facéties du clown déclenchent les **r**… du public. 7 De nombreux alchimistes ont cherché **l'elix**… de jouvence ; en vain ! 8 Une foule en **dél**… accueille le groupe Angels. 9 Obélix, le compagnon d'Astérix, collectionne les **menh**… .

104 **Copiez les phrases en complétant les noms terminés par le son [il].**
**
1 Les **croc**… semblent dormir, mais ne vous fiez pas à leur immobilité, ils peuvent bondir en un instant. 2 Les malfaiteurs sont photographiés de face et de **pro**… . 3 Aujourd'hui, la plupart des **usten**… de cuisine fonctionnent à l'électricité. 4 Ce **biblio**… prend soin des éditions originales de sa collection. 5 Les **vig**… sont postés devant l'entrée de la banque. 6 Les randonneurs ont trouvé **as**… dans une bergerie abandonnée. 7 Les **terr**… sont les montagnes du nord de la France ! 8 Cet **haltéro**… vient de battre le record du monde de l'arraché. 9 Le candidat est sur le **gr**… ; les examinateurs le harcèlent de questions.

105 **Copiez les phrases en complétant les noms terminés par le son [al].**
**
1 La **cathédr**… de Chartres possède de magnifiques vitraux remarquablement préservés jusqu'à aujourd'hui. 2 Victime d'une avarie, ce navigateur solitaire doit faire **esc**… aux Açores. 3 Ce joueur croit posséder une **marting**… pour gagner à tous les coups à la roulette. 4 Les **p**… de l'hélicoptère ont heurté une ligne à basse tension ; heureusement sans gravité. 5 Les producteurs de **céré**… s'attendent à une récolte exceptionnelle. 6 Le gardien de but capte le ballon d'une splendide détente à **l'horizont**… . 7 Ce plongeur n'hésite pas à photographier les **squa**… qui s'aventurent près des coraux.

106 **Copiez les phrases en complétant les noms terminés par le son [yl].**
**
1 Ce peintre a fait de nombreux **ém**…, mais aucun ne l'a égalé. 2 La **pénin**… ibérique comprend le Portugal et l'Espagne. 3 Les **véhic**… électriques n'ont, pour l'instant, qu'une autonomie limitée. 4 Le **cum**… des mandats électifs ne doit pas entraîner le **cum**… des indemnités. 5 La **form**… d'une célèbre boisson gazeuse demeure secrète. 6 La variole se manifeste par l'apparition de **pust**… sur toutes les parties du corps. 7 Combien la pieuvre possède-t-elle de **tentac**… ? 8 Saviez-vous qu'un phylactère est une **b**… de bande dessinée ? 9 Le bec de la **spat**… a une forme caractéristique : il est long et plat.

VOCABULAIRE

› une succursale › une abbatiale › un cannibale › l'encéphale › une péridurale
› un maquisard › un corbillard › un briscard › un banlieusard › le blizzard
› le pistil › un sourcil › le grésil › un chenil › un civil › le péril
› un hydrocarbure › le pédicure › l'acupuncture › la magistrature › la procédure

21 La lettre « h »

1 **Lorsqu'un mot commence par un « h » aspiré**, on ne place pas d'apostrophe et la liaison avec le mot qui précède est impossible.

le **h**ibou – la **h**anche – le **h**ussard

les **h**iboux – les **h**anches – les **h**ussards

2 **Lorsqu'un mot commence par un « h » muet**, on place l'apostrophe au singulier et on fait la liaison au pluriel.

l'**h**abitude – l'**h**écatombe – l'**h**ôpital

les‿**h**abitudes – les‿**h**écatombes – les‿**h**ôpitaux

Le « **h** » est muet dans beaucoup de mots qui commencent par un préfixe d'origine grecque.

l'**h**émicycle – l'**h**écatombe – l'**h**émorragie – l'**h**ydrogène

On peut trouver la lettre « **h** » à l'intérieur des mots.

le ryt**h**me – le mal**h**eur – l'ét**h**er – un labyrint**h**e

Elle sépare parfois deux voyelles et tient le rôle d'un tréma, en empêchant que ces deux voyelles ne forment qu'un seul son.

enva**h**ir – une ca**h**ute – la tra**h**ison

On trouve parfois la lettre « **h** » à la fin de quelques interjections ou mot d'origine étrangère.

a**h** – eu**h** – un mammout**h** – le copra**h** – un lut**h** – le varec**h**

POUR ALLER PLUS LOIN

- La lettre « **h** », combinée avec d'autres lettres, peut former des sons consonnes.

– « ch » (prononcé [ʃ]) → la **ch**imie – une **ch**aussure – **ch**oisir

– « ph » → une **ph**rase – la **ph**armacie – une **ph**oto

– « sh » → un **sh**ort – le **sh**érif

– « sch » → un **sch**éma – le **sch**isme – le kir**sch**

– « ch » (prononcé [k]) → le **ch**lore – le **ch**oléra – l'or**ch**estre

107 **Écrivez ces noms et ces articles au singulier.** *

1 les haies
2 les hublots
3 les honneurs
4 les huîtres
5 les hachures
6 les hommages
7 les homophones
8 les hostilités
9 les herbes
10 les horloges
11 les hypothèses
12 les hangars

108 **Écrivez les verbes en gras à la 1re personne du singulier du présent de l'indicatif.** *

1 **habiter** un bel appartement
2 **hisser** rapidement les voiles
3 **hausser** les épaules de dépit
4 **habiller** les fauteuils de housses
5 **hurler** de douleur
6 **heurter** un obstacle
7 **hacher** menu du persil
8 **hériter** d'un somptueux cadeau

109 **Complétez, si nécessaire, les mots avec la lettre h.**

★★

1 l'ét...ylène	**5** un ant...iquaire	**9** la pro...ibition	**13** le mét...ane
2 un ad...érent	**6** un...ornit...ologue	**10** s'...ét...ioler	**14** l'ét...ique
3 aut...entique	**7** une mét...ap...ore	**11** plét...orique	**15** ad...ésif
4 ...ét...érogène	**8** l'ét...ymologie	**12** ex...aucer	**16** un ...oroscope

110 **Complétez les couples de phrases avec les mots homonymes.**

★★

1 **(cahot – chaos)** Après le raz-de-marée, le ... est indescriptible. – Un violent ... a déséquilibré la diligence poursuivie par les hors-la-loi.

2 **(ton – thon)** Quand on visite un pays, il est de bon ... de respecter les coutumes locales. – La pêche au ... rouge est réglementée pour éviter sa disparition.

3 **(clore – chlore)** Pour désinfecter l'eau des piscines, on ajoute un peu de ... . – Afin de ... la discussion, tu tournes les talons.

4 **(écot – écho)** Lorsque nous pique-niquons, chacun paie son ... . – Il ne faut pas se faire l'... de rumeurs dont on ignore l'origine.

5 **(pitons – pythons)** La morsure de certains ... est douloureuse, mais pas venimeuse. – L'alpiniste se munit de ... avant d'escalader la falaise.

111 **Copiez les phrases en complétant les mots avec des préfixes ou des suffixes d'origine grecque.**

★★★

1 Le journaliste enregistre l'entrevue que lui accorde l'actrice à l'aide d'un **magnéto**... . **2** Chaque samedi, la famille Declerc fait ses courses dans un ...**marché**. **3** L'équateur partage la Terre en deux ...**sphères**. **4** Les ...**somes** portent tout notre patrimoine génétique. **5** Pourquoi écrivez-vous ce mot entre **paren**... ? **6** En cas de forte tempête, cette île ne peut être ravitaillée que par ...**coptère**. **7** Dans une **disco**..., le bruit est bien souvent insupportable. **8** L'électricité d'origine ...**lique** est-elle moins polluante que celle d'origine nucléaire ? **9** Les personnes qui prononcent mal les mots suivent des séances d'...**phonie**.

112 **Copiez les phrases en complétant, si nécessaire, les mots avec la lettre h.**

★★★

1 Les poumons et le cœur se trouvent dans le **t...orax** de l'homme. **2** Surpris, les chevaux ...**ennissent**. **3** Les murs des temples **égypt...iens** sont souvent recouverts de ...**iéroglyphes**. **4** Le mélange d'...**ydrogène** et d'...**oxygène** explose en dégageant un peu d'eau. **5** Dans la **myt...ologie** grecque, les ...**éros** accomplissent des prouesses ...**insensées**. **6** On ...**ospitalise** un patient qui souffre d'une maladie ...**osseuse** ; avant de l'...**opérer**, l'...**anest...ésiste** l'...**examinera**. **7** Pour la Toussaint, les **c...rysant...èmes** fleurissent les tombes de nombreux cimetières. **8** On dit que les ...**ant...ropop...ages** dévoraient la chair humaine. **9** Cet **at...lète** ...**ex...ibe** ses muscles avant de soulever les ...**altères**. **10** Aux **t...ermes** de Vittel, on soigne certaines **pat...ologies** **c...roniques**, comme les **r...umatismes** ou **l'art...rose**.

VOCABULAIRE

› la rhétorique › une panthère › pathétique › la parapsychologie › la phobie
› un haddock › une hacienda › un hamburger › haranguer › l'harmonie
› un misanthrope › l'homéopathie › l'enthousiasme › l'esthétique

22 LES LETTRES MUETTES

À la fin de certains noms, adjectifs, prépositions ou adverbes, il peut y avoir des **consonnes muettes.**

1 **Pour trouver la consonne muette** de certains noms ou adjectifs, on peut :
– essayer de **former le féminin**
froid → froide *fort → forte*
– chercher un **mot de la même famille**
le brancard → un brancardier *le tas → tasser*
Mais quelquefois on ne trouve pas de mot de la même famille :
un carat – un taudis – un foulard – le lilas
ou bien les mots de la même famille peuvent entraîner une erreur :
schématique → un schéma *favoriser → le favori*
un gars → un garçon *numéroter → le numéro*

2 On peut également trouver des lettres muettes à l'intérieur des mots.
un acompte – le dénouement – les amygdales – l'alcool – la condamnation

3 La consonne finale muette se trouve parfois modifiée dans un mot de la même famille.
la noix → la noisette *un nerf → nerveux*

POUR ALLER PLUS LOIN

• Sur les vingt consonnes de l'alphabet, seulement treize peuvent être muettes : **b – c – d – f – g – h – l – p – r – s – t – x – z**

• Certains noms ont une consonne finale sonore.
un virus – un bœuf – le manioc – le gong – un poil – un test

113 **Copiez ces noms en les complétant avec une lettre muette que vous justifierez avec un mot de la même famille.**
Exemple : *un fruit → fruité*

1 un fago…	**7** le clima…	**13** le pay…	**19** le galo…	**25** le tro…
2 un cro…	**8** un accè…	**14** le persi…	**20** un quar…	**26** un sanglo…
3 le gigo…	**9** un tami…	**15** le plom…	**21** le tron…	**27** un écar…
4 le fraca…	**10** un pla…	**16** le boi…	**22** le torren…	**28** le néan…
5 le maqui…	**11** un robo…	**17** le tein…	**23** l'univer…	**29** le hasar…
6 le tapi…	**12** un bandi…	**18** le poin…	**24** l'échafau…	**30** l'accro…

114 **Complétez ces mots qui ont deux consonnes muettes.**

1 le pou…	**3** le doi…	**5** succin…	**7** le respe…	**9** le ga…
2 le pui…	**4** le remor…	**6** le tem…	**8** un entreme…	**10** distin…

115 **Écrivez les adjectifs au masculin selon l'exemple.**

Exemple : une maison luxueuse → un appartement luxueux

1 une sœur jalouse → un frère …
2 une élève absente → un élève …
3 une plante verte → un légume …
4 une parole gentille → un … mot
5 une file succincte → un code …
6 une réponse précise → un calcul …
7 la médecine douce → un piment …
8 une nature morte → un arbre …
9 une mêlée confuse → un combat …
10 une franche amitié → un regard …
11 une danse gracieuse → un geste …
12 une réplique vive → un vent …

116 **Complétez, si nécessaire, ces noms avec une lettre muette.**

1 un bijou… **2** un homar… **3** le chahu… **4** un diaman… **5** un remou… **6** un radar… **7** le rébu… **8** un caïman… **9** la tou… **10** un pétar… **11** le tribu… **12** un aiman… **13** un lou… **14** un renar… **15** la tribu… **16** un tyran… **17** un embou… **18** le hasar… **19** un obu… **20** un étan… **21** un chou… **22** un quar… **23** le reflu… **24** un ban… **25** un compa… **26** un panda… **27** un déba… **28** un paria…

117 **Complétez, si nécessaire, ces noms.**

1 ne pas consommer une viande faisandé → lâcher un faisan… d'élevage
2 dénoyauter des abricots → avaler un noyau… de cerise
3 refuser de dévoiler un secret → essuyer un refu… sans appel
4 photographier une louve → avoir peur du lou…
5 pianoter sur un clavier → jouer sur un piano… à queue
6 préparer une boisson cacaotée → déguster un gâteau au cacao…
7 porter un bracelet en argent → se protéger avec le bra…
8 secourir les blessés → crier au secour…
9 obtenir une permission de sortie → réussir son permi…
10 rouler sur une route verglacée → glisser sur le vergla…

118 **Copiez les phrases en complétant, si nécessaire, les mots avec une ou deux lettres muettes.**

1 S'il est **lai**…, le **crapau**… n'en est pas **moin**… un animal utile. **2** L'ulcère de **l'estoma**… est une maladie **for**… douloureuse. **3** Pour **ba**…**tiser** les bateaux, on casse parfois une bouteille de champagne sur la coque. **4** Le **dévou**…**men**… et le **san**…-**froi**… du **commandan**… de **bor**… font l'admiration de tous les passagers. **5** Ce **devin**… prétend lire l'avenir dans le **mar**… de café. **6** En coupant à **traver**… **cham**…, vous arriverez **rapidemen** .. **prè**… de **l'étan**… . **7** Le **dépar**… du **relai**… sera donné dans un **délai**… de **hui**… minutes. **8** Le **fémur**… est l'os le **plu**… **lon**… du **cor**… humain. **9** Les **aboi**…**ments** du chien font fuir **l'intru**… qui s'approchait de la maison. **10** Pour obtenir de meilleurs rendements, le céréalier épand de l'engrai… sur ses champs.

VOCABULAIRE

› la souris › la perdrix › la brebis › un outil › le prix › un nid
› un rempart › le départ › un faire-part › un chauffard › un guépard
› le courroux › un burnous › un marabout › un joug › l'égout › le saindoux
› un palais › un arrêt › le retrait › la paix › un forfait › un laquais

23 La lettre « x »

1 **La lettre** « **x** » se prononce :
- [ks] → l'**ex**plication – une gala**x**ie – l'**ex**piration – un éli**x**ir
- [gz] **dans les mots commençant** par « **ex-** », si le « **x** » est suivi d'une voyelle ou d'un « **h** » → **exagérer** – l'**ex**écution – l'**ex**hibition

Si l'on veut que le « **x** » ait la valeur d'un [k] dans les mots commençant par ex-, il faut placer un « **c** ».
exciter – l'**exc**édent – **exc**entrique – **exc**ellent

2 **En fin de mot,** le son [ks] peut s'écrire « **x** » ou « **xe** ».
un dupl**ex** – un cort**ex** – une ta**xe** – l'anne**xe**

3 Quelques mots **débutent** par la lettre « **x** ».
un **x**ylophone – la **x**énophobie – le vin de **X**érès et le prénom **X**avier.

4 La lettre « **x** » peut éventuellement se prononcer [s] ou [z].
- [s] → di**x** – si**x** – soi**x**ante – Bru**x**elles – Au**x**erre
- [z] → deu**x**ième – si**x**ième – di**x**ième

5 Il arrive que le son [ks] soit transcrit par :
- deux « **c** » devant « **e** » ou « **i** »

le su**cc**ès – a**cc**epter – l'o**cc**ident – la su**cc**ession
- « **-ct-** » en fin de mot

l'a**ct**ion – la dire**ct**ion – la fon**ct**ion

Quelques difficultés :

s'immiscer → l'immi**x**tion — réfléchir → la réfle**x**ion
fléchir → la fle**x**ion

Comme elle équivaut à deux consonnes, la lettre « x » n'est jamais précédée d'un « e » accentué.

POUR ALLER PLUS LOIN LE X MUET

• Pour certains noms et adjectifs, la lettre « **x** » marque le pluriel. Elle est alors muette.
les château**x** – les aveu**x** – les bijou**x** – des journau**x** locau**x**

• Certains mots se terminent par un « **x** » muet, même au singulier.
la noi**x** – le tau**x** – deu**x** – rou**x**

119 **Complétez ces mots avec x, ex, exc ou cc.** ★★★

1 …haler
2 un …édent
3 …humer
4 une …ursion
5 va…iner
6 un a…essoire
7 la su…ession
8 …ubérant
9 …hulter
10 un …amen
11 …empter
12 a…éder
13 in…orable
14 …écrable
15 …torquer
16 into…iquer
17 …acerbé
18 …aspérant
19 la co…inelle
20 l'a…élérateur

120 **Écrivez les noms des actions exprimées par ces verbes.**

Exemple : refaire une façade → la **réfection** d'une façade

1 tracter une remorque **2** actionner un mécanisme **3** connecter deux ordinateurs **4** infléchir une opinion **5** mixer des images **6** injecter un sérum **7** évincer un intrus **8** rédiger une lettre **9** crucifier un martyr

121 **Copiez les phrases en complétant les mots dans lesquels on trouve la lettre x.**

1 Le stade et la piscine se trouvent à **pro…imité** du gymnase : c'est pratique. **2** On dit que l'….**actitude** est la politesse des rois. **3** Le prestidigitateur fait preuve d'une **de…térité** assez …**eptionnelle** en faisant apparaître des colombes. **4** L'…**position** des œuvres du peintre Delacroix a attiré un nombreux public. **5** Ces jeunes mariés habitent un **dupl…** un peu …**igu** au centre-ville de Strasbourg. **6** Tous les invités ont trouvé que le dessert au chocolat était …**quis**. **7** Le jazzman Charlie Parker était un …**ellent** joueur de **sa…ophone**. **8** Cet homme souffre d'un …**cès** de poids ; il devra maigrir de plusieurs kilos. **9** Au **di…ème** round, le **bo…eur** a reçu un coup sur le **laryn…** ; il ne peut plus parler.

122 **Copiez ces phrases en complétant les mots terminés par le son [ks].**

1 Le prix de ces meubles en kit s'entend toutes **ta…** comprises. **2** Le **sil…** est une roche très dure avec laquelle on peut allumer un feu. **3** Dans ce garage, chaque voiture a un **bo…** a sa disposition. **4** Retiendrez-vous cette formule **comple…** ? **5** Je suis **perple…** ; quelle direction prendre pour se rendre au palais omnisport de Bercy ? **6** Il est fort rare que l'on porte une bague à **l'ind…** . **7** Le **lyn…** est un animal aux yeux perçants. **8** L'envoi d'un courriel est souvent plus simple que celui d'un **fa…** . **9** S'offrir une rivière de diamants, c'est un **lu…** . **10** Le respect de la **synta…** est essentiel lorsqu'on écrit. **11** Gautier se **ve…** pour un rien ; il est susceptible. **12** Cette figure possède-t-elle un **a…** de symétrie ? **13** La **ri…** dégénère ; les protagonistes s'insultent et en viennent aux mains. **14** Avez-vous conscience de ce **parado…** ?

123 **Trouvez les noms, dans lesquels se trouve la lettre x, correspondant à ces définitions.**

1 Un manque d'air qui peut conduire à la mort. → **l'a…**
2 Appareil pour éteindre les débuts d'incendie. → **un e…**
3 On les présente quand on a fait une bêtise. → **les e…**
4 Maladie engendrée par une absence d'alimentation. → **l'an…**
5 On dit parfois qu'elle confirme la règle ! → **l'e…**
6 Un accent qui se place sur les voyelles, sauf « y ». → **c…**
7 Période de l'année où le jour a une durée égale à celle de la nuit. → **l'é…**
8 Elle est composée d'une centaine de milliards d'étoiles. → **une g…**
9 Celui de Napoléon Ier prit fin à Sainte-Hélène. . → **l'e…**

VOCABULAIRE

› l'extase › l'exploit › l'extérieur › l'extrémité › un exposé › l'extension
› l'excédent › excessif › l'excellence › excitant › excéder › excentrique
› le maximum › le lexique › la fixation › le larynx › le sphinx › un anthrax

Révisions

124 Copiez les phrases en plaçant les accents et les trémas oubliés. (leçon 1)

★★

1 Au cours de la Seconde Guerre mondiale, les resistants français se sont conduits heroiquement ; les operations de harcelement qu'ils menerent ont facilite le debarquement allie. **2** Si vous ne voulez pas gacher vos vacances estivales, enduisez-vous de creme solaire avant de vous allonger sur la plage. **3** En Afrique, les elephants, grace à leur machoire impressionnante, broient des branches de taille respectable. **4** Les enqueteurs de la brigade des stupefiants ont mis fin aux activites d'un caid de la filiere colombienne. **5** Le maire de la commune a prononce un petit laius à l'issue du congres des sapeurs-pompiers ; il a ete chaleureusement applaudi. **6** La gerbe remise au vainqueur de la course cycliste Paris-Tours compte une bonne douzaine de glaieuls. **7** Apres de longues recherches genealogiques, Nicolas Bonacci a decouvert que ses ancetres vivaient dans un petit village du sud de la Corse. **8** Dans la mythologie grecque, les Naiades, objet d'une veneration particuliere, peuplaient les fleuves et les rivieres.

125 Copiez les phrases en plaçant correctement les apostrophes et les traits d'union. (leçon 2)

★★

1 Le pont du Gard est le plus célèbre des monuments gallo romains du sud de la France ; le as-tu déjà visité ? **2** Savez vous pourquoi certains navires sont appelés des cap horniers ? **3** Parmi les dix huit romans pré sélectionnés pour la attribution du prix Goncourt, seuls quelques uns feront partie de la liste finale soumise aux jurés. **4** Le incendie ne a pas pris des inquiétantes proportions, grâce à la installation de portes coupe feu. **5** Si vous préparez un petit plat pour vos amis, ne confondez pas les pieds de alouette et les pieds de mouton ! **6** Sur un terrain de rugby, pour un non initié, il est difficile de apprécier toutes les subtilités du jeu des trois quarts. **7** Que est ce que un œil de perdrix ? **8** Le dernier film de Steven Spielberg est présenté en version originale sous titrée. **9** Cet après midi là, Alberto prit enfin la décision de ranger lui même le contenu de la armoire de sa chambre ; il était temps ! **10** Si tu photographies le animal à contre jour, tu ne le distingueras pas nettement, car il sera dans la ombre.

126 Copiez les phrases en remplaçant les sigles, les symboles et les mots abrégés par leur signification d'origine. (leçon 3)

★★★

1 Il ne faut pas donner le **n°** de sa **CB** à n'importe qui ; une escroquerie est si vite arrivée. **2** **M.** Delmas déménage ; il quitte la **ZUP** de la Poudrette pour s'installer **bd** Diderot, pas très loin d'une station de **bus**. **3** Le **SAMU** a secouru un malheureux **SDF** qui dormait près d'une bouche de **métro**. **4** Lors de l'épreuve de **VTT** des derniers **JO**, le vainqueur a parcouru les **50 km** en moins de **2 h** ; c'est une **perf** exceptionnelle quand on songe qu'il y avait des montées à plus de **14 %**. **5** Les **CRS** et le **GIGN** encerclent la maison où s'est réfugié un forcené. **6** Pour que le prix du **kw/h** baisse, il faudrait qu'**EDF** envisage de diversifier ses sources de production en construisant des éoliennes.

127 **Copiez les phrases en complétant les mots dans lesquels on entend les sons [s] ou [z]. (leçon 4)**

★★

1 *Il faut se méfier de* **…ertains me…ages** *qui arrivent sur les téléphones portables et qui vous* **annon…ent** *que vous gagnerez une somme fantastique en* **compo…ant** *un numéro* **spé…ial**, *évidemment surtaxé !* **2** **Mon…ieur** *Médina découvre que la* **noti…e d'installa…ion** *de son* **televi…eur** *est rédigée en dix langues, dont le* **fran…ais** : **heureu…ement** ! **3** *Les* **commer…ants** *du quartier sont satisfaits du nouveau plan de* **…ircula…ion** *qui permet aux clients de* **sta…ionner** *plus* **ai…ément**. **4** *Sous l'***An…ien** *Régime, les* **exécu…ions** *capitales se déroulaient en public, sans doute pour mieux frapper les* **imagina…ions**. **5** *Savez-vous quelle est la* **fonc…ion** *d'un* **mue…in** ? **6** *Lors de la* **ré…eption** *donnée par le comte de Clermain, les invités ont fait une* **ra…ia** *sur les petits fours.* **7** *Au collège, chaque élève dispose d'un* **ca…ier** *dans lequel il peut* **dépo…er** *ses livres.* **8** *Lorsque les comédiens entrent en* **…ène**, *l'***efferve…ence** *est à son comble parmi les spectateurs.* **9** *Savez-vous ce qu'est la* **pi…iculture** ?

128 **Copiez les phrases en complétant les mots où on entend les sons [ɑ̃] et [ɛ̃]. (leçon 5)**

★★★

1 *Pour faciliter le repassage, il faut défroisser le* **l…ge** *avant de* **l'ét…dre** *pour qu'il sèche.* **2** *Notes-tu tes* **r…dez-vous** *sur un* **ag…da**, *ou un* **mém…to** ? **3** *La mairie a* **…stallé** *des* **ral…tisseurs** *pour* **contr…dre** *les automobilistes à modérer leur vitesse.* **4** *Un* **dess…** *inédit de Léonard de Vinci a été découvert dans une salle du musée des Offices à Florence ; on se* **dem…de** *comment il a pu être oublié* **pend…t t…t** *d'années.* **5** *Au* **l…dem…** *de leur victoire sur les Danois, les handballeurs* **fr…çais** *ont été accueillis par leurs supporters à leur* **desc…te** *de l'avion.* **6** *Le* **chirurgi…** *et son* **assist…t** *réalisent une greffe du* **r…** *sur un jeune* **pati…t**. **7** *La chevelure de Sarah* **prés…te** *un reflet* **chât…** *du plus bel effet ; de plus, c'est sa couleur naturelle.* **8** *En* **quitt…t** *sa* **ch…bre**, *Zohra n'oublie jamais* **d'ét…dre** *l'électricité pour faire des économies.* **9** *La* **ch…teuse** *a une* **rhinophar…gite** *et elle ne pourra pas se produire en concert ce soir ; les spectateurs qui avaient réservé leur place seront bien* **évidemm…t r…boursés**. **10** *Avec* **cert…s** *tissus* **…thétiques**, *il faut* **cr…dre** *des réactions allergiques.* **11** *Au soir du banquet, tous les* **…vités** *ont repris avec* **entr…** *le* **refr…** *d'une chanson bien connue : « Ce n'est qu'un au revoir ! ».*

129 **Copiez les phrases en complétant avec des noms dans lesquels on entend le son [j]. (leçon 6)**

★★★

1 *Comment comptes-tu retrouver ton classeur dans ce* **fou…is** ? **2** *Cette future maman prépare la* **la…ette** *de son bébé.* **3** *Vous avez* **oubl…** *votre calculatrice ; c'est* **ennu…eux**, *car vous allez devoir effectuer toutes les* **opérat…** *sans cet outil.* **4** *Les véhicules possédant une boîte de vitesses automatique n'ont pas de pédale* **d'embra…age**. **5** *Saviez-vous qu'autrefois le conseiller principal d'éducation s'appelait le* **surve…** *général ?* **6** *Pour mettre cet* **appar…** *sous tension, il suffit* **d'appu…er** *sur le bouton rouge.* **7** *Lorsque le* **gouvern…** *d'un petit bateau est endommagé, il ne reste plus qu'une* **solut…** : *utiliser la* **godi…** . **8** *Les rames du TGV sont conçues pour ne pas se coucher si, par malheur, il venait à* **déra…er**. **9** *Il est dommage que ce meuble soit* **ra…é** ; *seul un ébéniste pourra peut-être lui rendre son aspect d'autrefois.* **10** *Quelle est l'origine de l'expression «* **bâ…er** *aux corneilles » ?* **11** *L'exposé du conférencier est bien trop long et les spectateurs ont du mal à retenir leurs* **bâ…ements**.

130 **Copiez les phrases en complétant les mots dans lesquels on entend les sons [g] ou [ʒ]. (leçon 7)**

★★

1 Il existe un vaccin efficace contre la **rou…ole**, infection virale qui peut être mortelle chez les **…eunes** enfants souffrant de malnutrition. **2** Le foyer des élèves du **collè… or…anise** une vente de **mu…et** ; **l'ar…ent** récolté permettra d'alimenter le **bud…et** des **voya…** scolaires. **3** Trahi par ceux qu'il croyait être ses amis, Edmond Dantès, enfermé sans **…u…ement** au château d'If, prit le nom du comte de Monte Cristo et se **ven…a** de manière implacable. **4** Monsieur Ferry a examiné les conditions du contrat avant de prendre ce **ma…asin** de vêtements en **…érance**. **5** Victor **Hu…**, l'écrivain le plus célèbre du XIXe siècle, mourut d'une **con…estion** pulmonaire. **6** Les matelots qui **car…aient** les voiles sur les caravelles parties à la recherche de terres inconnues affrontaient le **dan…er** avec un peu d'insouciance. **7** Dans cette **boulan…erie**, les **ba…ettes** de pain sont toujours appétissantes.

131 **Copiez les phrases en complétant les mots dans lesquels on entend les sons [f] ou [k]. (leçon 8)**

★★

1 Le **…atholicisme** et le protestantisme sont des religions **…rétiennes**. **2 Vi…toria** présente le jeu de **l'élasti…** à sa grand-mère étonnée, **…ar**, à son **épo…**, ce jeu n'existait ni dans les **é…oles**, ni bien sûr dans les **…ollèges**. **3** Lors du mémorable **co…tail** de présentation du dernier **…ilm** de Claude Thévenin, les **…otogra…es** ne manquaient pas une **o…asion** de saisir le moindre geste des vedettes. **4** Sous la direction d'un **che…** de renommée mondiale, **l'or…estre** entame les premières notes de la **sym…onie** n° 1 d'Anton **Dvora…** . **5** Le **…lorure** de sodium est le nom **scientifi…** du sel de **…uisine**. **6** Comment les **ar…éologues** ont-ils découvert des **…ossiles** au milieu de ces **…aos** de blocs de rochers ? **7** Un eczéma peut survenir autour du cou lorsque l'on porte un **…ollier** ou un **pendenti… …ontenant** du **ni…el**.

132 **Copiez les phrases en complétant les mots avec une consonne simple ou une consonne double. (leçon 9)**

★★★

1 Un peu de **po…ade** sur votre **articu…ation dou…oureuse**, et vous serez **gué…i** en un rien de temps ! **2** Pour la justice, tuer un **ho…e** de sang-froid, c'est un **ho…icide vo…ontaire**. **3** C'est un **ho…eur** pour un écrivain de recevoir un prix **li…éraire**. **4 Co…e** la **so…e…e** ne **fonctio…e** pas, on **fra…e** à la porte. **5** Valérie **dé…uste** une **esca…o…e** de veau **pa…ée**. **6** On **n'i…agine** pas un orchestre de rock sans un **ba…eur**. **7** Les spéléologues **explo…ent** une **gro…e soute…ai…e**. **8** Des **poi…eaux**, des **po…es de te…e**, des **ca…o…es**, et voilà une **bo…e sou…e** ! **9** Le **lie…e** est une plante qui **s'a…roche** fermement à la **mu…aille**. **10 L'a…renti débu…e** son stage chez un **me…uisier** de son **vi…age** ; il **espè…e obte…ir** son CAP.

133 **Trouvez les mots qui répondent à ces définitions. (leçon 10)**

★★★

1 La plus petite particule de matière qui soit. → **un a…**
2 Manœuvre des pirates pour s'emparer d'un navire. → **l'a…**
3 Il est séparé du sujet par un verbe d'état. → **l'a…**
4 Si on la frotte, elle s'enflamme ! → **l'a…**
5 Les dépôts qu'apporte une rivière. → **les a…**
6 Partie du corps humain contenant l'estomac et le foie. → **l'a…**
7 Le fauteuil en a deux, mais la chaise aucun ! → **les a…**
8 Si elle est polluée, on respire très mal. → **l'a…**

134 **Copiez les phrases en complétant les noms terminés par le son [i]. (leçon 11)**
*
1 La bonne odeur du gratin de courgettes ouvre **l'appét**… . **2** M. Desprès adore effectuer des tours de **mag**… devant ses **am**… . **3** Le professeur a corrigé et noté les **cop**… des élèves. **4** Le **marqu**… de La Fayette a participé à la guerre d'indépendance des États-Unis d'Amérique. **5** Pour desserrer ces écrous, il faut prendre un **out**… bien spécial. **6** Le **mard**…, nous terminons les cours à seize heures. **7** Le carreleur a embauché un **apprent**… . **8** Comme l'**ennem**… s'approchait, les soldats avaient relevé le **pont-lev**… du château. **9** Le suspect a été innocenté car il avait un solide **alib**… . **10** Le chantier de l'autoroute a été arrêté suite aux **intempér**… de ces derniers jours.

135 **Copiez les phrases en complétant par les noms terminés par le son [o]. (leçon 12)**
*
1 Les **bad**… s'agglutinent autour du **camel**… qui vante les mérites d'un appareil ménager révolutionnaire, dit-il ! **2** Le **cabill**… est le nom de la morue fraîche. **3** Ces alpinistes chevronnés se lancent à l'**ass**… de la face nord des Drus. **4** À la barre du tribunal, le témoin du cambriolage livre sa version des faits sous le **sc**… du serment. **5** Seuls quelques boulangers préparent encore des pains de **gru**… . **6** Après le naufrage de la frégate *La Méduse*, certains marins ont tenté de gagner les côtes sénégalaises sur un **rad**… . **7** À Paris, pendant la période révolutionnaire, l'**échaf**… se dressait place de Grève, future place de l'Hôtel-de-Ville. **8** À l'arrivée d'une course automobile, le commissaire agite un **drap**… à damier. **9** Dans un jardin, un **crap**… c'est l'assurance de voir disparaître les limaces, les chenilles, et de nombreux nuisibles amateurs de salades.

136 **Copiez les phrases en complétant les noms terminés par le son [ɛ]. (leçon 13)**
**
1 Le dompteur fait claquer son **fou**… pour diriger les fauves vers leurs **tabour**… . **2** Il y a bien longtemps que la Lorraine ne produit plus de **miner**… de fer. **3** Ce **parap**… n'est vraiment pas haut ; il serait dangereux de s'accouder. **4** Comme le vêtement présente un léger défaut, le vendeur consentira un **rab**… **5** L'**acc**… du gradin nord est réservé aux personnes ayant souscrit un abonnement annuel. **6** Si l'on en croit les créateurs des aventures d'Astérix, les Gaulois organisaient fréquemment d'imposants **banqu**… . **7** Si vous preniez un aspirateur au lieu d'un **bal**…, vous ne soulèveriez pas autant de poussière. **8** Ébloui par un **refl**… inattendu, le tireur a raté la cible. **9** Quelle est la hauteur d'un filet de **voll**… ?

137 **Copiez les phrases en les complétant avec des noms terminés par le son [e]. (leçon 14)**
*
1 La **véri**… veut que ceux qui fument mettent leur **san**… en **dan**… . **2** Comme de nombreux conducteurs ne respectent pas la **prior**…, la **munic**… a fait installer des feux tricolores. **3** J'enregistre mes **fich**… dans un **dos**… réservé aux documents que je veux conserver. **4** Un **pétro**… s'est échoué contre les **roc**…, à **l'extrém**… de la **jet**… . **5** En vue de la course du **tier**…, le **palefr**… soigne le cheval dont il a la **respons**… . **6** Soutenu par ses **équi**…, le demi de **mê**… effectue une **perc**… fantastique. **7** L'**ent**… du **chan**… est réservée aux seuls **ouvr**… porteurs d'un casque ; les mesures de **sécu**… sont impératives. **8** La **publicit**… envahit trop souvent les écrans de télévision.

138 **Copiez les phrases en complétant les noms terminés par les sons [u] ou [wa]. (leçon 15)**

★★

1 Parler plusieurs langues constitue un **at**… lorsqu'on cherche un **empl**… . **2** Pour passer de la Méditerranée à l'océan Atlantique, il faut franchir le **détr**… de Gibraltar. **3** Mamina savait préparer, comme personne, le **rag**… de veau aux carottes. **4** Le coléreux **gour**… fut soudain pris d'une quinte de **t**… qui le mit à **b**… de nerfs. **5** Le **beffr**… de Bergues se détache sur le ciel du Nord. **6** Autrefois, on attelait les bœufs à l'aide d'un **j**… ; aujourd'hui, c'est devenu un objet de décoration ! **7** Les canuts lyonnais étaient spécialisés dans le tissage de la **s**… . **8** Les cow-boys pourchassent un **hors-la-l**…, voleur de chevaux. **9** Pour transporter des liquides inflammables, il faut prendre un **surcr**… de précautions.

139 **Copiez les phrases en complétant par des noms terminés par le son [ɑ̃s]. (leçon 16)**

★★★

1 Seuls les élèves titulaires d'une **lic**… pourront participer au cross départemental. **2** Subjuguée par certains rythmes musicaux, une partie des spectateurs entrent en **tr**… . **3** Léonard de Vinci, Raphaël ou Michel-Ange sont souvent associés à l'apogée de l'art de la **Renai**… . **4** Le professeur souligne la **perti**… des remarques formulées par certains élèves. **5** De nombreux employeurs apprécient la **polyv**… des candidats, qui sauront occuper plusieurs fonctions. **6** Dans cette zone commerciale, des caméras de **survei**… sont branchées en **perman**… . **7** La **virul**… des propos tenus par cet orateur étonne les journalistes présents.

140 **Copiez les phrases en complétant les noms terminés par le son [sjɔ̃]. (leçon 17)**

★★★

1 Le gardien de but, Richard Deville, fête sa première **sélec**… en équipe de France. **2** Une foule admirative suit **l'ascen**… de la montgolfière. **3** La voiture électrique est un mode de **locomo**… relativement économique. **4** À Austerlitz, pour mieux tromper l'ennemi, Napoléon Ier opéra une **diver**… en déplaçant sa cavalerie sur le flanc droit. **5** Victime d'une **agre**…, le convoyeur de fonds réussit à mettre en fuite les malfaiteurs. **6** On peut conduire une voiture à **condi**… de posséder un permis, évidemment ! **7** Après mûre **réfle**…, Souraya a opté pour un pantalon à taille basse. **8** Dans un orchestre, les cymbales et les tambours font partie des instruments à **percu**… . **9** Quand on vit en groupe, il faut souvent faire des **conce**… pour éviter des heurts et des **discu**… sans fin. **10** À quelle température l'eau entre-t-elle en **ébulli**… ? **11** Lors des dernières élections législatives, le taux d'**absten**… fut particulièrement élevé.

141 **Copiez les phrases en complétant les mots comme il convient. (leçon 18)**

★★★

1 Ce casse-tête est **démen**… ; cela fait des heures qu'Ophélie essaie d'assembler les différents morceaux. **2** Le **magi**… fait disparaître l'**essen**… des objets disposés sur la table et les fait réapparaître au fond d'une malle. **3** Aujourd'hui, les fleurs **artifi**… imitent à la perfection les fleurs naturelles. **4** Les compléments **circonstan**… peuvent être déplacés dans la phrase. **5** Valentin s'est coupé au doigt, mais la blessure n'est que **superfi**… . **6** Cîteaux est l'une des plus célèbres abbayes **cister**… de France. **7** Les **dalma**… sont des chiens de compagnie à robe blanche avec des taches noires ou brunes. **8** De nombreux **politi**… s'imaginent avoir un destin **présiden**… ; il y aura de nombreux déçus !

142 **Copiez les phrases en complétant les noms terminés par les sons [waʀ] ou [œʀ]. (leçon 19)**

★★★

1 Le stationnement des poids lourds est interdit sur tout le **terr**… de la commune. **2** Comme le candidat ne connaît pas la réponse, il cherche une **échapp**… . **3** Avant le début du concert, les techniciens règlent les **proj**… . **4** La vidange de la **baign**… est bouchée ; madame Defay appelle le plombier. **5** Lorsqu'on envoie un colis par la poste, il est recommandé d'indiquer le nom de **l'expé**… . **6** Dans la navette spatiale, les cosmonautes se trouvent en **apesan**… . **7** Lilian plonge **l'écum** … dans la friteuse pour retirer les beignets de courgette. **8** Joris a effectué une manipulation malheureuse : il a totalement vidé le **réper**… de son téléphone portable. **9** Dans la religion catholique, le **purga**… se situe entre le paradis et l'enfer. **10** Pour décrire les ravages de l'alcoolisme, Émile Zola a intitulé un de ses romans *L'**Assomm**…* . **11** La mairie a installé des **balan**… dans les jardins publics, pour le plus grand plaisir des jeunes enfants. **12** Il a fallu pas moins de quatre **déména**… pour descendre le piano à queue du cinquième étage !

143 **Copiez les phrases en complétant les noms terminés par le son [ʀ]. (leçon 20)**

★★★

1 L'anarchie et les guerres civiles provoquèrent la chute de **l'Emp**… romain. **2** Les **sb**… de ce régime dictatorial sèment la terreur lors des manifestations. **3** Ce **viz**… rêve peut-être de prendre la place du calife. **4** Les statues de **c**… du musée Grévin attirent de nombreux curieux. **5** On se livre à la **polycult**… dans les régions particulièrement fertiles. **6** Pour paner les escalopes, préparez la **chapel**… . **7** Le **merc**… est le plus dense des métaux, bien qu'il se présente habituellement sous une forme liquide. **8** Combien y a-t-il de mètres carrés dans un **hect**… ? **9** Les pompiers préparent un **branc**… pour transporter les blessés. **10** En un **qu**… d'heure, les assaillants prirent possession des **remp**… du château fort. **11** Le **cavi**… est préparé à partir des œufs de l'esturgeon.

144 **Copiez les phrases en complétant les noms terminés par le son [l]. (leçon 20)**

★★★

1 Le vol de la **libe**… est léger et gracieux. **2** Au **crépus**…, les automobilistes doivent allumer leurs phares. **3** Les **noctam** … qui sortent de la boîte de nuit font beaucoup trop de bruit ; les riverains sont mécontents. **4** Un coup sur la **rot**…, ça fait mal ! **5** Le sous-marin nucléaire est équipé de **miss**… d'une portée de mille kilomètres. **6** Les **hémoph**… doivent subir de nombreuses transfusions sanguines. **7** Un **vaudev**… est une comédie très légère, fertile en rebondissements. **8** Les enquêteurs ignorent quel est le **mob**… du crime. **9** Un vrai boulanger est devant son **fourn**… de très bonne heure. **10** Le **crot**… est un serpent qui, même dans l'obscurité, détecte ses proies à plus d'un mètre de distance. **11** **L'emment**… est un fromage à pâte cuite fabriqué à l'origine dans une vallée suisse, l'Emme. **12** **L'astrag**… est un os du talon qu'Albertine Sarrazin a rendu célèbre lorsqu'elle écrivit un roman qui porte ce nom. **13** Les joueurs français n'ont pas le **mor**… ; ils ont subi une lourde défaite. **14** On dit que les espions ont toujours une **caps**… de cyanure cachée dans la bouche ; ils la croqueront en cas d'arrestation. **15** La **myg**… est une araignée de taille impressionnante, que certains tentent d'apprivoiser : quelle idée !

145 Trouvez les noms, dans lesquels se trouve la lettre h, correspondant à ces définitions. (leçon 21)

★★★

1 Mammifère à piquants ou ustensile pour ramoner les cheminées.
→ **un** … (8 lettres)
2 Elle remplace un membre amputé, une dent ou une hanche…
→ **une** … (8 lettres)
3 Savoureuses pâtes italiennes, mais difficiles à manger !
→ **les** … (10 lettres)
4 Celui de Varsovie a été entièrement détruit par les nazis.
→ **un** … (6 lettres)
5 Celle du triangle est perpendiculaire à la base.
→ **la** … (7 lettres)
6 Journal paraissant chaque semaine.
→ **un** … (12 lettres)
7 Discipline athlétique comportant dix épreuves.
→ **le** … (9 lettres)
8 Un polygone de six côtés.
→ **un** … (8 lettres)

146 Copiez les phrases en complétant, si nécessaire, les mots avec des lettres muettes. (leçon 22)

★★★

1 Les doubles rideaux sont en **velour**… **grena**… . **2** Vêtu d'un **justaucor**…, le gymnaste exécute un **sau**… **périlleu**… et retombe sur le **tapi**… **3** Cet **îlo**… **polynésien**… est un **vrai**… **paradi**… ; sa plage de sable **blan**… enchante les touristes. **4** Êtes-vous certaine que ce **résulta**… soit **exa**… ? **5** **Aprè**… un **lon**… **parcour**…, épuisée, la **jumen**… se couche sur le **flan**… . **6** Les taches de **camboui**… se nettoient difficilement sur les vêtements. **7** Je vais **m'ass**…**oir** sur un **ban**… pour boire un verre de **siro**… de **ment**…**e**. **8** **L'encen**… brûle en répandant une odeur particulière. **9** Au **printem**…, le **lila**… dégage un **parfum**… fort agréable. **10** Victime d'un **enrou**…**men**… tenace, le **ténor**… a dû annuler le récital. **11** Le **scul**…**teur** a terminé son œuvre à **tem**… ; elle pourra être exposée au salon **d'auto**…**ne**. **12** Comme entrée, vous avez le **choi**… entre un **fon**… **d'artichau**… ou du **céleri**… rémoulade. **13** Un peu de **far**… colore les joues des actrices.

147 Copiez les phrases en complétant les mots dans lesquels on trouve la lettre x. (leçon 23)

★★★

1 La **dysle**…**ie** est une véritable maladie qui handicape de nombreuses personnes. **2** L'**o**…**ygène** est un gaz indispensable à la respiration des humains. **3** Seul le **ma**…**ilaire** inférieur de la mâchoire des mammifères est articulé. **4** En français, il y a deux **au**…**iliaires** : *avoir* et *être* et quelques **semi-au**…**iliaires**. **5** Cette liste d'adresses est **e**…**haustive**, il n'en manque pas une seule. **6** S'il formule clairement sa réclamation, M. Colin bénéficiera peut-être d'une …**onération** d'impôts. **7** Attendre sous cette chaleur que les portes du stade s'ouvrent, c'est …**aspérant**. **8** Le sida est une maladie **se**…**ellement** transmissible que l'on ne sait pas encore guérir ; les chercheurs poursuivent leurs travaux. **9** Sous l'Ancien Régime, les **e**…**écutions** capitales avaient lieu en public. **10** Il est vraiment **e**…**écrable** de **s'e**…**cuser** sans **s'e**…**pliquer**.

ORTHOGRAPHE GRAMMATICALE

24 La ponctuation : points – virgule – point-virgule

1 **Une phrase** débute par **une majuscule** et se termine par **un point**. L'intonation est descendante.
Les adhérents du club d'échecs préparent le tournoi de fin de trimestre.

2 **Le point d'interrogation** se place à la **fin d'une phrase** lorsqu'on pose une question. L'intonation est montante.
Participerez-vous au prochain tournoi d'échecs ?
Lorsque l'interrogation est indirecte, on place simplement un point.
Dites-moi ce que vous ferez après le tournoi d'échecs.

3 **Le point d'exclamation** se place à la **fin d'une phrase** ayant un sens **exclamatif** ou **injonctif**. L'intonation est montante.
Grégory a remporté toutes les parties du tournoi !

4 **La virgule** sépare, dans une même phrase, les éléments semblables, c'est-à-dire de même nature ou de même fonction. Elle marque **une courte pause** dans la lecture, sans que la voix baisse.
Tous les participants, sans exception, ont reçu une récompense.
Remarque : Les conjonctions *mais*, *donc*, *car* sont précédées d'une virgule.
J'ai perdu la première partie, mais je gagnerais la seconde.

5 **Le point-virgule** sépare **des propositions ou des expressions qui ont un lien faible**. Son emploi est délicat, car il est proche du point ou de la virgule.
Le tournoi est terminé ; le prochain aura lieu dans trois mois.
On place un point-virgule lorsque la deuxième proposition commence **par un adverbe**.
Le tournoi est terminé ; maintenant, on attend le prochain.
Le point-virgule ne peut jamais terminer un texte et n'est jamais suivi d'une majuscule.

148 **Copiez les phrases en plaçant correctement les virgules.**
*
1 Si la sécheresse persiste la récolte de fourrage ne suffira pas pour nourrir les animaux cet hiver. **2** Le roquefort le camembert ou le livarot font la réputation des fromages français. **3** Depuis la généralisation des portables les cabines téléphoniques n'ont plus guère d'utilité. **4** Vu l'état du terrain il ne serait pas raisonnable de disputer le match de foot. **5** Bloqués devant les caisses du supermarché les clients prennent leur mal en patience. **6** Pour réaliser le décor de cette pièce de théâtre le metteur en scène a fait appel à un artiste plasticien. **7** Dans une salade grecque il faut mettre des olives noires des oignons blancs des tomates des concombres et de la feta.

149 **Copiez les phrases en plaçant correctement les points-virgules.**

* **1** Le brouillard recouvre les pistes de Roissy de nombreux vols sont retardés. **2** Les braconniers africains sont sans pitié pour les rhinocéros ils les abattent pour vendre leurs cornes. **3** Les motards sont nombreux à se rendre au Bol d'or ils suivront le duel des pilotes professionnels. **4** Des méduses flottent près de la plage d'Agay les baigneurs tentent de les éviter. **5** Les Romains ont construit de nombreux aqueducs certains sont encore en excellent état. **6** La pêche en haute mer requiert des chalutiers performants peu d'armateurs sont en mesure d'en posséder plusieurs.

150 **Copiez ce texte en plaçant les majuscules, les points et les virgules oubliés.**

*** cette maison revêtue d'ardoises se trouvait entre un passage et une ruelle aboutissant à la rivière elle avait intérieurement des différences de niveau qui faisaient trébucher un vestibule étroit séparait la cuisine de la salle où Mme Aubain se tenait tout le long du jour assise près de la croisée dans un fauteuil de paille contre le lambris peint en blanc s'alignaient huit chaises d'acajou un vieux piano supportait sous un baromètre un tas pyramidal de boîtes et de cartons deux bergères de tapisserie flanquaient la cheminée en marbre jaune et de style Louis XV la pendule au milieu représentait un temple de Vesta et tout l'appartement sentait un peu le moisi car le plancher était plus bas que le jardin

Gustave Flaubert, *Un cœur simple*, 1877.

151 **À la fin de chaque phrase, placez le signe de ponctuation qui convient.**

*** **1** Par quel miracle ce funambule a-t-il gardé son équilibre … **2** Comme ce parfum est enivrant … **3** Comment Léonard de Vinci a-t-il pu peindre le sourire de la Joconde … **4** Les ingénieurs trouveront-ils les causes du dysfonctionnement du moteur auxiliaire de la fusée … **5** On prétend que le général De Gaulle apprenait tous ses discours par cœur … **6** Un bon écailleur ouvre trois douzaines d'huîtres en quelques minutes ; c'est fantastique …

152 **Copiez ce texte en plaçant les majuscules, les points et les virgules oubliés.**

*** quand la caissière lui eut rendu la monnaie de sa pièce de cent sous Georges Duroy sortit du restaurant

comme il portait beau par nature et par pose d'ancien sous-officier il cambra sa taille frisa sa moustache d'un geste militaire et familier et jeta sur les dîneurs attardés un regard rapide et circulaire un de ces regards de joli garçon qui s'étendent comme des coups d'épervier

les femmes avaient levé la tête vers lui trois petites ouvrières une maîtresse de musique entre deux âges mal peignée négligée coiffée d'un chapeau toujours poussiéreux et vêtue d'une robe toujours de travers et deux bourgeoises avec leurs maris habituées de cette gargote à prix fixe

Guy de Maupassant, *Bel Ami*, 1885.

EXPRESSION ÉCRITE

En dix lignes, racontez une journée passée au parc d'attractions avec vos ami(e)s. Vous veillerez à la ponctuation.

25 LA PONCTUATION : DEUX-POINTS – GUILLEMETS – TIRETS – PARENTHÈSES

1 Lorsqu'on rapporte, par écrit, des paroles, on les place entre **guillemets**. L'ouverture des guillemets est généralement précédée de **deux-points**.

Le metteur en scène ne cesse de répéter : « J'exige le silence. »

On utilise également les deux-points pour annoncer une énumération, une explication, une justification ou parfois une citation.

Ils sont nombreux à entourer le metteur en scène : la script, les éclairagistes, le régisseur et même le décorateur.

La scène est à reprendre : la comédienne a renversé la chaise !

Lorsque La Fontaine écrit : « La raison du plus fort est toujours la meilleure. », il n'est pas très moral.

2 Dans un dialogue, on va à la ligne au début de chaque intervention et on place **un tiret**, sauf pour la première.

Le caméraman interroge le metteur en scène :
« Où dois-je placer la caméra ?
– Installez-la en contre-plongée.
– À quelle distance de l'actrice dois-je me situer ?
– Approchez-vous au plus près. »

Dans un dialogue, il faut parfois préciser la personne qui parle. Dans ce cas, on ne ferme pas les guillemets après ses propos et on place simplement une courte phrase entre deux virgules.

Cette proposition, dite incise, n'est jamais précédée d'un point et ne commence pas par une majuscule.

« Ne dites plus un mot, prévient le metteur en scène, et allumez les projecteurs. »

3 **Les parenthèses** permettent d'insérer une courte explication ou une brève précision.

Le metteur en scène (primé au festival de Cannes) présente son dernier film.

153 **Copiez les phrases en plaçant correctement les guillemets et les deux-points.**

*

1 Mathilde avale son chou à la crème et déclare C'est délicieux ! 2 La CPE interroge les retardataires Avez-vous une raison valable à présenter ? 3 Le pompiste s'approche de l'automobiliste et demande super ou gazole ? 4 Le cosmonaute établit la liaison avec la base de Kourou D'ici, la Terre est bleue et paraît minuscule ! 5 L'arbitre avertit les deux capitaines Je ne tolérerai aucun geste déplacé ; dites à vos coéquipiers de rester calmes. 6 Le dentiste prévient Mickaël Après la piqûre anesthésiante, vous ne sentirez plus rien.

154 **Copiez les phrases en plaçant correctement les parenthèses.**
★★★

1 Honoré de Balzac auteur de *La Comédie humaine* buvait beaucoup de café pour se tenir éveillé. **2** Le traité de Versailles 1919 a restitué l'Alsace et la Lorraine à la France. **3** La cité médiévale de Carcassonne réhabilitée par Viollet-le-Duc attire chaque année des millions de touristes. **4** La variété arabica moins corsée que le robusta a la faveur de nombreux amateurs de café. **5** Le tramway de Tours récemment mis en service reprend globalement le tracé de la ligne de bus n° 1. **6** L'invention de l'imprimerie généralement attribuée à Gutenberg a complètement bouleversé la diffusion du savoir.

155 **Copiez ce texte en plaçant correctement les signes de ponctuation aux emplacements indiqués.**
★★★

Dimanche* des élèves du collège ont participé à une course pour recueillir des fonds afin de lutter contre le cancer* Stéphane raconte sa journée à son amie Régina*
* Nous nous sommes levés de bonne heure* et nous nous sommes rendus au parc de Sceaux*
* Où est-ce *
* Au sud de Paris* pas très loin d'une station de RER*
* Étiez-vous nombreux *
* Nous étions au moins cinquante*
* Combien de kilomètres as-tu parcourus *
* J'ai fait cinq kilomètres* mais certains ont couru pendant plus d'une heure*
* Et à l'arrivée* que s'est-il passé *
* Un médecin nous a montré des radios de poumons chez des personnes atteintes du cancer * c'était horrible * Certains ont pris aussitôt la décision de ne plus fumer*
* C'est une bonne résolution* mais allez-vous tenir *
* Nous l'espérons tous* et gare à ceux qui ne respecteront pas leur engagement **

156 **Copiez ce texte en plaçant correctement les signes de ponctuation aux emplacements indiqués.**
★★★

Tonio lance la pédale de démarrage* Un coup de talon* deux coups de talon* le moteur part* Il joue avec la poignée et le bruit du moteur croît* décroît* s'emballe* s'apaise*
* C'est une machine * dit un pêcheur*
* Ça tourne plus rond qu'une Vespa* dit un autre pêcheur*
* Moi* dit un troisième* je crois que je préférerais tout de même une Vespa*
* Si Don Cesare a acheté une Lambretta* reprend le premier* c'est qu'il aura appris que c'est une meilleure machine* *
Tonio relève les cales et enjambe la selle* Il accélère encore une fois* au point mort*

Roger Vailland, *La loi*, Gallimard, 1957.

EXPRESSION ÉCRITE

Samira essaie de convaincre son amie Delphine – quelque peu réticente – des bienfaits du tri sélectif des déchets. Rapportez leur échange de dix répliques en le ponctuant correctement.

26 LE GENRE DES NOMS

On forme généralement le **féminin des noms** d'êtres animés **en ajoutant un « e » à la forme du nom masculin**.

*un commerçant → une commerçant**e***

Cependant, la terminaison du nom masculin est quelquefois modifiée.

*un caissier → une caissi**ère***
*un directeur → une direct**rice***
*un veuf → une veu**ve***
*un cadet → une cade**tte***
*un roux → une rou**sse***
*un gardien → une gardie**nne***
*un chanteur→ une chanteu**se***
*un époux → une épou**se***
*un âne → une âne**sse***
*un fou → une fo**lle***

Parfois le nom féminin est un nom tout à fait différent du nom masculin.

*un coq → une **poule***
*un frère → une **sœur***

Aujourd'hui, beaucoup de noms de métiers peuvent être employés au féminin. Lorsqu'ils se terminent par une consonne (ou par « é ») au masculin, il suffit souvent d'ajouter un « **e** ».

*un avocat → u**ne** avocat**e***
*un député → une député**e***

Certains noms changent de genre sans changer de forme ; c'est le déterminant singulier, l'épithète ou l'attribut qui indique le genre.

*un athlète → u**ne** athlète*
*un camarade → u**ne** camarade*
*Les élèves sont studieux. → Les élèves sont studieu**ses**.*

On peut hésiter sur le genre de certains noms, notamment lorsqu'on observe les terminaisons.

une échappatoire – une espèce – une atmosphère
un pétale – un termite – un planisphère

POUR ALLER PLUS LOIN

- Quelques noms ont un sens différent au masculin et au féminin.

***le** manche à balai*
***la** manche de la veste*

- Attention aux faux-amis ! Certains noms masculins ont un sens différent lorsqu'ils sont mis au féminin.

*un **trotteur** → un cheval*
*une **trotteuse** → l'aiguille d'une montre*

157 Écrivez le féminin de ces noms.

*

1 un chameau
2 un lycéen
3 un jumeau
4 un baron
5 un châtelain
6 un ambitieux
7 un moniteur
8 un cadet
9 un comte
10 un passager
11 un candidat
12 un métis
13 un traducteur
14 un tourtereau
15 un faisan
16 un courtisan
17 un tuteur
18 un abbé
19 un collaborateur
20 un hôte
21 un héros
22 un serviteur
23 un jongleur
24 un banquier
25 un jars
26 un caissier
27 un conseiller
28 un champion

158 **Copiez les phrases en remplaçant chaque nom masculin en gras par son équivalent féminin et faites les accords nécessaires.**

★★

1 L'**empereur** de Chine vivait dans la Cité interdite, à l'abri des regards de son peuple. **2** Le **prince** de Galles assiste à un concours hippique près de Balmoral. **3** Ce **patron** recherche un **apprenti** pour aider le **cuisinier**. **4** Un **loup** rôde près du troupeau d'**agneaux** ; le **berger** est inquiet. **5** Vous croyez un **sorcier** capable de préparer des philtres d'amour. **6** Le **favori** du marathon olympique fut victime d'une défaillance à deux kilomètres de l'arrivée. **7** Ce **chasseur** part avec son **chien** ; il espère rencontrer des **lapins** ou des **lièvres**. **8** Un **menteur** est toujours rattrapé par les histoires qu'il invente. **9** Cette bande dessinée intéresse-t-elle les jeunes **lecteurs** ?

159 **Copiez les phrases en remplaçant chaque nom masculin en gras par son équivalent féminin et faites les accords nécessaires.**

★★

1 Pourquoi mon **coiffeur** est-il aussi bavard ? **2** Cet orchestre guadeloupéen est dirigé par un **métis**. **3** Pour son anniversaire, Dominique réunit ses **copains**. **4** **L'héritier** de la fortune du **marquis** de Vence se rend chez le notaire. **5** Ce pauvre **paysan** n'a qu'un **mulet** pour effectuer tous les travaux des champs. **6** Cet **éleveur** place tous ses espoirs dans un jeune **poulain** pour remporter bientôt de nombreuses courses. **7** Le **réalisateur** reproche aux **comédiens** la méconnaissance de leur texte. **8** Ne vous approchez pas de ce **bouc**, il vous donnerait un coup de corne. **9** Les **électeurs** se sont rendus aux urnes en grand nombre. **10** Le **pharmacien** ne délivre certains médicaments que sur ordonnance. **11** Un **espion** a obtenu des renseignements ultra-secrets.

160 **Écrivez les noms des habitants et des habitantes de ces pays ou de ces villes.**

★★

Exemple : Toulouse → les Toulousains ; les Toulousaines

le Togo	Nice	le Maroc	l'Australie	Brest
l'Italie	Cuba	Rouen	la Norvège	Nancy
la Turquie	l'Égypte	Tours	la Réunion	Arles
la Grèce	Rennes	Béziers	l'Arménie	Albi

161 **Placez l'article qui convient (un ou une) devant chaque nom. Vous pouvez utiliser un dictionnaire.**

★★★

1 … abaque	**9** … épitaphe	**17** … météorite	**25** … tentacule
2 … acoustique	**10** … idole	**18** … encaustique	**26** … vésicule
3 … ivoire	**11** … balustre	**19** … esclandre	**27** … tubercule
4 … urticaire	**12** … caténaire	**20** … narcisse	**28** … obélisque
5 … indice	**13** … holocauste	**21** … arabesque	**29** … azalée
6 … emblème	**14** … granule	**22** … ecchymose	**30** … anagramme
7 … périssoire	**15** … attache	**23** … ovale	**31** … hémisphère
8 … autographe	**16** … météore	**24** … volatile	**32** … stratosphère

VOCABULAIRE

> une primeur > une échappatoire > une molécule > une mandibule > la réglisse
> un épiderme > un insigne > un ventricule > un opercule > un globule
> un chrysanthème > un épilogue > un astérisque > un amalgame

27 LE PLURIEL DES NOMS

1 On forme généralement **le pluriel** des noms en ajoutant un « **s** » aux noms singuliers.
des rayon**s** – des feuille**s** – des chantier**s**

2 Les noms terminés par « **-au** », « **-eau** » et « **-eu** » prennent un « **x** » au pluriel.
des boyau**x** – des drapeau**x** – des cheveu**x**
Exceptions : des landau**s** – des sarrau**s** – des pneu**s** – des bleu**s** – des émeu**s** (oiseaux coureurs d'Australie)
Attention : des lieu**x** (des endroits) - des lieu**s** (des poissons de mer)

3 Les noms terminés par « **-al** » au singulier font leur pluriel en « **-aux** ».
un général → des génér**aux** un végétal → des végét**aux**
Principales exceptions : des bal**s** – des festival**s** – des carnaval**s** – des récital**s** – des chacal**s** – des cérémonial**s** – des régal**s**, etc.

4 Les noms terminés par « **-ail** » au singulier font leur pluriel en « **-ails** ».
un rail → des rail**s** un portail → des portail**s**
Principales exceptions : des cor**aux** – des trav**aux** – des vitr**aux** – des ém**aux** – des soupir**aux** – des b**aux**

5 Les noms terminés par « **-ou** » prennent un « **s** » au pluriel.
des bambou**s** – des mérou**s** – des verrou**s**
Exceptions : des bijou**x** – des caillou**x** – des chou**x** – des genou**x** – des hibou**x** – des joujou**x** – des pou**x**

6 Les noms terminés par un « **s** », un « **x** » ou un « **z** » au singulier ne prennent pas la marque du pluriel.
des tapi**s** – des pri**x** – des ga**z**

POUR ALLER PLUS LOIN

• Au pluriel, certains noms ont un sens différent de celui du singulier.
faire sa **toilette** aller aux **toilettes**
Le film tire à sa **fin.** (il se termine) Il arrive à ses **fins.** (il réussit)
prendre le **frais** (l'air) entraîner des **frais** (des dépenses)

162 **Écrivez les déterminants et les noms au pluriel.**
★★

1 un naseau	**7** mon manteau	**13** un attirail	**19** un métal
2 un chabichou	**8** ce canal	**14** un radical	**20** ce total
3 un tuyau	**9** ton neveu	**15** un rideau	**21** un voyou
4 un mal	**10** son tonneau	**16** leur boubou	**22** un nez
5 ce morceau	**11** ce feu	**17** ce détail	**23** un noyau
6 un dieu	**12** un serval	**18** un bœuf	**24** un étau

163 **Copiez les phrases en accordant les noms en gras au pluriel.**

★★

1 Les **(biniou)** bretons ressemblent aux **(cornemuse)** écossaises. **2** Les **(matou)** guettent les **(moineau)**, mais il y a loin des **(intention)** aux **(réalisation)** ; les **(chat)** ne volent pas encore ! **3** Les **(bail)** signés devant les **(notaire)** offrent des **(garantie)** juridiques aux **(locataire)** comme aux **(propriétaire)**. **4** Les **(narval)** mâles sont à l'origine de la légende de la licorne. **5** Les **(éditorial)** des **(journal)** commentent les **(enjeu)** des dernières décisions. **6** Incommodées par la chaleur, les **(personne)** qui agitent leurs **(éventail)** lors des **(corrida)** songent-elles un instant à la souffrance des **(taureau)** ? **7** Les **(avion)** d'aujourd'hui franchissent les **(fuseau)** horaires sans que les **(passager)** s'en aperçoivent ; ce n'est qu'à l'arrivée qu'ils ressentiront les **(effet)** du décalage.

164 **Écrivez les articles et les noms au singulier. Vous pouvez utiliser un dictionnaire.**

★★

1 des gribouillis
2 des commis
3 des tournedos
4 des héros
5 des contrepoids
6 des safaris
7 des établis
8 des lamparos
9 des intrus
10 des entremets
11 des matelas
12 des salsifis
13 des propos
14 des rébus
15 des épicéas
16 des ennemis
17 des kimonos
18 des cervelas
19 des croquis
20 des raccourcis
21 des agendas
22 des résédas
23 des dahlias
24 des taux

165 **Copiez les phrases en écrivant correctement les noms en gras. Observez bien le sens des phrases pour accorder ou non certains noms.**

★★★

1 Il est possible qu'un jour nous nous installerons dans des **(voiture)** sans **(volant)** et qui se piloteront sans **(peine)** mais, heureusement, elles ne seront pas sans **(frein)**. **2** Ce skieur est bien imprudent, il est parti sans **(bonnet)** et sans **(gant)**. **3** Les **(kangourou)** sont des **(marsupial)** qui ne vivent en **(liberté)** qu'en Australie. **4** Des **(monceau)** de **(déchet)** en **(plastique)** obstruent les **(boyau)** des **(égout)** des grandes **(ville)**. **5** Ces **(champ)** de **(blé)** ont des **(rendement)** exceptionnels : soixante **(quintal)** à l'**(hectare)**. **6** Les **(festival)** de **(musique)** attirent des **(public)** très différents. **7** Les **(nuit)** sans **(lune)**, les **(panneau)** de **(signalisation)** ne sont pas toujours bien visibles.

166 **Copiez les phrases en accordant correctement les noms en gras.**

★★★

1 On confectionne les **(épouvantail)** à **(moineau)** avec de vieux **(vêtement)**. **2** Dans certaines **(mer)** tropicales du globe, les **(mérou)** et les **(corail)** ne se développent plus. **3** Au Canada, il n'est pas rare de rencontrer des **(caribou)** qui traversent tranquillement les **(chaussée)**. **4** Savez-vous pourquoi les **(rameau)** d'**(olivier)** symbolisent la **(paix)** ? **5** Les **(aveu)** enregistrés devant les **(juge)** d'**(instruction)** ne sont pas toujours renouvelés devant les **(tribunal)**. **6** Les **(attaque)** du **(mildiou)** provoquent des **(ravage)** dans les **(vigne)**. **7** Les **(verre)** en **(cristal)** doivent être lavés avec beaucoup de **(soin)** ; ils sont fragiles. **8** Les **(naufragé)** ont embarqué sur des **(radeau)** de **(fortune)** ; ils font des **(signal)** de **(détresse)** aux **(navire)** de **(croisière)** qui passent au loin.

VOCABULAIRE

› un monsieur → des messieurs › un œil → des yeux
› un bonhomme → des bonshommes › un gentilhomme → des gentilshommes

28 LE PLURIEL DES NOMS PROPRES ET DES NOMS D'ORIGINE ÉTRANGÈRE

1 **Les noms propres ne prennent pas la marque du pluriel.**

*Les magasins **Auchan** resteront ouverts pendant les vacances.*
*Les nouvelles **Citroën** sont des voitures économiques.*

Font exceptions :
– les **noms** de population ou de lieux géographiques **qui désignent un ensemble**.
*les Italien**s** – les Ande**s** – les Antille**s***

Pour les noms de certaines familles royales, princières ou illustres, ainsi que pour les œuvres d'art, l'usage admet volontiers les deux orthographes.
*les Bourbon(**s**) – les Condé(**s**) – les Picasso(**s**) – les Rodin(**s**)*

2 **Les noms d'origine étrangère** peuvent :
– **prendre un « s » au pluriel** s'ils sont francisés depuis longtemps
*des guérilla**s** – des trio**s** – des kiwi**s***
– **garder leur pluriel étranger**
*des penalt**ies** – des barm**en***
– **avoir indifféremment** le pluriel étranger ou le pluriel français
des matches – des matchs *des minima – des minimums*
– **rester invariables** pour certains noms d'origine latine
des ex aequo – des a priori
Il est cependant préférable d'adopter les règles du pluriel français.

POUR ALLER PLUS LOIN

• N'oublions pas que certains noms communs peuvent devenir des noms propres.
*Les **Jeux** olympiques* *Les **Misérables*** (roman de Victor Hugo)

167 **Copiez les phrases en écrivant correctement les noms entre parenthèses.**

★★

1 Les souverains russes portaient le titre de tsar de toutes les **(Russie)**. **2** À Paris, l'hôtel des **(Invalide)** fut édifié pour assurer un abri aux soldats mutilés. **3** Les **(Martin)** sont très nombreux en France, plus de deux cent mille ! **4** Aux **(État-Uni)**, la dynastie des **(Kennedy)** a connu un destin tragique ; nombre de ses membres ont péri de mort violente. **5** Il paraît que des loups rôderaient dans les **(Cévenne)**. **6** Les anguilles se reproduisent uniquement dans la mer des **(Sargasse)**. **7** Des **(Bourbon)** ont porté la couronne du royaume des **(Deux-Sicile)**. **8** As-tu déjà goûté de la viande des **(Grison)** ? Avec une raclette, c'est délicieux. **9** Les **(Coréen)** du Nord ont peu de contact avec les **(Coréen)** du Sud ; la frontière entre ces deux pays est hermétique. **10** Les ouvrages des frères **(Goncourt)** sont peu lus aujourd'hui, mais leur nom reste attaché au plus célèbre des prix littéraires français.

168 **Copiez les phrases en écrivant correctement les noms entre parenthèses.**

★★ **1** Les **(jockey)** s'alignent au départ du prix des **(Asturie)**. **2** Maurice et Louis **(de Broglie)** furent de célèbres physiciens français. **3** Les **(Gascon)** ont fourni nombre de mousquetaires au roi Louis XIII. **4** Les forêts de pins couvrent une grande partie du territoire des **(Lande)**. **5** Les **(Catalan)** revendiquent leur identité culturelle. **6** Avant l'indépendance, le Vanuatu situé dans le Pacifique, s'appelait les **(Nouvelle-Hébride)**. **7** Les **(Gandhi)**, adeptes de la non-violence, sont peu nombreux de par le monde. **8** Dans les **(Causse)**, on élève des brebis dont le lait permet la fabrication du roquefort. **9** Les **(Richard)** ont pendu la crémaillère avec leurs amis ; leur pavillon est enfin terminé.

169 **Copiez les phrases en écrivant correctement les noms entre parenthèses.**

★★ **1** Lors du dernier Bol d'or, les **(Kawasaki)** ont devancé les **(Honda)**. **2** Bien avant l'arrivée des **(Espagnol)** les **(Inca)** avaient une organisation sociale fort développée. **3** Ces jeunes pianistes ne seront pas tous des **(Chopin)**, aussi doués soient-ils. **4** Le XVIIIe siècle est quelquefois appelé le siècle des **(Lumière)**. **5** Qui a remporté le tour des **(Flandre)** cycliste ? **6** Seules les **(Vespa)** circulent dans ces petites ruelles. **7** L'irruption d'un volcan dans la mer des **(Moluque)** a provoqué un tremblement de terre aux **(Philippine)**. **8** Les **(Bulgare)** ont longtemps lutté pour chasser les envahisseurs de leur territoire.

170 **Copiez les phrases en écrivant correctement les noms entre parenthèses.**

★★ **1** Les **(Jamaïcain)** sont d'excellents **(sprinter)** ; ils battent régulièrement les **(record)** du monde. **2** Les **(graffiti)** et les **(tag)** enlaidissent les couloirs du métro. **3** Pour échapper aux chiens, le chevreuil fait des **(zigzag)**. **4** Pouvez-vous regarder des **(vidéo)** sur vos **(Smartphone)** ? **5** Les **(aléa)** de la navigation ont perturbé les plans des **(skipper)**. **6** Lorsque l'affluence est importante, ce restaurateur embauche des **(extra)**. **7** Les **(péplum)** enjolivent l'histoire romaine pour le plus grand plaisir de quelques cinéphiles. **8** Le rugby est un sport de voyous pratiqué par des **(gentleman)**.

171 **Copiez les phrases en écrivant correctement les noms entre parenthèses.**

★★ **1** Les **(visa)** pour se rendre aux **(Seychelle)** sont obtenus assez rapidement. **2** Les **(barman)** ne servent jamais de **(whisky)** aux mineurs. **3** Les frères **(Djokovic)** se révèlent tous d'excellents **(tennisman)**. **7** Les **(lad)** ont attelé les **(sulky)** ; les trotteurs sont prêts. **5** S'ils n'étaient pas très confortables, les **(drakkar)** des **(Viking)** les conduisaient dans des contrées lointaines. **6** Les **(Aborigène)** lancent leurs **(boomerang)** à la perfection. **7** Si vous allez au Maroc, vous devrez échanger vos **(euro)** contre des **(dirham)**. **8** Les **(douar)** du sud algérien souffrent de la sécheresse. **9** En randonnée, nous nous contenterons de **(sandwich)** et de **(chip)**.

EXPRESSION ÉCRITE

Vous allez pique-niquer avec des amis. Décrivez, en dix lignes, les préparatifs de cette rencontre (lieu, matériel, nourriture, boissons, jeux…). Vous veillerez à l'accord des noms propres et des noms d'origine étrangère.

29 LE PLURIEL DES NOMS COMPOSÉS

1 **Dans les noms composés**, **seuls les noms et adjectifs peuvent se mettre au pluriel.**
des sapeurs-pompiers – des longues-vues
Les autres mots (verbes, adverbes, prépositions) **sont toujours invariables.**
des remonte-pentes – des trop-pleins – des non-croyants
Si l'adjectif a une valeur adverbiale, il est invariable.
des haut-parleurs – des long-courriers – des avant-centres

2 **Les noms et les adjectifs** ne prennent **la marque du pluriel** que **si le sens le permet**.
des pauses-café → des pauses pour boire le café → pas d'accord
des pur-sang → des chevaux qui ont le sang pur → pas d'accord

3 **Le sens peut imposer le pluriel** pour l'un des deux mots, même si le nom composé est au singulier.
un protège-dents → l'appareil protège toutes les dents → pluriel

4 Si le premier mot d'un nom composé est **un élément terminé par la voyelle « o »**, il reste **invariable**.
des micro-organismes – des strato-cumulus

5 Lorsque le nom composé est formé de **deux noms unis par une préposition**, en général, **seul le premier nom prend la marque du pluriel**.
des queues-de-pie – des ronds-de-cuir – des arcs-en-ciel
mais : *des pousse-au-crime*

POUR ALLER PLUS LOIN

- Certains noms composés sont formés de deux mots que l'usage a soudés. Ils prennent **la marque du pluriel**.
des portemanteaux – des vinaigres – des passeports
- Les dictionnaires mentionnent parfois deux orthographes.
un essuie-main(s) – des grand(s)-mères – des contre-jour(s)

172 **Écrivez ces noms composés au pluriel.** ★★

1 un pot-au-feu
2 un ballon-sonde
3 un dessous-de-plat
4 un tout-petit
5 un essuie-glace
6 un presse-purée
7 un hôtel-restaurant
8 un sous-entendu
9 une eau-de-vie
10 un pot-de-vin
11 une plate-bande
12 un coupe-gorge
13 une contre-allée
14 un cul-de-sac
15 un bloc-moteur
16 un aide-mémoire
17 un moyen-courrier
18 un croque-mort
19 un pied-à-terre
20 un tiroir-caisse
21 un pont-levis

173 **Copiez les phrases en accordant les noms composés comme il convient.**
★★

1 Les **(portrait-robot)** permettent parfois l'arrestation des criminels. **2** Les silures, redoutables carnivores, sont souvent appelés des **(poisson-chat)**. **3** Les **(petit-four)** et les **(hors-d'œuvre)** du buffet furent rapidement engloutis par des invités affamés. **4** En Provence, les **(laurier-rose)** apportent une touche de couleur. **5** Autrefois, les barbiers rasaient les hommes avec des sabres ressemblant à des **(coupe-chou)**. **6** Ces poteries anciennes sont des **(chef-d'œuvre)**. **7** Les étalages des brocantes sont parfois de véritables **(bric-à-brac)**. **8** Une entreprise spécialisée restaure les **(arc-boutant)** de la cathédrale.

174 **Copiez les phrases en accordant les noms composés comme il convient.**
★★

1 Ne joue pas les **(rabat-joie)**, ce film est plus drôle que tu ne le penses. **2** Les **(reine-claude)** doivent leur nom à la reine Claude, femme de François Ier. **3** Les **(faux-monnayeur)** risquent de longues peines de prison. **4** Les **(roman-feuilleton)** passionnaient nos **(grand-parent)**. **5** Les **(sage-femme)** peuvent être des hommes depuis 1982 ! **6** Les **(dos-d'âne)**, installés à l'entrée du lotissement, obligent les automobilistes à ralentir. **7** Ces **(sans-abri)** ont trouvé refuge dans un foyer du Secours populaire.

175 **Copiez les phrases en les complétant avec les noms composés suivants que vous accorderez.**
★★★

pare-choc – auto-école – bateau-mouche – casse-tête – couvre-joint – cerf-volant – chauve-souris – marteau-piqueur

1 Nombre de touristes visitent Paris à bord des … . **2** Certains jeux de lettres sont de véritables … . **3** Près du chantier, le bruit des … est assourdissant ; heureusement que les ouvriers ont des casques protecteurs. **4** Les démonstrations de … sont fréquentes sur la plage de Berck où il y a toujours du vent. **5** À la suite d'une fausse manœuvre, M. Fernandez a heurté un poteau ; il devra changer son … . **6** Prédateurs de nombreux insectes, les … sont des animaux protégés. **7** Les … préparent les adolescents à l'examen du permis de conduire. **8** Le menuisier pose des … sur les encadrements de porte.

176 **Copiez les phrases en complétant ces noms composés comme il convient.**
★★★

1 Les **(porte-fenêtre)** de la plupart des appartements neufs sont pourvues de doubles vitrages. **2** Le secrétaire range les lettres importantes dans son **(porte-document)**. **3** Le trèfle à quatre feuilles est peut-être le plus célèbre des **(porte-bonheur)**. **4** Le **(porte-avion)** quitte la rade de Toulon pour une mission en Méditerranée. **5** Les délégués des élèves sont nos **(porte-parole)** lors des conseils de classe. **6** Les **(porte-plume)** des écoliers d'autrefois sont désormais des objets de musée. **7** Muni d'un **(porte-voix)**, le responsable syndical informe les adhérents du résultat des négociations. **8** Les jours de pluie, on installe des **(porte-parapluie)** dans les halls d'entrée des bâtiments publics.

EXPRESSION ÉCRITE

Pour le journal local, vous rédigez le compte rendu de la finale du championnat académique (football – basketball – handball..) remportée par votre collège. Vous emploierez au moins cinq noms composés au pluriel.

30 LE FÉMININ DES ADJECTIFS QUALIFICATIFS

1 On forme **le féminin des adjectifs qualificatifs** **en ajoutant un « e » à la forme de l'adjectif masculin**.

un conducteur prudent → une conductrice ***prudente***

2 Il existe cependant **des formes particulières** au féminin.

– Les suffixes « **-en** » et « **-on** » deviennent « **-enne** » et « **-onne** ».

un meuble ancien → une armoire ***ancienne***

un bon repas → une ***bonne*** *salade*

– le suffixe « **-el** » devient « **-elle** ».

un scrutin présidentiel → une élection ***présidentielle***

– Les suffixes diminutifs « **-et** » et « **-ot** » deviennent « **-ette** » et « **-otte** ».

un fil muet → une séquence ***muette***

un visage pâlot → une figure ***pâlotte***

Exceptions :

– Les adjectifs *complet, incomplet, concret, discret, indiscret, inquiet* et *secret* ont un féminin en « **-ète** ».

– L'adjectif *idiot* fait **idiote**.

– Les adjectifs se terminant par un « **-f** » au masculin font « **-ve** ».

un geste vif → une réaction ***vive***

– Les adjectifs se terminant par « **-eux** » au masculin font « **-euse** ».

un détail curieux → une tache ***curieuse***

– Les adjectifs se terminant par un « **-c** » font « **-che** » ou « **-que** ».

du pain sec → une panne ***sèche***

un service public → une école ***publique***

– Les adjectifs terminés par le suffixe « **-eur** » au masculin ont trois terminaisons possibles au féminin.

« **-trice** » : *un vernis protecteur → une couche* ***protectrice***

« **-euse** » : *un fil baladeur → une lampe* ***baladeuse***

« **-eresse** » : *un lieu enchanteur → une contrée* ***enchanteresse***

POUR ALLER PLUS LOIN

- L'adjectif *grand* est invariable dans quelques mots ou expressions figés :

une ***grand****-mère – pas* ***grand****-chose – une* ***grand****-rue*

- Il existe également quelques formes particulières au féminin.

un esprit malin → une question ***maligne***

un toréro andalou → une danse ***andalouse***

un virage traitre → une descente ***traitresse***

un parti dissous → une assemblée ***dissoute***

177 **Écrivez les adjectifs suivants au féminin. Attention, certains modifient leur consonne finale.**

★★

1 un ton bleuâtre → une teinte …
2 un parc public → la voie …
3 un regard franc → une zone …
4 un palais turc → une mosquée …
5 un drap blanc → une dragée …
6 un caractère émotif → une personne …
7 un mensonge éhonté → une conduite …
8 un lac volcanique → une roche …
9 un sourire naïf → une réponse …
10 un mythe grec → une île …

178 **Écrivez les adjectifs suivants au féminin. Attention, certains doublent la consonne finale.**

★★

1 un vin espagnol → une danse …
2 un regard hautain → une mine …
3 un quartier voisin → une ville …
4 un arrêté municipal → la police …
5 un décès accidentel → une mort …
6 un film sensationnel → une idée …
7 le traité européen → une décision …
8 un enfant maigrichon → une fillette …
9 un fromage italien → une voiture …
10 un feuilleton gentillet → une chanson …

179 **Accordez l'adjectif entre parenthèses avec le nom qu'il qualifie.**

★★

1 La présence d'une consonne **(muet)** dans une syllabe **(final)** peut entraîner des erreurs. **2** Tante Noémie écrit à sa **(cher)** cousine à l'occasion de son anniversaire. **3** Une pluie **(torrentiel)** a ravagé les rues de cette bourgade **(montagnard)**. **4** Une réunion **(quotidien)**, à laquelle participe la CPE, se tient dans le bureau du principal. **5** La robe **(neuf)** de Fadila a fait l'unanimité parmi ses amies : elle est **(ravissant)** ! **6** L'inspection **(annuel)** de la centrale nucléaire a fait apparaître une **(dangereux)** fuite de liquide radioactif. **7** **(Vrai)** ou **(faux)**, l'accusation de corruption a entaché la carrière de cette directrice **(commercial)**.

180 **Écrivez les adjectifs suivants au féminin.**

★★

1 un fait accusateur → une preuve …
2 un ton crâneur → une attitude …
3 un chemin boueux → une route …
4 un hôte accueillant → une cité …
5 le cours supérieur → l'étape …
6 un poing vengeur → une expédition …
7 un parfum fascinant → une musique …
8 un calme trompeur → une apparence …

181 **Remplacez les groupes nominaux soulignés par les groupes nominaux entre parenthèses, et faites les modifications nécessaires.**

★★★

1 Le pays **(la région)** méditerranéen bénéficie d'un ensoleillement **(d'une météorologie)** exceptionnel. **2** Le brouillard **(la pluie)** matinal est inhabituel à cette période de l'année. **3** Un souffle d'air **(une brise)** doux et parfumé était venu embaumer la terrasse. **4** Son air **(son attitude)** pensif et craintif annonce un caractère **(une personnalité)** inquiet et nerveux. **5** Un devoir **(une copie)** brouillon est très souvent pénalisé par un professeur **(une institutrice)** exigeant. **6** Un lac **(une retenue d'eau)** artificiel a été envisagé dans ce vallon **(cette vallée)** pyrénéen isolé.

EXPRESSION ÉCRITE

Décrivez le paysage d'une planète jusqu'alors inconnue en utilisant le plus possible les adjectifs de la leçon. Soulignez-les et indiquez par une flèche le nom avec lequel vous les accordez.

31 LE PLURIEL DES ADJECTIFS QUALIFICATIFS

1 On forme généralement **le pluriel des adjectifs qualificatifs** en ajoutant un « s » à la forme du singulier.

des appareils ménager**s** des personnes loyale**s**

Si l'adjectif qualificatif se termine par « s » ou « x » au masculin singulier, **il ne change pas de forme au masculin pluriel**.

un plat exquis → des plats **exquis**

Les quelques adjectifs terminés par « -eau » au masculin singulier prennent un « **x** » au pluriel.

de beau**x** jours de nouveau**x** horaires

Attention : l'adjectif *bleu* prend un « **s** » au pluriel :

des maillots bleu**s**

Les adjectifs terminés par « -al » au masculin singulier font « **-aux** » au pluriel.

un journal local → des journaux **locaux**

Exceptions :

bancal, fatal, final, naval et natal se terminent par « **-als** » au pluriel.

2 **Les adjectifs de couleur** s'accordent lorsqu'il n'y a qu'un seul adjectif pour désigner la couleur.

des feux rouge**s** des lignes blanche**s**

Les noms (ou les groupes nominaux), utilisés pour exprimer la couleur par image, restent invariables.

des maillots **orange** des pierres **bleu vert**

des tuyaux **vert-de-gris**

Exceptions : écarlate, incarnat, fauve, rose, pourpre, s'accordent.

POUR ALLER PLUS LOIN

- Les adjectifs qualificatifs composés s'accordent lorsqu'ils sont formés de deux adjectifs.

des sauces aigres-douces des personnes sourdes-muettes

- Il ne faut pas confondre l'adverbe (invariable) et l'adjectif qualificatif.

des petits pois **extra**-fins des boxeurs **mi**-lourds

182 **Accordez les adjectifs qualificatifs entre parenthèses.**

*

1 regretter les disputes **(continuel)**
2 étudier des morceaux **(choisi)**
3 donner une réponse **(naïf)**
4 utiliser des appareils **(ménager)**
5 avancer des arguments **(irrationnel)**
6 consommer des produits **(laitier)**
7 respecter les moyens **(légal)**
8 commettre de **(léger)** erreurs
9 ne pas écouter les gens **(médisant)**
10 faire des affaires **(lucratif)**
11 réaliser des dépenses **(luxueux)**
12 obtenir des résultats **(paradoxal)**
13 émettre des craintes **(plaintif)**
14 trier les matières **(polluant)**

183 ★★ **Copiez les phrases en accordant les adjectifs qualificatifs entre parenthèses.**

1 Pour organiser la kermesse **(annuel)**, toutes les suggestions seront les **(bienvenu)**. **2** Mal **(insonorisé)**, les salles de classe sont trop **(bruyant)**. **3** **(Seul)** les candidats **(inscrit)** pourront participer aux éliminatoires. **4** Dans les conditions **(actuel)**, les réserves de pétrole s'épuiseront avant la fin du siècle. **5** Les côtés d'un triangle quelconque sont **(inégal)**. **6** Aujourd'hui, les parents qui prennent des congés **(post-natal)** sont plus **(nombreux)**. **7** Ces chaussées **(dangereux)** devraient être **(interdit)** aux poids **(lourd)**.

184 ★★ **Copiez les phrases en accordant les adjectifs qualificatifs entre parenthèses.**

1 Ces machines, **(issu)** d'ateliers **(spécial)**, sont d'**(excellent)** qualité. **2** Des lits **(jumeau)** sont installés dans toutes les chambres de cet hôtel. **3** De **(pareil)** erreurs ne sont pas **(admissible)** alors que vous disposez d'une calculatrice. **4** Les **(demi)**-finales du tournoi de volley se dérouleront en fin d'après-midi. **5** Cette bouteille thermos contient deux litres et **(demi)** de thé à la menthe. **6** De **(nouveau)** lignes **(aérien)** vont entrer en service entre l'Europe et l'Asie. **7** Ces raisonnements sont totalement **(bancal)**, vous ne pourrez rien démontrer de cette façon. **8** M. Gastaldi taille avec beaucoup de soin sa moustache **(poivre et sel)**.

185 ★★★ **Copiez les phrases en accordant les adjectifs qualificatifs entre parenthèses.**

1 Madame Perrin caresse les poils **(marron)** de son cocker. **2** Dans l'armée, on utilise des tentes **(mastic)**, car elles se fondent mieux dans le paysage. **3** Sur les assiettes **(bleu pâle)**, on a disposé des serviettes **(jaune citron)**. **4** Les iris **(violet)** ne fleurissent qu'au début du printemps. **5** Les voitures **(beige)** craignent moins la poussière que les voitures **(noir)**. **6** Pourquoi Roxane a-t-elle choisi un fond d'écran **(bleu)** et des icônes **(paille)** ? **7** Les taureaux sont excités lorsque les matadors agitent des capes **(écarlate)** devant leurs naseaux. **8** Madame Garcia porte des bas couleur **(chair)**. **9** Dans sa salle de bains, M. Salvy a posé des carreaux de faïence **(corail)** parfaitement **(assorti)** à la peinture **(abricot)** des boiseries.

186 ★★★ **Complétez les phrases avec des adjectifs qualificatifs de la même famille que les mots entre parenthèses.**

1 **(la société)** Les jeunes s'inscrivent en grand nombre sur les réseaux … . **2** **(la fin)** Le violoniste a parfaitement réussi les trois accords … . **3** **(privé)** Des jardins … sont aménagés autour de tous les pavillons de ce lotissement. **4** **(la vérité)** Au musée Grévin, certaines statues de cire semblent plus … que nature. **5** **(les délices)** Ces tartelettes sont … ; vous allez vous régaler. **6** **(la cruauté)** Les tigresses seraient-elles plus … que les mâles ? **7** **(la sècheresse)** Lorsque les chemises seront …, tu les repasseras. **8** **(la nudité)** Comme il fait beau, vous pouvez vous promener les bras … . **9** **(l'indiscrétion)** Parlez plus bas, des oreilles … vous écoutent peut-être.

EXPRESSION ÉCRITE

Pour vous rendre au carnaval, vous devez choisir parmi différents costumes. Décrivez-en un avec précision, puis vous indiquerez les raisons de votre choix.

32 Les déterminants numéraux

1 **Les déterminants numéraux cardinaux** (quelquefois appelés nombres) se placent devant les noms pour **indiquer une quantité précise**. **Ils sont invariables**.

neuf *degrés* ***treize*** *étages* ***cinquante*** *bouteilles*

Pour écrire les nombres, il faut parfois associer plusieurs déterminants. Entre les dizaines et les unités, il faut placer un trait d'union, sauf s'il n'y a qu'une seule unité.

quarante-sept *boutons* ***soixante et un*** *points*

2 Cependant, **vingt** et **cent** **s'accordent lorsqu'ils indiquent un nombre exact** de vingtaines ou de centaines, sauf s'ils sont suivis d'un autre nombre.

*quatre-**vingts** jours* *trois **cents** logements*
quatre-vingt-cinq jours *trois cent trente logements*

3 **Les déterminants numéraux ordinaux** s'accordent en genre et en nombre avec le nom.

*les **secondes** classes* *les **quarantièmes** rugissants*

4 **Les noms qui désignent les parties d'un entier** s'accordent avec les déterminants qui les précèdent.

*deux moitié**s*** *trois quart**s*** *cinq centième**s***

Il ne faut pas confondre les nombres avec les noms tels que *zéro, dizaine, centaine, millier, million, milliard* qui s'accordent comme tous les noms.

POUR ALLER PLUS LOIN

• Les déterminants numéraux cardinaux qui indiquent l'ordre sont invariables.

*la page **trente-deux*** *le numéro **vingt***

• On utilise les chiffres romains pour noter les siècles ou le rang des rois.

*Le **XV**^e^ siècle* *Louis **XVI*** *Henri **IV***

187 **Complétez les phrases avec les nombres, écrits en lettres, qui conviennent.**

*

1 En retenant la formule magique, Ali Baba a découvert le trésor des … voleurs. 2 Saïd attend son ami ; il fait les … pas. 3 Distrait, Félix a heurté un panneau de signalisation ; il a vu … chandelles. 4 …, c'est le carré de douze. 5 Une équipe de rugby est composée de … joueurs présents sur le terrain, mais il y a aussi des remplaçants. 6 En agglomération, la vitesse des véhicules est limitée à … kilomètres à l'heure. 7 La France métropolitaine compte … départements ; mais il y a … départements d'Outre-mer. 8 On dit parfois qu'être … à table, cela porte malheur. 9 Au soir du … décembre, on réveillonne pour fêter le début de l'année.

188 Écrivez en lettres les nombres en gras.

1 **86** stères de bois
2 les **1 000** bruits de la rue
3 une ramette de **500** feuilles
4 un sommet de **1 725** mètres
5 **2 560 000** demandeurs d'emploi
6 un radiateur d'une puissance de **1 500** kWh/h
7 les **80 000** mots d'un dictionnaire
8 une bibliothèque de **700** volumes

189 Copiez les phrases en écrivant en lettres les nombres en bleu.

1 Il s'est vendu **(40 000)** exemplaires du dernier roman de Muriel Barbery. 2 **(225)** euros pour cette veste en cuir, c'est donné ! 3 Il est probable que, dans quelques années, les forages pétroliers dépasseront les **(7 000)** mètres. 4 Le TGV effectue les **(427)** kilomètres du trajet Lyon-Paris en **(1)** heure et **(57)** minutes. 5 Dans cette boîte richement décorée, on trouve **(55)** galettes bretonnes. 6 Cet été, **(2 400 000)** touristes ont visité le château de Versailles. 7 Les ingénieurs travaillent d'arrache-pied pour alléger les véhicules automobiles ; ils espèrent gagner environ **(200)** kilos. 8 Sur les **(80)** hectares de son exploitation, cet agriculteur cultive **(55)** hectares de maïs et **(22)** de tournesol ; les **(3)** hectares restants sont laissés en prairies.

190 Copiez les phrases en écrivant en lettres les nombres entre parenthèses.

1 Pour conclure l'achat de son yacht, ce riche émir signe un chèque de **(25 000 000)** d'euros ! 2 Le doyen des habitants de Castellane est âgé de **(99)** ans, mais la doyenne vient de souffler les **(105)** bougies de son gâteau d'anniversaire. 3 Les poids lourds de plus de **(35)** tonnes ne peuvent emprunter ce pont suspendu. 4 **(800 000)** pots de yaourts sortent chaque jour de cette usine ; ils seront mis en place sur les rayons de **(1 200)** supermarchés. 5 Émeline a obtenu une réduction de **(30)** pour **(100)** sur l'achat de ce jean. 6 Le stade de France peut accueillir **(81 338)** spectateurs lors des événements sportifs.

191 Écrivez les nombres en lettres et accordez correctement les mots entre parenthèses.

1 Il y a une **(trentaine)** d'années, la sidérurgie lorraine a licencié des **(millier)** de travailleurs ; seules quelques **(centaine)** d'entre eux ont retrouvé du travail sur place. 2 Les **(neuvième)** Rencontres internationales de jeux vidéo se dérouleront à Barcelone. 3 Selon un sondage, **(2/5)** des Français ne partiraient pas en vacances. 4 Fin mai, les **(troisième)** passeront les épreuves du brevet blanc. 5 Le budget de cette commune s'élève à **(45 000 000)** d'euros ; les **(3/4)** des conseillers municipaux l'ont approuvé. 6 Une **(soixantaine)** de musiciens composent un orchestre symphonique, mais plus de **(250)** choristes peuvent être associés. 7 Si les long-courriers sont aujourd'hui capables de parcourir plus de **(10 000)** kilomètres, Éole, l'avion de Clément Ader, l'un des **(premier)** à décoller, n'a volé que sur **(40)** mètres ! 8 Cali est resté **(90)** minutes sur scène et il a interprété **(18)** chansons.

EXPRESSION ÉCRITE

Le trésorier d'une association humanitaire est chargé de dresser le bilan financier. Rédigez ce compte rendu en présentant les recettes et les dépenses ; les montants seront écrits en lettres.

33 L'ACCORD DU VERBE

Le verbe s'accorde avec son sujet que l'on trouve en posant la question « **Qui est-ce qui ?** » ou « **Qu'est-ce qui ?** » devant le verbe.

Le sujet peut être :

- un nom → **Les passagers** bouclent leur ceinture.
- un pronom personnel → **Elles** appréhendent le voyage.
- un pronom possessif → Mon téléphone est noir ; **le tien** est rouge.
- un pronom indéfini → **Certains** connaissaient la réponse.
- un pronom démonstratif → Ce lit est étroit ; **celui-ci** est large.
- un pronom relatif → Harry est un ami **qui** vous veut du bien.
- un pronom interrogatif → **Qui** a marché le premier sur la Lune ?
- un adverbe → **Peu** croient en l'existence des extraterrestres.
- un verbe à l'infinitif → **Souffler** n'est pas jouer.
- une proposition subordonnée → **Que la pluie tombe** arrangerait les agriculteurs.

Dans le groupe nominal sujet, il faut toujours chercher **le nom principal** qui **commande l'accord**.

Les circonstances de l'incident demeurent inconnues.

Qu'est-ce qui demeurent inconnues ? → **les circonstances** de l'incident

On peut également trouver le sujet d'un verbe en l'encadrant par « **C'est ... qui** » ou « **Ce sont ... qui** ».

Ce sont les **circonstances** de l'incident **qui** demeurent inconnues.

POUR ALLER PLUS LOIN

- Un verbe qui a deux sujets singuliers se met au pluriel.

Le **vautour** et la **hyène** se disput**ent** la carcasse d'une gazelle.

- Lorsque le groupe sujet est un infinitif ou une proposition subordonnée, le verbe s'accorde toujours à la 3e personne du singulier.

192 **Copiez les phrases en accordant les verbes entre parenthèses au présent de l'indicatif.**

*

1 Au début de l'automne, toutes les hirondelles **(s'envoler)** pour le Maroc. **2** Ceux qui **(traverser)** les chaussées hors des passages protégés **(prendre)** de gros risques. **3** Les spectateurs du premier rang **(bénéficier)** d'une vue d'ensemble de la scène. **4** Trois rangées de barbelés **(entourer)** l'enclos où la jument et son poulain **(gambader)** allègrement. **5** Le magasinier **(gérer)** le stock de pièces détachées à l'aide d'un logiciel performant. **6** Munie d'une lampe torche, tu **(progresser)** dans le souterrain. **7** Les vêtements à la mode **(séduire)** les jeunes, surtout quand ils **(présenter)** quelque originalité. **8** L'avion en provenance de Madrid **(décrire)** une large courbe en vue de l'aéroport. **9** Face à son adversaire, le gladiateur **(brandir)** un trident menaçant.

193 ★★ **Copiez les phrases en remplaçant les mots en gras par ceux entre parenthèses et faites les accords nécessaires.**

1 **Les débats politiques (parler politique)** n'intéressent guère la majorité des jeunes collégiens. **2** **Les concurrents du rallye (tu)** découvrent les énigmes que **les organisateurs (nous)** ont soigneusement dissimulées. **3** Ces quelques brins de persil **(un filet de citron)** parfumeront votre salade de tomates. **4** **James Bond (les aventuriers)** se sort d'une situation délicate et parvient à sauver la belle héroïne. **5** **La navette (je)** vous conduira au lieu de rassemblement en quelques minutes. **6** **Les amortisseurs (la batterie)** doivent être changés tous les quarante mille kilomètres. **7** **La documentaliste (je)** met à votre disposition les derniers numéros de *Science et Vie junior*.

194 ★★ **Copiez les phrases en remplaçant les pronoms sujets en gras par des groupes nominaux de votre choix.**

1 Chaque été, **ils** ravagent des hectares de forêts dans la région méditerranéenne. **2** Lorsqu'**elles** traversent le ciel dans la nuit noire, formulez vite un vœu ! **3** **Ils** réparent les lignes électriques endommagées par la tempête. **4** **Ils** conduisent avec une simple attestation de sécurité. **5** **Elles** plaisent aux jeunes qui les écoutent en boucle. **6** **Il** essaie de convaincre les jurés de l'innocence de son client. **7** **Elle** produit plusieurs milliers de boîtes de lait en poudre par jour. **8** **Il** a rompu ses amarres et dérive au large. **9** **Ils** ont survécu dans des conditions extrêmes. **10** **Elles** servent de frontière entre la France et l'Espagne.

195 ★★ **Copiez les phrases en accordant les verbes entre parenthèses au futur simple de l'indicatif. Encadrez les groupes sujets et donnez leur classe grammaticale.**

1 Lors de la prochaine représentation du club de théâtre, c'est toi qui **(interpréter)** le rôle de Roxane. **2** Rien ne **(détourner)** Hervé du droit chemin. **3** Seul un des magasins de la galerie marchande **(ouvrir)** ses portes pour l'Ascension. **4** Les glaçons **(rafraîchir)** le verre de grenadine. **5** Lors du prochain cours d'histoire, un rescapé des camps de concentration **(venir)** nous parler des souffrances qu'il a endurées. **6** Ceux qui **(traverser)** les chaussées hors des passages protégés **(prendre)** de gros risques. **7** Éteindre toutes les lumières avant de sortir te **(faire)** économiser de l'électricité. **8** Si la boule de Thomas est devant le cochonnet, la mienne **(devoir)** l'écarter pour prendre le point.

196 ★★ **Copiez ce texte en écrivant les verbes entre parenthèses à l'imparfait de l'indicatif.**

Le théâtre de notre petite troupe **(être)** assez bien organisé pour l'époque. Même si la peinture et la décoration **(sembler)** un peu enfantines pour des connaisseurs, les tuiles du toit **(tirer)** l'œil par la vivacité de leurs tons rouges, le feuillage des arbres **(être)** d'un beau vert-de-gris, et les parties bleues du ciel **(représenter)** un azur invraisemblable ; mais l'ensemble **(faire)** suffisamment naître l'idée d'une place chez les spectateurs massés devant la scène. Un rang de vingt-quatre chandelles **(jeter)** une forte clarté sur cette décoration.

D'après Théophile Gautier, *Le Capitaine Fracasse*, 1863.

EXPRESSION ÉCRITE

Avec un(e) ami(e), vous décidez de participer à une compétition de jeux vidéo. Racontez votre aventure au présent de l'indicatif.

34 L'ACCORD DU VERBE – CAS PARTICULIERS (1)

1 **Le sujet** peut se trouver **placé après le verbe**. Il y a **inversion du sujet**.
*Voici la salle de spectacles où **se produira** le groupe des Skys.*

C'est également **le cas à la forme interrogative** lorsque le sujet est un pronom personnel.
***Avez**-vous **assisté** au dernier concert des Skys ?*

2 Il arrive que **deux sujets ne soient pas de même personne**.
Dans ce cas :

– **la première personne a priorité** sur les deux autres :
*Vous et moi **avons choisi** l'espagnol comme seconde langue.*
*Samuel et moi **avons choisi** l'espagnol comme seconde langue.*

– **la deuxième personne a priorité** sur la troisième :
*Samuel et toi **avez choisi** l'espagnol comme seconde langue.*

On reprend parfois les sujets par **un pronom personnel** de la personne qui a la priorité.
*Samuel et moi, nous **choisissons** l'espagnol comme seconde langue.*
*Samuel et toi, vous **choisissez** l'espagnol comme seconde langue.*

3 Lorsque le sujet est un **pronom relatif**, il faut chercher son antécédent pour trouver la personne afin d'accorder correctement.
*C'est Kévin qui **remplira** le cahier de textes de la classe.*
*C'est toi qui **rempliras** le cahier de textes de la classe.*

POUR ALLER PLUS LOIN

• Dans une **construction impersonnelle**, le verbe s'accorde avec le sujet apparent (très souvent « il ») mais pas avec le sujet réel (des pays).
*Il **existe** des pays où les enfants travaillent dès l'âge de six ans.*

197 **Copiez les phrases en conjuguant les verbes entre parenthèses au présent de l'indicatif.**
*

1 Les événements dont **(parler)** le professeur d'histoire furent à l'origine de la Seconde Guerre mondiale. **2** Sur les canaux du nord de la France **(circuler)** de nombreuses péniches. **3** **(Réussir)**-tu les tours de cartes devant tes amis ? **4** Il **(convenir)** que les batteries hors d'usage soient déposées dans des conteneurs spéciaux. **5** Au petit matin, il **(demeurer)** des perles de rosée sur les feuilles des géraniums. **6** Les accidents, ça n'**(arriver)** pas qu'aux autres. **7** Tous les jours, il **(décoller)** plus de mille avions de l'aéroport de Roissy. **8** Les chats qui **(miauler)** sous les fenêtres du voisin l'**(indisposer)** ; pas moyen pour lui de dormir. **9** Du fond de la caverne **(s'élever)** des grognements inquiétants : un ours **(vivre)**-il ici ?

198 **Copiez les phrases en conjuguant les verbes entre parenthèses au présent de l'indicatif.**

★

1 Il **(être)** rappelé aux spectateurs que les téléphones portables **(devoir)** être éteints pendant la représentation. **2** Devant les caisses **(patienter)** une longue file de clients. **3** En voyant ces tableaux, il me **(venir)** une idée : prendre des cours de dessin. **4** Malgré quatre lavages successifs, il **(rester)** des petits cailloux dans la salade ! **5** Toute la classe **(se rendre)** à la piscine, mais il **(manquer)** trois élèves qui **(être)** dispensés. **6** Les olives que **(broyer)** la meule du moulin à huile **(provenir)** des meilleures oliveraies de la région.

199 **Copiez les phrases en conjuguant les verbes entre parenthèses au futur simple de l'indicatif.**

★★

1 Le rôti de veau **(mijoter)** une heure avant d'être servi. **2** La remise des trophées aux vainqueurs **(conclure)** les épreuves de gymnastique. **3** Le chanteur que ses fans admirent **(effectuer)** une tournée au Canada. **4** Lorsque vous **(être)** restés deux heures devant votre écran d'ordinateur, vous **(se dégourdir)** les jambes. **5** Avec un peu d'entraînement, Samir et moi **(améliorer)** notre style de nage. **6** Comme le guide les **(encourager)**, ces alpinistes **(atteindre)** le sommet du glacier dans peu de temps. **7** J'espère que le prix des billets **(inclure)** également le coût des réservations.

200 **Copiez les phrases en conjuguant les verbes entre parenthèses au présent de l'indicatif.**

★★

1 Voilà un blouson qui me **(plaire)**, mais il n'**(être)** pas soldé. **2** Que **(boire)** les animaux de la savane lorsqu'il ne **(pleuvoir)** pas ? **3** Quand les maçons **(entreprendre)** la construction d'un pavillon, ils le **(terminer)** généralement en deux mois. **4** Les chiens de la meute **(poursuivre)** le malheureux cerf qui **(trouver)** refuge dans un sous-bois. **5** Mélissa et toi **(fréquenter)** le studio de danse moderne. **6** Les conseils que **(donner)** les professeurs **(devoir)** être suivis à la lettre. **7** Les dégâts que **(provoquer)** les incendies de forêt **(entraîner)** des coûts considérables. **8** La boxe ne te **(passionner)** pas et tu **(préférer)** les sports moins violents. **9** L'aménagement des voies ferrées **(nécessiter)** des semaines de travaux.

201 **Copiez les phrases en conjuguant les verbes entre parenthèses à l'imparfait de l'indicatif.**

★★

1 Le chêne et le roseau **(échanger)** des propos sur la force du vent avant le déchaînement de la tempête. **2** Chaque année, les bibliothèques du monastère **(s'enrichir)** de précieux manuscrits que **(copier)** les moines au long d'interminables journées. **3** Lorsque les spaghettis **(être)** cuits ; tu les **(accommoder)** avec de la sauce tomate et du parmesan. **4** Romain et moi **(adorer)** les macarons que **(préparer)** le pâtissier du quartier. **5** Lorsque l'eau **(s'infiltrer)** dans les couches profondes du terrain, elle **(dissoudre)** lentement le calcaire et ainsi **(se former)** des stalactites et des stalagmites. **6** Les parents de Coline **(inviter)** leurs amis dans leur maison de campagne ; ils y **(disposer)** d'un vaste jardin.

EXPRESSION ÉCRITE

Vous participez à une journée de sensibilisation à la sécurité routière. Décrivez les activités de cette journée que vous partagez avec des ami(e)s.

35 L'ACCORD DU VERBE – CAS PARTICULIERS (2)

1 Quand le sujet du verbe est un **adverbe de quantité** *(beaucoup, peu, combien, trop, tant, assez...)*, **le verbe s'accorde avec le complément de cet adverbe**.
Trop de nageurs **s'aventurent** au large.

2 Quand un verbe a pour sujet un **collectif** *(un grand nombre de, une foule de, la plupart de, la totalité de...)* suivi de son complément, il s'accorde, **selon le sens voulu par l'auteur**, avec le collectif ou avec le complément. Il n'y a pas de règle précise.
La plupart des voyageurs **réserve(nt)** leur place.

3 Lorsque le verbe dépend d'une **fraction au singulier** *(la moitié, un tiers, un quart...)* ou d'un **nom numéral** au singulier *(la douzaine, la vingtaine, la centaine...)*, et s'il y a un complément au pluriel, **l'accord se fait avec le complément**.
Un tiers du corps électoral **a voté**. Un tiers des électeurs **ont voté**.

4 Quand le verbe a pour sujet un **pronom** tel que *tout, rien, ce,* qui reprend plusieurs noms, il s'accorde avec ce pronom à la 3e personne du singulier.
La musique, le théâtre, le cinéma, tout **plaît** à Déborah.

5 Après *plus d'un,* le verbe se met **au singulier** ; après *moins de deux,* il se met **au pluriel**.
Plus d'un mathématicien **a tenté** de résoudre le problème.
Moins de deux tentatives **ont suffi** pour arrimer la montgolfière.

6 Lorsque deux sujets sont joints par *moins que, plus que, plutôt que, et non,* le verbe s'accorde avec le premier sujet.
La patience, plus que les éclats de voix, **permet** de convaincre.

POUR ALLER PLUS LOIN

- Lorsque le sujet du verbe est un **adverbe de quantité employé comme pronom indéfini**, il est censé être **au pluriel**.
Peu **savent** extraire des racines carrées mentalement.

202 **Copiez les phrases en conjuguant les verbes entre parenthèses au présent de l'indicatif.**
*
1 Rien ne **(valoir)** une sortie entre amis. **2** Personne ne **(savoir)** ce que **(penser)** réellement certains humoristes lorsqu'ils **(se produire)** sur scène. **3** Plus d'un navigateur **(rêver)** de remporter une course transatlantique. **4** La soif, plutôt que la faim, **(guetter)** ceux qui **(tenter)** de traverser le désert à pied. **5** Des analyses ADN, cela **(suffire)** parfois pour identifier un coupable. **6** Plus de cinquante de mes amis **(échanger)** des messages sur Facebook.

203 ★★ **Copiez les phrases en conjuguant les verbes entre parenthèses au présent de l'indicatif.**

1 Beaucoup de médecins **(penser)** que notre alimentation **(être)** trop riche en sucre. **2** Un couple de restaurateurs **(décider)** de remettre en état cette vieille ferme pour en faire une auberge rurale. **3** Un très grand nombre d'œuvres d'Henri de Toulouse-Lautrec **(se trouver)** exposées au musée d'Albi. **4** Le vent, le brouillard, la pluie, rien ne **(décourager)** les valeureux marcheurs qui **(disputer)** la course Paris-Colmar. **5** Le feuilleté au jambon, le saumon fumé, la salade de crabe, tout me **(faire)** envie ; je ne **(savoir)** que choisir. **6** Peu de cultures **(exiger)** autant d'eau que celle du riz dont on **(dire)** qu'il **(pousser)** la tête au soleil et les pieds dans l'eau. **7** Quelques fleurs dans un vase, cela **(égayer)** immédiatement une pièce. **8** Le français, ainsi que l'italien, **(dériver)** du latin.

204 ★★ **Copiez les phrases en conjuguant les verbes entre parenthèses au futur simple de l'indicatif.**

1 Peu d'entre nous **(retenir)** toutes les dates que nous **(donner)** le professeur d'histoire. **2** Combien de jeunes footballeurs **(vouloir)** s'astreindre à un entraînement intensif ? **3** Seule une poignée de chanceux **(pouvoir)** observer l'éclipse totale de lune. **4** La moitié des locataires de cet immeuble **(signer)** la pétition pour réclamer une desserte du quartier. **5** Lorsque la sonnerie **(retentir)**, pas un de nous ne **(se précipiter)** dans le couloir ; nous **(terminer)** notre travail. **6** Quelques gouttes de sirop d'érable **(donner)** du goût à vos crêpes. **7** Trente pour cent de la production de cette salaison **(partir)** au Luxembourg.

205 ★★ **Copiez les phrases en conjuguant les verbes entre parenthèses au présent de l'indicatif.**

1 Trop de sollicitations **(distraire)** les jeunes de la lecture. **2** Une grande quantité des jouets offerts aux enfants pour Noël **(provenir)** des pays asiatiques. **3** La majorité des scieries **(s'implanter)** près des forêts ; rien de plus normal ! **4** Une équipe de techniciens **(s'efforcer)** de détecter l'origine de la panne qui **(affecter)** le laminoir de l'usine de Gueugnon. **5** Après le passage du cyclone, la foule des survivants **(tenter)** de retrouver quelques biens ensevelis sous la boue. **6** Le pont de Noirmoutier, plutôt que le passage du Groix, **(assurer)** la liaison de l'île du même nom avec le continent.

206 ★★★ **Copiez les phrases en conjuguant les verbes entre parenthèses à l'imparfait de l'indicatif.**

1 Au moment où **(sonner)** minuit, les fantômes **(apparaître)** dans les couloirs du château. **2** Au festival d'Angoulême, une multitude d'admirateurs **(s'efforcer)** d'obtenir des dédicaces. **3** Une troupe de vieux grognards **(entourer)** l'empereur Napoléon Ier lors de la retraite de Russie. **4** Un envol de corbeaux **(signaler)** la présence d'un renard. **5** La plupart des chevaliers **(porter)** un bouclier sur lequel **(figurer)** leur blason. **6** À l'arrivée du triathlon de Nice, moins de deux minutes **(séparer)** le vainqueur de son second. **7** Qui de Jacques Chirac ou de François Mitterrand **(être)** président de la République en 1981 ?

EXPRESSION ÉCRITE

Vous vous rendez dans une galerie marchande pour y faire des achats. Racontez cette visite au présent de l'indicatif.

36 LE PARTICIPE PASSÉ EMPLOYÉ AVEC L'AUXILIAIRE « ÊTRE »

1 **Le participe passé employé avec l'auxiliaire** *être* s'accorde en genre et en nombre avec le sujet du verbe.
*Lucas est **né** au mois de juillet.*
*Lucile est **née** au mois d'août.*
*Peter et Josselin sont **nés** au mois de mai.*
*Alizée et Marjane sont **nées** au mois de décembre.*
Lorsqu'il y a au moins un sujet masculin, le verbe s'accorde au masculin.
*Arnaud, Candice et Mylène sont **nés** au mois d'avril.*

2 **Les pronoms personnels des 1res et 2es personnes n'indiquent pas le genre.** Seule la personne qui écrit peut donner **le genre**, indiqué par **la terminaison du participe passé**.

*Je suis **né** le 4 février.*	C'est un garçon qui parle.
*Tu es **née** le 16 juin.*	On parle à une fille.
*Nous sommes **nées** le 23 mars.*	Ce sont des filles qui parlent.
*Vous êtes **nés** le 6 janvier.*	On parle à des garçons.

3 Employé à un temps composé, le verbe **être** se conjugue avec l'auxiliaire **avoir** ; son participe passé – **été** – est invariable.
*Il a **été** le premier à répondre.* *Elle a **été** la première à répondre.*
Mais le participe passé du verbe conjugué avec l'auxiliaire **être** à un temps composé, s'accorde avec le sujet du verbe.
*Bruno a été rassur**é**.* *Sabine a été rassur**ée**.*
Selon le sens, quelques verbes peuvent être conjugués avec l'auxiliaire **être** ou l'auxiliaire **avoir**.
*Carla est sorti**e** à dix heures.* *Carla a sorti son classeur.*

4 Quand le sujet du verbe est « **on** », forme familière de « **nous** », on peut, ou non, accorder le participe passé.
*On est arriv**é** à temps. On est arriv**és** à temps.*

Attention : L'accord des participes passés des verbes pronominaux – conjugués avec l'auxiliaire **être** – est étudié dans la leçon 38, page 92.

207 **Copiez les phrases en accordant les participes passés des verbes entre parenthèses.**
★
1 Sissi, l'impératrice d'Autriche, est **(mourir)** **(assassiner)** à Genève. **2** Pourquoi les murs de ce quartier sont-ils **(taguer)** ? **3** La princesse est **(entrer)**, **(vêtir)** d'une splendide robe bleu pâle ; elle a fait sensation. **4** Les délégués de classe sont **(convoquer)** au bureau des surveillants. **5** **(Cacheter)**, la lettre peut être **(poster)**. **6** Les adverbes de ce texte sont **(souligner)** en vert, alors que les prépositions sont **(encadrer)** en rouge.

208 ★★ **Copiez les phrases en conjuguant les verbes en gras au passé composé de l'indicatif.**

1 Valentine **(partir)** chez ses cousins de Limoges. **2** Des grêlons, gros comme le poing, **(tomber)** en quelques minutes sur le hameau de la Chize. **3** Angélique et Mustafa **(retourner)** voir le dernier film de Dany Boon. **4** La maison natale de Lamartine **(devenir)** un musée dédié à son œuvre. **5** Lorsque le feu **(passer)** au vert, l'autobus a démarré. **6** Dès notre arrivée à La Baule, Alberto et moi **(aller)** nous baigner. **7** Audrey **(sortir)** en courant du gymnase ; elle avait peur d'être en retard au cours de français. **8** Ayant oublié tes clés, tu **(rester)** devant la porte en attendant le retour de ta sœur.

209 ★★★ **Copiez les phrases en les complétant par des verbes de la famille de venir que vous conjuguerez au passé composé de l'indicatif.**

1 Brigitte et sa sœur … à monter les étagères en quelques minutes ; ce sont de vraies bricoleuses ! **2** La surveillante … pour ramener le calme dans la salle d'études. **3** Ne trouvant pas le numéro 12 de la rue des Cordeliers, Sofian et Quentin … sur leurs pas. **4** Un premier lavage n'ayant pas suffi, vous avez ajouté un produit spécial et vos chaussettes … blanches, comme neuves en somme. **5** Lorsqu'elle a appris qu'elle était admise aux épreuves du brevet, Natacha … toute rouge, tant la joie était intense.

210 ★★★ **Écrivez les phrases en remplaçant les sujets en bleu par ceux entre parenthèses.**

1 Mario **(Caroline et Malika)** est resté sur ses positions. **2** Les fraises de Provence **(les melons charentais)** sont arrivées au marché de Rungis. **3** Les narcisses **(les jonquilles)** sont éclos plus tôt qu'à l'ordinaire. **4** Toute la famille **(mes parents)** est allée se recueillir sur la tombe de mes grands-parents. **5** De nouvelles personnalités **(Berty Albrecht, héroïne de la Résistance)** sont entrées dans le dictionnaire des noms propres en 2012. **6** Beaucoup d'historiens considèrent que trop de jeunes Français **(la jeunesse française)** sont morts au champ d'honneur durant la Première Guerre mondiale. **7** Je **(les élèves)** suis sortie du collège à 17 heures, après le cours de technologie.

211 ★★★ **Copiez les phrases que vous mettrez à la voix passive en conservant les temps (voir leçon p. 248).**

1 En 1919, le traité de Versailles a morcelé une partie de l'Europe. **2** Une manœuvre malheureuse a effacé la totalité des documents. **3** La moto de tête effectue, à vive allure, les derniers tours du circuit. **4** Nombre d'organisations humanitaires dénoncent les guerres qui meurtrissent les populations civiles. **5** Le jardinier arrose ses salades et ses haricots. **6** Des panneaux lumineux signalent la fin de l'autoroute. **7** Des millions de téléspectateurs regarderont l'émission de variétés.

EXPRESSION ÉCRITE

Un de vos amis a contesté l'interdiction des téléphones portables au collège. Dans un paragraphe de dix lignes, vous tenterez de le convaincre du bien-fondé de la décision du règlement scolaire. Vous placerez au moins deux participes passés employés avec l'auxiliaire *être*.

37 LE PARTICIPE PASSÉ EMPLOYÉ AVEC L'AUXILIAIRE « AVOIR »

1 **Le participe passé employé avec l'auxiliaire avoir** s'accorde avec le complément d'objet direct (COD) du verbe, seulement si celui-ci est placé avant le participe passé.

*L'obstacle était très haut, mais le cavalier l'a franch**i**.*
*La haie était très haute, mais le cavalier l'a franch**ie**.*
*Les obstacles étaient très hauts, mais le cavalier les a franch**is**.*
*Les haies étaient très hautes, mais le cavalier les a franch**ies**.*

Lorsque le COD est placé devant le participe passé, c'est le plus souvent un pronom qui ne nous renseigne pas toujours sur le genre ou le nombre. Il faut donc chercher le nom que le pronom remplace pour bien accorder le participe passé.

Pronom personnel :
Les haies, le cavalier les a franchies.
COD **les** (mis pour les haies) → accord au féminin pluriel

Pronom relatif :
*Les obstacles **que** Brice a franchis n'étaient pas très hauts.*
COD **que** (mis pour les obstacles) → accord au masculin pluriel

2 **Le participe passé employé avec l'auxiliaire avoir est invariable** :

– lorsque le COD est **le pronom « en »** ;
*Des obstacles de cette hauteur, le cavalier en a **franchi** beaucoup.*
– lorsque le COD est le **pronom neutre « le » (ou « l' »)** ;
*Franchir tous les obstacles, le cavalier l'a **espéré** sans trop y croire.*
– lorsque le COD est **le pronom démonstratif « ce »** ;
*Des spaghettis à la bolognaise, voilà ce que tu as **mangé**.*
– lorsque le participe passé **« fait » est suivi d'un infinitif** ;
*Comme ces romans sont en anglais, l'éditeur les a **fait** traduire.*
– lorsque le participe passé est **celui d'un verbe impersonnel**.
*Pour franchir ces obstacles, il les aurait **fallu** moins hauts.*

212 **Copiez les phrases en accordant les participes passés des verbes entre parenthèses.**
★★

1 Ce candidat a **(répondre)** à toutes les questions que l'examinateur lui a **(poser)**. **2** De ce que je t'ai **(dire)**, tu n'as **(retenir)** que ce que tu voulais. **3** Basile était en difficulté, aussi a-t-il **(saisir)** la perche que lui a **(tendre)** le maître nageur. **4** Les films de Steven Spielberg, mon oncle Guillaume les a tous **(voir)** ! **5** Comme les semelles de tes bottes étaient **(user)**, tu les as **(faire)** ressemeler. **6** Pour ces calculs, on a **(négliger)** les décimales. **7** Les mineurs d'autrefois ont **(vivre)** difficilement, je l'ai **(lire)** dans un roman d'Émile Zola, *Germinal*. **8** Lorsqu'on lui a **(remettre)** les codes secrets, l'espion les a **(mémoriser)**, puis il les a **(détruire)**. **9** Ce tennisman a **(remporter)** toutes les finales qu'il a **(disputer)**.

213 ★★ **Copiez les phrases en conjuguant les verbes entre parenthèses au passé composé de l'indicatif.**

1 Les maraîchers **(irriguer)** leurs champs avec l'eau du canal voisin. **2** Tous les amis à qui j'**(téléphoner)** ignoraient le changement d'heure d'été. **3** Les sauveteurs **(entendre)** des appels au secours et ils les **(localiser)**. **4** Le secrétariat du collège nous **(adresser)** nos bulletins scolaires. **5** Nous **(ne pas mettre)** le nez dehors les jours durant lesquels il **(neiger)**. **6** Les fenêtres **(rester)** ouvertes et nous **(devoir)** les refermer. **7** Les détours qu'il **(falloir)** effectuer **(retarder)** Ségolène. **8** La statue que les employés de mairie **(essayer)** de déplacer provient d'une donation d'un sculpteur de la commune. **9** Au mois de mars, M. Luigi **(tailler)** ses rosiers et il les **(traiter)** contre les pucerons. **10** L'aide humanitaire **(acheminer)** des tonnes de vivres que les populations **(consommer)** immédiatement.

214 ★★ **Copiez les phrases en remplaçant les noms en bleu par ceux entre parenthèses et faites les accords nécessaires.**

1 Un bon ouvrier trouve toujours le matériel **(les pinces)** qu'il a bien rangé. **2** Quel parcours **(direction)** avez-vous choisi ? **3** Le château **(les monuments)** que l'architecte a restauré est enfin ouvert au public. **4** Mathilde m'a rendu les documents **(les photographies)** que je lui avais prêtés. **5** Comme le ponton **(la passerelle)** était mal fixé, les ouvriers l'ont consolidé. **6** Ce résumé **(ces informations)** est intéressant ; en avez-vous pris connaissance ? **7** Mme Reynaud est satisfaite ; le collier **(la bague)** que son mari lui a offert est du plus bel effet.

215 ★★ **Répondez affirmativement aux questions en utilisant des pronoms personnels.**

Exemple : M. Delrieu a-t-il payé ses factures ? – Oui, il les a payées.

1 Le cuisinier a-t-il préparé les bouchées à la reine ? **2** Ce bricoleur de génie a-t-il perfectionné son invention ? **3** Les pompiers ont-ils retrouvé les extincteurs ? **4** Stéphane a-t-il imprimé ses documents ? **5** Les arguments de l'orateur ont-ils convaincu l'assistance ? **6** Madame Simonin a-t-elle nourri ses perruches ? **7** Cet étudiant en médecine a-t-il soutenu sa thèse ?

216 ★★★ **Copiez les phrases en accordant les participes passés des verbes entre parenthèses.**

1 Des enquêtes difficiles, ce commissaire de police en a **(résoudre)** beaucoup. **2** Dans le parc de la Vanoise, les chamois vivent en liberté ; lors de notre randonnée, nous les avons **(observer)** avec des jumelles. **3** M. Rufino avait une puissante moto, mais il l'a **(revendre)** à son cousin. **4** Romuald est **(décevoir)** ; l'émission ne l'a pas du tout **(passionner)**. **5** Ces virus informatiques peuvent être redoutables ; les as-tu **(chasser)** de ton ordinateur ? **6** L'aile droite de la voiture que l'expert a **(examiner)** devra être **(remplacer)**. **7** Manger des gâteaux aux noix, Karine en a **(rêver)** depuis qu'elle en a **(lire)** la recette ; cela l'a **(fait)** saliver. **8** Gargantua avait un appétit féroce, deux bœufs ne lui faisaient pas peur ; il n'était **(rassasier)** que lorsqu'il les avait **(engloutir)**. **9** Jason a **(raconter)** des blagues ; cela vous a **(amuser)**.

EXPRESSION ÉCRITE

Vous avez assisté au tournage d'un film dans votre quartier. Racontez ce que vous avez observé et ce que vous en avez retenu. Les verbes seront au passé composé.

38 LE PARTICIPE PASSÉ DES VERBES PRONOMINAUX

Un verbe pronominal est précédé du pronom réfléchi « se » comme « se tromper », « s'enfuir », etc. S'il est conjugué à un temps composé, son participe passé – toujours conjugué avec l'auxiliaire *être* – s'accorde selon différentes règles.

1 Le participe passé est invariable

– quand le COD est placé après le verbe :

Elle s'est **coupé** un doigt. (« un doigt » est COD de *couper*)

– quand le pronom réfléchi « se » est COI du verbe :

Ils se sont **souri**. Ils se sont **plu**. Les catastrophes se sont **succédé**.

Le participe passé des verbes *se succéder, se plaire, se parler, se sourire, se rire, se suffire, se convenir, se nuire*, est toujours invariable.

2 Dans les autres cas, le participe passé s'accorde

– avec son COD si celui-ci est placé avant le verbe :

Elle s'est **coupée**. (« s' » est COD de *couper*)

Les lettres qu'ils se sont **envoyées** sont tristes.

(« qu' » est COD de lire et représente « les lettres »)

– ou avec son sujet :

Les cambrioleurs se sont **enfuis** quand l'alarme a retenti.

POUR ALLER PLUS LOIN

• Si **le COD** du verbe est le pronom « **en** », alors le participe est invariable.

Des claques, ils s'en sont **donné** beaucoup !

(« en » est COD de « donner »)

Attention : Les verbes pronominaux *se faire* et *se laisser* suivis d'un infinitif sont invariables.

L'actrice s'est **fait** attendre de longues minutes.

Les enfants se sont **laissé** prendre au jeu.

217 ★★★ **Copiez les phrases et accordez les participes passés des verbes entre parenthèses. Soulignez le COD des verbes pronominaux, quand c'est possible.**

1 Les chevaliers se sont **(battre)** jusqu'à ce que mort s'ensuive. **2** Les deux commères se sont **(raconter)** les derniers ragots du quartier. **3** Les mariés se sont **(jurer)** fidélité, ont **(échanger)** leurs anneaux et se sont **(embrasser)**. **4** Cléopâtre se serait **(suicider)** en se faisant mordre par deux serpents. **5** Sofia s'est **(égratigner)** le genou. **6** Épuisés par leur tâche, les bûcherons se sont **(accorder)** une pause bien méritée. **7** Fatou s'est **(couper)** le doigt en cuisinant. **8** M. Carmet s'est **(laisser)** pousser la barbe et la moustache. **9** Rasant les lampadaires, les papillons se sont **(brûler)** les ailes. **10** Les locataires se sont **(donner)** beaucoup de mal pour nettoyer la cave commune.

218 **Copiez les phrases, soulignez les COD des verbes pronominaux que vous écrirez au passé composé de l'indicatif.**

1 Plusieurs stars **(se construire)** de somptueuses villas sur les collines de Los Angeles. **2** Roméo et Juliette **(se donner)** rendez-vous sur un balcon. **3** Apeurés par l'orage, les chiots **(se réfugier)** auprès de leur mère. **4** Ma sœur et moi, nous **(se disputer)** pour des broutilles. **5** Nadal et Federer **(se retrouver)** maintes fois en finale à Roland Garros. **6** Après leur séparation forcée, Héloïse et Abélard **(s'écrire)** des lettres passionnées. **7** Les deux patineurs **(s'encourager)** l'un l'autre, puis **(s'élancer)** sur la glace. **8** Les parachutistes **(s'assurer)** du fonctionnement de leur matériel avant de sauter. **9** À l'instant le plus palpitant du film, l'image **(se brouiller)**.

219 **Copiez les phrases en accordant les participes passés des verbes entre parenthèses.**

1 Dès que le professeur est **(entrer)** dans la classe, les élèves se sont **(taire)**. **2** Échappant à la surveillance de leurs gardiens, les deux prisonniers se sont **(enfuir)**. **3** Une fois le choc de l'accident passé, les deux automobilistes se sont copieusement **(injurier)**. **4** À l'annonce de la nouvelle, l'actrice s'est **(évanouir)**. **5** Ma correspondante et moi, nous nous sommes **(jurer)** de nous revoir l'année prochaine. **6** En 2010, une œuvre de Picasso s'est **(vendre)** 106,5 millions de dollars à New York. **7** Les faux papiers que l'espion s'est **(fabriquer)** sont grossièrement **(imiter)**.

220 **Copiez les phrases en accordant les participes passés des verbes entre parenthèses.**

1 Si les Américains ne s'étaient pas **(engager)** dans la Seconde Guerre mondiale, comment se serait-elle **(achever)** ? **2** Lorsque Claire a **(vouloir)** coudre sa jupe, elle s'y est mal **(prendre)** et elle a **(devoir)** recommencer. **3** Dans la piscine, les enfants s'en sont **(donner)** à cœur joie. **4** À Waterloo, une bataille enragée s'est **(dérouler)** entre l'armée napoléonienne et les armées des coalisés. **5** Le baccalauréat, Sarah s'en est **(faire)** toute une histoire et finalement, tout s'est très bien **(passer)**. **6** En se disant du mal les uns des autres lors de leur procès, les trois accusés se sont **(nuire)** considérablement.

221 **Copiez les phrases en accordant le participe passé des verbes entre parenthèses. Attention, ils sont parfois suivis d'un infinitif.**

1 Marie-Antoinette s'est **(laisser)** séduire par les fastes de la vie à Versailles. **2** Les vacanciers se sont **(faire)** dorer au soleil après s'être **(baigner)** dans le lac de Serre-Ponçon. **3** Au début du XXe siècle, de nombreux peintres se sont **(installer)** au Bateau-Lavoir, un atelier situé à Montmartre. **4** Les cambrioleurs se sont **(faire)** prendre en flagrant délit, et ils se sont rapidement **(retrouver)** en prison. **5** Lors de sa première opération, cette étudiante en médecine s'est **(évanouir)** à la vue du sang. **6** Iseult s'est **(laisser)** mourir quand elle a **(découvrir)** Tristan sur son lit de mort. **7** Sa retraite, M. Louis se l'est **(constituer)** au fil des années.

EXPRESSION ÉCRITE

Le personnage d'une nouvelle fantastique a une hallucination dans sa chambre : il voit les objets se transformer. Racontez, au passé composé, ce qu'il voit, en utilisant au moins six verbes pronominaux. Soulignez-les.

39 Participe passé en -é ; infinitif en -er ; terminaison en -ez

1 Lorsqu'on entend le son [e] à la fin d'un verbe du 1er groupe, plusieurs terminaisons sont possibles :
« **-er** » si le verbe est à **l'infinitif**
*Tu devrais **allumer** le lampadaire.*
*Pour **allumer** le lampadaire, appuie ici.*
« **-é** » s'il s'agit du **participe passé**
*Tu as **allumé** le lampadaire.*
*Le lampadaire **allumé**, on y voit mieux.*
« **-ez** » s'il s'agit de la **terminaison** de la 2e personne du pluriel du présent de l'indicatif ou de l'impératif.
*Vous **allumez** le lampadaire. Par pitié, **allumez** le lampadaire !*

2 Pour distinguer les diverses terminaisons en [e] d'un verbe du 1er groupe, on peut essayer de le remplacer par un verbe du 2e ou du 3e groupe pour lequel on entend nettement la différence.
Infinitif :
*Tu vas **allumer** le lampadaire. Tu vas **éteindre** le lampadaire.*
Participe passé :
*Tu as **allumé** le lampadaire. Tu as **éteint** le lampadaire.*
2e personne du pluriel :
*Vous **allumez** le lampadaire. Par pitié, **éteignez** le lampadaire.*

POUR ALLER PLUS LOIN ACCORD DU PARTICIPE PASSÉ

- Le participe passé terminé par « **-é** » peut s'accorder :
– avec le nom qu'il qualifie, s'il est employé comme **adjectif épithète**
*La lampe **allumée**, la pièce est moins sombre.*
– avec le sujet, s'il est employé avec l'auxiliaire **être**
*Lorsque la lampe est **allumée**, la pièce est moins sombre.*
– avec le COD, s'il est employé avec l'auxiliaire **avoir** et si le COD est placé avant le participe passé :
*J'ai éteint la lampe que tu avais **allumée**.*
*Les lampes, les as-tu bien **allumées** ?*

222 **Copiez ces phrases en complétant par é ou er.**
*
1 Pour **économis**... l'énergie, on a **install**... des panneaux solaires. **2** À force de **jou**... avec le feu, on finit par se **brûl**... ! **3** Pedro a **décid**... de **retourn**... s'**entraîn**... afin de **particip**... au tournoi de tennis. **4** La fusée a **emport**... deux satellites qui vont **tourn**... autour de la Terre. **5** Son travail **termin**..., Chenouda a **rang**... son matériel de dessin. **6** Les aventures de Superman ont **captiv**... des générations. **7** Bien **conseill**..., Maxence a **opt**... pour une orientation au lycée. **8** Finalement, tout le monde s'est **ralli**... à la proposition de Grégory. **9** Pour mieux **savour**... la truite, j'ai **ajout**... un filet de citron.

223 **Complétez ces expressions en remplaçant les mots en gras par un infinitif ou un participe passé employé comme adjectif.**
★

1 des places **mises en réserve**	→ des places …
2 un document **dont on attend la validation**	→ un document à …
3 des draps **dont il faut effectuer le pliage**	→ des draps à …
4 une espèce d'oiseaux **que l'on protège**	→ une espèce d'oiseaux …
5 des enfants **qui vont à l'école**	→ des enfants …
6 un appareil **qui permet de préparer le hachis**	→ un appareil pour …
7 une barrière **fermée par un verrou**	→ une barrière …

224 **Copiez ces phrases en les complétant par é, ez ou er.**
★★

1 Avant de **protest**…, **renseign**…-vous précisément. **2** Lorsqu'on a **compos**… un texte, il ne faut pas **oubli**… de l'**enregistr**… dans un dossier, sinon l'ordinateur risque de le **plac**… dans la corbeille. **3** Vous **souffl**… les bougies de votre gâteau d'anniversaire, et vous le **partag**… en huit morceaux. **4** Pourquoi **repouss**…-vous cette proposition alléchante ? **5** Le coq a **réveill**… les campeurs à quatre heures ; ils ont **protest**… auprès du fermier. **6** **Effray**… par les coups de fusil, le lapin a **regagn**… son terrier sans **demand**… son reste ! **7** **Dou**… comme vous êtes, quand **all**…-vous **enregistr**… un disque ? **8** Lorsqu'il aura **rembours**… ses dettes, ce banquier sera probablement **ruin**… .

225 **Copiez les phrases en complétant les infinitifs et les participes passés que vous accorderez.**
★★

1 Pour **all**… en soirée, Viridiana s'est **maquill**… . **2** S'ils ne sont pas **taill**…, ces pommiers finiront par ne plus **donn**… de fruits. **3** Ce chariot élévateur sert à **soulev**…, puis à **transport**… les palettes de briques prêtes à être **expédi**… . **4** Les marchandises **sold**… ne seront ni reprises ni **échang**… . **5** Comme la selle était mal **fix**…, le cheval a **désarçonn**… le cavalier. **6** Sur cette route **gravillonn**…, la vitesse est **limit**… afin d'**évit**… toute perte de maîtrise des véhicules. **7** Personne ne doit se **vant**… d'actions qu'il n'a pas **réalis**… . **8** Nadine a **corrig**… les erreurs **oubli**… dans le rapport qu'elle vient de **rédig**… . **9** Lorsque les dessins **anim**… sont **réalis**… en 3D, pour les **visionn**…, il faut **port**… des lunettes spéciales.

226 **Copiez les phrases en remplaçant les infinitifs et les participes passés en gras par des infinitifs et des participes passés de verbes du 1er groupe.**
★★★

1 Patrick a **réuni** ses économies pour **s'offrir** un téléphone. **2** Pour **refaire** ce toit, les couvreurs devront **prendre** des tuiles plates. **3** Jordan a **franchi** la barrière pour **s'introduire** dans le manège où évoluent les chevaux. **4** Pour **saisir** le sel, tu n'as qu'à **tendre** le bras. **5** En fin de plaidoirie, l'avocat a **abattu** ses derniers arguments. **6** Pendant deux ans, Mandy a **vécu** à Nanterre. **7** Il ne faut pas **omettre** le plaisir **d'apprendre**. **8** Flavien a-t-il **suivi** les instructions à la lettre ? **9** Ces documents sont importants, il ne faut pas les **perdre**. **10** L'an dernier, cette usine a **produit** des pièces pour le dernier Airbus. **11** Pour avoir des nouvelles de ses amis béninois, Koffi a **ouvert** la lettre en toute hâte.

EXPRESSION ÉCRITE

Vous raconterez vos dernières vacances dans un texte où les verbes seront au passé composé de l'indicatif.

40 Participes passés ou verbes conjugués ?

1 Lorsqu'on entend le son [i] ou le son [y] à la fin d'une forme verbale, il peut s'agir :

• **du verbe conjugué** qui prend alors les terminaisons de son temps :

présent de l'indicatif	**passé simple**
Je réussis à avancer.	*Tu reçus un conseil.*
Elle réussit à avancer.	*Elle reçut un conseil.*

• **du participe passé** terminé par -i ou -u qui s'accorde éventuellement :

J'ai réussi à avancer.	*Voilà un travail réussi !*
Il a reçu un conseil.	*Les conseils reçus sont judicieux.*

Pour distinguer ces formes, on peut essayer de les remplacer par une autre forme verbale. Si c'est possible, il s'agit d'un verbe conjugué :

*Je **réussirai** à avancer.*	*Tu **reçois** un SMS.*
*Elle **réussissait** à avancer.*	*Elle **recevra** un SMS.*

Dans le cas contraire, il s'agit du participe passé en -i ou en -u.

J'ai réussi à avancer.	*Tu as reçu un SMS.*

2 Certains participes passés se terminent par « **-is** » ou « **-it** » au masculin singulier. Pour ne pas oublier le « s » ou le « t », on essaie de remplacer le nom (ou le pronom) masculin singulier par un nom ou (un pronom) féminin ; on entend alors la lettre finale.

un cadeau promis	*une récompense promise*
un modèle réduit	*une portion réduite*

POUR ALLER PLUS LOIN

• Les participes passés **dû**, **crû** (verbe *croître*), **mû**, ne prennent un accent circonflexe qu'au masculin singulier, ou lorsqu'ils demeurent invariables.
*L'accident, **dû** à une maladresse du conducteur, fut sans gravité.*

• Les participes passés **cru** (verbe *croire*), **décru** (verbe *décroître*), ne prennent jamais d'accent circonflexe.
*Christophe Colomb a **cru** atteindre les Indes.*

227 **Conjuguez les verbes en gras au présent, au passé simple et au passé composé de l'indicatif des trois personnes du singulier.**
★★★

1 **rougir** de plaisir
2 **taire** la vérité
3 **conclure** une affaire
4 **apprendre** le chinois
5 **émettre** des réserves
6 **vivre** en ville
7 **suivre** les consignes
8 **noircir** la situation
9 **accueillir** des amis
10 **perdre** son sang-froid
11 **sourire** aux anges
12 **admettre** sa défaite
13 **relire** les consignes
14 **prédire** l'avenir
15 **conduire** prudemment
16 **enfouir** les déchets
17 **arrondir** les angles
18 **gravir** la pente
19 **partir** à la hâte
20 **défaillir** de peur
21 **obtenir** un délai

228 **Copiez les phrases en conjuguant les verbes en bleu au passé simple de l'indicatif.**

*

1 Énervé, Baptiste **est sorti** de la pièce en claquant la porte. **2** Comme il y avait trop de brouillard, je n'**ai** pas **pu** apercevoir le Ballon d'Alsace. **3** Le téléphone **émet** une faible sonnerie, pourtant tu l'**entends** immédiatement. **4** Il **suffira** d'un instant d'inattention et tu **anéantiras** aussitôt tes chances de victoire. **5** Tahar **croit** voir un fantôme ; quand il **s'aperçoit** de son erreur, il **rit** aux éclats. **6** Lorsque le beurre **a** fondu, le cuisinier **met** l'escalope dans la poêle. **7** Je **ressens** une douleur à l'épaule et je **perds** tous mes moyens. **8** Quand tu **reconnaîtras** ton ami sur le quai de la gare, tu **réagiras** en levant les bras.

229 **Copiez les phrases en les complétant avec i, ies, is ou it.**

***

1 Le marin **maud**… le mauvais temps qui lui **interd**… d'aller au large. **2** Les aventures d'Harry Potter ont **sédu**… des millions de lecteurs. **3** Il n'est pas prudent que des maisons soient **bât**… sur des terrains **conqu**… sur la mer ; on **frém**… à l'idée d'une tempête ou d'une marée exceptionnelle. **4** Le lion **rug**… ; les gazelles, **blott**… derrière le rocher, tremblent. **5** L'orage est **fin**… et le ciel **s'éclairc**… . **6** **Sédu**… par les compliments du renard, le corbeau **ouvr**… un large bec et **perd**… son fromage.

230 **Copiez les phrases en les complétant avec u, ue, ues, us ou ut.**

***

1 Comme **conven**…, Albine s'est **absten**… d'intervenir dans la discussion. **2** Dans les plantations de canne à sucre, les esclaves, **reten**… contre leur gré, ont **conn**… les pires privations. **3** Tu as **mord**… de bon cœur dans ton sandwich et tu as **b**… une gorgée de soda. **4** Peu de voitures sont **pourv**… d'une boîte de vitesses automatique. **5** **Ému**…, Louisa et Rebecca se sont **souven**… de leurs premiers pas sur la glace de la patinoire. **6** **Mainten**… par de solides câbles, les pylônes ont **ten**… le choc. **7** Les **prétend**… comtesses n'étaient, en fait, que de simples roturières. **8** Après qu'il eut **vainc**… les Autrichiens, Napoléon Ier **voul**… envahir la Russie.

231 **Copiez les phrases en les complétant avec le participe passé ou le verbe conjugué au passé simple de l'indicatif des infinitifs entre parenthèses.**

***

1 **(Exclure)** du terrain pour brutalité, ce joueur sera **(suspendre)** pendant plusieurs semaines. **2** Georges Perec **(concevoir)** des romans illustrant la société de son époque. **3** Une panne d'électricité **(interrompre)** brusquement la retransmission du match. **4** Lors du tirage de la tombola, comme prix, vous avez **(recevoir)** un filet **(garnir)**. **5** Gaëlle a **(enrichir)** son texte avec des adjectifs bien **(choisir)**. **6** Le maquignon et l'éleveur ont **(conclure)** un accord sur le prix à payer pour l'acquisition du bétail. **7** Les fabricants de lampes à pétrole n'ont pas **(accueillir)** l'arrivée de l'électricité avec le sourire ; ils ont **(devoir)** se reconvertir. **8** Les tyrans **(déchoir)** tentent d'échapper à la colère de leur peuple.

EXPRESSION ÉCRITE

« Soudain, la terre se mit à trembler… »
Imaginez la suite. Vous utiliserez quelques verbes de la leçon dans un récit au passé simple ou au passé composé de l'indicatif.

41 EUS – EUT – EÛT – EU // FUS – FUT – FÛT

1 **Il existe quatre formes homophones du verbe *avoir*.**
– le participe passé (qui peut éventuellement s'accorder) :
*Théo a **eu** vingt ans.*
– les personnes du singulier du passé simple :
*Quand j'**eus** vingt ans, je partis à l'aventure.*
*Quand Théo **eut** vingt ans, il partit à l'aventure.*
– la 3e personne du singulier à l'imparfait du subjonctif ou au passé 2e forme du conditionnel passé :
*Bien qu'il n'**eût** pas vingt ans, Théo partit à l'aventure.*
*L'aventure, Théo ne l'**eût** pas connue s'il n'avait pas eu vingt ans.*

2 **Il existe trois formes homophones du verbe *être*.**
– les personnes du singulier du passé simple :
*Quand tu **fus** âgé de vingt ans, tu partis à l'aventure.*
*Quand Théo **fut** âgé de vingt ans, il partit à l'aventure.*
– la 3e personne du singulier à l'imparfait du subjonctif ou au passé 2e forme du conditionnel passé :
*Bien qu'il ne **fût** pas âgé de vingt ans, Théo partit à l'aventure.*
*Théo ne **fût** pas parti à l'aventure, s'il n'avait pas eu vingt ans.*

3 Pour différencier ces différentes formes verbales homophones, il faut se rapporter **à la concordance des temps** ; on peut aussi essayer de changer le temps du verbe.
*Théo a **eu** (**aura**) vingt ans.*
*Quand Théo **eut** (**aura**) vingt ans, il **partit** (**partira**) à l'aventure.*
*Bien qu'il n'**eût** (**ait**) pas vingt ans, Théo **partit** (**est parti**).*
*L'aventure, Théo ne l'**eût** (**aurait**) pas connue s'il n'avait pas eu vingt ans.*
*Quand Théo **fut** (**sera**) âgé de vingt ans, il **partit** (**partira**).*
*Bien qu'il ne **fût** (**soit**) pas âgé de vingt ans, Théo **partit** (**part**).*
*Théo ne **fût** (**serait**) pas parti à l'aventure, s'il n'avait pas eu vingt ans.*

232 **Copiez les phrases en complétant avec eu, eut ou eût.**
* *1 Si le coureur n'avait pas perdu son bidon, il n'… pas souffert de la soif. 2 Avant que le public … le temps de voir la balle, elle était déjà au fond des filets du malheureux gardien. 3 Lydia se serait volontiers baignée, en admettant qu'elle … un maillot de bain. 4 Ce peintre … l'audace de choisir des couleurs éclatantes. 5 Le spectacle a tenu toutes ses promesses ; l'assistance en a … pour son argent. 6 Si Gloria avait réfléchi, elle … répondu sans hésiter aux questions du jury.*

233 Copiez les phrases en les complétant avec fus, fut ou fût.

★

1 Madame Ferrand … heureuse d'apprendre la prolongation de son contrat de travail. **2** Il était pour le moins surprenant que le seul restaurant du quartier … fermé un dimanche. **3** M. Ujlaki … bien la seule personne du groupe à comprendre les commentaires du guide qui s'exprimait en polonais. **4** Pourquoi le contrôleur avait-il refusé que ce billet … remboursé ? **5** Dès qu'il … mis en vente, ce modèle d'ordinateur portable connut un immense succès. **6** Tu … à l'initiative de la création d'un club informatique au collège. **7** S'il avait eu son brevet de pilote, Jacky Delorme … monté sans crainte dans ce petit avion de tourisme. **8** Ayant pris un raccourci, je … en avance au rendez-vous.

234 Copiez les phrases en les complétant avec eu, eut, eût, fut ou fût.

★★

1 Bien qu'on … au mois de juin, à leur réveil, les habitants du plateau de Langres eurent la surprise de découvrir les collines enneigées. **2** Le patron du chalutier exigea que la cargaison … déchargée dès l'arrivée au port. **3** Cette hôtesse de l'air a … l'occasion de visiter tous les aéroports du monde. **4** Le chasseur prit d'énormes précautions, de peur que le buffle … encore vivant et susceptible de charger. **5** Si le conducteur … vu l'obstacle, il … certainement freiné. **6** Quand il … verrouillé la porte d'entrée, M. Carillo partit rassuré.

235 Copiez les phrases en les complétant avec eu, eus, eut, eût, fus, fut ou fût.

★★

1 Tant que j'… le soleil dans les yeux, je … dans l'incapacité d'avancer sans risque. **2** J'ai … le plaisir de rencontrer l'acteur principal qui … le héros du dernier film de Luc Besson. **3** Dès qu'elle … accouché, Mme Chapuis choisit le prénom de sa fille : Amélie. **4** L'électricien tenait à ce que le courant … coupé avant d'intervenir sur le disjoncteur. **5** En attendant que le préfet … déclaré l'inondation comme catastrophe naturelle, M. Pujol fit une déclaration de sinistre auprès de son assurance. **6** Il … fallu plus de détermination au skieur de fond pour qu'il … en mesure de terminer dans les premiers.

236 Copiez les phrases en conjuguant les verbes entre parenthèses aux temps qui conviennent.

★★★

1 Lorsque Léonie t'**(téléphoner)**, tu pris tes affaires et tu la rejoignis. **2** Il était possible que la marée d'équinoxe **(parvenir)** jusqu'aux rochers. **3** Si une erreur avait été commise dans les instructions de montage du meuble, seul un bricoleur attentif l'**(relever)**. **4** Dès que la rose **(éclore)**, tu la cueillis. **5** Il semblait qu'un orage **(s'abattre)** sur les monts d'Arrée tant les rivières charriaient de boue. **6** Quoique Térence n'**(éprouver)** aucune douleur, il réclama un calmant. **7** Ce rapace était le plus grand que le naturaliste **(apercevoir)** dans ces montagnes. **8** S'il avait eu des héritiers, ce riche banquier **(faire)** leur fortune. **9** Lorsque Zoé **(ouvrir)** le paquet, elle découvrit, stupéfaite, qu'il était vide !

EXPRESSION ÉCRITE

Vous avez des regrets car vous n'avez pas pu participer au dernier tournoi d'improvisation théâtrale. Faites part de votre déception à un(e) ami(e). Vous emploierez des homophones de la leçon.

42 LE PARTICIPE PRÉSENT ET L'ADJECTIF VERBAL

1 **Le participe présent**, toujours invariable, est une forme verbale terminée par « **-ant** ».

__Résistant__ à l'usure, ce tissu convient pour les jeans.
__Résistant__ à l'usure, ces tissus conviennent pour les jeans.
__Résistant__ à l'usure, ces étoffes conviennent pour les jeans.

2 Le groupe formé de la préposition « **en** » et du participe présent est **un gérondif.**

__En résistant__ à l'usure, ce tissu prouve son efficacité.

3 L'adjectif verbal, lui aussi terminé par « **-ant** », s'accorde avec le nom auquel il apporte une précision.

Les jeans sont faits d'un tissu __résistant__.
Les jeans sont faits de tissus __résistants__.
Les jeans sont faits d'une étoffe __résistante__.

Pour distinguer le participe présent de l'adjectif verbal, on essaie de remplacer le nom masculin par un nom féminin.

Gérondif :

En __résistant__ à l'usure, ce tissu prouve son efficacité.
En __résistant__ à l'usure, cette étoffe prouve son efficacité.

Adjectif verbal :

Ce tissu __résistant__ est vraiment efficace.
Cette étoffe __résistante__ est vraiment efficace.

POUR ALLER PLUS LOIN

Certains participes présents et des adjectifs verbaux ont des orthographes différentes.

participes présents	adjectifs verbaux
en __provoquant__ le débat	*un propos __provocant__*
en __différant__ la réponse	*des gens __différents__*
en __négligeant__ les décimales	*un garçon __négligent__*
en __suffoquant__ dans la pièce	*une fumée __suffocante__*
en __précédant__ le peloton	*les jours __précédents__*

237 **Écrivez les noms en gras au pluriel et faites les accords nécessaires.**

* **1** Ce **jeu** électronique est très amusant. **2** Étonnant le public, le **trapéziste** réalise plusieurs sauts. **3** Le **gâteau** est vraiment appétissant. **4** Confiant en sa chance, le **parieur** mise une somme importante. **5** Ce **cavalier** débutant a du mal à maîtriser sa monture. **6** Méfiant, le **cueilleur** de champignons vérifie le contenu de son panier. **7** En faisant la roue, ce **paon** attire l'attention de la **paonne**. **8** Il est interdit de répandre ce **produit** polluant sur les champs.

238 **Transformez en utilisant le gérondif, puis l'adjectif verbal des verbes suivants selon l'exemple.**

★

Exemple : grimper → en **grimpant** au sommet → des plantes **grimpantes**

1 filer	→ en … comme une flèche	→ une étoile …
2 dérouler	→ en … les tapis	→ des menus …
3 briller	→ en … dans le noir	→ des cheveux …
4 coller	→ en … des timbres	→ des papiers …
5 lasser	→ en … les téléspectateurs	→ des émissions …
6 percer	→ en … les murs	→ une voix …
7 menacer	→ en … de partir	→ des nuages …
8 chauffer	→ en … toutes les pièces	→ des couvertures …

239 **Copiez ces phrases en remplaçant les noms en bleu par ceux entre parenthèses. Accordez comme il convient.**

★★

1 Cette année, les agriculteurs attendent un rendement **(récolte)** abondant. **2** Gaëlle a adressé un sourire **(paroles)** bienveillant à la nouvelle venue. **3** Surtout ne touchez pas ce plat **(casserole)** brûlant ; attendez une minute. **4** Quand il parle, ce vendeur utilise un vocabulaire **(mots)** courant. **5** Les sorciers portent des tenues **(costumes)** effrayantes ; les enfants ont peur. **6** Gênant les piétons, ce véhicule **(voitures)** doit être déplacé. **7** Antonin **(Charlotte)** se foule la cheville en glissant sur le sol gelé.

240 **Copiez les phrases en remplaçant l'infinitif entre parenthèses par le participe présent ou l'adjectif verbal que vous accorderez.**

★★

1 Le danseur porte une combinaison **(mouler)**. **2** En **(éclater)**, les fusées illuminent le ciel. **3** Les cascadeurs, **(surprendre)** même le metteur en scène, réalisent des prouesses. **4** En **(interdire)** l'accès à l'autoroute enneigée, les gendarmes évitent bien des ennuis aux automobilistes. **5** Est-il vrai que certains banquiers gagnent de l'argent en **(dormir)** ? **6** Toutes les nouvelles constructions s'effectuent avec des matériaux **(isoler)**. **7** **(Attacher)** leur ceinture, les passagers seront en sécurité en cas de turbulences. **8** La porte **(pivoter)** du garage se commande à distance. **9** **(Exceller)** dans l'art de tromper les gens, les charlatans vendaient des sirops miraculeux.

241 **Remplacez les mots en gras par un participe présent ou un adjectif verbal que vous accorderez.**

★★★

1 **S'il roulait** moins vite, ce motard éviterait la chute. **2** Une valise **qui roule**, c'est pratique quand on voyage. **3** Ce chasseur est accompagné de chiens **qui obéissent** à ses ordres. **4** **Quand tu marches** à gauche, tu vois venir les voitures face à toi. **5** Le houx a des feuilles d'un beau vert, mais **elles piquent** ! **6** Cette proposition est **digne d'intérêt** ; je vais l'accepter. **7** **Si vous plongez** les mains dans le torrent, vous verrez que l'eau est froide. **8** Connaissez-vous le principe des vases **qui communiquent** ? **9** Cet orateur tient des propos **qui convainquent** ; l'auditoire est sous le charme.

EXPRESSION ÉCRITE

À la sortie du collège, vous assistez à une scène étonnante. Racontez en utilisant au moins deux participes présents et deux adjectifs verbaux.

43 ES – EST – ET // AI – AIE – AIES – AIT – AIENT

1 **es**, **est** sont les formes des 2e et 3e personnes du singulier de l'auxiliaire **être** au présent de l'indicatif. On écrit **es, est** quand on peut remplacer ces formes par les formes d'un autre temps simple de l'indicatif.

*Tu **es** courageux.* *Tu **étais** courageux.* *Tu **seras** courageux.*
*Alex **est** courageux.* *Alex **était** courageux.* *Alex **sera** courageux.*

La présence du pronom personnel de la 2e personne du singulier nous renseigne sur la terminaison **es.**

et est une conjonction de coordination qui permet de relier deux groupes de mots ou deux parties d'une phrase. On peut remplacer la conjonction **et** par **et puis**.

*Alex est courageux **et** intrépide.*
*Alex est courageux **et puis** intrépide.*

2 **ai**, **aie**, **aies**, **ait**, **aient** sont des formes du verbe **avoir**.
ai est la 1re personne du singulier au présent de l'indicatif. On écrit **ai** quand on peut remplacer la 1re personne du singulier par une autre personne du présent de l'indicatif.

*J'**ai** du courage.* *Tu **as** du courage.* *Nous **avons** du courage.*

aie, **aies**, **ait**, **aient** sont des formes au présent du subjonctif.
Pour ne pas commettre d'erreur, il faut d'abord identifier le mode subjonctif. Pour cela, il suffit de changer de personne.

*Il faut que j'**aie** du courage. Il faut que nous **ayons** du courage.*
*Il faut que tu **aies** du courage. Il faut que nous **ayons** du courage.*
*Il faut qu'il **ait** du courage. Il faut que vous **ayez** du courage.*
*Il faut qu'ils **aient** du courage. Il faut que vous **ayez** du courage.*

POUR ALLER PLUS LOIN

- **Aie** est aussi la forme de la 2e personne du singulier du présent de l'impératif.

Aie du courage, ne renonce pas.

242 **Copiez les phrases en complétant par es, est ou et.**

* **1** Comme l'électricité … coupée, le réfrigérateur … le congélateur se sont arrêtés ; la viande … les légumes risquent d'être avariés. **2** La répétition du gala de danse … terminée, il … temps de quitter la salle de sport … de rentrer. **3** La rue principale de ce village médiéval … étroite … tortueuse. **4** La Garonne … en crue, elle roule des eaux rapides … boueuses. **5** La parole … d'argent … le silence … d'or. **6** Il … difficile de faire rouler un ballon de rugby car il … ovale. **7** Quand tu … de bonne humeur, ton entourage … ravi … tout se passe bien.

243 **Copiez les phrases en les complétant par ai, ait ou aient.**

★ **1** J'… trouvé la pièce qui manquait à ma collection ; j'… eu la chance que le brocanteur l'… mise de côté. **2** Il arrive que les apprentis … la possibilité de prolonger leur stage. **3** Je crois que j'… le temps de me doucher avant de sortir. **4** Le chef d'orchestre veut que tous les musiciens … les yeux fixés sur sa baguette. **5** Il ne faudrait pas que j'… une défaillance à cent mètres de l'arrivée. **6** Le portier déplore qu'il n'… pas d'instructions précises sur la manière de filtrer les entrées. **7** Je puis t'assurer que j'… relu plusieurs fois ma dictée. **8** Malek nous accompagnera à moins qu'il … un empêchement.

244 **Copiez les phrases en les complétant par est, et ou ai, ait, aient.**

★★ **1** Ce film comporte trop de scènes de violence … il … à craindre qu'il n'… pas beaucoup de succès. **2** Quand j'… de l'appétit, il … rare que mes frites … le temps de refroidir ! **3** Il … de règle que les chauffards … une amende lorsqu'ils sont en infraction. **4** Le parapentiste … au bord de la falaise … il attend que le vent … changé de direction. **5** Il me tarde que mes cousins … la permission de venir me voir. **6** Géraldine regrette que son chat n'… pas terminé ses croquettes. **7** Tristan … placé sur le parcours du défilé … il espère voir le roi Carnaval. **8** Le sculpteur ne quittera pas son atelier jusqu'à ce que son œuvre … la forme voulue. **9** La loi s'oppose à ce que les mineurs … accès à l'alcool … au tabac.

245 **Copiez les phrases en les complétant par es, est, et ou ai, aie, aies, ait, aient.**

★★ **1** Il … surprenant que tu n'… pas trouvé ce document au CDI. **2** Il … fâcheux que le vitrier n'… pas remplacé les carreaux cassés de cette salle ; j'… les pieds gelés ! **3** Il … bon que les jeunes enfants … une alimentation riche … équilibrée. **4** …-tu certain que cette adresse … exacte ? **5** Quand tu … endormi, il … impossible de te réveiller. **6** Ma mère regrette que j'… un petit tatouage sur l'épaule ; elle pense que je le garderai toute ma vie. **7** Le professeur de géographie s'étonne que les cartes murales … disparu. **8** Le vendeur ne souhaite pas que tu … des regrets, … il te propose d'essayer plusieurs modèles. **9** La rivière … en crue … certains quartiers sont isolés.

246 **Copiez les phrases en les complétant par es, est, et ou ai, aie, aies, ait, aient.**

★★★ **1** Il n'y a que toi qui … une cicatrice sur le bras droit. **2** Ce chasseur … rentré sans qu'il … vu le moindre gibier : il … bredouille ! **3** Tes parents souhaiteraient que tu … une attitude responsable … que tu te mettes au travail. **4** Il faudrait que j'… un moment pour ranger ma chambre … faire du tri parmi tous mes vêtements. **5** Certains doutent que les autruches … des ailes puisqu'elles ne volent pas ! **6** Le chauffeur du car de ramassage ne peut admettre que certains … du retard. **7** J'… accepté que tu … accès à ma messagerie. **8** Les syndicats déplorent que les ouvriers … des conditions de travail difficiles.

EXPRESSION ÉCRITE

Imaginez-vous détective privé ! Vous avez été chargé(e) de la filature d'un suspect. Rédigez – en une quinzaine de lignes – le rapport que vous adressez à votre chef. Vous utiliserez certains des homophones de la leçon.

44 SONT – SON
SE (S') – CE (C') – CEUX

1 **sont** **est la forme conjuguée du verbe être** à la 3e personne du pluriel du présent de l'indicatif. On écrit **sont** quand on peut remplacer cette forme par une autre forme conjuguée du verbe *être*.

Tous les espoirs ***sont*** *permis.* *Tous les espoirs* ***étaient*** *permis.*

son est un **déterminant possessif singulier** qui, placé devant un nom ou un adjectif, indique l'appartenance. Il peut être remplacé par un autre déterminant.

Son *espoir est déçu.* ***Ton*** *espoir est déçu.* ***L'****espoir est déçu.*

son, **déterminant possessif** est placé devant les noms masculins et les noms féminins débutant par une voyelle ou un « h » muet.

son *pantalon* ***son*** *épaule* ***son*** *habitude*

La liaison fait parfois apparaître le « n » final de **son**, ou le « t » final de **sont**.

2 **se (s')** est un **pronom personnel réfléchi** de la 3e personne qui fait partie d'un verbe pronominal. En conjuguant le verbe, on peut le remplacer par un autre pronom personnel réfléchi.

Adrien ***se*** *lève tôt.* *Tu* ***te*** *lèves tôt.* *Je* ***me*** *lève tôt.*

ce, **déterminant démonstratif** est placé devant un nom ou un adjectif. On peut le remplacer par un article.

ce *pont* ***un*** *pont*

ce (c'), **pronom démonstratif**, est souvent placé devant le verbe *être* (ou *devoir*, *pouvoir*) ou un pronom relatif.

C'*est ici que je suis né.*
Ce *sont mes parents.*
Ce *doit être le dénouement.*
Ce *pourrait être la fin.*
J'ignore ***ce*** *qui se passe.*
Je ne sais pas ***ce*** *que tu veux.*

ceux, **pronom démonstratif**, représente un nom masculin pluriel. On peut le remplacer par **celui** en changeant le nombre du nom.

Parmi ces fruits, les raisins sont ***ceux*** *que je préfère.*
Parmi ces fruits, le raisin est ***celui*** *que je préfère.*

247 * **Conjuguez les verbes de ces expressions aux 3es personnes du présent de l'indicatif.**

1 ***se rendre*** au concert
2 ***s'engager*** franchement
3 ***se confier*** à son ami
4 ***être*** dans son fauteuil
5 ***être*** devant son écran
6 ***être*** sur son balcon
7 ***se produire*** sur scène
8 ***s'étaler*** de tout son long
9 ***s'emparer*** de son stylo
10 ***être*** dans son lit
11 ***être*** sur son vélo
12 ***être*** avec son entraîneur

248 **Copiez les phrases en complétant avec son ou sont.**

*

1 Antonio nous confirme que dans … pays natal, le Portugal, les terres … fertiles. **2** Le clown a déchiré … pantalon en courant derrière l'auguste, et les enfants … ravis. **3** Les vieilles demeures du hameau de Blanot … en ruine depuis qu'elles … inhabitées. **4** Les files d'attente devant les caisses … si longues que les clients … mécontents. **5** Marie a choisi … futur métier : elle sera vétérinaire car … amour des animaux est réel. **6** Les coquelicots … rouges alors que les pervenches … bleues ; tout le monde peut le constater. **7** Ces films américains … sous-titrés en français ; les malentendants … satisfaits. **8** Félix est parti et il a oublié … sac de sport ; … entraîneur lui reproche … étourderie. **9** Avec … matériel, le bûcheron abat les sapins, même ceux qui … à flanc de colline. **10** Derrière la vitrine blindée, les trésors de la couronne d'Angleterre … à l'abri des voleurs. **11** Patrick demande l'aide de … équipier pour plier … sac de couchage. **12** Cet ingénieur présente … invention au jury du concours Lépine, mais les concurrents … nombreux et il n'est pas certain d'être primé.

249 **Copiez les phrases en écrivant les noms en gras au pluriel et faites les accords nécessaires.**

**

1 Ce **lustre** en cristal, c'est une authentique **œuvre** d'art, digne des châteaux royaux. **2** Du haut de ce **balcon**, vous pouvez regarder le défilé des majorettes. **3** Ce **livre**, c'est un **roman** traduit du russe qui décrit la vie misérable des moujiks. **4** Ce **naturaliste** amateur s'est spécialisé dans l'étude des batraciens. **5** Le **jardinier** se sert de son motoculteur pour labourer ce **massif** de rosiers. **6** L'**ingénieur** dirige le percement de ce tunnel ; pour ce faire, il doit opérer de nombreux forages. **7** Ce qui devait arriver, arriva ; ce **maladroit** s'est coupé en voulant tailler ce **morceau** de bois. **8** Le jeune **enfant** et l'**adulte** se laissent facilement séduire par ce **jeu** vidéo. **9** Ce **chariot** s'est embourbé et il faudra le dégager à l'aide d'un tracteur.

250 **Copiez les phrases en complétant avec ce, c', se, s' ou ceux.**

***

1 Pour … faire entendre, le dirigeant syndical utilise … puissant porte-voix. **2** M. Jayet souhaite réaliser des économies de chauffage ; pour … faire, il isole les murs. **3** Parmi tous ces animaux, quels sont … qui …adapteront le mieux à notre climat ? **4** Il faut … méfier car … champignon n'est peut-être pas comestible. **5** Messan me montre … qu'il fabrique : …'est une maquette de bateau. **6** … boxeur …'entraîne avec ses sparring-partners, enfin … qui affrontent le champion du monde. **7** Avec … brouillard, il n'est pas question de … risquer en haute mer. **8** … qui nous étonne, …'est que vous ne puissiez pas résoudre … problème. **9** Le pilote … n'entretient avec … qui travaillent dans les stands pour mettre au point … bolide. **10** Le jour de la fête de la musique, tous … qui l'apprécient … réunissent pour partager … moment inoubliable. **11** … voyage …'est bien déroulé et vous nous avez décrit … que vous avez vu. **12** L'ouragan …'est abattu sur l'île de Mayotte ; …'est une véritable catastrophe.

EXPRESSION ÉCRITE

Un extraterrestre descend de son vaisseau spatial et s'étonne de ce qu'il découvre sur la Terre.
Racontez notamment sa rencontre avec des habitants tout aussi surpris que lui…

45 SES – CES // C'EST – S'EST // SAIS – SAIT

1 **ses**, déterminant possessif, est placé devant un nom ou un adjectif. Il peut être remplacé par un autre déterminant possessif.

Luc range ***ses*** *pinceaux.* *Luc range* ***son*** *pinceau.*

ces, déterminant démonstratif, est placé devant un nom ou un adjectif. Il peut être remplacé par un autre déterminant démonstratif.

J'admire ***ces*** *tableaux.* *J'admire* ***ce*** *tableau.*

Pour choisir entre le déterminant possessif et le déterminant démonstratif, il faut examiner le sens de la phrase.

S'il s'agit des tableaux que Luc peint, on écrit :

Luc admire ***ses*** *tableaux.*

S'il s'agit des tableaux que Luc admire dans une exposition, on écrit :

Luc admire ***ces*** *tableaux.*

2 **c'est** est l'auxiliaire *être* précédé du pronom démonstratif élidé « **c'** ». Il peut être remplacé par l'expression « **ceci est** ».

C'est *une exposition.* ***Ceci est*** *une exposition.*

s'est est l'auxiliaire *être* précédé du pronom personnel réfléchi élidé « **s'** ». Il peut être remplacé par « **me suis** » ou « **te suis** » en conjuguant l'auxiliaire.

Luc ***s'est*** *installé.* *Je* ***me suis*** *installé.* *Tu* ***t'es*** *installé.*

3 **sais, sait**, sont les formes conjuguées du verbe *savoir* aux personnes du singulier du présent de l'indicatif. Elles peuvent être remplacées par d'autres formes conjuguées de ce verbe.

Je ***sais*** *peindre.* *Tu* ***sais*** *peindre.* *Luc* ***sait*** *peindre.*
Je ***savais*** *peindre.* *Tu* ***sauras*** *peindre.* *Luc* ***a su*** *peindre.*

POUR ALLER PLUS LOIN

• Pour ne pas confondre **ses** ou **ces** avec **c'est** ou **s'est**, on peut remplacer par **c'était** ou **s'était**.

C'est *une exposition.* ***C'était*** *une exposition.*
Luc ***s'est*** *installé dans ces lieux. Luc* ***s'était*** *installé dans ces lieux.*

251 ★ **Répondez à ces questions. Vous pouvez utiliser un dictionnaire.**

Exemple : Qui contrôle les absences ? C'est le CPE.

1 Qui a posé le premier le pied sur la Lune ? **2** Qui a assassiné le roi Henri IV ? **3** Quelle est la capitale du Brésil ? **4** Quelle est la langue la plus parlée dans le monde ? **5** Qui a fait construire le château de Versailles ? **6** Qu'est-ce qu'une métaphore ? **7** Qu'est-ce qu'un alexandrin ? **8** Quel général romain a conquis la Gaule ? **9** Quel est le plat favori des Napolitains ?

252 **Copiez les phrases en les complétant avec ses ou ces.**

★ **1** Le chef cuisinier prépare … spécialités afin de satisfaire … clients. **2** Ce jeune enfant vient de perdre … premières dents de lait. **3** Regardez … oiseaux migrateurs ; bientôt ce sera l'hiver avec … gelées, … chutes de neige, mais aussi … belles fêtes et … cadeaux. **4** … chansons plaisent beaucoup à Medhi, mais pas du tout à … enfants. **5** Ce danseur maîtrise parfaitement chacun de … gestes. **6** Chloé est satisfaite ; … chaussures sont adaptées à la marche sur … glacier. **7** Le comptable enregistre toutes … factures sur son ordinateur. **8** Le désert déroule à l'infini … sables brûlants. **9** Avec tous … bruits autour de l'hôtesse d'accueil, je ne peux pas comprendre … paroles. **10** Comme … verres en cristal sont fragiles, essuyez-les avec précaution.

253 **Copiez ces expressions en écrivant les noms en gras au pluriel.**

★ **1** imiter ce **modèle** **2** présenter son **carnet** **3** atteindre cet **objectif** **4** mesurer son **propos** **5** traverser cette **rue** **6** admettre son **erreur** **7** s'arrêter devant ce **présentoir** **8** renouveler sa **demande** **9** corriger son **erreur**

254 **Complétez ces phrases avec s'est, c'est ou ses, ces.**

★★ **1** En voulant resserrer … roues, le conducteur … sali les mains. **2** … dans L'Avare qu'Harpagon dissimule … pièces d'or au fond du jardin. **3** Sait-il comment déplacer … objets volumineux ? **4** … en Nouvelle-Zélande que … volleyeurs sont partis jouer. **5** Thomas … doté d'une nouvelle imprimante pour tirer … photos. **6** Flavie … endormie en écoutant … disques préférés. **7** Le navire … approché du quai auquel il a fixé … amarres. **8** Quand le chevalier a vu … dragons, le sol … dérobé sous … pas. **9** Pour consulter … messages plus rapidement, Julien … abonné à l'ADSL. **10** … en 1999 qu'une violente tempête … abattue sur le nord de la France. **11** Ethan lance et rattrape … cinq balles ; … un jongleur de talent. **12** Depuis … débuts, le moteur à explosion … perfectionné.

255 **Complétez ces phrases avec ses, ces, s'est, c'est, sait ou sais.**

★★★ **1** Comme tu ne … pas où tu vas, avoue que … difficile de te suivre. **2** Nour … égaré dans les couloirs du métro ; il ne … plus où il se trouve. **3** Tu … tenir ta langue, … pourquoi on n'hésite pas à te confier des secrets. **4** Le camion … déporté sur la gauche ; … alors que l'accident … produit. **5** Que …-il passé ici ? … un véritable champ de bataille dans votre chambre. **6** En France, chacun … qu'on circule à droite, … la règle **7** … un obstacle sur la route qui a contraint le camion à s'arrêter en urgence. **8** Pékin, … une ville immense, on ne … jamais où on est ! **9** Tout le monde … qu'il faut trier … déchets ; … un geste écologique. **10** L'actrice arrive accompagnée de … gardes du corps ; … la ruée des photographes. **11** Si tu ne … pas les dates des épreuves du brevet blanc, … sur le tableau à l'entrée du collège que figurent … renseignements.

EXPRESSION ÉCRITE

Une personne âgée vous demande des conseils pour mieux utiliser son ordinateur. Rédigez un paragraphe de quinze lignes dans lequel vous lui apporterez les éléments de base pour qu'elle puisse effectivement progresser. Vous utiliserez des homophones de la leçon.

46 RÉVISION ONT – ON – ON N'

1 **ont** est la forme conjuguée du verbe *avoir* à la 3e personne du pluriel au présent de l'indicatif. On écrit **ont** quand on peut remplacer cette forme par une autre forme du verbe *avoir*.

*Mes amies **ont** le sourire.* *Mes amies **avaient** le sourire.*

ont est aussi la forme de l'auxiliaire **avoir** lorsqu'un verbe est conjugué à la 3e personne du pluriel du passé composé de l'indicatif.

*Les clients **ont** fait leur choix.*
*Les clients **avaient** fait leur choix.*

2 **on** est un pronom personnel indéfini de la 3e personne du singulier, toujours sujet d'un verbe. On écrit **on** quand on peut remplacer ce pronom par un autre pronom personnel de la 3e personne du singulier, ou un nom sujet singulier.

__On__ a le sourire. *__Il__ a le sourire.* *__Edith__ a le sourire.*

Quand **on** est placé devant un verbe commençant par une voyelle ou un « h » muet, on n'entend pas la différence entre la forme affirmative et la forme négative.

__On__ (n)a le sourire. *__On n'__a pas le sourire.*

Si on remplace **on** par un autre pronom personnel : on entend alors la différence (ne → n').

__Il__ a le sourire. *__Il n'__a pas le sourire.*

Dans un langage familier, le pronom personnel indéfini **on** est souvent employé à la place du pronom personnel **nous**, surtout à l'oral.

__On__ sort à l'heure. *__Nous__ sortons à l'heure.*

Dans un même texte, on n'emploiera pas à la fois **on** et **nous**.

On écrit : des **on-dit** et le **qu'en dira-t-on**.

POUR ALLER PLUS LOIN

• Si **on** désigne plusieurs personnes, l'accord du verbe se fait au singulier, même s'il y a des accords au pluriel dans le reste de la phrase.

*On sort satisfait**s**.* *On sort avec **nos** sacs.*

256 **Pour chaque expression, écrivez deux phrases de votre choix. Dans l'une vous emploierez on et l'autre ont.**

*

1 ne pas avoir toujours raison
2 ne rien avoir sans efforts
3 avoir des dons artistiques
4 avoir des rollers neufs
5 ne pas avoir de chance
6 avoir besoin d'aide
7 avoir le trac avant la représentation
8 avoir un nouveau portable
9 ne pas avoir encore le droit de voter
10 avoir des nerfs d'acier
11 avoir des vêtements chauds
12 avoir un aspect bizarre

257 **Copiez les phrases en les complétant avec ont ou on.**
*
1 Les gardiens de phares … cessé leur activité ; … les a remplacés par des systèmes automatisés. **2** Les bulldozers … nivelé la chaussée et … devrait pouvoir la goudronner. **3** Les chercheurs d'or … trouvé un filon, mais ils n'… rien dit à personne de peur qu'… prenne leur place. **4** Les scénaristes … de l'imagination et … ne devrait pas être déçus lors de la sortie du film. **5** Aujourd'hui, … récupère les journaux et les cartons et … les recycle. **6** Les ingénieurs … étudié la possibilité d'implanter une usine de cosmétiques dans la région.

258 **Copiez les phrases en écrivant les noms en gras au pluriel et faites les accords nécessaires.**
**
1 Il pleut sur le circuit et le **spectateur** a les pieds dans l'eau. **2** Cette **pommade** a calmé les douleurs provoquées par les piqûres de guêpes. **3** Ce **lainage** a rétréci au lavage ; tu n'aurais pas dû le faire bouillir ! **4** Avec cette pluie, la **prairie** a reverdi. **5** Le **gardien** a verrouillé les portes du hangar. **6** Faute d'avoir été placé au réfrigérateur, ce **fruit** a pourri.

259 **Copiez les phrases en remplaçant le pronom on par des noms (singuliers ou pluriels) de votre choix.**
**
1 On a aboli les privilèges dans la nuit du 4 août 1789. **2** Si on s'unit pour accomplir une tâche, on est beaucoup plus efficace. **3** On frémit à l'idée qu'une étincelle puisse embraser la forêt. **4** Quand on a une bronchite, on boit du sirop antitussif. **5** Après le repas, on s'assoupit. **6** On espère gagner le gros lot et on bâtit des châteaux en Espagne ! **7** On évite les obstacles disposés sur le parcours. **8** On reconnaît ses amis dans l'adversité. **9** On rend la monnaie aux clients. **10** On épluche les carottes, et on les met dans une casserole.

260 **Copiez les phrases en conjuguant les verbes en gras au passé composé.**
**
1 Les jardiniers de la ville **plantent** une rangée d'arbres. **2** Les clients **choisissent** les articles en promotion et ils **font** ainsi des économies. **3** Les voisins **rapportent** l'outillage que mon père leur avait prêté. **4** Les boas **étouffent** leurs proies à l'aide de leurs puissants anneaux. **5** Pour nous recevoir, nos cousins **mettent** les petits plats dans les grands. **6** Les voyageurs **compostent** leur billet avant de monter dans le TGV.

261 **Copiez les phrases en les complétant avec ont, on ou on n'.**
***
1 Pour qu'un œuf soit cuit à la coque, … attend pas plus de trois minutes. **2** Vos propos … été précis, … a rien à ajouter. **3** Quand … va à la piscine municipale, … est toujours surpris par la limpidité de l'eau. **4** Ces plats … un aspect peu appétissant ; … ose pas les manger. **5** … ne saura sans doute jamais pourquoi les dinosaures … disparu à l'ère secondaire. **6** … envoie des vivres à ceux qui … tout perdu lors du raz-de-marée. **7** La morale de la fable prétend qu'… a toujours besoin d'un plus petit que soi. **8** … entend la sirène du bateau qu'… aperçoit pas encore.

EXPRESSION ÉCRITE

Rédigez la notice d'utilisation d'un téléphone portable ou d'une tablette électronique. Vous emploierez au moins trois fois « on » et trois fois « ont ».

47 C'EST – CE SONT / SOI – SOIT – SOIS – SOIENT

1 Lorsque les verbes *être, devoir être, pouvoir être,* sont précédés de **ce (c')**, **il est recommandé de les mettre au pluriel** s'ils sont suivis d'un sujet réel à la 3e personne du pluriel ou d'une énumération, et ce, quel que soit le temps.

*Les Brésiliens remportent la coupe ; **ce sont** d'excellents joueurs.*
*Les équipes finalistes, **c'étaient** le Brésil et l'Italie.*

S'ils sont suivis des pronoms personnels « **nous** » ou « **vous** », ils restent au singulier.

***C'est** nous qui avons remporté la coupe.*
***C'est** vous qui avez remporté la coupe.*

Si le nom qui suit « **c'est** » est précédé d'une préposition, le verbe **être** reste également au singulier.

***C'est** de ces équipes que je veux vous parler.*

2 **soi** est un **pronom personnel réfléchi de la 3e personne du singulier** qui ne marque ni le genre ni le nombre. Il se rapporte à un sujet singulier.

*Pour réussir, il faut faire preuve de confiance en **soi**.*

On peut le remplacer par un autre pronom personnel en modifiant la phrase.

*Pour réussir, tu as fait preuve de confiance en **toi**.*

soit est une **conjonction de coordination** marquant l'alternative. On peut toujours remplacer « **soit** » par « **ou bien** ».

*Le Brésil rencontrera **soit** l'Italie **soit** la France.*
*Le Brésil rencontrera **ou bien** l'Italie **ou bien** la France.*

Sois, **soit**, **soient** sont des formes du présent du subjonctif du verbe *être*.

*Il faut que je **sois** confiant car la victoire est à ma portée.*
*Il faut qu'ils **soient** confiants car la victoire est à leur portée.*

POUR ALLER PLUS LOIN

- Lorsque le sujet est précis, on remplace **soi** par **« lui »** ou **« elle »**.

*Ce joueur a confiance en **lui**. Cette joueuse a confiance en **elle**.*

- **soi-disant** est toujours invariable, même employé comme adjectif.

*Ces **soi-disant** chefs-d'œuvre sont sans valeur.*

262 **Répondez à ces questions en utilisant les présentatifs c'est et ce sont.**
*

1 *Qui a écrit* Le Cid *?* **2** *Sous l'Ancien Régime, qui ne payait pas d'impôts ?* **3** *Qui agresse le village gaulois d'Astérix ?* **4** *Que peut-on dire des haricots, des épinards et de la salade ?* **5** *Qui contrôle la vitesse sur les autoroutes ?* **6** *Quels élèves réussiront le brevet ?* **7** *Où la plus longue muraille jamais conçue a-t-elle été édifiée ?*

263 **Copiez les phrases en les complétant avec c'est ou ce sont.**

*

1 Tous ces points brillants, … des étoiles situées à des années-lumière de la Terre. **2** Posséder un abonnement illimité à Internet, … un avantage pour ceux qui communiquent beaucoup. **3** Sabine est ravie, car elle vient d'être embauchée ; … un emploi temporaire, mais elle pense qu'il sera prolongé. **4** Les poulets élevés en plein air, … les meilleurs affirment les gastronomes. **5** Les premiers signes de l'arrivée de l'automne, … la chute des feuilles et le départ des hirondelles. **6** Les qualités que l'on apprécie le plus chez une personne, … la franchise, la sincérité et le courage. **7** Le proverbe affirme que … en forgeant que l'on devient forgeron. **8** Les plus hauts sommets de la planète, … ceux de l'Himalaya. **9** Ces feux, … des signaux d'alerte ; ils sont à prendre au sérieux.

264 **Copiez les phrases en les complétant avec c'était ou c'étaient.**

*

1 Avant les travaux d'assainissement de ces terrains, … des marais insalubres. **2** Mourad eut beau se dépêcher, lorsqu'il arriva chez le coiffeur, … fermé. **3** Mathilde regrette *Plus belle la vie* et *Taratata*, … ses émissions préférées. **4** Ce que j'aimais dans ce village de montagne, … le silence, le calme et la quiétude qui s'en dégageaient. **5** Le martinet, … la menace que l'on brandissait autrefois sous le nez des enfants désobéissants. **6** Tous ces applaudissements, … la récompense pour les heures passées par la ballerine à la barre d'exercice. **7** Au XIXe siècle, la diligence et le coche d'eau, … des moyens de communication fréquemment utilisés.

265 **Copiez les phrases en les complétant avec ce sera ou ce seront.**

*

1 Lorsque tu pourras jouer intégralement une valse de Chopin, … un bel exploit. **2** Mes vrais amis, … ceux qui me soutiendront quand je serai triste. **3** Prendre son petit-déjeuner au lit, … très agréable, mais il ne faudra pas trop remuer sous peine de catastrophe ! **4** Une réussite au brevet, … la consécration du travail de quatre années. **5** Raoul Demon et Pat Déliat sont annoncés au festival d'Avoriaz ; … deux des membres du jury. **6** Si l'on en croit les experts, les sources d'énergie du futur, … l'éolien et le solaire. **7** Lorsque tous les rosiers du parc municipal auront été taillés, … un lieu idyllique. **8** Dans trois jours, … les soldes d'hiver. **9** Quand la maquette du bateau sera achevée, … des heures de patience enfin récompensées.

266 **Copiez les phrases en les complétant avec soi, sois, soit ou soient.**

**

1 Dans ce magasin, on peut examiner …-même tous les articles. **2** Pour qu'un civet … savoureux, il doit mijoter trois heures. **3** Pour vous rendre au Trocadéro, vous pouvez prendre … le métro … la ligne d'autobus n° 64. **4** Rapporter tout à …, c'est le signe de l'égoïsme. **5** Il est fort probable que ces témoins … de bonne foi. **6** La …-disant princesse n'était en fait qu'une simple bergère. **7** Rester maître de … en toute circonstance, ce n'est pas donné à tout le monde. **8** Il faut que tu … sûre de toi pour parler ainsi. **9** Que fait-on quand on voit devant … une vipère ?

EXPRESSION ÉCRITE

Rédigez un paragraphe de quinze lignes dans lequel vous essayerez de convaincre un(e) ami(e) du plaisir qu'il (elle) éprouvera lorsqu'il (elle) jouera d'un instrument de musique. Utilisez des homonymes de la leçon.

48 OU – OÙ // SI – S'Y NI – N'Y

1 **ou**, conjonction de coordination, peut être remplacée par « **ou bien** ».
Au self, nous prenons du fromage ***ou*** *(****ou bien****) un dessert.*

où, pronom ou adverbe, indique le lieu, le temps, la situation.
Où *vas-tu ?* *C'était l'époque* ***où*** *on marchait à pied.*

2 **si**, adverbe ou conjonction de subordination, peut être remplacé par un autre adverbe ou une autre conjonction.
Nous sortirons ***si*** *(****parce que****) la sirène retentit.*

s'y, qui peut se décomposer en « **se y** », est toujours placé devant un verbe, car le « **s** » apostrophe fait partie d'un verbe pronominal. Le « **y** » est un pronom adverbial.
On peut remplacer « **s'y** » par « **m'y** » ou « **t'y** » en conjuguant le verbe.
Dans ce lac, on ***s'y*** *baigne volontiers.*
Dans ce lac, tu ***t'y*** *baignes volontiers.*

3 **ni** est une conjonction négative qui relie deux éléments (noms ou propositions).
M. Bourdon ne sait ***ni*** *ce qui s'est passé* ***ni*** *qui a appelé les pompiers.*
La poule n'a ***ni*** *dents* ***ni*** *oreilles.*
On peut parfois remplacer « **ni** » par « **pas de** ».
La poule n'a ***pas de*** *dents et* ***pas d'****oreilles.*

n'y peut se décomposer en « **ne y** ». Le « **n** » apostrophe est la première partie d'une négation dont on peut trouver la deuxième partie dans la suite de la phrase. Le « **y** » est un pronom adverbial.
Dans le brouillard, les conducteurs ***n'y*** *voient* ***pas*** *grand-chose.*

POUR ALLER PLUS LOIN

- Parfois, la première conjonction **ni** est remplacée par une autre conjonction négative.
Cette chanson n'est ***ni*** *originale* ***ni*** *mélodieuse.*
Cette chanson n'a ***rien*** *d'original* ***ni*** *de mélodieux.*

267 **Copiez les phrases en les complétant avec ou / où.**
*
1 Savez-vous … se trouve le lac Baïkal ? **2** L'Islande est une île … les volcans se réveillent de temps en temps. **3** Mais … ai-je rangé mon baladeur ? **4** Au-dessus du buffet, M. Blanc placera un miroir … une horloge. **5** La spécialité culinaire alsacienne, est-ce la choucroute … la bouillabaisse ? **6** Pour skier, vous porterez un blouson … un anorak. **7** … que tu sois, tu pourras toujours me joindre sur mon portable. **8** Voici une boutique … l'on trouve des surplus militaires. **9** Ce soir, je regarderai un film … un feuilleton. **10** Ce chalet est-il à vendre … à louer ? **11** L'espace est un lieu … l'on vit en apesanteur.

268 **Copiez les phrases en les complétant avec si ou s'y.**

★ **1** Le plafond est … haut que le menuisier doit … reprendre à plusieurs fois pour poser la frisette. **2** L'île de Ré est proche du continent ; on … rend en empruntant un pont suspendu. **3** Pourquoi le tigre est-il un animal … cruel ? **4** … le funambule avait un balancier, il se déplacerait plus facilement. **5** … vous voulez voir de belles sculptures, allez au musée Rodin. **6** La chaleur est … intense que tous les ouvriers portent des vêtements spéciaux. **7** Le bruit de fond est gênant, mais peu à peu on … habitue. **8** Comme Jérémy habite loin du collège, il … rend à vélo. **9** La révolte des Cathares, qui … intéresse aujourd'hui ?

269 **Copiez les phrases en les complétant avec ni ou n'y.**

★ **1** Comme il … a … panneaux indicateurs … feux tricolores, les automobilistes sont désemparés. **2** Dans de grandes villes de Colombie, de nombreux enfants n'ont … famille … domicile ; ils vivent dans la rue. **3** La planète Mars est inhospitalière, l'homme … est jamais allé car il … a … eau … oxygène. **4** … les films comiques … les dessins animés n'intéressent Laura ; elle préfère un bon roman. **5** Cet entrepreneur reçoit une commande de Bulgarie écrite en caractères cyrilliques ; il … comprend rien et il devra la faire traduire. **6** Dans ce quartier désert, il … a … station de métro … arrêt d'autobus. **7** Les prévisions de la voyante sont si extravagantes que tu … crois pas un seul instant.

270 **Supprimez les répétitions de ces phrases comme dans l'exemple.**

★★ Exemple : Karl part à Sigean ; il se rend à Sigean chaque année.
→ Karl part à Sigean ; il s'y rend chaque année.

1 Ce logement est bien situé, M. Naouri se plaît dans ce logement. **2** Ce quartier est un véritable dédale de ruelles, il ne faut pas se risquer dans ce quartier sans guide. **3** La fête foraine bat son plein, les jeunes se retrouvent volontiers à la fête foraine. **4** Mme Ruby apprécie le Queyras ; l'été, elle se repose dans le Queyras. **5** Sur le toit de l'immeuble, le technicien s'installe sur le toit pour poser une parabole. **6** Au boulodrome, tous les amateurs de pétanque se retrouvent au boulodrome pour des parties acharnées. **7** La règle du hors-jeu, les joueurs se plient avec réticence à la règle du hors-jeu. **8** À Shanghai, il se construit une tour de bureaux par mois à Shanghai.

271 **Supprimez les répétitions de ces phrases comme dans l'exemple.**

★★ Exemple : Retenir ces dates, je n'arriverai pas à retenir ces dates.
→ Retenir ces dates, je n'y arriverai pas.

1 Changer de profession, le photographe n'est pas opposé à changer de profession. **2** Se priver de macarons, ce gourmand ne résistera pas à se priver de macarons. **3** Une boulangerie vend du pain, on ne trouve pas de médicaments dans une boulangerie. **4** Dans ce restaurant végétarien, on ne consomme évidemment pas de viande dans ce restaurant végétarien. **5** Habiter à la campagne, la famille Rollet ne voit que des avantages à habiter à la campagne. **6** Au sommet du col de l'Iseran, la température n'est jamais élevée au sommet du col de l'Iseran.

EXPRESSION ÉCRITE

Les parents de Steven, en camp de vacances dans les Alpes, sont inquiets de son silence. Il leur écrit pour les rassurer et leur raconter ce qu'il fait. Vous emploierez au moins une fois chacun des homonymes de la leçon.

49 MA – M'A – M'AS // TA – T'A // TON – T'ONT

1 **m'a – m'as** sont les contractions de « **me a** – **me as** ». « **m'** » est la forme élidée du pronom personnel réfléchi « **me** », et « **a** – **as** », les formes du verbe **avoir** aux 2ᵉ et 3ᵉ personnes du singulier du présent de l'indicatif.
On écrit **m'a – m'as** quand on peut remplacer ces formes par « **m'avait** – **m'avais** ».

*Éric **m'a** écrit.*	*Tu **m'as** écrit.*
*Éric **m'avait** écrit.*	*Tu **m'avais** écrit.*

ma est un **déterminant possessif** féminin. Il peut être remplacé par un autre déterminant possessif.

*Je consulte **ma** messagerie.* *Elle consulte **sa** messagerie.*

2 **t'a** est la **contraction** de « **te a** ». « **t'** » est la forme élidée du pronom personnel réfléchi « **te** », et « **a** » la forme du verbe **avoir** à la 3ᵉ personne du singulier du présent de l'indicatif.
On écrit **t'a** quand on peut remplacer cette forme par « **t'avait** ».

*Éric **t'a** écrit.* *Éric **t'avait** écrit.*

ta est un **déterminant possessif** féminin. Il peut être remplacé par un autre déterminant possessif.

*Tu consultes **ta** messagerie.* *Elle consulte **sa** messagerie.*

3 **t'ont** est la **contraction** de « **te ont** ». « **t'** » est la forme élidée du pronom personnel réfléchi « **te** », et « **ont** » la forme du verbe **avoir** à la 3ᵉ personne du pluriel du présent de l'indicatif.
On écrit **t'ont** quand on peut remplacer cette forme par « **t'avaient** ».

*Ils **t'ont** écrit.* *Ils **t'avaient** écrit.*

ton est un **déterminant possessif** masculin. Il peut être remplacé par un autre déterminant possessif.

*Tu consultes **ton** répondeur.* *Elle consulte **son** répondeur.*

272 **Recopiez ces phrases en complétant par m'a, m'as ou ma.**

* **1** Le sort … désigné pour faire partie de la délégation qui ira interroger le maire de la commune. **2** J'ai vidé … trousse sur la table, mais je n'ai pas retrouvé … calculatrice ; j'ai dû la laisser dans … chambre. **3** La vendeuse … présenté divers pantalons mais aucun n'était à … taille. **4** Mon amie Maria … traduit la lettre que … envoyée ma cousine d'Espagne. **5** Avec … nouvelle coiffure, Amélie ne … pas reconnue. **6** Ton argumentation … convaincu ; je vais revoir … position. **7** Tu … désapprouvé lorsque j'ai décidé de ne pas boucler … ceinture ; il en allait de … sécurité disais-tu, et tu avais raison. **8** Le pharmacien … conseillé de boire du sirop pour atténuer … toux. **9** … dernière rédaction … valu les compliments du professeur.

273 **Recopiez ces phrases en les complétant par t'a ou ta.**

*

1 Cette longue répétition … fatiguée ; tu reposes … flûte avec soulagement. **2** Ta tante … invité à venir passer … semaine de vacances à Arcachon. **3** Le GPS … indiqué la bonne direction et … consommation d'essence prévisible. **4** Marie-Alizée est bavarde ; elle … noyée sous un flot de paroles. **5** Le moniteur de ski … jugé digne d'obtenir … troisième étoile. **6** Pendant que tu rangeais … clé, le vent … fermé la porte au nez. **7** Le délégué de la classe … appris que tu étais admis en seconde. **8** Quelle est … date de naissance ? **9** Le groupe … investie d'une mission d'importance pour laquelle … connaissance en botanique sera fort utile. **10** Tu as heurté … lampe de chevet et elle ne fonctionne plus.

274 **Recopiez ces phrases en les complétant par t'ont ou ton.**

*

1 Les notes que tu as prises … permis de rédiger un compte rendu. **2** … dé a roulé sous la table ; c'est dommage, tu avais fait un six. **3** Certains … aperçue alors que tu essayais … nouveau VTT. **4** Les phares … ébloui et … vélo a fait un écart. **5** Mercredi, tu as gardé tes cousins ; ils ont été sages et ils … obéi. **6** Les travaux … ralenti et tu as dû courir pour ne pas manquer … autobus. **7** Célia et Amidou … précédé dans la salle d'études. **8** Si … ordinateur n'est pas assez performant, je te prêterai le mien. **9** Modère … impatience ; cela ne sert à rien de t'énerver même si les événements ne … pas rassurée.

275 **Copiez les phrases en les complétant par ma, m'a, ta, t'a ou ton, t'ont.**

**

1 J'ai présenté … candidature à un jeu télévisé, malheureusement sans succès ! **2** Si … remarque … vexé, je te prie de m'en excuser. **3** S'il n'y a plus d'encre dans …stylo, change … cartouche. **4** Au premier de tes regards, ces chaussures … plu, car elles sont assorties à … pantalon. **5** Ce couteau est tranchant et je m'en sers pour couper … viande. **6** Tu n'as jamais perdu … sang-froid, même si les questions … déroutée. **7** Tu as tendu … assiette et les cuisiniers … servi ; tu as aussitôt repris … place dans la file du self. **8** … question ne … pas surpris ; tu as répondu immédiatement, comme à … habitude. **9** Comme tu as pris des risques, aucun véliplanchiste ne … suivi au large.

276 **Recopiez ces phrases en écrivant les verbes en gras au passé composé de l'indicatif.**

***

1 Cet étui me **permet** de placer ma guitare à l'abri des chocs. **2** Ce billet te **donne** le droit d'entrer au parc d'attractions. **3** Ces jeux de société me **paraissent** vraiment compliqués. **4** Les sandwichs que tu as préparés te **suffisent** pour la journée. **5** La calculatrice me **donne** le quotient de la division, mais pas le reste. **6** La croisière qui te **conduit** dans les fjords norvégiens **dure** huit jours. **7** J'**adore** les myrtilles, mais elles me **tachent** la langue. **8** Les nouvelles applications pour l'iPhone t'**attirent** ; l'une d'elles te **plaît** particulièrement. **9** Tu **veux** t'écarter du sentier et les ronces te **griffent** les jambes.

EXPRESSION ÉCRITE

Votre petite sœur a renversé son bol de chocolat sur un de vos cahiers. Vous fournissez quelques explications à votre professeur qui vous indique la manière de réparer les dégâts. Vous emploierez des homonymes de la leçon.

50 SANS – S'EN – SENT – SENS // MÊME – MÊMES

1 **sans** est une **préposition** qui marque l'absence, le manque, la privation. On écrit **sans** quand on peut remplacer par « **avec** », ou quelquefois « **sinon**, **pour**, **en** » pour certaines expressions.

*Je prends un café **sans** sucre.*
*Venez vite, **sans quoi** il sera trop tard.*
*Venez vite, **sinon** il sera trop tard.*

s'en est la **contraction** de « **se en** ». « **s'** » est la forme élidée d'un pronom personnel « **se** », et « **en** » un pronom adverbial. On écrit **s'en** quand on peut remplacer par « **m'en**, **t'en** » en conjuguant le verbe.

*Ce lutteur est très fort et il ne **s'en** aperçoit pas.*
*Je suis très fort et je ne **m'en** aperçois pas.*

sent, sens sont les formes du **verbe** « **sentir** » à la 3e personne du singulier du présent de l'indicatif. On écrit **sent, sens** quand on peut remplacer par « **sentait**, **sentais** ».

*Ce lutteur ne **sent** plus sa force.* *Tu ne **sens** plus ta force.*
*Ce lutteur ne **sentait** plus sa force.* *Tu ne **sentais** plus ta force.*

2 **même**, **déterminant indéfini**, se rapporte à un nom (ou un pronom) avec lequel il s'accorde en nombre.

*Ces tables ont les **mêmes** pieds ; elles sont de la **même** époque.*

même, **pronom indéfini**, est précédé d'un article et remplace un nom.

*Ton pull me plaît, je veux le **même**.*
*Tes bottes me plaisent, je veux les **mêmes**.*

même, **adverbe invariable**, modifie le sens d'un verbe ou d'un adjectif.

*Je lis **même** les romans policiers.*
*Je lis tous les romans, **même** les plus longs.*

POUR ALLER PLUS LOIN

Après **sans**, si l'on répond affirmativement à la question : « S'il y en avait, pourrait-il y en avoir plusieurs ? », on écrit le nom au pluriel :

*Admirez ce ciel **sans** nuages. (Il n'y aurait pas qu'un seul nuage.)*

Si on répond négativement, on écrit le nom au singulier :

*Voilà une triste journée **sans** soleil. (Il ne peut y avoir qu'un soleil.)*

277 **Conjuguez les verbes de ces expressions au présent de l'indicatif. Pour les 3e personnes, vous choisirez des noms sujets.**

*

1 *s'en sortir sans difficulté*
2 *s'en remettre au hasard*
3 *s'en douter un peu*
4 *se sentir sans forces*
5 *s'en laver les mains*
6 *sentir l'odeur de l'encens*

278 **Copiez les phrases en les complétant avec sans, s'en ou sent.**

★

1 Il fait froid, mais Steve sort … son bonnet. **2** Cette énigme est facile et Yann … sort bien. **3** En colère, M. Michaud … la moutarde lui monter au nez. **4** Les taupes envahissent son potager et le jardinier voudrait bien … débarrasser. **5** L'infirmière est rassurante : « Sois … crainte, on ne … rien, cette piqûre est indolore. » **6** Pourriez-vous vivre … un téléphone portable ? **7** Négligent, Florian partit … vérifier le niveau d'huile de sa moto. **8** Lorsque l'on … une odeur de gaz, il faut prévenir les pompiers … tarder. **9** Les bûcherons pourront-ils abattre ce chêne … une tronçonneuse ? **10** Vous n'êtes pas … savoir qu'il est interdit de sortir du collège entre les cours, … l'accord du CPE. **11** M. Pierre suit un régime … sel ; il … félicite car il se … mieux.

279 **Copiez ce texte en complétant avec sans, s'en ou sent.**

★★

Autrefois, la fin des moissons donnait lieu à des réjouissances … fines. Les jeunes gens … allaient, de maison en maison, pour chanter, … façon, des couplets de leur composition. Quand le chant était achevé, ils recevaient en échange un petit cadeau et ils … repartaient, dans la nuit, … cesser leurs rires. Aujourd'hui, ces joyeuses festivités ont disparu et l'on … que les habitants de ce petit village regrettent ces soirées animées.

280 **Copiez les phrases en les complétant avec sans, s'en, sent ou sens.**

★★

1 Je … des picotements au bout de mes doigts. **2** Cet orateur est capable de parler … notes pendant des heures. **3** Comme tu as gagné la course, tu ne … plus la fatigue. **4** La température est glaciale mais Cheng … moque car il est bien habillé. **5** Le réchauffement de la planète ? Certains pays ne … soucient guère. **6** Un repas équilibré ne se conçoit pas … un laitage et un fruit. **7** La date de l'invasion de la Gaule par Jules César, qui … souvient ? **8** Un bon pêcheur … quand le poisson est disposé à mordre. **9** En entendant cette musique, je me … des fourmis dans les jambes. **10** Lucien … défend, mais il ne passe pas une journée … croquer un petit carré de chocolat. **11** Réconciliés, ces deux camarades … vont bras dessus bras dessous. **12** Tu … tes forces décliner à l'approche de l'arrivée : courage !

281 **Copiez les phrases en les complétant avec même ou mêmes.**

★★

1 Ces personnes handicapées mènent une vie ordinaire et participent … à des compétitions sportives. **2** Au mariage de cette princesse, il y avait … le roi et la reine de Suède. **3** … lorsque les platanes semblent sains, ils peuvent abriter des champignons parasites. **4** En Alsace, … les plus petits balcons sont fleuris. **5** Avec les … lettres on peut écrire des mots totalement différents ; ce sont des anagrammes. **6** Les chiens, … les plus dociles en apparence, doivent être tenus en laisse dans les parcs. **7** Je vous conseille d'aller voir ce film aujourd'hui … . **8** Toutes les réparations, … les plus urgentes, ne pourront pas être effectuées. **9** L'interprète portugais comprend les Brésiliens, … ceux qui ont un accent.

EXPRESSION ÉCRITE

Donnez plusieurs conseils à un camarade étourdi qui doit résoudre un problème et qui a oublié sa calculatrice. Vous emploierez des homonymes de la leçon.

51 QUEL(S) – QUELLE(S) – QU'ELLE(S)

1 **quel**, **déterminant interrogatif ou exclamatif**, s'accorde avec le nom qu'il accompagne.

*De **quel** quartier êtes-vous originaire ?* → masculin singulier
*De **quelle** ville êtes-vous originaire ?* → féminin singulier
***Quels** beaux immeubles !* → masculin pluriel
***Quelles** belles maisons !* → féminin pluriel

2 **qu'elle(s)**, est la contraction de « **que elle(s)** », un **pronom relatif** ou une **conjonction de subordination** suivi d'un **pronom personnel féminin**.

*La cliente est décidée, voici le modèle **qu'elle** a choisi.*
*Les clientes sont décidées, voici les modèles **qu'elles** ont choisis.*
*La limite, il est probable **qu'elle** a été franchie.*
*Les limites, il est probable **qu'elles** ont été franchies.*

En remplaçant le pronom personnel féminin par le pronom personnel masculin, on entend la différence.

*Le client est décidé, voici le modèle **qu'**il a choisi.*
*Les clients sont décidés, voici les modèles **qu'ils** ont choisis.*
*Le repère, il est probable **qu'il** a été franchi.*
*Les repères, il est probable **qu'ils** ont été franchis.*

POUR ALLER PLUS LOIN **LEQUEL / LAQUELLE**

Les pronoms relatifs composés s'accordent en genre et en nombre avec leur antécédent.

*Samir est un camarade avec **lequel** je joue.*
*Anaïs est une camarade avec **laquelle** je joue.*
*Samir et Anton sont des camarades avec **lesquels** je joue.*
*Anaïs et Emmy sont des camarades avec **lesquelles** je joue.*

282 **Complétez avec quel, quelle, quels ou quelles.**

*

1 … nuit étoilée !
2 … plats appétissants !
3 … subtils raisonnements !
4 … propos virulents !
5 … belle église romane !
6 … falaise escarpée !
7 … vilaine blessure !
8 … virages dangereux !
9 … tatouage original !

283 **Transformez les phrases selon le modèle.**

*

Exemple : Cécile réfléchit. → Il faut qu'elle réfléchisse.
1 La standardiste répond. → Il conviendrait …
2 Alice choisit la bonne clé. → Il est préférable …
3 Les expériences réussissent. → Il est heureux …
4 La principale te convoque. → Il se peut …
5 Les serviettes sont changées. → Il est temps …
6 Noëlle signe le chèque. → Il est nécessaire …

284 ★★ **Copiez les phrases en les complétant avec quel(s), quelle(s) ou qu'elle(s).**

1 Sur … numéro as-tu misé ? **2** Dorothée est ravie de la tenue … a choisie. **3** La douleur a enfin disparu : … soulagement ! **4** Ces gravures, est-il certain … soient authentiques ? **5** À … conditions accepteriez-vous de vous joindre à nous ? **6** Ta curiosité est légitime et je pense … sera satisfaite en lisant ce message. **7** Dans … région peut-on découvrir des volcans éteints ? **8** … que soit l'état du terrain, la partie se déroulera normalement. **9** … chaleur ! Un peu de repos nous fera du bien. **10** À … étage habite ta tante Léonie ? **11** … souvenirs garderez-vous de votre séjour en Catalogne ?

285 ★★ **Copiez les phrases en les complétant avec quel(s), quelle(s) ou qu'elle(s).**

1 Cette nuit, … est la pharmacie de service ? **2** Admire ces perroquets : … beau plumage ! **3** Pour … ait du lait, une vache doit d'abord mettre au monde un veau. **4** Miss France vient d'être élue ; tout le monde découvre … a fait de brillantes études. **5** Depuis … a été mise en place, l'interdiction de fumer a été respectée. **6** À … espèce animale les escargots appartiennent-ils ? **7** Les cerises seront cueillies dès … seront mûres, sinon les merles s'en chargeront ! **8** La jetée a été consolidée afin … résiste aux violentes tempêtes. **9** La construction du viaduc de Millau : … prouesse technique et architecturale !

286 ★★★ **Copiez les phrases en écrivant les noms en bleu au pluriel et faites les accords nécessaires.**

1 Cette plante, il faut qu'elle soit arrosée quotidiennement. **2** Sur quel rayon les romans policiers se trouvent-ils ? **3** Tu présentes ta valise à l'hôtesse, car il ne faut pas qu'elle pèse plus de vingt kilos. **4** Dans quelle revue peut-on lire un reportage sur les dauphins ? **5** L'infirmière est fatiguée ; il faut qu'elle se repose un peu. **6** Pour qu'elle prenne le train, ma sœur devra se dépêcher. **7** En plein doute, le détective s'interroge : quel détail a bien pu lui échapper ? **8** Parmi tous ces croquis, quel est celui qui a été réalisé à main levée ? **9** Quel magnifique tableau ! Qui l'a peint ? **10** Quelle est la prochaine ville où se produira le cirque Zavatta ? **11** Quel journal osera publier des photos de la marée noire ?

287 ★★★ **Copiez les phrases en remplaçant les mots en bleu par ceux entre parenthèses et faites les accords nécessaires.**

1 Avec quel zèle **(ardeur)** vous vous lancez dans l'aventure ! **2** Ce piton rocheux, **(falaise)** il est certain qu'il est difficile à escalader. **3** Cette tour futuriste, quelle hauteur **(dimensions)** impressionnante ! **4** Quels sont vos livres **(lectures)** préférés ? **5** Quelle issue **(couloir)** doit-on prendre pour quitter la salle ? **6** Je me demande quel rabais **(remise)** va me faire ce commerçant. **7** Ce poème **(poésies)**, je suis sûre qu'il est de Jacques Prévert. **8** Vous devez mentionner sur l'imprimé à quel moment **(date)** vous avez souscrit votre abonnement. **9** Roberto **(Suzy)** déballe les cadeaux qu'il a rapportés de son voyage en Italie. **10** Depuis qu'il est piétonnier, ce quartier **(rue)** est redevenu paisible.

EXPRESSION ÉCRITE

Pour le journal du collège, vous rédigez la critique d'une émission télévisée qui vous a particulièrement plu. Employez au moins une fois chacun des homonymes de la leçon.

52 QUELQUE(S) – QUEL(S) QUE – QUELLE(S) QUE

1 **quelque(s)** est un **déterminant indéfini** qui s'écrit en un seul mot et qui s'accorde en nombre avec le nom qui le suit.
*Margaux a **quelque** peine à fixer son attention.*
*Seules **quelques** personnes connaissent la réponse.*

2 **quelque** est un adverbe lorsqu'il se trouve **placé devant un adjectif** ; il est alors **invariable**.
***Quelque** consistant que soit ce repas, il ne calmera pas notre faim.*
On peut le remplacer par un autre adverbe.
***Aussi** consistant que soit ce repas, il ne calmera pas notre faim.*

3 **quel(les) que** s'écrit en deux mots. Le premier est un **déterminant indéfini attribut** suivi d'une **conjonction de subordination**.
***Quel que** soit le temps, la sortie sera maintenue.*
Dans ce cas, **quel** s'accorde avec le sujet qui se trouve après le verbe *être* (ou *devoir être*, *pouvoir être*) au présent du subjonctif.
***Quelles** que soient les conditions, la sortie sera maintenue.*

4 **Ne pas confondre l'adverbe et le déterminant** placé devant un adjectif suivi d'un nom.
***Quelques** braves chevaliers accompagnaient le souverain.*
***Quelque** braves que soient ces chevaliers, ils n'accompagneront pas le souverain.*
Si on peut supprimer l'adjectif, **quelque** est en rapport avec le nom, donc il s'accorde.
***Quelques** chevaliers accompagnaient le souverain.*

POUR ALLER PLUS LOIN

• Lorsqu'il a le sens de **parfois**, **quelquefois** s'écrit en un seul mot.
*Je mange **quelquefois** (**parfois**) des endives.*

288 ** **Copiez les phrases en les complétant avec quelque ou quelques.**
1 Reste-t-il … places disponibles sur le parking ? 2 Je reprendrais bien … feuilles de salade avec mon fromage. 3 … magnifiques tapisseries décorent les salles du château de Bionne. 4 Il y a … naïveté à croire qu'on puisse transformer le plomb en or. 5 … laids que soient les crapauds, ils n'en sont pas moins utiles. 6 Il y a … dix-sept mille ans, des hommes ont décoré les parois de la grotte de Lascaux. 7 Seuls … courageux marins ont accepté d'accompagner le comte de La Pérouse lorsqu'il partit sur les traces de James Cook. 8 J'ai égaré le chargeur de la batterie de mon portable ; il doit bien se trouver … part. 9 Au bout de trois heures devant ton ordinateur, tu as … peine à fixer ton attention.

289 ★★ **Copiez les phrases en écrivant les noms en bleu au pluriel et faites les accords nécessaires.**

1 Quelque légume que vous consommiez, ce sera un bienfait pour votre santé. **2** Quelque géniale que soit cette invention, elle ne connaîtra pas de développement. **3** Quelle qu'ait été la cause de la dernière querelle entre Ursula et Greg, il serait stupide qu'ils ne se réconcilient pas. **4** Quelque persévérant que soit ce pêcheur, il ne verra pas l'ombre d'une truite. **5** Quelque morcelé que soit ce champ, il n'en produit pas moins du maïs d'excellente qualité. **6** Quelque pentu que soit ce col, les coureurs le graviront à vive allure. **7** Quelque plausible que soit ce récit, il n'en est pas moins une pure invention. **8** Quelque article qu'ait écrit le journaliste, il a toute la confiance du rédacteur en chef.

290 ★★ **Copiez les phrases en les complétant avec quelque(s), quel(s) que ou quelle(s) que.**

1 Défaits à la dernière minute de la partie, les basketteurs français ont ... regrets. **2** Le courage, c'est d'être tous solidaires, ...soit l'adversaire, ... soient les conditions météorologiques et les cris des supporters adverses. **3** Parmi ces ... raquettes, il s'en trouvera bien une qui te convienne. **4** À la foire du Trône, un tour de manège coûte ... euros. **5** Avec ... pincées de sel, le gratin n'en sera que plus savoureux. **6** Les ... élèves qui n'ont pas la moyenne devront travailler pendant les vacances de printemps s'ils veulent avoir ... chance de passer dans la classe supérieure. **7** ... mesures m'ont suffi pour identifier cette mélodie. **8** Après ... pas d'élan, le sauteur cubain a franchi une barre à 2,40 mètres.

291 ★★★ **Copiez les phrases en remplaçant les noms en bleu par ceux entre parenthèses et faites les accords nécessaires.**

1 Quel est le code d'accès **(coordonnées)** de ce site Internet ? **2** Quel que soit l'orchestre **(musiciens)** qui l'accompagne, ce chanteur s'adapte à son jeu. **3** Le professeur d'EPS nous invite à nous inscrire au tournoi **(compétition)**, quel qu'il soit. **4** Quel que doive être le résultat **(conséquences)**, tu persévèreras. **5** Quelque sombre qu'apparaisse l'avenir **(prochaines années)**, vous demeurez optimistes. **6** Quelle que soit la fin **(épilogue)** de ce feuilleton, nous sommes certains qu'elle sera heureuse. **7** Quelque précipité qu'ait été ton geste **(réactions)**, tu as tout de même mis dans le mille !

292 ★★★ **Copiez les phrases en les complétant avec quelque(s), quel(s) que ou quelle(s) que.**

1 Il y a toujours ... prétention à vouloir intervenir sur ... sujet que ce soit. **2** ... mystérieux qu'aient été les hiéroglyphes, Champollion est parvenu à les déchiffrer. **3** ... bons morceaux de viande, cuits sur le barbecue, sont encore à déguster. **4** ... véhicules immobilisés sur la voie de droite de l'autoroute suffisent à créer un ralentissement. **5** Les étrangers doivent respecter les traditions des pays qu'ils visitent, et ce, ... elles soient. **6** Le vent souffle en rafales et seuls ... planeurs prennent l'air.

EXPRESSION ÉCRITE

Pour le 1er mai, vous décidez de vendre le muguet que vous avez cueilli la veille. Racontez le déroulement de cette journée. Vous utiliserez des homonymes de la leçon.

53 LA – LÀ – L'A – L'AS // SA – ÇA

1 **la**, **article défini**, peut être remplacé par un autre article, par exemple **une**.

La fenêtre est ouverte. — *Une fenêtre est ouverte.*

la, **pronom personnel complément**, est placé devant un verbe. Il peut être remplacé par un autre pronom personnel, par exemple **le** ou **les**.

*La fenêtre, on **la** ferme.* — *Le portail, on **le** ferme.*

là, **adverbe de lieu**, peut souvent être remplacé par **ici**.

*Nous nous installerons **là**.* — *Nous nous installerons **ici**.*

l'a(s) sont les **contractions** de « **la a(s)** » ou « **le a(s)** ». « **l'** » est le pronom personnel élidé et « **a(s)** » les formes du verbe avoir aux 2e et 3e personnes du singulier du présent de l'indicatif.
On peut remplacer ces formes par **l'avait**, **l'avais**.

*La fenêtre, on **l'a (l'avait)** fermée.*
*Le portail, tu **l'as (l'avais)** fermé.*

là, **adverbe**, est parfois accolé à un pronom démonstratif ou à un nom. Il peut alors être remplacé par **ci**.

*Cette fenêtre est ouverte, mais celle-**là** est fermée.*
*Cette fenêtre est ouverte, mais celle-**ci** est fermée.*

2 **sa**, **déterminant possessif** de la 3e personne du singulier, peut être remplacé par un autre déterminant, par exemple **cette**.

*Lucas regagne **sa** place.* — *Lucas regagne **la (cette)** place.*

ça, **pronom démonstratif**, peut souvent être remplacé par **cela** ou **ceci**.

*Nous jetons trop de déchets ; **ça** suffit !*
*Nous jetons trop de déchets ; **cela** suffit !*

çà, **adverbe de lieu**, ne se rencontre que dans l'expression « **çà** et **là** » où il signifie **ici**.

*On observe, **çà** et **là**, des fissures dans le mur.*
*On observe, **ici** et **là**, des fissures dans le mur.*

293 **Copiez ces phrases en complétant avec la, là ou l'a.**

* *
1 … candidate a donné … bonne réponse ; le jury … félicite. **2** Nous voici arrivés place d'Italie ; c'est bien … que nous avions rendez-vous. **3** Le témoin s'est présenté spontanément à … police ; l'enquêteur … aussitôt interrogé. **4** Ce tableau est figuratif et celui-… abstrait. **5** C'est bien … première fois que je joue à … pelote basque. **6** Tu devrais passer par … et tu rejoindras aisément … rue Royale. **7** Prendrez-vous ce gâteau au chocolat ou cette tarte-… ? **8** Ce logiciel est bien compliqué, mais celui-… est plus simple. **9** Tu cherches … bague … où tu penses l'avoir perdue.*

294 **Copiez ces phrases en complétant avec la, là, l'a ou l'as.**

★ **1** Si vous allez …-bas, vous trouverez … billetterie du musée. **2** Ce fruit-… est une source de vitamines pour … santé. **3** Tu aurais vu un requin dans … rade de Brest ! Alors …, tu exagères ! **4** … photo est réussie parce que tu … prise au flash. **5** … taxe n'était pas comprise dans le prix ; on … payée à part. **6** … peur a saisi … salle lorsque … lumière s'est éteinte ; mais on … rétablie en quelques secondes. **7** Dépose tes vêtements … au vestiaire et dirige-toi vers … piscine. **8** … maladresse du tireur ne lui a pas permis d'atteindre … cible. **9** *Le Malade imaginaire* est une pièce de Molière ; tu … étudiée l'an dernier. **10** Cette tâche est ardue, c'est pourquoi nous ne … réaliserons que lentement.

295 **Copiez les phrases en remplaçant les noms en bleu par ceux entre parenthèses et faites les transformations nécessaires.**

★★ **1** Roméo a lavé les endives **(salade)**, puis il les a essorées. **2** Le chemin **(paroi)** est raide et le guide le déconseille aux débutants. **3** Les fondations **(fossé)**, la pelleteuse les a creusées sans difficulté. **4** Ce médicament **(pommade)**, le médecin me le prescrit contre la douleur. **5** Le mur **(muraille)** est bien vieux et le lichen le recouvre entièrement. **6** Le pain **(baguette)**, je le préfère bien cuit et un peu fariné. **7** Le refrain **(chanson)** était très simple, la chorale l'a repris en canon.

296 **Recopiez ces phrases en conjuguant les verbes en bleu au passé composé de l'indicatif.**

★★ **1** Regardez la terrasse de l'appartement, la neige la recouvre en quelques heures à peine. **2** Sa dernière tournée, la chanteuse l'effectue au mois de juillet. **3** Le diagnostic du radiologue, le patient l'attend avec impatience. **4** La patte de lapin que tu lui as offerte, Romane la garde comme porte-bonheur. **5** Le problème est difficile, mais Lorène le résout aisément. **6** La poussière de la route, le vent la chasse sur les bas-côtés. **7** La cassette de l'avare, on la trouve enterrée au fond du jardin. **8** Son dernier combat, ce judoka le gagne par ippon. **9** Le lavabo est bouché, mais le plombier le répare sans difficulté.

297 **Copiez ces phrases en les complétant avec sa, ça ou çà.**

★★ **1** Ousmane a conclu … rédaction par une remarque originale ; … ne m'étonne pas, il est toujours plein d'esprit. **2** … fait bien deux mois qu'il n'a pas plu ; l'agriculteur voit … récolte de maïs compromise. **3** Sacha a mis le pied dans un seau de peinture ; une histoire pareille, … ne s'invente pas ! **4** Réparer soi-même … mobylette, … peut revenir moins cher, mais c'est aussi moins sûr. **5** Frappé par une douloureuse maladie, M. Cerna souffre, mais de … il ne parle jamais. **6** Cent euros, … ne suffit pas pour acquérir un ordinateur portable. **7** Si … ne t'ennuie pas, je souhaite que tout … reste entre nous ; je ne tiens pas à ce que tout le monde ait connaissance de mes petits secrets. **8** Les jardiniers de la ville ont planté, … et là, quelques pétunias et des œillets d'Inde. **9** À l'issue de … formation, Gregor a obtenu son CAP de pépiniériste ; avec …, il est sûr de trouver un emploi.

EXPRESSION ÉCRITE

Votre grand frère vient d'acquérir une voiture. Il vous propose de faire un petit tour. Racontez. N'oubliez pas de décrire les précautions prises avant de démarrer !

54 PEU – PEUX – PEUT // PRÊT(S) – PRÈS

1 **peu** est un **adverbe de quantité**, donc invariable. Il est possible de le remplacer par **beaucoup** (ou quelquefois par **très** devant un adjectif).

*Coline a invité **peu** d'amies.* *Coline a invité **beaucoup** d'amies.*
*Coline est **peu** gourmande.* *Coline est **très** gourmande.*

Lorsque **peu** est précédé de **un**, c'est l'ensemble **un peu** qui se remplace par **beaucoup** ou **très**.

*Coline est **un peu** gourmande.* *Coline est **très** gourmande.*

peux, **peut**, **formes conjuguées du verbe** *pouvoir* à la 2e et 3e personnes du singulier du présent de l'indicatif, peuvent être remplacées par une autre forme conjuguée du verbe *pouvoir* à la même personne.

*Tu **peux** te reposer.* *Tu **as pu** te reposer.*
*Coline **peut** se reposer.* *Coline **pouvait** se reposer.*

Seul le sujet permet de distinguer **peut** et **peux**.

Attention : Il ne faut pas confondre l'adverbe **peut-être** (qui s'écrit avec un trait d'union) et le groupe formé du verbe conjugué **pouvoir** et de l'infinitif **être** (qui ne prend pas de trait d'union) que l'on peut toujours remplacer par **pouvait être**.

2 **prêt(s)**, **adjectif qualificatif**, s'accorde avec le nom qu'il accompagne. Si on change le genre du nom, il peut être remplacé par la forme du féminin, **prête(s)**.

*Le repas est **prêt**.* *La collation est **prête**.*
*Les raviolis sont **prêts**.* *Les pâtes sont **prêtes**.*

près, **préposition ou adverbe de lieu**, peut souvent être remplacé par une autre préposition ou un autre adverbe de lieu.

*Le lycée est **près** du collège. Le lycée est **loin** (**à côté**) du collège.*

POUR ALLER PLUS LOIN

• **Peu** et **prêt** sont parfois employés comme **noms**.

*Coline reçoit le **peu** d'amies qu'elle a invitées.*
*Coline sollicite le **prêt** d'un Smartphone.*

298 **Copiez les phrases en les complétant avec peu, peux ou peut.**

* **1** En montant sur ce tabouret, je … changer l'ampoule du lustre. **2** … de gens savent que Léonard de Vinci était gaucher. **3** Dans cette boutique, n'importe qui … se faire tatouer. **4** Cette machine … imprimer des milliers d'ouvrages en deux heures. **5** Tous les foyers français s'équipent … à … en matériel informatique. **6** « Parlons … mais parlons bien. », telles furent les premières paroles de Tina. **7** Cet enfant sourd … communiquer grâce à la langue des signes qu'il connaît un … . **8** On ne … pas travailler ; un … de calme serait bienvenu.

299 **Conjuguez les verbes en gras de ces expressions au présent de l'indicatif. Pour les 3es personnes, vous choisirez des noms sujets.**

1 **pouvoir** s'abriter un peu
2 **pouvoir** sortir sous peu
3 **être** prêt à plonger
4 **pouvoir** voyager à peu de frais
5 **pouvoir** se contenter de peu
6 **être** prêt à servir le repas

300 **Copiez les phrases en les complétant avec près, prêt ou prêts.**

1 Ce mannequin porte des vêtements … du corps. 2 Le barreur s'efforce de naviguer au plus … du vent. 3 Les intérêts de ce … à la consommation sont élevés. 4 Le starter donne le départ d'une voix forte : « À vos marques, …, partez ! » 5 Les gendarmes suivent l'évolution du trafic de … ; ils sont … à intervenir pour réguler la circulation. 6 Lors de la conférence de Cancún, les délégués chinois sont … à faire des concessions. 7 Nicolas Féret est … à photographier le cerf quand il passera … de l'étang. 8 Je suis … à t'accorder ma confiance, si tu es … à tenir tes engagements. 9 Les volleyeurs se tiennent tout … du filet, … à renvoyer la balle dans le camp adverse. 10 Le code de la route est formel, il ne faut pas suivre les véhicules qui vous précèdent de trop … .

301 **Copiez les phrases en écrivant les mots en bleu au singulier et faites les accords nécessaires.**

1 Nous avons faim et nous sommes prêts à dévorer un énorme sandwich. 2 Avec cet élévateur, les déménageurs peuvent monter des meubles très lourds. 3 À dix-huit ans, des jeunes peuvent conduire, s'ils réussissent leur permis évidemment ! 4 Vous ne pouvez pas visiter toutes les salles de ce musée. 5 Prêts à embaucher, ces chefs d'entreprise s'adressent au Pôle Emploi. 6 Ces produits sont prêts ; les peintres peuvent les utiliser tout de suite. 7 Du belvédère, les touristes peuvent admirer le mont Blanc. 8 Il est près de minuit, les restaurants peuvent fermer leurs portes. 9 Prêts pour le tournage, les comédiens quittent leurs loges, les premières prises de vue peuvent débuter.

302 **Copiez les phrases avec les expressions suivantes que vous compléterez.**

à … de chose … – toujours … – …-à-porter – … de choses – tout … – pour si … – à … … – de … – bien … – … à tout – de … – un tant soit … – il se … – … importe

1 Connaissez-vous la devise des scouts : « … » ? 2 L'oncle de Barnabé a ouvert une boutique de … . 3 … que le professeur de mathématiques soit remplacé dès demain. 4 Je ne vais tout de même pas me déranger … . 5 … croyaient en la réussite de l'expédition de Christophe Colomb. Seule la reine Isabelle de Castille lui fit confiance. 6 Si vous réfléchissiez …, vous éviteriez bien des ennuis. 7 Cette paire de chaussures doit valoir … cent euros. 8 Pour se faire élire, ce candidat à la députation est … . 9 Charlène habite … du collège ; elle s'y rend en cinq minutes. 10 … le temps, l'avion d'assistance médicale décollera. 11 Avec …, ce sculpteur réalise des objets insolites. 12 Tous les matins, avant d'aller travailler, M. Barnier se rase … .

EXPRESSION ÉCRITE

Vous expliquez, en un paragraphe d'une dizaine de lignes, le fonctionnement d'un nouveau logiciel de jeu. Vous utiliserez des homonymes de la leçon.

55 TOUT – TOUS – TOUTE – TOUTES

1 **tout**, **déterminant indéfini**, s'accorde en genre et en nombre avec le **nom (ou le pronom) auquel il se rapporte**. Il est généralement suivi d'un second déterminant.

__tout__ l'orchestre — *__toute__ la musique*
__tous__ ces musiciens — *__toutes__ les chanteuses*

2 **tout**, **pronom indéfini, remplace un nom**. Au singulier, **tout** est seulement employé au masculin. Au pluriel, **tout** devient **tous** ou **toutes** (on entend la différence entre ces deux formes).

__Tout__ sera terminé à vingt heures. __Tous__ veulent assister au concert.
Ces chansons, on les connaît __toutes__.

3 **tout**, **adverbe** le plus souvent invariable, **est placé devant un adjectif qualificatif** ou un autre adverbe. On peut alors le remplacer par **tout à fait**.

Les spectateurs sont __tout__ étonnés.
Les spectateurs sont __tout à fait__ étonnés.
La salle est __tout__ étonnée.
La salle est __tout à fait__ étonnée.

Quand **tout** est placé **devant un adjectif qualificatif féminin** commençant par une consonne (y compris un « h » aspiré), il s'accorde pour que la prononciation soit plus facile.

La chanteuse est __toute__ timide.
Les spectatrices sont __toutes__ surprises.

POUR ALLER PLUS LOIN

• **tout** peut être un **nom** précédé d'un déterminant.

Le jeu de ces musiciens forme un __tout__ agréable.

• Quand on hésite entre le singulier et le pluriel pour certaines expressions, on essaie de placer un déterminant entre **tout** et le nom.

__tous__ feux éteints — *__tous__ les feux éteints* → *pluriel*
de __tout__ cœur — *de __tout__ mon cœur* → *singulier*

303 **Complétez les expressions avec tout, tous, toute ou toutes, et précisez la nature de ce mot.** ★★

1 présenter … ses vœux
2 contempler … l'univers
3 être … joyeux
4 être … pâle
5 compter … ces pièces
6 crier de … ses forces
7 filer … droit
8 être prêt à …
9 reculer à … vitesse
10 des prairies … en fleurs
11 un pour … et … pour un
12 lire les … derniers mots
13 courir dans … les sens
14 écrire en … lettres

304 **Copiez les phrases en les complétant avec tout, tous, toute ou toutes.**

★★

1 Les concurrents, … bien entraînés, prennent le départ du triathlon de Nice. **2** Ce magazine paraît … les semaines. **3** Ce garçon, c'est … le portrait de son père. **4** Lorsque l'alarme incendie a retenti, nous avons quitté la salle en … hâte ; ce n'était qu'un exercice. **5** Au conseil de classe, le délégué parle en notre nom à … . **6** Les épis de blé ont … été couchés par les bourrasques. **7** Malgré la fatigue, le coureur a … de même tenu à franchir le col. **8** Avant de quitter le gymnase, nous avons rangé … les tapis. **9** Il est possible que … vérité ne soit pas bonne à dire. **10** Malgré … tes efforts, tu ne peux pas … porter.

305 **Copiez les phrases en remplaçant les noms en bleu par ceux entre parenthèses et faites les modifications nécessaires.**

★★

1 Repeint, ce camion **(voiture)** est tout neuf. **2** Samuel a oublié la tarte **(gâteau)** dans le four ; elle est toute brûlée. **3** Georgia ne cache pas ses cartes, tout le monde **(assistance)** peut voir son jeu. **4** Tous les enfants **(jeunesse)** du monde aiment chanter. **5** Le clou **(pointe)** est tout rouillé ; on ne peut pas l'arracher. **6** Ce carton **(valise)** pèse tout au plus dix kilos. **7** Ces huîtres sont appétissantes ; vous les dégustez avec toute votre famille **(amis)**. **8** Ressorti tout frisé du salon de coiffure, mon voisin **(voisine)** est fort mécontent.

306 **Copiez les phrases en les complétant avec tout, tous, toute ou toutes.**

★★

1 Orlando parle … bas ; on l'entend à peine. **2** Je me régale avec ces gâteaux … aussi appétissants les uns que les autres. **3** Pour terminer la version anglaise, tu as pris … ton temps. **4** Les capitales européennes, les connais-tu … ? **5** Mme Santy, la maîtresse des …-petits, est la directrice de l'école maternelle. **6** … les flacons de sang collectés sont conservés dans un local … spécialement aménagé. **7** Ces jeunes filles veulent … s'habiller comme leur idole. **8** À midi, nous nous sommes … rendus au self et nous avons … pris un plateau. **9** … proportions gardées, Adrien joue déjà comme un champion : … ses entraîneurs en conviennent. **10** Les épreuves du brevet débutent … le même jour dans … la France, et les sujets sont … identiques.

307 **Copiez les phrases en écrivant les noms en bleu au pluriel et faites les modifications nécessaires.**

★★★

1 Le nageur sort de l'eau tout tremblant ; il est frigorifié. **2** Tout maigre et tout fragile, cet agneau ne survivra pas longtemps. **3** Ce temple, tout orné de sculptures, est un témoignage de la civilisation maya. **4** Ce réseau électrique est tout aérien pour des raisons de sécurité. **5** Tout auréolé de sa victoire en coupe du monde, ce joueur exhibe fièrement sa médaille. **6** Tout étonné, le retardataire constate qu'il reste encore des places. **7** Le vendeur est tout aimable avec les clients. **8** Tout jeune, ce footballeur montrait déjà de réelles qualités. **9** Le poil tout hérissé, ce matou s'approche du moineau.

EXPRESSION ÉCRITE

Vous êtes invité(e) à une soirée entre amis. À votre arrivée, vous vous apercevez que plusieurs d'entre vous portent la même tenue. Racontez les réactions et ajoutez une conclusion amusante. Vous utiliserez des homonymes de la leçon.

56 QUOI QUE – QUOIQUE // POUR QUOI – POURQUOI // PARCE QUE – PAR CE QUE

1 **quoique**, **conjonction de subordination** exprimant la **concession**, peut toujours être remplacée par « **bien que** ».

__Quoiqu__'il pleuve, je sors. *__Bien qu__'il pleuve, je sors.*

quoi que, **pronom relatif composé**, a le sens de « **quelle que soit la chose que** » ou de « **quelque chose que** ».

__Quoi que__ vous décidiez, prévenez-nous.

Cette serrure reste bloquée, __quoi que__ tu fasses pour l'ouvrir.

Le verbe qui suit **quoique** ou **quoi que** est toujours au mode **subjonctif**.

2 **parce que**, **locution conjonctive de subordination** qui introduit un complément circonstanciel de **cause**, peut être remplacée par « **car** ».

Je prends un parapluie __parce qu__'il pleut.

Je prends un parapluie __car__ il pleut.

par ce que, **expression** formée d'une **préposition**, d'un **pronom démonstratif neutre** et d'un **pronom relatif**, a le sens de « **par la chose que** ».

__Par ce que__ vous avancez comme motif, vous ne serez pas cru.

3 **pourquoi**, **adverbe ou conjonction** qui exprime le **but**, peut être remplacé par « **pour quelle raison** » ou « **dans quelle intention** ».

Je ne comprends pas __pourquoi__ le concert est annulé.

Je ne comprends pas __pour quelle raison__ le concert est annulé.

pour quoi, **pronom relatif ou interrogatif** précédé de la préposition « pour », a le sens de « **pour cela** ». Il exprime la **cause**.

Tu réclames une rallonge électrique ; __pour quoi__ faire ?

POUR ALLER PLUS LOIN

- **pourquoi** peut aussi être un nom invariable, synonyme de « **motif** ».

Je ne m'explique pas le __pourquoi__ (le __motif__) de cette affaire.

308 **Copiez les phrases en les complétant par quoiqu(e) ou quoi qu(e).**

★★ **1** Au château de Versailles, la salle du Conseil est fort bien aménagée … 'avec moins de luxe que la Chambre du Roi. **2** … vous plantiez dans ce terrain aride, rien ne poussera. **3** L'attente au péage n'est pas si longue …'il y ait nombre de véhicules. **4** … M. Monet entreprenne, il réussit toujours. **5** … parfaitement outillé, M. Gérard ne peut démonter la vidange de la machine à laver. **6** … 'il soit handicapé, Barthélemy pratique de nombreux sports. **7** … 'il espère trouver sous le sapin le jour de Noël, le petit frère de David sera content. **8** … proclame la publicité, beaucoup de produits se valent. **9** Les éoliennes ne fonctionnent pas … qu'il y ait du vent ; peut-être est-il trop violent ?

309 **Copiez les phrases en les complétant par pourquoi ou pour quoi.**

★★

1 ... souffrir du mal de dent, alors qu'il existe des médicaments analgésiques ? **2** Vous avez acheté une scie électrique : ... faire ? **3** Jason est un camarade agréable, c'est ce ... les élèves voteront pour lui lors de l'élection des délégués de classe. **4** Alexandra aimerait entrer à l'École des beaux-arts, c'est ce ... elle travaille si sérieusement. **5** Les ouvriers du chantier ont mis à jour des vestiges gallo-romains, c'est ... les travaux du TGV sont suspendus. **6** Expliquez-moi ... ces deux pays refusent de signer la paix. **7** ... tous les automobilistes ne respectent-ils pas le code de la route ? **8** Ne me demandez pas ... la température baisse subitement ; je ne saurais vous l'expliquer. **9** Je ne sais ni par qui ni ... je suis convoquée au bureau des surveillants. **10** ... les moutons regagnent-ils les alpages chaque été ? **11** Marius est de première force à la pétanque, voilà ... il s'inscrit au tournoi de Cogolin. **12** ... les enfants ont-ils encore peur des monstres ? **13** ... percer les trous dans le béton à l'aide d'une simple broche, alors qu'il existe des perceuses électriques ?

310 **Copiez les phrases en les complétant par parce qu(e) ou par ce qu(e).**

★★★

1 Arthur colle un timbre à 75 centimes ... sa lettre pèse plus de 20 grammes. **2** La plupart des gens ne connaissent la Patagonie que ... 'ils en ont vu à la télévision. **3** Les passagers du vol Bangkok-Paris attachent leur ceinture ... le commandant de bord annonce une zone de turbulences. **4** Ce mime est émouvant ... 'il s'exprime avec de simples gestes. **5** M. Dumont dispose un filet protecteur sur les pommiers de son verger ...'il craint un orage. **6** Térence est devenu un grand champion ... 'il a observé chez les autres et qu'il a mis en pratique. **7** Charlyne est furieuse ... 'elle perd. **8** ... le gendarme constate, il semble que le cambriolage ait été commis par une personne de petite taille. **9** Ces étudiants en histoire retiennent facilement les dates des grands événements ...'ils ont une bonne mémoire. **10** L'examinateur n'a pas été convaincu ... le candidat lui a répondu. **11** Amandine est une musicienne virtuose ...'elle s'est exercée chaque jour pendant des années.

311 **Copiez les phrases en les complétant par quoiqu(e) ou quoi qu(e).**

★★★

1 ... 'il peigne, cet artiste plaît aux critiques d'art. **2** ... Chaïda porte, elle est toujours très élégante. **3** Vous ne prenez jamais un gramme, ... vous mangiez. **4** ... les tests soient concluants, les techniciens referont un ultime essai. **5** ... la peine de mort soit abolie dans de nombreux pays démocratiques, elle demeure en vigueur dans certains États américains. **6** Marco est tout à fait sérieux ... 'il ait un petit sourire en coin. **7** ... les pharaons aient demandé qu'elles fussent murées à leur mort, les tombes royales furent pillées par des voleurs avides de trésors. **8** ... tu insistes, je ne te livrerai pas le secret que m'a confié Béatrice. **9** ... tu choisisses comme destination de vacances, tu espères bien t'amuser. **10** ... Mme Brasseur ait déposé plusieurs réclamations, elle n'a jamais obtenu de réponse. **11** Le frère de Jeanne ne trouve pas de travail, ... il possède un bon diplôme. **12** ... tu dises, tu n'arriveras pas à me convaincre.

EXPRESSION ÉCRITE

Donnez les raisons qui vous ont conduit(e) à choisir votre seconde langue vivante lorsque vous êtes entré(e) en 4e. Vous utiliserez des homonymes de la leçon.

57 QUAND – QUANT – QU'EN // DANS – D'EN

1 **dans** est une **préposition** qui peut être remplacée par une autre préposition : **à l'intérieur de**, **parmi**, **chez**, **pendant**...

*Je suis **dans** le salon.* *Je suis **à l'intérieur** du salon.*

d'en, est la **contraction** de « **de en** ». « **d'** » est la forme élidée de la préposition **de**, et « **en** » un pronom adverbial (ou le premier terme d'une locution prépositive : **en face**, **en haut**, **en bas**...).

*Du pain, je viens **d'en** couper deux tranches.*
***D'en** haut, vous verrez le phare à l'horizon.*

2 **quand**, **conjonction de subordination**, peut être remplacée par **lorsque**.

***Quand** tu auras un moment de libre, tu liras tes messages.*
***Lorsque** tu auras un moment de libre, tu liras tes messages.*

quand, **adverbe**, peut être remplacé par **à quel moment**.

***Quand** liras-tu tes sms ? **À quel moment** liras-tu tes sms ?*

quant, **préposition**, peut être remplacée par **en ce qui concerne**, **pour (ma) part**. Elle est toujours suivie de la préposition à / aux.

*Tu écris des messages ; **quant** à moi, je téléphone.*
*Tu écris des messages ; **en ce qui me concerne**, je téléphone.*
*Tu écris des messages ; **pour ma part**, je téléphone.*

qu'en, peut se décomposer en « **que en** » ; « **qu'** » est une conjonction de subordination élidée, un pronom interrogatif élidé ou la première partie d'un adverbe de négation de restriction ; « **en** » est un pronom personnel ou une préposition.

*Le plombier pensait **qu'en** une heure il aurait terminé.*
*Voici un nouveau journal ; **qu'en** pensez-vous ?*
*Ce problème n'est simple **qu'en** apparence.*

POUR ALLER PLUS LOIN

Retenez l'orthographe de ces noms composés.

*Hautain, ce monsieur est resté sur son **quant-à-soi** (sur sa réserve).*
*Tu poursuis ton idée sans te soucier des **qu'en-dira-t-on**.*

312 Copiez les phrases en les complétant avec dans ou d'en.

* **1** Nous prévoyons une excursion ... le parc de la Vanoise, nous essaierons ... rapporter des photos d'animaux pris ... leur environnement naturel. **2** Thibaut est bloqué ... l'ascenseur ; il n'est pas possible ... sortir pour l'instant, mais les pompiers devraient le délivrer sous peu. **3** ... une tonne de sable aurifère, il arrive ... extraire quelques grammes d'or. **4** Avec toutes les fleurs que vous avez cueillies ... ce pré, il est possible ... faire trois bouquets. **5** Ce texte est truffé d'erreurs ; il s'agit ... corriger le maximum.

313 **Copiez les phrases en les complétant avec quand ou quant.**

★★

1 … on arbore une chevelure bleue, on ne passe pas inaperçu ! **2** Félix a tendance à s'énerver dès qu'on le contrarie ; … à Étienne, il demeure toujours calme. **3** Le chirurgien rassure le malade … au résultat de l'opération : … il aura repris ses esprits, il pourra bouger son bras. **4** La première chaîne diffuse un feuilleton américain ; … à la troisième, elle préfère programmer un concert de pop music. **5** Comme entrée, je prendrai un avocat à la vinaigrette ; … à toi, que choisiras-tu ? **6** Hugo porte des gants en caoutchouc … il fait la vaisselle. **7** … on n'a pas de boussole ni de GPS, on se dirige au hasard ou on se fie à son sens de l'orientation. **8** Hitler se suicida … il vit qu'il avait perdu la guerre ; … à ses principaux collaborateurs, arrêtés, ils furent jugés à Nuremberg.

314 **Copiez les phrases en les complétant avec quand, quant ou qu'en.**

★★

1 Nous pourrons dévaler la piste rouge … elle sera balisée par les pisteurs ; … aux débutants, ils ne pourront l'emprunter … fin de séjour, … ils auront acquis de l'assurance. **2** Floriane vient de réussir l'examen du code du permis de conduire ; … à la conduite, elle ne sait pas … elle la passera. **3** On m'a fait cadeau d'un cendrier en cristal, mais je ne sais … faire car je ne fume pas ! **4** Franchement, on ne déguste de bonnes choucroutes … Alsace. **5** … l'avion traverse une zone de turbulences, le commandant désactive le pilotage automatique ; … à son second, il ne quitte pas des yeux les instruments de bord.

315 **Copiez les phrases en les complétant avec quand, quant ou dans, d'en.**

★★★

1 Ce logiciel est compliqué, mais tu t'efforces … comprendre le fonctionnement. **2** … un boucher sort un quartier de la chambre froide, c'est afin … découper des morceaux. **3** … la maison, les rôles sont bien répartis ; installé … sa niche, Brutus est chargé … assurer la garde ; … à Minou, il préfère dormir … sa panière ! **4** … ce groupe, l'ambiance n'est pas au beau fixe ; chacun s'efforce … imposer aux autres … il faut prendre une décision. **5** Mme Questa a placé d'épais rideaux devant ses fenêtres, car les voisins … face voyaient tout ce qui se passait … son appartement. **6** … on pénètre … l'enceinte de ce stade, on est frappé … découvrir les dimensions exceptionnelles.

316 **Copiez les phrases en les complétant avec quand, quant, qu'en ou dans, d'en.**

★★★

1 … un train, on ne déclenche le signal d'alarme … cas de nécessité. **2** Pendant l'interclasse, certains pratiquent le tennis de table sous le préau ; … à ceux qui préfèrent digérer, ils s'installent sur les bancs de la cour. **3** … les volcans d'Islande entrent en éruption, l'île est plongée … un brouillard de cendre. **4** Ce n'est … examinant les causes de l'échec du lancement que les ingénieurs amélioreront la fiabilité de la fusée. **5** Joakim Noah jouait … l'équipe de basket de Chicago ; … à Tony Parker, il évoluait … celle de San Antonio.

EXPRESSION ÉCRITE

Votre camarade déclare préférer les films comiques aux films de science-fiction. Donnez votre avis en une quinzaine de lignes. Vous emploierez des homonymes de la leçon.

58 LEUR – LEUR(S)

1 **leur(s)**, **déterminant possessif**, s'accorde en nombre avec le nom qu'il détermine. Il précède toujours un groupe nominal.
Pour le reconnaître, on peut le remplacer par un autre déterminant.
*Les joueurs enfilent **leur** maillot et lacent **leurs** chaussures.*
*Les joueurs enfilent **un** maillot et lacent **les** chaussures.*

2 **leur**, **pronom personnel complément**, est invariable. Il représente un groupe nominal pluriel qui a été cité précédemment.
*Mes camarades m'ont laissé un message ; je **leur** réponds.*
Pour le reconnaître, on peut remplacer le groupe nominal pluriel par un groupe au singulier et le pronom **leur** par le pronom « **lui** ».
*Mon camarade m'a laissé un message ; je **lui** réponds.*
Quand **leur** est **pronom**, il est dans l'entourage d'un verbe. Le plus souvent, il précède le verbe, mais si celui-ci est à l'impératif, le pronom est relié au verbe par un trait d'union.
*Tes camarades t'ont laissé un message ; réponds-**leur**.*

3 Lorsqu'il est précédé d'un article, **leur(s)** est un **pronom possessif** qui prend le nombre de l'article.
*Les adversaires des Nantais ont des maillots bleus, alors que **les leurs** sont jaunes.*
Si le pronom possessif est précédé de deux articles, il prend le nombre de celui qui le précède directement.
*Les joueurs ont désigné un des **leurs** pour porter le brassard de capitaine.*

POUR ALLER PLUS LOIN

Quand plusieurs possesseurs possèdent chacun une chose, en principe le groupe nominal est au singulier, mais on peut le mettre au pluriel.
*Les joueurs enfilent **leur(s)** maillot(s).*

317 **Copiez les phrases en les complétant avec leur ou leurs.**
*
1 Les parachutistes règlent … sangles avant de sauter. 2 Les naïfs croient aux revenants ; comment … prouver qu'ils ont tort ? 3 Les Anglais envient nos fromages car les … sont moins crémeux. 4 Les navigateurs d'antan choisissaient … matelots dans les tavernes des ports et ils … faisaient miroiter des aventures fabuleuses. 5 Après sa remarquable prestation dans le rôle de Chimène, les comédiens reconnaissent Aurélie comme l'une des … . 6 Les grands couturiers parisiens essaient de vendre … modèles aux riches étrangers. 7 Seuls … vêtements permettent de distinguer ces sœurs jumelles. 8 Ces fleurs sont quelque peu fanées, mais … parfum continue d'envahir la pièce.

318 **Complétez avec leur ou leurs.**

1 … lunettes **4** … fauteuil **7** … taille **10** … billets **13** … portable
2 … couverts **5** …adresse **8** … initiales **11** … cahiers **14** … préférences
3 … assiette **6** … idées **9** … opinion **12** … mains **15** … avion

319 **Répondez à ces questions.**

Exemple : Le film a-t-il plu à tes amis ? Oui, il leur a plu.
1 Le principal a-t-il remis le règlement intérieur aux délégués de classe ? Oui, …
2 Cette salle est-elle destinée aux habitants du quartier ? Non, …
3 Avez-vous laissé vos coordonnées à Lucas et à Étienne ? Oui, …
4 Le vétérinaire a-t-il administré un antibiotique aux bovins ? Non, …
5 Ce port offre-t-il un abri sûr aux navires marchands ? Oui, …
6 Le présentateur de ce jeu a-t-il posé une question aux candidats ? Non, …
7 A-t-on réservé un couloir spécial aux cyclistes ? Oui, …

320 **Copiez les phrases en écrivant les mots en bleu au pluriel et faites les modifications nécessaires.**

1 Ce moniteur de ski est sérieux ; on peut lui faire confiance. **2** Le pêcheur prépare sa canne à lancer et ses mouches ; il espère que les truites se laisseront prendre. **3** La cliente présente sa carte bancaire à la caissière et elle tape son code confidentiel. **4** Ma cousine a bien reçu les cadeaux que je lui ai envoyés. **5** Le médecin a rassuré madame Morenas ; elle va tout de suite mieux. **6** J'aime les histoires de ce héros de science-fiction ; il lui arrive toujours des aventures extraordinaires. **7** Le professeur est content de la classe de 4e 5 ; elle lui donne toute satisfaction. **8** Comme le directeur de l'école de musique lui accorde une audition, le musicien est ravi. **9** Le touriste se présente au guichet pour la visite du château ; on lui remet un ticket. **10** Le viticulteur est inquiet, car la pluie lui pose de graves problèmes ; sa récolte est compromise.

321 **Observez l'exemple et copiez les phrases en supprimant les répétitions.**

Exemple : Les locataires attendent le courrier ; le facteur distribue le courrier aux locataires.
Les locataires attendent le courrier ; le facteur le leur distribue.
1 Tes amis envient ton matériel de peinture ; tu prêtes ton matériel de peinture à tes amis. **2** Le sauveteur dégage les blessés et prodigue les premiers soins aux blessés. **3** Les randonneurs sont épuisés, alors le responsable du refuge prépare un chocolat chaud aux randonneurs. **4** Le conservateur du musée de l'automobile accueille un groupe de lycéens et il présente aux lycéens des modèles datant du début des années 1900. **5** Le professeur de mathématiques a corrigé les devoirs de ses élèves ; il rend les devoirs de ses élèves avec des explications concernant la dernière question.

EXPRESSION ÉCRITE

Vous êtes témoin des recommandations que donne un entraîneur à ses joueurs. Rapportez ses propos au discourt indirect. Vous emploierez au moins deux fois « leur » pronom personnel et deux fois « leur » déterminant possessif.

59 PLUTÔT / PLUS TÔT // TANT / T'EN / TEND(S) / TEMPS // DEMI – NU

1 **plutôt**, **adverbe**, peut être remplacé par « **plus** », « **assez** » ou « **de préférence** ».
*Il a l'air **plutôt (plus)** bête que méchant.*
*Il est **plutôt (assez)** sympathique.*
*Tu boiras **plutôt** de l'eau que du soda.*
*Tu boiras de l'eau **de préférence** à du soda.*

plus tôt, **locution adverbiale**, est le contraire de « **plus tard** ».
*Sam est arrivé **plus tôt (plus tard)** que nous.*

2 **tant**, **adverbe d'intensité**, peut être remplacé par « **tellement** », « **aussi** (**longtemps**) » ou « **autant** ».
*Il a **tant (tellement)** marché qu'il a des ampoules.*
*Nous marcherons **tant qu'/ (aussi longtemps qu')** il fera jour.*
*Tu ne pensais pas avoir fait **tant (autant)** de kilomètres.*
t'en est composé du pronom personnel de la 2e personne du singulier « **te** » et du pronom adverbial « **en** ». Pour les reconnaître, on peut mettre le pronom personnel à une autre personne.
*Je **t'en** prie, ne pars pas. Je **vous en** prie, ne partez pas.*
tend(s) est le **verbe** *tendre* conjugué à l'une des trois personnes du singulier du présent de l'indicatif ou à la 2e personne du singulier de l'impératif. On peut le conjuguer à une personne du pluriel.
*Il **tend** son assiette !* *Ils **tendent** leur assiette.*
***Tends** ton assiette !* ***Tendez** votre assiette !*

3 Les adjectifs **demi** et **nu** fonctionnent **comme des adverbes invariables** quand ils précèdent le nom qu'ils qualifient. Ils sont reliés à ce nom par un **trait d'union**.
*Elle est **nu**-jambes.* *Il utilise des **demi**-feuilles.*
Placés après le nom qu'ils qualifient, les adjectifs **demi** et **nu** s'accordent avec lui. Mais si **nu** s'accorde en genre et en nombre, **demi** ne s'accorde qu'en genre.
*Renoir a peint des femmes **nues**.*
*Il revient dans deux heures et **demie**.*

POUR ALLER PLUS LOIN

- **temps** est un **nom masculin** ; il peut donc être précédé d'un déterminant, mais apparaît souvent seul.
*Nous avons le **temps**.* *Nous n'avons pas de **temps** à perdre.*
- **tant** apparaît dans différentes expressions : « **tant que** », « **en tant que** », « **tant qu'à** », « **tant mieux** », « **tant pis** ».

322 **Copiez les phrases en les complétant par plutôt ou plus tôt, selon le sens.**

★★

1 Lors du changement d'heure en mars, il faut se lever une heure … . **2** Dix-huit degrés est une température … chaude pour un mois d'avril. **3** … que de courir, il vaut mieux partir à temps. **4** Airbus livrera son nouveau modèle d'avion … que prévu. **5** Partir en vacances à Tahiti ? … deux fois qu'une ! **6** Ce qui tourmente l'homme, ce n'est pas la souffrance, mais … la peur de la souffrance. **7** Demain, pour ne pas arriver en retard, tu devras partir … . **8** … que de se plaindre, il faut agir. **9** Les poulets fermiers sont … meilleurs que ceux élevés en batterie. **10** Mme Benassy doit être opérée, alors le … sera le mieux, dit-elle. **11** … mourir que de se rendre ! s'exclama le colonel. **12** Les Allemands souhaitent fermer leurs centrales nucléaires le … possible. **13** … tu te mettras au travail, … tu auras fini. **14** … réfléchir que de se précipiter pour donner une réponse inexacte. **15** Cette année, les jonquilles sont en fleur deux semaines … que d'ordinaire. **16** Igor est un garçon … serviable. **17** Le vaccin contre la variole a été découvert … que celui contre la tuberculose.

323 **Copiez les phrases en complétant par demi et nu, que vous accorderez, si nécessaire.**

★★

1 Franck s'entraîne à courir le marathon en moins de **trois heures et** … . **2** Les danseuses classiques possèdent deux types de chaussons : les pointes et les …-**pointes**. **3** En été, les touristes se promènent bras et **jambes** … . **4** En 2006, qui a joué en …-**finale** de la Coupe du monde contre le Portugal ? **5** La mode des **crânes** … pour les hommes s'est développée dans les années 2000. **6** Une …-**douzaine** d'œufs est nécessaire pour réaliser cette mousse au chocolat. **7** Quand il y a du vent, ne laissez pas les portes à …-**fermées**. **8** Dans la mythologie grecque, les …-**dieux** s'approchaient parfois des déesses.

324 **Copiez les phrases en les complétant par tant, t'en, tend(s) ou temps, selon le sens.**

★★★

1 En géométrie euclidienne, une droite … vers l'infini. **2** On peut désormais utiliser son téléphone en … que lecteur MP3. **3** Tu dois … sortir tout seul, mais ce n'est pas facile ! **4** Si tu … l'oreille, tu entendras la mer dans ce coquillage. **5** Le poète Jacques Prévert a écrit : « Je voudrais … que tu te souviennes des jours heureux où nous étions amis. En ce …- là, la vie était plus belle et le soleil plus brûlant qu'aujourd'hui. » **6** Dans la foule assemblée, un poing se …, bientôt suivi de milliers d'autres. **7** Il a … plu que les rivières ont débordé ; on n'a pas vu un … aussi détestable depuis longtemps. **8** Si elle était un … soit peu attentive, Sylviane n'aurait pas effacé la mémoire de son ordinateur. **9** Myriam a ramassé des mûres le long des chemins ; elle … donne une barquette. **10** … *qu'il y aura des hommes* est un film américain de 1953. **11** Tu es arrivé trop tard pour voir le spectacle ? … pis pour toi !

EXPRESSION ÉCRITE

Un(e) adolescent(e) tente de convaincre sa mère de l'autoriser à sortir au cinéma avec ses ami(e)s. Imaginez le dialogue en utilisant des mots ou expressions de la leçon. Soulignez-les.

Révisions

325 **Copiez les phrases en les complétant avec les points et les virgules aux emplacements indiqués. (Leçon 24)**

★★★

1 Sur l'île de la Réunion* comme il est agréable d'admirer les couchers de soleil* Nous ne nous en lassons pas* **2** Dans combien de temps les travaux de réfection des trottoirs seront-ils terminés* **3** Lorsqu'un bateau l'a recueilli * épuisé * ce naufragé avait survécu trois semaines en buvant seulement de l'eau de mer : c'est un vrai miracle * **4** Ces ossements* retrouvés au pied de la roche de Solutré* prouvent que des chevaux et des hommes vivaient là il y a 20 000 ans* **5** En voulant déplacer cette lourde armoire* auriez-vous surestimé vos forces* **6** Comme les documents se sont égarés* M. Gary a dû renouveler sa demande de carte d'identité*

326 **Copiez ce texte en plaçant les majuscules, les points, les points-virgules et les virgules oubliés. (Leçon 24)**

★★★

ma course contre la montre commençait à prendre un caractère désespéré et ma littérature s'en ressentait dans ma volonté de donner quelque coup de gong prodigieux qui laisserait tout le monde bouche bée d'admiration je forçais ma voix au-dessus de mes moyens visant à la grandeur je succombais au grincement et à l'enflure me dressant sur la pointe des pieds pour révéler à tous ma stature je ne donnais que la mesure de mes prétentions décidé à faire dans le génie je n'arrivais qu'à manquer de talent ma mère faisait tout ce qu'elle pouvait pour m'aider pendant que je polissais mes phrases elle se battait avec le personnel les agences les guides faisait face aux clients capricieux pendant que je sommais l'inspiration de se manifester en moi par quelques sujet étourdissant de profondeur et d'originalité elle veillait jalousement à ce que rien ne vînt troubler mes élans créateurs j'écris ces lignes sans honte et sans remords je ne faisais que m'incliner devant son rêve devant ce qui était son unique raison de vivre et de lutter

Romain Gary, *La promesse de l'aube*, Gallimard, 1960.

327 **Copiez ce texte en plaçant correctement les signes de ponctuation aux emplacements indiqués. (Leçon 25)**

★★★

(Christophe, musicien prodige, veille jalousement sur son amitié pour Otto.)

Un jour* en revenant d'une leçon* Christophe aperçut dans une rue voisine Otto en compagnie d'un garçon de son âge*

Quand ils se retrouvèrent* le dimanche suivant* Christophe interrogea Otto *

« Je t'ai vu* mercredi* dans la Kreuzgasse*

* Ah * * dit Otto*

Et il rougit*

Christophe continua*

« Tu n'étais pas seul*

* Non* dit Otto* j'étais avec quelqu'un* *

Christophe avala sa salive* et demanda d'un ton qui voulait être indifférent :

« Qui est-ce *

* Mon cousin Franz*

* Ah * * dit Christophe**

Romain Rolland, *Jean-Christophe*, tome 1, 1931.

328 **Complétez les phrases avec des noms féminins de la même famille que les noms masculins suivants. (Leçon 26)**

★★★

un imprimeur – un gourmet – un routier – un moissonneur – un batteur – un carrier – un aumônier – un croupier – un verrier – un tondeur – un fraiseur – un glacier

1 À Austerlitz, les troupes napoléoniennes ont rapidement taillé des … dans les rangs ennemis ; leur victoire fut totale. **2** Dans ce restaurant, les … de saumon sont un vrai régal ; je vous les conseille. **3** En Beauce, lorsque le blé est mûr, les …-… sont à l'œuvre pratiquement 24 h sur 24. **4** Cette usine vient d'acquérir des … à commande numérique afin d'améliorer sa production. **5** Sarah compte faire une brillante … de chanteuse ; tout le monde s'accorde pour lui reconnaître du talent. **6** L'… ne fonctionne plus ; vérifie le branchement et le niveau d'encre de la cartouche. **7** Il fait une chaleur étouffante sous la … du hall de cette gare. **8** Avant de partir pique-niquer, Flavien n'oublie pas de remplir la … . **9** Cette nouvelle voiture est une excellente … ; elle consomme peu d'essence. **10** Les jardiniers du Parc des Princes passent régulièrement la … pour bien entretenir la pelouse. **11** Gaétan porte une … au poignet gauche.

329 **Copiez les phrases en accordant, si nécessaire, les noms en gras. (Leçon 27)**

★★★

1 Il paraît que les **(adieu)** de Napoléon Ier à ses **(soldat)** furent très émouvants ; il a salué les **(drapeau)** et épinglé quelques **(légion)** d'**(honneur)** sur les **(poitrine)** de vieux **(grognard)**. **2** Madame Morelli a commandé des **(meuble)** en **(acajou)** ; elle a versé des **(arrhe)** et elle attend maintenant les **(livreur)**. **3** Armés de **(cisaille)**, les **(jardinier)** taillent les **(rosier)**. **4** Il faudra changer les **(pneu)** et les **(chambre)** à **(air)** de ces **(bolide)**. **5** Monsieur Martel a placé des **(saucisse)**, des **(côtelette)** d'**(agneau)** et des **(merguez)** sur le **(barbecue)**. **6** Dans les **(arsenal)** de la **(marine)** nationale, on répare les **(frégate)** endommagées par de longs **(périple)** en **(mer)**. **7** Savez-vous si on conserve les **(pruneau)** dans des **(bocal)** ? **8** Les **(roseau)** résistent-ils mieux au **(vent)** que les **(chêne)** ? **9** Dans les **(mine)** de **(charbon)**, les **(coup)** de **(grisou)** sont malheureusement assez fréquents. **10** Ces **(copie)** d'**(œuvre)** de Georges Braque ressemblent aux **(original)** ; seul les **(expert)** peuvent les distinguer. **11** Les **(tremblement)** de **(terre)** sont des **(fléau)** redoutables ; ils sont difficiles à prévoir.

330 **Copiez les phrases en écrivant correctement les noms entre parenthèses. (Leçon 28)**

★★★

1 Les deux **(Guinée)** – dites Bissau et Conakry – ont une frontière commune. **2** Les **(Guise)** prétendaient au trône de France, mais Henri III mit fin à leur aventure en assassinant Henri le Balafré et son frère Louis II. **3** Rembrandt a maintes fois peint des **(Christ)**, mais tous ses tableaux ne sont pas exposés. **4** Dans de nombreux pays, les **(Père Noël)** font de la concurrence à Saint-Nicolas pour les distributions de cadeaux. **5** Les demeures de la Renaissance possédaient des **(loggia)** fort bien aménagées. **6** Les **(tsunami)** provoquent des dégâts considérables. **7** Les **(shoot)**, les **(dunk)** et les **(dribble)** de ce basketteur en font un élément majeur de son équipe. **8** Les premiers **(kamikaze)** furent des pilotes japonais. **9** Les **(atoll)** polynésiens attirent les touristes du monde entier. **10** Lors des épreuves spéciales des **(rallye)** automobiles, la circulation ordinaire est neutralisée. **11** *Les* **(Inde)** *galantes* est un opéra-ballet composé par Jean-Philippe Rameau au XVIIe siècle.

331 **Copiez les phrases en accordant les noms composés comme il convient. (Leçon 29)**

★★★

1 Le diplomate ne laisse filtrer les informations qu'au (**compte-goutte**). **2** Les (**faux-monnayeur**) risquent de longues peines de prison. **3** Plusieurs (**radio-taxi**) stationnent devant la gare d'Austerlitz. **4** Jade est toute fière de déposer sur la table le (**quatre-quart**) qu'elle a préparé. **5** Il est désormais possible de payer les (**procès-verbal**) avec une carte de crédit. **6** Si vous voulez mettre des champignons dans votre omelette, mieux vaut ne pas confondre les (**pied-de-mouton**) avec les (**pied-d'alouette**) ! **7** Pour se rendre au vernissage de l'exposition de photographies, M. Giacobi porte un magnifique (**deux-pièce**) prince-de-galles. **8** Méfiez-vous, les étagères que vous venez d'installer sont en (**porte-à-faux**). **9** Au (**self-service**) du collège, les élèves disposent leur choix de plats sur des (**plateau-repas**). **10** La présence d'un œuf crée la différence entre les (**croque-monsieur**) et les (**croque-madame**).

332 **Accordez l'adjectif entre parenthèses avec le nom qu'il qualifie. (Leçon 30)**

★★

1 (**Inquiet**), la chienne guette le retour de son maître. **2** Moudre soi-même son café, c'est une pratique quelque peu (**désuet**) aujourd'hui. **3** Grâce à une démonstration (**rigoureux**), Stéphanie a résolu le problème. **4** Pour se réchauffer, rien ne vaut une couverture (**douillet**). **5** La zone (**littoral**) intéresse les promoteurs, mais les écologistes veillent ! **6** De ce balcon, vous avez une (**beau**) vue sur l'île de la Cité. **7** L'amiral Nelson est mort au cours de la bataille (**naval**) de Trafalgar, néanmoins (**remporté**) par les Anglais. **8** Séjourner plusieurs mois sur Mars paraît une expédition totalement (**irréel**) aujourd'hui. **9** Qui parviendra à extraire le ballon de cette mêlée (**confus**) ? **10** Une (**fluet**) silhouette se détache sur l'horizon.

333 **Copiez les phrases en accordant les adjectifs qualificatifs entre parenthèses. (Leçon 31)**

★★

1 Dans les pages (**rose**) du dictionnaire, on trouve de (**nombreux**) locutions (**latin**) encore (**employé**) aujourd'hui. **2** Les personnes (**attentif**) ont remarqué le changement de coiffure de l'actrice entre deux scènes. **3** La ballerine prend le plus grand soin de ses chaussons (**blanc**). **4** Que faites-vous durant les journées (**maussade**) et (**pluvieux**) ? **5** Les grands-parents (**maternel**) de Marylou ont vécu en Pologne. **6** Les surfeurs enfilent des combinaisons (**chamois**). **7** Le comptable ne quitte pas des yeux sa mallette (**brun**), car elle renferme des dossiers et des correspondances (**important**).

334 **Écrivez les nombres en lettres et accordez correctement les mots entre parenthèses. (Leçon 32)**

★★

1 Les (**second**) rôles concourent au succès de ce film ; près de (**4 000 000**) de spectateurs depuis le début de l'année. **2** Avez-vous lu quelques-uns des *Contes des* (**1 000**) *et* (**1**) *Nuits* ? **3** D'après les calculs de l'architecte, (**1 640**) tuiles seront nécessaires pour couvrir ce toit. **4** Selon les mathématiciens, vous avez une chance sur (**76 275 360**) de gagner le gros lot lors du tirage de l'Euromillion. **5** Une photographie prise avec un capteur de (**14 000 000**) de pixels permet d'obtenir un poster de très bonne qualité. **6** Pour confectionner un tapis, il faut compter à peu près (**17 000**) brins de laine au mètre carré. **7** Grâce à Facebook, Tanguy est en contact avec (**176**) amis.

335 **Accordez les verbes entre parenthèses au présent de l'indicatif et soulignez les sujets.** **(Leçon 33)**

★★

Sur un navire de guerre au large et en pleine marche, un canon qui (**casser**) son amarre (**devenir**) on ne (**savoir**) quelle bête surnaturelle. C'(**être**) une machine qui (**se transformer**) en un monstre. Cette masse (**courir**) sur ses roues, (**avoir**) des mouvements de bille de billard, (**pencher**) avec le roulis, (**plonger**) avec le tangage, (**aller**), (**venir**), (**s'arrêter**), (**paraître**) méditer, (**reprendre**) sa course, (**traverser**) comme une flèche le navire d'un bout à l'autre, (**pirouetter**), (**se dérober**), (**s'évader**), (**se cabrer**), (**heurter**), (**ébrécher**), (**tuer**), (**exterminer**). C'(**être**) un bélier qui (**battre**) à sa fantaisie une muraille. On dirait que cet esclave éternel (**se venger**) ; il (**sembler**) que la méchanceté qui (**être**) dans ce que nous (**appeler**) les objets inertes sorte et éclate tout à coup.

Victor Hugo, *Quatrevingt-treize*, 1874.

336 **Copiez le texte en accordant les verbes entre parenthèses à l'imparfait de l'indicatif.** **(Leçon 34)**

★★

C'(**être**) en 1926. Je (**venir**) d'entrer comme jeune pilote de ligne à la Société Latécoère. Là, j'(**apprendre**) le métier. À mon tour, comme les camarades, je (**subir**) le noviciat que les jeunes y (**subir**) avant d'avoir l'honneur de piloter la poste. Nous (**vivre**) dans la crainte des montagnes d'Espagne, que nous ne (**connaître**) pas encore, et dans le respect des anciens.

Ces anciens, nous les (**retrouver**) au restaurant, bourrus, un peu distants, nous accordant de très haut leurs conseils. Et quand l'un d'eux, qui (**rentrer**) d'Alicante ou de Casablanca, nous (**rejoindre**) en retard, et que l'un de nous timidement l'(**interroger**) sur son voyage, ses réponses brèves, les jours de tempête, nous (**construire**) un monde fabuleux, plein de pièges, de trappes et de falaises brusquement surgies. Ces anciens (**entretenir**) avec science notre respect. Mais de temps à autre, respectable pour l'éternité, l'un d'eux (**ne pas rentrer**).

D'après Antoine de Saint-Exupéry, *Terre des Hommes*, Gallimard, 1939.

337 **Copiez les phrases en conjuguant les verbes entre parenthèses au présent de l'indicatif.** **(Leçon 35)**

★★

1 Le pin, plus que le chêne, (**faire**) la renommée de la forêt landaise, mais il ne (**falloir**) pas oublier les bergers sur leurs échasses ! **2** Une trentaine de ponts (**permettre**) aux Parisiens de passer d'une rive à l'autre de la Seine. **3** Je connais plus d'une personne qui (**croire**) aux prédictions des voyantes. **4** Il se (**trouver**) des architectes pour concevoir des monuments futuristes. **5** Dix-huit pour cent de la population française (**vivre**) dans la région parisienne.

338 **Copiez les phrases en accordant les participes passés des verbes entre parenthèses.** **(Leçon 36)**

★

1 Faute d'entretien, nombre de châteaux forts sont (**tomber**) en ruine. **2** Betty et Séverine sont (**ressortir**) (**geler**) de la piscine ; la température de l'eau atteignait à peine 20 °C. **3** Deux joueurs de l'équipe de Toulouse sont (**pressentir**) pour participer à la coupe du monde. **4** La machine à laver (**endommager**) sera (**réparer**) par un technicien (**venir**) avec sa boîte à outils. **5** Les drapeaux ont (**être**) (**déployer**) tout au long du parcours (**suivi**) par le cortège. **6** Des millions d'esclaves furent (**vendre**) aux planteurs d'Amérique. **7** La scène est (**éclairer**) par de puissants projecteurs. **8** La vitesse des véhicules est (**contrôler**) par des radars. **9** Les éoliennes sont (**actionner**) par la force du vent.

339 **Copiez les phrases en accordant correctement les participes passés des verbes entre parenthèses. (Leçon 37)**

★★

1 Jonathan a (**retirer**) les tranches de pain qu'il avait (**placer**) dans le grille-pain. **2** Les caricatures dans lesquelles Daumier avait (**représenter**) le roi Louis-Philippe sous la forme d'une poire lui ont (**valoir**) une forte amende. **3** Tout au long de sa vie, Thomas Edison a (**multiplier**) les inventions ; le monde entier les a (**adopter**) sans difficulté et elles ont (**envahir**) notre vie quotidienne, comme les ampoules électriques. **4** Flavien et Léonard ont (**planter**) leur tente au bord du lac de Saint-Cassien ; pour enfoncer les piquets, ils ont (**devoir**) utiliser un maillet tant le sol était dur. **5** Voyant que l'auditoire n'écoutait plus ses propos, le conférencier les a (**écourter**). **6** M. Gerbet a (**réussir**) à vendre trois de ses tableaux ; il est satisfait, car il en a (**tirer**) un bon prix. **7** Ces diamants étaient de grande valeur, aussi le bijoutier les a-t-il (**sertir**) avec minutie dans une broche. **8** Le cascadeur a (**mésestimer**) les risques, et son véhicule a (**heurter**) les bottes de paille qui ont (**prendre**) feu aussitôt. **9** La rivière en crue charriait d'énormes troncs d'arbres, mais les mariniers les ont (**éviter**). **10** Les inventions que M. Dalet a (**présenter**) au salon des bricoleurs lui ont (**permettre**) d'obtenir un prix. **11** La madeleine que Marcel Proust a (**tremper**) dans sa tisane a (**raviver**) des souvenirs de son enfance. **12** Les premiers vols spatiaux qu'ont (**effectuer**) les cosmonautes ont (**ouvert**) la voie à la conquête de la Lune.

340 **Copiez ce texte en conjuguant les verbes entre parenthèses au passé composé de l'indicatif. (Leçon 37)**

★★★

Raskolnikov rencontre un buveur invétéré qui lui raconte sa vie.

Oui, ma femme (**fréquenter**) un institut de jeunes filles nobles et elle (**danser**) au bal de la dernière année devant le gouverneur de la province. Et même, elle (**recevoir**) la médaille et le tableau d'honneur. La médaille on l'(**vendre**) il y a longtemps ; quant au tableau d'honneur, elle l'(**garder**) dans une malle ; il n'y a même pas longtemps qu'elle l'(**montrer**) à notre logeuse. Ma femme est une dame pas commode et fière. Quand je l'(**épouser**), elle était veuve avec trois enfants. Son premier mari était officier d'infanterie. Elle l'(**épouser**) par amour et (**fuir**) la maison paternelle avec lui. Elle l'aimait plus que tout au monde, mais il (**se mettre**) à jouer aux cartes, et puis il (**avoir**) une histoire avec la Justice, et là-dessus, il est (**mourir**). Et comme j'étais veuf aussi, je lui (**demander**) sa main.

D'après Dostoïevski, *Crime et Châtiment*, 1866.

341 **Copiez les phrases en conjuguant les verbes entre parenthèses au passé composé de l'indicatif. (Leçon 38)**

★★★

1 Les pirates (**s'emparer**) du trésor caché dans l'île. **2** En relisant leur copie, les élèves (**s'apercevoir**) de leurs erreurs. **3** Les musiciens du groupe Rondo (**se frayer**) un passage parmi la foule de leurs admirateurs. **4** Les averses (**se succéder**) toute la journée sans discontinuer. **5** Pendant les vacances, Jeanne et sa mère (**se téléphoner**) tous les jours. **6** Malgré tous ses efforts, Chloé (**ne pas se souvenir**) des règles d'accord des participes passés durant la dictée. **7** Très romantiques, Rachid et Romane (**se marier**) un 14 février, jour de la Saint-Valentin. **8** Les chauffards (**s'exposer**) à des risques mortels en faisant la course sur l'autoroute. **9** Les basketteuses françaises (**s'assurer**) une confortable avance à l'issue de la première mi-temps. **10** En cherchant bien, Ophélie (**se trouver**) un chemisier à sa taille.

342 ★★★ **Copiez ce texte en conjuguant les verbes entre parenthèses au participe passé ou à l'infinitif. (Leçon 39)**

J'ai été spectatrice d'un combat aérien (**acharner**) entre avions allemands et anglais. Malheureusement, quelques alliés ont dû (**sauter**) de leur appareil en feu. Notre laitier, qui habite Halfweg, a vu quatre Canadiens assis au bord de la route, dont l'un parlait couramment hollandais. Il a (**demander**) du feu au laitier pour sa cigarette et lui a (**raconter**) que l'équipage de leur appareil se composait de six personnes. Le pilote avait été (**brûler**) vif et le cinquième camarade s'était (**cacher**) quelque part. La police en vert est venue (**chercher**) ces quatre hommes en pleine santé. Comment est-il possible de (**garder**) une telle présence d'esprit après un aussi formidable saut en parachute ?

Anne Frank, « mardi 18 mai 1943 », *Journal 1942-1944*, traduction Philippe Noble et Isabelle Rosselin-Bobulesco, Calmann-Lévy, 1950.

343 ★★ **Copiez les phrases en complétant avec i, ie, is, it, its ou u, ue, ues, us, ut. (Leçon 40)**

1 **Ass**… sur son pliant, le pêcheur ne **v**… pas son bouchon lorsqu'il **dispar**… dans les remous. **2** Le pilote **reconn**… qu'il avait **confond**… les signaux **ém**… par le personnel au sol. **3** Le clown **appar**… **vêt**… d'un long manteau rouge ; il **f**… **accueill**… par les éclats de rire du jeune public, **rav**… à l'idée de le voir trébucher. **4** Les douaniers ont **surpr**… des trafiquants de drogue ; ils sont immédiatement **interven**… . **5** Les résultats **obten**… suite à la prise de ce médicament ont **surpr**… même le médecin qui me les avait **prescr**… . **6** Quand la peine de mort **f**…-elle **abol**… en France ? **7** Une agriculture respectueuse de l'environnement **excl**… tout recours aux pesticides. **8** **Trah**… par un obstacle **imprév**…, le coureur a fait une chute ; il a **m**… un certain temps avant de se relever et de repartir.

344 ★★★ **Copiez les phrases en complétant avec eu, eus, eut, eût, fus, fut ou fût. (Leçon 41)**

1 Dès que l'alerte … donnée, le bateau des sauveteurs prit immédiatement la mer. **2** À moins qu'il ne … devin, je ne voyais pas comment Sandy pouvait prétendre gagner à tous les coups au loto ! **3** Aussitôt que le client … le menu entre les mains, il prit peur en voyant le coût de chaque plat. **4** Une moquette plus épaisse … amorti le bruit de nos pas. **5** Lorsque le patient … devant le médecin, il se sentit tout de suite mieux ! **6** Philippe a … la prudence de suivre les balises placées le long du sentier ; sans cela, il se … perdu. **7** Lorsque ton ami Martial … des ennuis, tu … à ses côtés pour le soutenir.

345 ★ **Copiez les phrases en remplaçant l'infinitif entre parenthèses par le participe présent ou l'adjectif verbal que vous accorderez. (Leçon 42)**

1 (**Hésiter**) sur l'itinéraire à suivre, Justine consulte son GPS. **2** Cette mélodie (**obséder**) ne m'a pas quitté de la journée. **3** Seule une pince (**couper**) viendra à bout de ce fil de fer barbelé. **4** Assis, les jambes (**pendre**) dans le vide, le parachutiste hésite. **5** Certains animaux échappent aux prédateurs en se (**fondre**) dans le paysage. **6** (**Perdre**) leur sang-froid, ces basketteurs commettent beaucoup de fautes. **7** Les clients sont (**méfier**) ; l'affaire paraît bien trop alléchante. **8** M. Gasquet a fait installer des volets (**rouler**) dans son appartement. **9** Ces images de la catastrophe sont plus (**parler**) que de longs discours. **10** En (**gagner**) la finale, les Brésiliens ont satisfait leurs supporters.

346 ** **Copiez les phrases en complétant par es, est, et ou ai, aie, aies, ait, aient. (Leçon 43)**

1 L'informaticien … devant son écran … il tente de chasser les virus. **2** Ce scooter … à vendre, mais tu n'… pas intéressé. **3** Mes amies s'étonnent que j'… des cheveux aussi souples ; je n'… aucune peine à les coiffer. **4** Ce cèdre … victime d'une maladie due à la présence d'un champignon. **5** La sentinelle … au garde-à-vous … salue le capitaine. **6** Il … urgent que j'… une explication avec toi … que nous puissions arriver à un accord. **7** Pour obtenir la moyenne, il faudrait que Mathias … une bonne note en anglais. **8** Il … surprenant que les dauphins … des comportements qui dénotent une intelligence certaine. **9** Nous attendons que tu … donné ton avis et nous prendrons ensuite une décision, si tu … d'accord.

347 ** **Copiez les phrases en les complétant avec ce, c', se ou s'. (Leçon 44)**

1 Ces jeunes enfants … chamaillent, mais … n'est jamais très sérieux, ils … réconcilient bien vite. **2** Avec … temps brumeux, les asthmatiques … essouflent très vite. **3** … est pleine d'espérance qu'Estelle … est présentée à … concours de jeunes mannequins. **4** Il ne faut pas … fier aux apparences, … torrent, d'apparence tranquille, peut quitter son lit en quelques heures. **5** Dans … quartier, les commerces … trouvent au pied des immeubles. **6** … est avec regret que les Jurassiens voient … dépeupler les derniers hameaux de leurs montagnes. **7** Quand on … ennuie, le temps semble … écouler plus lentement que lorsqu'on … livre à une activité passionnante.

348 ** **Copiez les phrases en complétant avec son, sont ou ce, c', se, s'. (Leçon 44)**

1 Le violoniste ne … sépare jamais de … instrument qui vaut une petite fortune. **2** Comme les cerises … mûres et facilement accessibles, Christine remplit … panier. **3** À la vue de … serpent, Alilou …'enfuit, … qui fit bien rire … père, le reptile étant inoffensif. **4** Que faire sous … déluge d'eau glacée, sinon … mettre à l'abri sous … parapluie ! **5** J'ai enfin trouvé … que je cherchais : … … des modèles réduits de véhicules des années 1950. **6** Les deux délégations de diplomates … … quittées sans avoir conclu un accord. **7** Le Président et … Premier ministre … attendus dans … village pour une cérémonie protocolaire ; le maire … avance pour les accueillir. **8** Pour accrocher … tableau, M. Ruiz … empare de sa perceuse et de … tournevis.

349 ** **Complétez ces phrases avec ses, ces, s'est, c'est, sait ou sais. (Leçon 45)**

1 Quelqu'un d'intransigeant, … celui qui reste « droit dans … bottes » ! **2** Hocine … surpassé ; … notes en mathématiques dépassent … espérances. **3** Comme … escaliers sont glissants, Samantha … foulé la cheville. **4** J'ai trouvé un résultat, mais je ne … pas si … la bonne solution. **5** Dès … premières courses, Christophe Lemaître … imposé sur les pistes européennes. **6** Personne ne … comment cet animal … fossilisé dans les profondeurs de l'océan. **7** Anthony … égaré dans les couloirs du métro ; il ne … plus où il se trouve. **8** Comme Djamel … défendre … idées, il prend souvent la parole devant … camarades. **9** Cette princesse a placé … bijoux dans un coffre-fort ; … plus sûr, dit-elle. **10** Je … tenir ma langue, … pourquoi Lionel n'hésite pas à me confier … secrets.

350 **Copiez ce texte en complétant avec on ou ont. (Leçon 46)**

*

Un journaliste relate la finale du championnat de France de rugby qui a opposé Dax à Tarbes.

Les Dacquois n'... pas joué ce match, ils l'... subi. Eux qui avaient montré leur joie de se battre et leur goût du risque, ... les a vus apeurés de leur ombre et maladroits de timidité. Avoir de tels moyens et faire la bête, c'est à pleurer. Les Tarbais ne se sont pas contentés de casser l'élan des Landais et de brouiller les cartes. Ils n'... pas joué le « coin du bois ». Avec impétuosité, vigueur et adresse, ils ... construit un autre match sur les décombres de celui que Dax ne voulait pas jouer. Il y a des jours où, comme ... dit dans les vestiaires, « ça rigole ». Il y a des jours comme celui-ci où une équipe semble jouer à vingt et l'autre à dix, où les uns ... dans les mains des ventouses et les autres ... du savon. Tarbes avait du bonheur et Dax la peur au ventre.

D'après Jean Lacouture, *Le rugby, c'est un monde*, Éditions du Seuil. 1979.

351 **Copiez les phrases en complétant avec ont, on ou on n'. (Leçon 46)**

*

1 Quand ... a un doute quant à la fraîcheur d'un poisson qui n'a pas été conservé au réfrigérateur, il vaut mieux ne pas le consommer.
2 ... a assisté à une superbe partie au cours de laquelle les Allemands ... surclassé leurs adversaires.
3 En empruntant l'ascenseur rapide, ... accède directement au étages supérieurs de la tour Oxygène.
4 Quand ... est sûr de soi, ... esquive pas les questions.
5 Bien que la géothermie soit une ressource inépuisable, ... exploite guère cette énergie.
6 Les sauveteurs ... réussi à ranimer une personne restée dix minutes sous une avalanche ; pour un peu, ... crierait au miracle.
7 Les riverains ... protesté contre le projet d'autoroute que les ingénieurs ... envisagé.
8 Lorsque les produits sont de qualité, ... octroie un label certifiant leur origine.
9 Lorsqu'... dispute une course de vitesse, ... empiète surtout pas dans le couloir de son adversaire, sous peine de disqualification.

352 **Copiez les phrases en complétant avec ce fut ou ce furent. (Leçon 47)**

*

1 Le jour du carnaval, ... les pirates qui se firent le plus remarquer : ils étaient splendides. **2** Quand l'arbitre refusa un but aux Nantais, ... un tonnerre de protestations dans le stade. **3** Quelle audace ! ... un superbe exploit que de faire un tour du monde en ballon sans escale. **4** La chute du Mur de Berlin et la fin de l'URSS, ... des événements marquants de la fin du XXe siècle. **5** Après les grondements, ... un déluge de pierres et de cendres qui s'abattit sur les flancs du volcan. **6** La non-application des accords d'Oslo, ... une occasion manquée de paix au Moyen-Orient. **7** L'expédition de Magellan, ... la première qui réalisa le tour du monde. **8** Les deux mois passés à Narbonne, chez ma tante, ... des jours merveilleux que je n'oublierai jamais.

353 ★★ **Copiez la phrase en les complétant par soi, soit ou sois. (Leçon 47)**

1 Lorsqu'il pleut à verse, il vaut mieux rentrer chez … . **2** On n'est jamais si bien servi que par …-même. **3** Quand on vous confie un secret, il faut le garder pour … . **4** Joël Rattoni sera sélectionné … comme arrière, … comme demi de mêlée. **5** Bien qu'il … un peu clair, j'achèterai ce pantalon. **6** Un mètre cube d'eau, c'est 1 000 dm^3, … 1 000 litres. **7** Les ingénieurs regrettent que le satellite ne … pas placé sur la bonne orbite. **8** Je continuerai à courir jusqu'à ce que je … épuisée. **9** Tu es le seul qui … capable de m'aider à couper les branches de cet arbre. **10** … tu es « gémeaux », … tu es « capricorne », mais, quel que … ton signe astrologique, ton horoscope te promet une semaine agréable. **11** Au passage à niveau, il convient que la barrière … abaissée devant les véhicules lorsque survient un train.

354 ★★ **Copiez les phrases en les complétant avec ni, n'y ou si, s'y. (Leçon 48)**

1 Le carnaval débutera mardi, mais Violaine … participera pas. **2** Théo ne reculera … devant la longueur du problème … devant sa complexité. **3** Atteindre le cœur de la cible, même le meilleur archer … parvient pas souvent. **4** La forêt amazonienne est … épaisse que même les explorateurs les plus intrépides ne … risquent pas. **5** Le code de ce cadenas est 674, … mes souvenirs sont bons. **6** Le marigot est infesté de crocodiles ; les gazelles … boivent jamais. **7** Sur son carnet d'adresse, Inès … écrit qu'au crayon à papier. **8** Nous repeindrons les volets, … le temps le permet. **9** Lorsque Natacha a un travail à faire, elle … met avec ardeur. **10** Comme ce véhicule n'a … chaînes … pneus neige, il ne peut circuler sur les routes enneigées. **11** … la salle des fêtes était plus près de chez elle, Océane … rendrait plus souvent.

355 ★★ **Copiez les phrases en les complétant par ta, t'a ou ton, t'ont. (Leçon 49)**

1 Pour améliorer … moyenne en anglais, tes parents … inscrite à des après-midi de conversation avec des Écossais ; espérons que … accent n'en souffrira pas ! **2** Vu … talent, les dirigeants du club local … sollicité pour intégrer l'équipe de basket-ball. **3** Pour … fête, … sœur … offert une paire de boucles d'oreilles. **4** Tous tes amis … conseillé de ne pas fumer ; écoute-les, il en va de … santé. **5** Ton parrain … remis un exemplaire dédicacé du dernier ouvrage de Daniel Picouly ; il viendra enrichir … bibliothèque. **6** Tu soignes … maquillage devant … glace. **7** Cinq minutes … suffi pour remonter ce casse-tête. **8** Tes talents et … persévérance … permis d'obtenir une médaille d'or lors du dernier concours de guitare.

356 ★★ **Copiez les phrases en les complétant avec sans, s'en, sent ou sens. (Leçon 50)**

1 Cette lueur dans la nuit, c'est … doute un satellite artificiel. **2** Il … fallut d'un rien que tu partes … ton sac de sport. **3** Caroline mange des spaghettis à … barbouiller le menton ; … serviette, elle se serait tachée. **4** Beaucoup trop de personnes sont encore …-abri dans notre pays. **5** Le couscous mijote ; il … dégage un arôme caractéristique. **6** On ne sort pas en mer … porter un gilet de sauvetage. **7** Ce cycliste a toujours couru … se doper ; il … félicite aujourd'hui, car il n'est jamais malade.

357 Copiez les phrases en les complétant avec **quel(s)**, **quelle(s)** ou **qu'elle(s)**. (Leçon 51)

★★★

1 Avec … outils comptez-vous démonter la bougie de votre vélomoteur ? **2** Tanor a déposé une réclamation ; il espère … sera acceptée. **3** Dans … département la ville d'Épinal se trouve-t-elle ? **4** Les Wallisiens essaient de protéger leur île afin … ne soit pas livrée aux hordes de touristes. **5** … est la raison de ton retard ? Tu nous dois une explication. **6** L'aigle a saisi sa proie entre ses serres, mais il est probable … sera trop lourde pour lui. **7** Le parachutiste se pose à un mètre de la cible : … précision ! **8** Dans un ferry-boat, les voitures sont placées à l'avant pour … soient stabilisées. **9** La cantatrice s'interroge : « … bijoux vais-je porter lors de mon prochain récital ? » **10** Harouna pense … élucidera cette énigme sans trop de difficulté ; il lui suffira d'un peu de réflexion.

358 Copiez les phrases en les complétant avec **quelque(s)**, **quel(s) que** ou **quelle(s) que**. (Leçon 52)

★★★

1 … soient les émissions, les dessins animés ou les feuilletons, ces enfants sont captivés. **2** … célèbres que soient ces acteurs, ils répondent en toute simplicité aux journalistes. **3** Un Inuit est capable de bâtir un igloo en … minutes. **4** … coquettes villas sont encore à louer, mais il faudra vous décider rapidement. **5** Au large du Vanuatu, il reste encore … îlots inhabités. **6** … soient les précautions prises, la pratique du canyoning est assez dangereuse. **7** Avec … amis, vous projetez la visite des châteaux de la Loire. **8** Aurélien aura la volonté de réagir, … soit l'adversité. **9** … soit le lieu où nous sommes nés, il reste attaché à jamais à notre enfance.

359 Copiez ces phrases en les complétant avec **la**, **là**, **l'a**, **l'as** ou **sa**, **ça**. (Leçon 53)

★★

1 … souris s'est glissée sous le meuble ; le chat … guette. **2** … où tu ranges la carte, tu as toutes les chances de … retrouver. **3** … variole était une maladie redoutable ; on … vue disparaître grâce au vaccin. **4** … hauteur de … tour donne le vertige ; l'architecte … voulu ainsi. **5** *L'Air des Bijoux* de Faust est destiné à une voix de soprano, néanmoins … cantatrice … interprété avec brio. **6** … forêt amazonienne est une réserve naturelle, mais on … voit diminuer de jour en jour. **7** Comme ma proposition était intéressante, tu … acceptée. **8** On dit parfois que … vérité sort de … bouche des enfants. **9** … où je suis placée, je verrai toute … scène. **10** Le cimetière du Père Lachaise est le plus célèbre de Paris, c'est … que Chopin est enterré. **11** Les ingénieurs connaissent un petit ennui avec le moteur auxiliaire de … fusée, mais à part …, tout se déroule normalement.

360 Copiez les phrases en les complétant avec **près**, **prêt**, **prêts** ou **peu**, **peux**, **peut**. (Leçon 54)

★★

1 Beaucoup veulent admirer La Joconde, mais … la verront de … . **2** Si tu … saisir l'amarre que te tend Fabien, cela facilitera l'accostage au plus … du quai. **3** Voyons un … comment vous allez lancer la boule pour qu'elle arrive … du cochonnet. **4** S'il se tient … de ses bêtes, le berger … mieux surveiller son troupeau. **5** Le corps des sapeurs-pompiers … intervenir en toutes circonstances en … de temps ; les hommes sont …, jour et nuit. **6** Mehdi ignore à … … tout de la grammaire anglaise ; il n'est pas … de traduire les romans d'Agatha Christie. **7** À deux minutes …, nous manquions la dernière benne du téléphérique. **8** Même si mon sac n'est … que depuis …, je ne suis pas en retard.

361 Copiez les phrases en les complétant avec **tout**, **tous**, **toute** ou **toutes**, et précisez la nature de ce mot. (Leçon 55)

★★★

1 Il n'y a plus une place assise et les retardataires sont … debout. **2** Contre … attente, ce cheval a remporté la course du tiercé. **3** Dominique repasse … en écoutant de la musique. **4** Vous êtes … convaincus qu'un peu de ménage est nécessaire. **5** … les habitants de Chartres sont fiers de leur cathédrale. **6** Les maisons troglodytes sont … creusées dans la roche calcaire. **7** La peinture de la grille est … écaillée ; il faudra la repeindre. **8** … malins qu'ils soient, ces élèves n'ont pas vu le piège dans le problème.

362 Copiez les phrases en les complétant par **quoiqu(e)**, **quoi qu(e)** ou **parce qu(e)**, **par ce qu(e)**. (Leçon 56)

★★

1 Si j'en juge … je vois, vous n'êtes pas prêts d'embarquer : la file d'attente est fort longue. **2** Olivier a des dons exceptionnels, …'il touche, il le transforme en œuvre d'art. **3** Les musées sont fermés … nous sommes le 1er Mai, jour de la fête du Travail. **4** …'il prenne un raccourci, Aurélien n'arrivera pas avant nous … nous courrons ! **5** Je suis enchanté … je viens d'écouter à la radio. **6** … vous imaginiez, vous serez encore loin de la réalité. **7** Le chien est en arrêt …'il flaire la trace d'un lièvre. **8** Les visiteurs ont été étonnés …'ils ont pu admirer au musée du quai Branly.

363 Copiez les phrases en les complétant avec **quand**, **qu'en**, **quant** ou **dans**, **d'en**. (Leçon 57)

★★

1 … cette pièce de théâtre, vous pourrez applaudir Bryan … le rôle du banquier ; … à Martin il tient celui du maître d'hôtel. **2** Il ne faut jamais s'arrêter aux …-dira-t-on et poursuivre son chemin. **3** Solène range ses vêtements ; … à mettre de l'ordre … sa chambre, elle le fera plus tard. **4** … on tombe en panne en pleine nuit, mieux vaut avoir une lampe électrique … sa voiture. **5** Il ne faut utiliser un poste de soudure … portant des lunettes protectrices. **6** … ce restaurant indien ouvrira-t-il ? … quelques semaines, peut-être.

364 Copiez les phrases en les complétant avec **leur** ou **leurs**. (Leçon 58)

★

1 Après le passage du cyclone, les habitants de Basse-Terre s'efforcent de remettre en état … habitations ; les pompiers … apportent une aide précieuse. **2** Les cosmonautes ont enfilé … combinaison et le responsable de la mission … donne les dernières consignes avant d'effectuer … première sortie dans l'espace. **3** L'hôtesse demande aux voyageurs de placer … bagages dans le casier correspondant à … siège. **4** Les trapézistes ont terminé … numéro ; le public a apprécié … audace et … maîtrise lorsqu'ils exécutaient … sauts. **5** Les Brésiliens organiseront la prochaine coupe du monde ; on peut … faire confiance, tout sera prêt à temps et … équipe de football sera difficile à battre.

365 Copiez les phrases en les complétant par **plutôt** ou **plus tôt**, selon le sens. (Leçon 59)

★★★

1 Ce studio est … bien aménagé ; M. Frey va le louer. **2** De Lyon, en prenant le TGV, vous arriverez … à Paris qu'en prenant l'avion. **3** Obtenir une réduction de 70 %, même en période de soldes, c'est … exceptionnel. **4** Tu es revenue à de meilleurs sentiments ; ton attitude est … raisonnable. **5** … ennuyeux, ce livre me déçoit. **6** Il est … que je croyais, le soleil n'est pas encore levé. **7** La Bulgarie et la Roumanie ont intégré l'Union européenne en 2007 ; c'est … qu'elles ne l'espéraient.

CONJUGAISON

60 Les verbes : infinitifs – groupes – temps – modes – personnes

1 **Dans les dictionnaires**, les verbes se présentent sous un mode impersonnel : **l'infinitif**.

2 Un verbe se compose d'un **radical** et d'une **terminaison** (ou désinence).
*cherch-**er*** *réun-**ir*** *voul-**oir*** *descend-**re***

3 Les verbes sont classés **en trois groupes**.
1er groupe : les verbes dont l'infinitif se termine en **-er** (sauf *aller*).
2e groupe : les verbes dont l'infinitif se termine en **-ir** et pour lesquels **on intercale** « **ss** » entre le radical et la terminaison à l'imparfait de l'indicatif.
3e groupe : tous les autres verbes, souvent **irréguliers**.
Les verbes **être** et **avoir** **n'appartiennent à aucun groupe**.

4 **Les temps** permettent de **situer l'action** (ou la parole) **dans le passé, le présent ou le futur**.
La **terminaison varie selon le temps** employé.
Il existe des **temps simples** et des **temps composés**.

5 **La terminaison** d'un verbe **varie** également **selon la personne**.
Pour les deux premières personnes (singulier et pluriel), les sujets sont des pronoms personnels. Pour les troisièmes personnes, les sujets peuvent être de natures différentes : nom, groupes nominaux, pronoms, verbes à l'infinitif, propositions, adverbes…

6 **Les modes** **expriment les différentes manières dont le sujet conçoit et présente l'action**.
l'indicatif : action dans la **réalité**.
le conditionnel : **action éventuelle** qui dépend d'une **condition**.
l'impératif : action sous forme de **conseil** ou d'**ordre**.
le subjonctif : action **envisagée** ou **hypothétique**.

POUR ALLER PLUS LOIN

- **Les verbes pronominaux** sont **accompagnés d'un pronom personnel** – dit réfléchi – **de la même personne que le sujet**.
- **Les verbes transitifs** **expriment une action du sujet**.
Ils peuvent avoir un **complément d'objet**, direct ou indirect.
- **Les verbes intransitifs** **expriment une action limitée du sujet**.
Ils n'ont **pas de complément d'objet**.
- **Les verbes défectifs** ne se conjuguent **qu'à certains temps et certaines personnes** :
bruire – advenir – paître – ouïr – quérir, etc.

366 **Pour chaque verbe, séparez le radical de la terminaison.**

*

Exemple : vous patient-ez

1 prolonger
2 tu bats
3 il pleut
4 nous vivrons
5 ils servaient
6 elle cueillit
7 nous calculons
8 elles sortirent
9 j'apprends
10 tu écriras
11 cela suffit
12 ils réfléchissaient

367 **Indiquez le groupe auquel appartient chacun de ces verbes.**

*

1 ressurgir
2 transmettre
3 excentrer
4 capitaliser
5 lotir
6 transiger
7 apurer
8 saillir
9 crépir
10 ergoter
11 acquérir
12 flétrir
13 médire
14 élaguer
15 bannir
16 ceindre
17 régir
18 émouvoir
19 décréter
20 joindre

368 **Indiquez l'infinitif de ces verbes dont le radical varie selon les formes verbales.**

**

1 je veux – je voudrais – veuillez – j'ai voulu → …
2 tu reviens – il revenait – tu revins – ils reviendront – nous sommes revenus → …
3 je dois – il devait – ils durent – vous devrez – nous devions – elle a dû → …
4 nous pouvons – je pus – ils pourront – tu puisses – elle a pu → …
5 ils envoient – tu envoyais – vous enverrez – j'envoyai – nous avons envoyé → …
6 vous saurez – nous savons – sache – ils surent – tu sais – elles ont su → …
7 elle boira – on a bu – vous buviez – je bois – je boive → …
8 je fais – ils font – vous faites – tu feras – nous fassions – il a fait → …
9 elles plaisent – je plaisais – tu plus – nous plairons – je plaise – vous avez plu → …

369 **Classez les verbes dans un tableau, selon qu'ils sont toujours ou occasionnellement pronominaux.**

**

1 s'astreindre
2 s'enfuir
3 s'enliser
4 se décider
5 se désister
6 s'enhardir
7 se dédire
8 se connecter
9 se morfondre
10 se chamailler
11 se battre
12 se calfeutrer
13 se contacter
14 se lasser
15 s'absenter
16 s'ébattre
17 s'empresser
18 se promener
19 se prélasser
20 se blottir

370 **Recopiez les phrases et indiquez, entre parenthèses, si les verbes sont transitifs ou intransitifs.**

***

1 Tout le monde s'aperçut (…) rapidement que le cheval boitait (…) bas et qu'il ne disputerait (…) pas normalement ses chances. 2 Les pompiers secourent (…) les accidentés de la route, puis ils repartent (…) en direction de leur caserne. 3 Le trajet n'a duré (…) que quelques minutes, mais il m'a paru (…) très long. 4 Faute d'arrosage, ces plantes ne pousseront (…) pas dans des conditions normales. 5 Après l'énoncé des plaidoiries, le jury délibèrera (…) dans le plus grand secret. 6 Le valeureux chevalier a terrassé (…) le dragon qui terrorisait (…) toute la région. 7 Les enfants voyagent (…) le plus souvent avec des billets demi-tarif. 8 Plus personne ne croit (…) que les enfants naissent (…) dans les choux ou dans les roses ! 9 Paulin a réagi (…) lorsque son ami lui a proposé (…) d'échanger leur tablette numérique.

EXPRESSION ÉCRITE

En une quinzaine de lignes, faites le portrait de la personne que vous admirez le plus, et donnez les raisons de votre choix.

61 LE PRÉSENT DE L'INDICATIF : AVOIR – ÊTRE – VERBES DU 1er GROUPE

1 **Le présent de l'indicatif** indique une action qui se déroule **au moment où l'on parle**, **où l'on écrit**.

*J'**ai** le sourire.*	*Je **suis** en colère.*	*Je soupir**e**.*
*Tu **as** le sourire.*	*Tu **es** en colère.*	*Tu soupir**es**.*
*Elle **a** le sourire.*	*Elle **est** en colère.*	*Il soupir**e**.*
*Nous **avons** le sourire.*	*Nous **sommes** en colère.*	*Nous soupir**ons**.*
*Vous **avez** le sourire.*	*Vous **êtes** en colère.*	*Vous soupir**ez**.*
*Ils **ont** le sourire.*	*Ils **sont** en colère.*	*Elles soupir**ent**.*

2 Le présent de l'indicatif peut également exprimer
– une **habitude**, une action ou un fait souvent répété :
*Les élèves utilis**ent** souvent leur dictionnaire.*
– une **vérité générale**, un fait permanent :
*Le soleil se couch**e** à l'ouest.*
– des **actions passées** que l'on place dans le présent pour les rendre plus vivantes (**présent de narration ou historique**).
*En 1789, Louis XVI convoqu**e** les États généraux.*

3 **Pour les verbes du 1er groupe**, **quatre terminaisons sont muettes**.
Il faut donc chercher la personne à laquelle le verbe est conjugué pour ne pas commettre d'erreur.

POUR ALLER PLUS LOIN

Les verbes du 3e groupe comme *ouvrir, couvrir, découvrir, recouvrir, entrouvrir, offrir, souffrir, cueillir, recueillir, saillir, défaillir, assaillir, tressaillir* se conjuguent comme les verbes du 1er groupe au présent de l'indicatif.

*J'entrouvr**e** les fenêtres.* *Tu m'offr**es** des caramels.*
*Elle souffr**e** du froid.* *Nous cueill**ons** des fleurs.*

371 ★★ **Copiez les phrases en complétant avec des sujets de votre choix.**

__1__ … circulent à petite allure sur le canal de Saint-Quentin. __2__ … fréquentons régulièrement la salle de musculation. __3__ … déposent leurs valises sur le tapis roulant. __4__ … votons pour élire les délégués de la classe. __5__ … plane au-dessus de sa proie. __6__ … tente de fermer mon sac. __7__ … s'activent pour trier le courrier. __8__ … nous prouves que … es un ami sur lequel … pouvons compter. __9__ … dépose ses déchets dans les conteneurs appropriés. __10__ … ne supporte plus les feuilletons à l'eau de rose ; … me lassent. __11__ … adore les croquettes ; … ne laisse rien dans sa gamelle. __12__ Après la répétition, … accorde une pause aux musiciens. __13__ … venge son père souffleté par le comte de Gormas. __14__ … s'écoulent lentement ; … est intenable. __15__ …, installées en plein vent, fournissent une quantité d'électricité non négligeable. __16__ … refuse de me séparer de l'ours en peluche de mon enfance. __17__ … médites sur les conseils que te donnent … .

372 **Conjuguez les verbes en gras au présent de l'indicatif.**

★★★

1 **emporter** des provisions
2 **utiliser** une calculatrice
3 **conserver** son sang-froid
4 **ouvrir** son courrier
5 **aborder** le vif du sujet
6 **ne pas renverser** son bol
7 **refermer** la parenthèse
8 **recueillir** un oiseau

373 **Copiez les phrases en écrivant les verbes entre parenthèses au présent de l'indicatif.**

★★★

1 Je (**se demander**) où (**se trouver**) les Maldives, paradis des plongeurs sous-marins. 2 Ton nom (**figurer**) en bonne place sur la liste des participants à ce jeu. 3 Les corbeaux (**coasser**) au-dessus des champs fraîchement labourés. 4 Tu (**décrocher**) les tableaux afin de les encadrer. 5 L'équipe de football du collège (**se qualifier**) pour le tournoi académique. 6 Vous nous (**vanter**) les mérites de ce médicament miracle. 7 Tu (**s'abonner**) à un magazine scientifique. 8 Au départ de la course, les chevaux (**piaffer**) d'impatience. 9 Vous (**ne pas se tracasser**), car la situation (**s'arranger**) progressivement. 10 Qu'(**être**)-ce qui (**bloquer**) la fermeture du portail ? 11 La jeune maman (**cajoler**) son nouveau-né. 12 Qu'(**être**)-ce qui (**pousser**) certains à amasser des centaines d'objets sans valeur ? 13 Nous (**contacter**) nos correspondants de Liverpool. 14 Les ingénieurs (**perfectionner**) le moteur de ce véhicule. 15 Je (**préciser**) ma pensée en employant des mots aisément compréhensibles.

374 **Écrivez les verbes en gras au présent de l'indicatif avec chacun des sujets proposés.**

★★★

1 **être** sur le parking et **chercher** une place libre
(Les automobilistes – Vous – Je – Mme Alberto – Nous)
2 **avoir** le hoquet et **avaler** un verre d'eau
(Tu – Vous – Nous – J' – Tony – Ils)
3 ne pas **avoir** à se plaindre, car **être** bien servi
(Damien – Tu – Vous – Nous – Les pensionnaires)
4 **enfiler** son maillot et **lacer** ses chaussures de sport
(Viviane – Nous – Les joueurs – Tu – J')
5 **se connecter** à Internet et **consulter** sa messagerie
(Nous – Les employés – Vous – Tu – Simon)

375 **Copiez les phrases en complétant avec des verbes du 1er groupe de votre choix, au présent de l'indicatif.**

★★★

1 Le champion olympique … sa victoire. 2 Au petit matin, le renard … sa tanière. 3 Courageux, tu ne … jamais devant les épreuves. 4 Nous … la marguerite, pétale par pétale. 5 Bien trop sèche, la forêt … en quelques instants. 6 Le proverbe … qu'on ne … qu'aux riches. 7 La France … le pétrole nécessaire au fonctionnement de son économie. 8 Pour passer sous cette porte, je … la tête. 9 Les vagues … sur la jetée. 10 Les rejets toxiques … l'eau des rivières proches de l'usine. 11 Vous … vos véritables sentiments.

EXPRESSION ÉCRITE

Des millions d'enfants ne mangent pas à leur faim dans le monde. Vous évoquez ce problème avec des camarades et chacun propose des solutions. Rapportez cette conversation en n'utilisant que des verbes du 1er groupe au présent de l'indicatif.

62 LE PRÉSENT DE L'INDICATIF : VERBES DES 2e ET 3e GROUPES

2e groupe	3e groupe	
je ralentis	je conclus	je descends
tu ralentis	tu conclus	tu descends
elle ralentit	il conclut	elle descend
nous ralentissons	nous concluons	nous descendons
vous ralentissez	vous concluez	vous descendez
ils ralentissent	elles concluent	ils descendent

1 Pour **les personnes du pluriel des verbes du 2e groupe**, on intercale l'élément « **ss** » **entre le radical et la terminaison**. Cet élément permet de distinguer les verbes en « **-ir** » du 2e groupe de ceux également en « **-ir** » du 3e groupe.
Le verbe *vêtir* (et ses dérivés) conservent l'accent circonflexe à toutes les personnes, et le « t » contrairement aux autres verbes terminés par « -tir » à l'infinitif.

revêtir → je revêts – tu revêts – il revêt
nous revêtons – vous revêtez – elles revêtent

2 Pour **les verbes du 3e groupe** terminés par « **-dre** » à l'infinitif, il n'y a pas de terminaison à la 3e personne du singulier.

elle apprend — *il perd* — *elle se défend*

3 **Certains verbes du 3e groupe** (et leurs dérivés) perdent la dernière lettre de leur radical aux personnes du singulier.

vivre → je vis
battre → tu bats
sentir → elle sent
sortir → je sors
mettre → tu mets
dormir → il dort
partir → je pars
mentir → tu mens

POUR ALLER PLUS LOIN

- Il ne faut pas confondre les verbes du 1er groupe homophones de verbes du 3e groupe à certaines personnes.

parer → tu pares — *dorer → je dore* — *serrer → il serre*
partir → tu pars — *dormir → je dors* — *servir → il sert*

Pour éviter les erreurs, il faut toujours chercher l'infinitif et faire attention au sens de la phrase.

376 **Conjuguez les verbes de ces expressions au présent de l'indicatif.**
*
1. *repartir sans tarder*
2. *aboutir au résultat exact*
3. *grossir les événements*
4. *étendre le linge*
5. *ressentir des fourmis dans les jambes*
6. *rajeunir de jour en jour*
7. *attendrir son entourage*
8. *se suspendre au trapèze*

377 **Copiez le texte en écrivant les verbes entre parenthèses au présent de l'indicatif.**
★
1 Même dans les situations les plus difficiles, M. Karlin ne (**se départir**) jamais de son calme. **2** Les animaux (**pressentir**) parfois les tremblements de terre avant les humains et leurs instruments perfectionnés. **3** Tu (**se repentir**) amèrement de ne pas avoir saisi l'opportunité d'aller en voyage linguistique en Angleterre. **4** Les préparatifs de la kermesse (**se dérouler**) normalement ; tout (**concourir**) à faire de cet événement un succès. **5** L'équipage du cargo grec (**secourir**) les occupants d'un voilier victime d'une avarie.

378 **Copiez les phrases en complétant avec les verbes suivants que vous écrirez au présent de l'indicatif.**
★★
s'agripper – poursuivre – prétendre – détendre – courir – partir – surprendre – démentir – promettre – consentir – rire – sévir
1 La princesse … formellement les rumeurs qui … au sujet de son prochain mariage. **2** Qui ne dit mot … . **3** Je te … que je répondrai rapidement à ton message. **4** Tu … ton chat alors qu'il … aux rideaux de ta chambre ; quel petit diable ! **5** En vue de l'arrivée, le triathlète … son effort afin de distancer ses adversaires. **6** Avec ses plaisanteries, Omar … l'atmosphère ; tous ses amis … de bon cœur. **7** Des pirates … au large des côtes de la Somalie. **8** Vous ne … pas au collège sans avoir pris un solide petit-déjeuner. **9** Laurent … avoir gravi le col du Galibier alors qu'il n'avait que onze ans ; nous avons peine à le croire.

379 **Copiez les phrases en complétant avec des verbes du 2e groupe que vous écrirez au présent de l'indicatif.**
★★★
1 Ceux qui repeignent la tour Eiffel **ac**… de véritables exploits acrobatiques. **2** Les massifs de roses **em**… les parcs municipaux. **3** Le vendeur nous **ga**… la solidité de ce VTT. **4** Abandonnés dans un local trop chaud et trop humide, ces fruits **po**… . **5** Vous **rét**… la ponctuation oubliée dans ce texte. **6** Le jardinier **en**… les feuilles mortes pour obtenir du compost. **7** Les sangles, trop serrées, **meu**… les flancs du cheval. **8** Les personnes pessimistes **gém**… bien souvent sur leur sort. **9** Un nuage de fumée noire **ob**… l'horizon. **10** À la descente de l'avion, les passagers **se dé**… les jambes après un long voyage.

380 **Copiez les phrases en complétant avec des verbes du 3e groupe que vous écrirez au présent de l'indicatif.**
★★★
1 Ce sportif **ex**… tous les aliments trop gras de son alimentation. **2** Tu ne **t'en**… pas sans placer un verre d'eau sur ta table de nuit. **3** À quoi **se**… cet étrange engin ? Peut-être à remplacer les marteaux piqueurs ? **4** Les spectateurs **re**… pleinement satisfaits du concert auquel ils ont assisté. **5** Christèle est franche et ne **me**… jamais ; rien ne compte pour elle que la vérité. **6** Pour avoir commis maintes escroqueries, l'accusé **en**… plusieurs années de prison et une lourde amende. **7** Le gardien de but d'une équipe de hockey sur glace **re**… un équipement protecteur, ainsi qu'un casque grillagé.

EXPRESSION ÉCRITE

À la suite d'une visite au Salon de l'agriculture, vous faites part de vos impressions à vos amis. Votre texte sera rédigé au présent de l'indicatif et vous vous efforcerez d'employer des verbes des 2e et 3e groupes.

63 Le présent de l'indicatif : verbes irréguliers

Certains verbes du 3e groupe ont des formes particulières.

aller	je **vais**	elle **va**	nous allons	ils **vont**
faire	tu fais	nous fai**s**ons	vous **faites**	elles **font**
venir	je **viens**	elle **vient**	nous venons	ils **vien**nent
pouvoir	je **peux**	tu **peux**	nous pouvons	elles p**eu**vent
valoir	tu **vaux**	elle **vaut**	vous valez	ils valent
dire	je dis	elle dit	vous **dites**	elles di**s**ent
devoir	tu dois	il doit	nous **devons**	ils doivent
voir	il voit	nous vo**y**ons	vous vo**y**ez	elles **voient**
recevoir	tu re**çois**	elle re**çoit**	nous recevons	ils re**çoivent**
croire	elle croit	nous cro**y**ons	vous cro**y**ez	elles **croient**
lire	je lis	elle lit	nous li**s**ons	ils li**s**ent
luire	elle luit	nous lui**s**ons	vous lui**s**ez	elles lui**s**ent
mourir	tu **meurs**	il **meurt**	vous mourez	elles **meurent**
boire	tu bois	il boit	vous bu**v**ez	elles boi**v**ent
acquérir	j'**acquiers**	il **acquiert**	vous acquérez	ils **acquièrent**
vaincre	tu vain**cs**	elle vain**c**	vous vain**qu**ez	ils vain**qu**ent
peindre	elle pein**t**	nous pei**gn**ons	vous pei**gn**ez	ils pei**gn**ent
résoudre	je résou**s**	elle résou**t**	nous **résolvons**	ils **résolvent**
fuir	je fuis	nous fu**y**ons	vous fu**y**ez	elles fuient
maudire	tu maudis	il maudit	vous maudi**ss**ez	ils maudi**ss**ent
asseoir*	**j'assois**	elle **assoit**	nous asso**y**ons	ils asso**i**ent
asseoir*	j'**assieds**	elle **assied**	nous asse**y**ons	ils asse**y**ent

* Les deux conjugaisons sont acceptées, même si la seconde est plus soutenue.

POUR ALLER PLUS LOIN

Les verbes terminés par « **-aître** » à l'infinitif (ainsi que *plaire*), **conservent l'accent circonflexe** quand le « **i** » du radical est suivi d'un « **t** ».

381 **Copiez les phrases en écrivant les verbes entre parenthèses au présent de l'indicatif.**

1 Comme tu (**prendre**) ton parapluie, j'en (**déduire**) que le ciel (**s'assombrir**). **2** Qui a (**dire**) : « La garde (**mourir**), mais ne (**se rendre**) pas ! » ? **3** Les importations de pétrole (**provenir**) en grande partie du golfe Persique. **4** Deux gousses de vanille (**suffire**) pour donner du goût à cette crème anglaise. **5** Le sucre (**se dissoudre**)-il dans le thé au lait ? **6** Au soleil, la neige (**fondre**) rapidement. **7** Vous (**fuir**) les personnes trop bavardes. **8** Ce marathonien (**connaître**) une sérieuse défaillance. **9** Les réfugiés du Tchad (**voir**) leurs provisions diminuer de jour en jour.

382 **Conjuguez les verbes de ces expressions au présent de l'indicatif.**

★★

1 **se plaire** à la campagne
2 **éteindre** les lumières
3 **se refaire** une beauté
4 **entrevoir** la fin des recherches
5 **souscrire** une assurance
6 **intervenir** à bon escient
7 **se satisfaire** d'un sandwich
8 **aller** de l'avant
9 **convaincre** son auditoire
10 **apprendre** les formules par cœur
11 **parvenir** au but
12 **boire** un verre de grenadine
13 **prédire** l'avenir
14 **relire** sa copie

383 **Copiez ce texte en écrivant les verbes entre parenthèses au présent de l'indicatif ; puis vous le copierez à nouveau avec les sujets « vous » ; « nous » ; « les automobilistes » ; « tu ».**

★★★

Lorsque le conducteur (**apercevoir**) le panneau indiquant l'entrée de l'agglomération, il (**savoir**) qu'il (**devoir**) ralentir. Il (**ne méconnaître pas**) les dangers d'une vitesse excessive. Il (**faire**) très attention aux piétons, et il (**pouvoir**) freiner à tout instant. Il (**conduire**) prudemment et (**s'interdire**) tout coup de volant brutal, car il (**craindre**) de perdre le contrôle de son véhicule.

384 **Écrivez les verbes en gras au présent de l'indicatif en utilisant chacun des sujets proposés.**

★★★

1 **apercevoir** un début d'incendie et **intervenir** sans délai
Tu – Les pompiers – Nous – Vous – Le garde forestier
2 **vaincre** la fatigue et **progresser** rapidement
Les alpinistes – Le caravanier – Je – Vous – Tu
3 **prévoir** une période de forte chaleur et **acquérir** un ventilateur
Vous – Les météorologues – Nous – Je – Mme Salvy
4 **s'asseoir** dans la tribune et **voir** gagner son équipe
Je – Nous – Conrad – Les supporters – Vous

385 **Copiez les phrases en les complétant avec des verbes de la famille de tenir que vous conjuguerez au présent de l'indicatif. Ils seront tous formés avec un préfixe différent.**

★★★

1 Pour quelles raisons certains s'…-ils de voter lors des élections nationales ? **2** Ce funambule … à la troupe du cirque Bouglione depuis plusieurs années. **3** Pleines, ces cuves … plus deux mille litres de fioul. **4** Le champion de Belgique se … toujours aux avant-postes du peloton. **5** Ce philatéliste … un timbre assez rare émis par le territoire de Wallis-et-Futuna. **6** Je … aisément les numéros de téléphone de mes amis les plus proches. **7** Les gens du voyage … l'autorisation de stationner sur un terrain aménagé près du stade de la commune. **8** Contre toutes les évidences, tu … que les baleines ne sont pas des mammifères. **9** Nous … de très bonnes relations avec nos voisins. **10** Le crocodile … de dormir pour mieux tromper les gazelles venues boire. **11** Le branchement électrique défectueux … à la qualité du son.

EXPRESSION ÉCRITE

En vacances, vous décidez, avec des camarades, de faire une randonnée dans une contrée montagneuse que vous ne connaissez pas. Racontez, au présent de l'indicatif, cette aventure au cours de laquelle vous avez quelques frayeurs.

64 L'IMPARFAIT DE L'INDICATIF : VERBES DES 1er, 2e ET 3e GROUPES

1 **À l'imparfait de l'indicatif**, tous les verbes prennent **les mêmes terminaisons**.

1er groupe		2e groupe		3e groupe	
marcher		agir		revenir	
je	march**ais**	j'	agi**ssais**	je	reven**ais**
tu	march**ais**	tu	agi**ssais**	tu	reven**ais**
il/elle	march**ait**	il/elle	agi**ssait**	il/elle	reven**ait**
nous	march**ions**	nous	agi**ssions**	nous	reven**ions**
vous	march**iez**	vous	agi**ssiez**	vous	reven**iez**
ils/elles	march**aient**	ils/elles	agi**ssaient**	ils/elles	reven**aient**

2 Pour les verbes du **2e groupe**, on intercale l'élément « **ss** » entre le radical et la terminaison.

3 **Pour tous les verbes**, **quatre terminaisons sont homophones**.

4 **Les verbes du 1er groupe** terminés par « **-gner** », « **-iller** », « **-ier** », « **-yer** », à l'infinitif, ont pratiquement la même prononciation des terminaisons des 1re et 2e personnes du pluriel du présent et de l'imparfait de l'indicatif. Il ne faut donc pas oublier **d'ajouter un « i » à l'imparfait**.

*nous gagnons – nous gagn**ions*** *vous travaillez – vous travaill**iez***
*nous skions – nous ski**ions*** *vous balayez – vous balay**iez***

Pour bien faire la distinction, on essaie de remplacer par une forme du singulier.

*Aujourd'hui, nous ski**ons**. Aujourd'hui, elle ski**e**. → présent*
*Hier, nous ski**ions**. Hier, elle ski**ait**. → imparfait*

Attention : certains verbes du 3e groupe (*rire, cueillir, bouillir, fuir, voir, asseoir, croire, craindre, peindre*…) se conjuguent avec cette même particularité.

*nous ri**ions** – vous cueill**iez** – nous bouill**ions** – vous fuy**iez** – nous voy**ions** – vous assoy**iez** – (vous assey**iez**) – nous croy**ions** – vous craign**iez** – nous peign**ions***

386 **Conjuguez les verbes de ces expressions à l'imparfait de l'indicatif.**

*
1 **remplir** les verres
2 **consulter** Internet
3 **présenter** ses excuses
4 **perdre** tous ses moyens
5 **détenir** un carnet de chèques
6 **admettre** des erreurs
7 **obtenir** de bons résultats
8 **ébahir** son entourage

387 **Copiez les phrases en écrivant les verbes entre parenthèses à l'imparfait de l'indicatif.**

1 Les banquiers florentins (**s'enrichir**) aux dépens des rois de France. **2** Vous (**éblouir**) vos amis par vos connaissances musicales. **3** L'éleveur de poulets de Bresse ne les (**nourrir**) qu'avec des grains de maïs. **4** Seul dans le noir, je (**se persuader**) que les bruits que j'(**entendre**) n'(**être**) dus qu'à des volets mal fermés. **5** Lorsque les émigrants (**apercevoir**) le port de New York, ils (**se réjouir**), espérant débuter une vie nouvelle. **6** Au lavoir, les lavandières (**papoter**) en rinçant leur linge. **7** En ouvrant ces noix fraîches, tu (**se noircir**) les doigts. **8** À la sortie de l'école primaire, nous (**mâchouiller**) parfois des bâtons de réglisse.

388 **Copiez les phrases en écrivant les verbes en gras à l'imparfait de l'indicatif.**

1 Sans mon portable, je ne **parviens** pas à joindre mon amie Ghislaine. **2** Je me **targue** de savoir jongler avec quatre balles. **3** Nous **étudions** les propriétés du triangle rectangle. **4** Tu **critiques** notre manière de procéder, mais tu ne **réussis** pas mieux. **5** Vous **vérifiez** l'exactitude de vos réponses au questionnaire. **6** Jérôme **déglutit** avec peine, tant la potion **est** amère. **7** Comme ta moyenne **baisse**, tu te **ressaisis**. **8** Nous nous **octroyons** une petite pause. **9** Tu ne **t'éternises** jamais dans le vestiaire ; tu te **rhabilles** en cinq minutes. **10** Les gargouilles des cathédrales **effraient** les âmes sensibles.

389 **Copiez les phrases en écrivant les verbes entre parenthèses à l'imparfait de l'indicatif.**

1 Vous (**bannir**) les propos vulgaires de vos conversations. **2** Au début de la conquête spatiale, les vaisseaux américains (**amerrir**) sur l'Atlantique. **3** Chaque fois qu'il (**jouer**) au loto, M. Estorgues (**perdre**). **4** Les rois (**anoblir**) les chevaliers qui (**se distinguer**) lors des batailles. **5** Je n'(**emprunter**) le car de ramassage qu'en cas de mauvais temps ; je (**préférer**) me rendre au collège à vélo. **6** L'an dernier, nous (**sortir**) tous les lundis à 17 heures. **7** Dans la pièce de Molière, l'avare (**enfouir**) sa cassette au fond de son jardin.

390 **Copiez le texte en écrivant les verbes entre parenthèses à l'imparfait de l'indicatif.**

Le ciel humide et gris (**sembler**) peser sur la vaste plaine brune. L'odeur de l'automne (**rendre**) plus épais et plus lourd l'air stagnant du soir. Les paysans (**travailler**) encore en attendant l'Angélus du soir.

Au bord d'un chemin, un tout petit enfant, assis les jambes ouvertes, (**jouer**) avec une pomme de terre qu'il (**laisser**) parfois tomber dans sa robe, tandis que cinq femmes, courbées et la croupe en l'air, (**piquer**) des brins de colza dans la plaine voisine. D'un mouvement leste et continu, tout le long du grand bourrelet de terre que la charrue (**venir**) de retourner, elles (**enfoncer**) une pointe de bois, puis (**jeter**) aussitôt dans ce trou la plante un peu flétrie déjà qui (**s'affaisser**) sur le côté, puis elles (**recouvrir**) la racine et (**continuer**) leur travail.

D'après Guy de Maupassant, *Le Père Amable*, 1886.

EXPRESSION ÉCRITE

Vous avez vécu une situation particulièrement désagréable. Racontez cette mésaventure à l'imparfait de l'indicatif. Vous insisterez sur votre réaction finale.

65 L'IMPARFAIT DE L'INDICATIF : AVOIR – ÊTRE – VERBES IRRÉGULIERS

À l'imparfait de l'indicatif, **certains verbes du 3e groupe modifient leur radical** pour toutes les personnes.
Cette modification est la même que celle du radical à la 1re personne du singulier du présent de l'indicatif.

être	tu **ét**ais	elle **ét**ait	nous **ét**ions	ils **ét**aient
avoir	j'**av**ais	tu **av**ais	vous **av**iez	elles **av**aient
faire	je **fais**ais	elle **fais**ait	nous **fais**ions	ils **fais**aient
écrire	j'**écriv**ais	il **écriv**ait	nous **écriv**ions	vous **écriv**iez
boire	tu **buv**ais	nous **buv**ions	vous **buv**iez	ils **buv**aient
prendre	je **pren**ais	elle **pren**ait	vous **pren**iez	elles **pren**aient
plaire	tu **plais**ais	elle **plais**ait	nous **plais**ions	ils **plais**aient
luire	elle **luis**ait	nous **luis**ions	vous **luis**iez	ils **luis**aient
lire	je **lis**ais	tu **lis**ais	elle **lis**ait	nous **lis**ions
connaître	je **connaiss**ais	tu **connaiss**ais	vous **connaiss**iez	ils **connaiss**aient
dire	tu **dis**ais	nous **dis**ions	vous **dis**iez	elles **dis**aient
vaincre	tu **vainqu**ais	elle **vainqu**ait	vous **vainqu**iez	ils **vainqu**aient
fuir	je **fuy**ais	il **fuy**ait	vous **fuy**iez	elles **fuy**aient
taire	tu **tais**ais	elle **tais**ait	nous **tais**ions	ils **tais**aient
éteindre	j'**éteign**ais	nous **éteign**ions	vous **éteign**iez	ils **éteign**aient
croire	tu **croy**ais	il **croy**ait	vous **croy**iez	ils **croy**aient
résoudre	tu **résolv**ais	nous **résolv**ions	vous r**ésolv**iez	ils r**ésolv**aient
coudre	je **cous**ais	il **cous**ait	vous **cous**iez	elles **cous**aient
extraire	tu **extray**ais	il **extray**ait	vous **extray**iez	ils **extray**aient
haïr	je **haïss**ais	elle **haïss**ait	nous **haïss**ions	vous **haïss**iez
asseoir*	tu **assoy**ais	il **assoy**ait	nous **assoy**ions	ils **assoy**aient
asseoir*	j'**assey**ais	tu **assey**ais	nous **assey**ions	vous **assey**iez

* Les deux conjugaisons sont acceptées.

POUR ALLER PLUS LOIN

Pour exprimer une hypothèse, on emploie l'imparfait de l'indicatif dans une proposition subordonnée introduite par « **si** ». Dans ce cas, le verbe de la proposition principale est au présent du conditionnel.
*Si j'**allais** plus souvent à la salle de sport, je me porterais mieux.*

391 **Conjuguez les verbes de ces expressions à l'imparfait de l'indicatif.**

*

1 ***recoudre*** *les boutons*
2 ***haïr*** *les injustices*
3 ***relire*** *sa copie*
4 ***percevoir*** *des différences*
5 ***convaincre*** *ses amis*
6 ***avoir*** *des scrupules*
7 ***être*** *à côté de la vérité*
8 ***pourvoir*** *à ses besoins*

392 **Copiez les phrases en écrivant les verbes entre parenthèses à l'imparfait de l'indicatif.**
★★★

1 Autrefois, les sorcières (**comparaître**) devant le tribunal de l'Inquisition. **2** Des blocs de béton (**interdire**) l'accès de ce sentier forestier. **3** Ce charlatan (**dire**) souvent le contraire de ce qu'il (**avoir**) affirmé quelques minutes auparavant. **4** Vous ne (**se satisfaire**) pas d'un petit-déjeuner sans un yaourt et des céréales. **5** Pourquoi (**construire**)-tu des maquettes de bateaux avec autant de minutie ? **6** La venue de l'oncle Ali (**introduire**) toujours un peu de gaieté dans la maison. **7** Dans les châteaux, les précepteurs (**instruire**) les enfants des familles nobles. **8** Au Moyen Âge, les paysans (**maudire**) le passage des soldats qui (**ravager**) les récoltes. **9** Dès son enfance, on (**prédire**) un brillant avenir au jeune Mozart. **10** Avec ces médicaments, le médecin (**proscrire**) toute consommation d'alcool. **11** Chaque printemps, la température (**remonter**) et la nature (**renaître**). **12** Né de l'imagination de Georges Simenon, le commissaire Jules Maigret (**résoudre**) les énigmes policières les plus ardues.

393 **Copiez les phrases en écrivant les verbes en gras à l'imparfait de l'indicatif.**
★★★

1 Avec ta nouvelle coiffure, tu **parais** bien plus jeune. **2** Lors de chaque changement de décor, les comédiens **réapparaissent** avec des costumes différents. **3** L'analyse des échantillons de roches **contredit** l'hypothèse initialement formulée par certains scientifiques. **4** Vous **redites** toujours l'histoire, telle que vous **l'avez** entendue. **5** Aucune émotion ne **transparaît** sur le visage du candidat, qui **répond** calmement à toutes les questions du jury. **6** Tous les matins, je **bois** un verre de jus de fruits ; cela me **fait** le plus grand bien. **7** Nous nous **inscrivons** aux concours de mots croisés organisés par la maison de quartier. **8** Cet humoriste ne **déçoit** jamais son public ; il le **tient** en haleine tout au long de son spectacle. **9** Vous vous **asseyez** toujours au dernier rang pour mieux apprécier le film. **10** Grâce à sa formidable mémoire, ce joueur d'échecs **vainc** tous ses adversaires lors des championnats de Russie.

394 **Copiez ces phrases en les complétant par les verbes de la liste suivante que vous conjuguerez à l'imparfait de l'indicatif.**
★★★

complaire – séduire – élire – décrire – plaire – être – apprendre – restreindre – reproduire – parvenir

1 L'actrice … les critiques par son jeu remarquable. **2** Nous … de longues listes de verbes irréguliers anglais. **3** Fidèle à ton régime, tu … ta consommation de féculents. **4** Vous vous … dans une attitude d'opposition systématique ; ce n'… vraiment pas raisonnable. **5** Faute d'être arrosés, ces arbres ne … pas à se développer. **6** Au cours de dessin, je … plusieurs fois le même objet pour améliorer ma technique. **7** Les poètes romantiques … la nature dans des vers mélancoliques. **8** Avant 1848, seuls les hommes riches … les députés français. **9** Les romans feuilletons … aux lecteurs des journaux du XIXᵉ siècle.

EXPRESSION ÉCRITE

Pendant les dernières vacances, votre sœur (ou frère) a travaillé dans un supermarché où elle (il) gérait l'approvisionnement des rayons. Racontez une de ses journées ; les verbes seront à l'imparfait de l'indicatif.

66 LE FUTUR SIMPLE DE L'INDICATIF : AVOIR – ÊTRE – VERBES DES 1er ET 2e GROUPES

1 **Au futur simple**, les **terminaisons sont les mêmes** pour tous les verbes, sans exception.

être		avoir		rester		finir	
je	ser**ai**	j'	aur**ai**	je	rester**ai**	je	bondir**ai**
tu	ser**as**	tu	aur**as**	tu	rester**as**	tu	bondir**as**
il/elle	ser**a**	il/elle	aur**a**	il/elle	rester**a**	il/elle	bondir**a**
nous	ser**ons**	nous	aur**ons**	nous	rester**ons**	nous	bondir**ons**
vous	ser**ez**	vous	aur**ez**	vous	rester**ez**	vous	bondir**ez**
ils/elles	ser**ont**	ils/elles	aur**ont**	ils/elles	rester**ont**	ils/elles	bondir**ont**

2 Hormis pour quelques verbes particuliers (voir leçons 80-81-82), on retrouve l'infinitif en entier dans la conjugaison des verbes du 1er et du 2e groupe au futur simple.

3 Quand **on écrit un verbe du 1er groupe** au futur simple, il faut bien penser à l'infinitif pour éviter d'oublier le « **e** » muet :

*skier → je ski**e**rai – nous ski**e**rons*
*saluer → tu salu**e**ras – vous salu**e**rez*
*jouer → il jou**e**ra – elles jou**e**ront*

ou pour ne pas placer un « **e** » inutile.

agir → il agira – elles agiront
pâlir → il pâlira – vous pâlirez

POUR ALLER PLUS LOIN

Le verbe **cueillir**, bien que du 3e groupe, **se conjugue comme un verbe du 1er groupe**.

*je cueill**e**rai ; tu cueill**e**ras ; elle cueill**e**ra ; nous cueill**e**rons ; vous cueill**e**rez ; ils cueill**e**ront*

395 **Conjuguez les verbes de ces expressions aux temps de l'indicatif demandés.**

*

	présent	imparfait	futur simple
1 **surmonter** son appréhension	je …	je …	je …
2 **arrondir** le résultat	tu …	tu …	tu …
3 **nier** les évidences	il …	elle …	il …
4 ne pas **oublier** ses rendez-vous	nous …	nous …	nous …
5 **plier** les feuilles en quatre	elles …	ils …	elles …
6 **brosser** ses vêtements	vous …	vous …	vous …
7 **apprécier** les galettes	nous …	nous …	nous …
8 **saisir** les opportunités	je …	je …	je …
9 **exclure** de renoncer	tu …	tu …	tu …

396 **Copiez les phrases en écrivant les verbes entre parenthèses au futur simple.**

★★★

1 Ce cheval est favori et de nombreux turfistes (**parier**) sur lui. **2** Mon petit frère espère que le Père Noël (**exaucer**) tous ses désirs de cadeaux. **3** Les Jamaïcains (**accueillir**) l'affaiblissement du cyclone avec soulagement. **4** Je ne (**trahir**) pas ta confiance et je ne (**dévoiler**) pas le secret que tu m'as confié. **5** Après être resté assis deux heures, vous (**se dégourdir**) les jambes. **6** Nous (**fournir**) un effort et nous (**terminer**) notre travail. **7** Si personne ne veut faire la vaisselle, tu (**se dévouer**). **8** Le jardinier (**humidifier**) le sol, bien trop sec pour y planter quoi que ce soit. **9** Vous (**garnir**) le réfrigérateur avec ces provisions.

397 **Copiez les phrases en écrivant les verbes en gras au futur simple.**

★★★

1 Le bijoutier **expose** les bagues et les colliers dans les vitrines de sa boutique. **2** Ce sculpteur **crée** des réalisations insolites, mais originales. **3** Pour les experts, le niveau des eaux de la Somme **se situe** au-dessus de la cote d'alerte. **4** Tu **recueilles** de l'eau de pluie pour arroser tes plantations. **5** Vous vous **abonnez** à un journal d'actualités pour les jeunes. **6** Nous **dévoilons** nos intentions au dernier moment pour surprendre l'adversaire. **7** Le professeur de musique **organise** une répétition en vue du gala de fin d'année. **8** Je **participe** avec joie à un échange linguistique avec un collège espagnol. **9** Les nouvelles technologies **simplifient** peut-être notre vie quotidienne.

398 **Copiez les phrases en complétant avec des verbes du 1er groupe que vous écrirez au futur simple.**

★★★

1 À la fin du concert, une foule en délire **ova**… son idole. **2** Le collectionneur **exa**… avec attention ce timbre rare pour en certifier l'authenticité. **3** Personne ne **criti**… ton travail, car il est parfait. **4** En raison du froid et de l'absence de neige, la famille Di Renzo **écour**… son séjour à Chamonix. **5** Les pétroliers **pén**… dans le port de Lavéra, où ils **vid**… leurs cuves dans d'énormes réservoirs. **6** Le hors-la-loi ne **narg**… pas longtemps le shérif, qui **l'arr**… bientôt. **7** Cet éleveur **dre**… les chiens pour qu'ils puissent guider les aveugles. **8** Les concurrents de ce rallye **resp**… le règlement spécial, ainsi que le code de la route.

399 **Copiez les phrases en complétant avec des verbes du 2e groupe que vous écrirez au futur simple.**

★★★

1 Nous **amo**… notre chute en pliant les genoux. **2** Pour la fête du quartier, nous **fleu**… les balcons de l'immeuble. **3** Guidé d'une main ferme par son cavalier, le cheval **fran**… tous les obstacles du parcours. **4** Les sauveteurs espèrent que la recherche des survivants **abou**… dans de brefs délais. **5** Après cette bévue, je pense que tu **réf**… deux fois avant de prononcer des paroles malheureuses. **6** Votre entraîneur espère que vous **sai**… votre chance au cours du deuxième set. **7** Ce spectacle de marionnettes **div**… les jeunes enfants de l'école maternelle. **8** Des coulées de peinture **enl**… la façade de cet immeuble récemment restauré. **9** Si ce pantalon est trop long, tu le **racc**… .

EXPRESSION ÉCRITE

Imaginez votre futur métier. Décrivez les lieux et les conditions dans lesquels vous l'exercerez. Vous n'emploierez que des verbes du 1er et du 2e groupe au futur simple de l'indicatif.

67 Le futur simple de l'indicatif : verbes du 3e groupe et verbes irréguliers

1 **Les verbes du 3e groupe**, dont la terminaison à l'infinitif est **-e**, **perdent cette lettre au futur simple**.

descendre	→ *je descendr**ai***	*combattre*	→ *tu combattr**as***
peindre	→ *il peindr**a***	*rire*	→ *nous rir**ons***
croire	→ *vous croir**ez***	*vaincre*	→ *ils vaincr**ont***

Retenons les formes du radical de quelques verbes particuliers.

aller :	j'**ir**ai	tu **ir**as	nous **ir**ons	ils **ir**ont
faire :	tu **fer**as	elle **fer**a	vous **fer**ez	elles **fer**ont
venir :	je **viendr**ai	il **viendr**a	nous **viendr**ons	ils **viendr**ont
vouloir :	tu **voudr**as	elle **voudr**a	nous **voudr**ons	vous **voudr**ez
valoir :	je **vaudr**ai	il **vaudr**a	vous **vaudr**ez	elles **vaudr**ont
devoir :	tu **devr**as	elle **devr**a	nous **devr**ons	vous **devr**ez
asseoir :	j'**assoir**ai	il **assoir**a	vous **assoir**ez	ils **assoir**ont
asseoir :	tu **assiér**as	elle **assiér**a	nous **assiér**ons	elles **assiér**ont

2 Quelques verbes (et ceux de même famille) **doublent le « r » du radical**. Il faut faire attention, car cette consonne double n'est pas toujours prononcée.

courir :	je cou**rr**ai	tu cou**rr**as	elle cou**rr**a	nous cou**rr**ons
voir :	tu ve**rr**as	il ve**rr**a	nous ve**rr**ons	ils ve**rr**ont
pouvoir :	je pou**rr**ai	elle pou**rr**a	nous pou**rr**ons	elles pou**rr**ont
acquérir :	j'acque**rr**ai	tu acque**rr**as	elle acque**rr**a	vous acque**rr**ez
mourir :	tu mou**rr**as	il mou**rr**a	nous mou**rr**ons	ils mou**rr**ont

3 **Revoir** et **entrevoir** (ainsi qu'**envoyer**) se conjuguent comme **voir** :

*Nous vous **reverrons** demain.* *Tu **entreverras** une solution.*
*Il **enverra** sa lettre.*

4 Mais **pourvoir** et **prévoir** se conjuguent sur un autre radical :

*Nous **pourvoirons** à tous vos besoins.*
*Tu **prévoiras** une trousse de secours.*

POUR ALLER PLUS LOIN

Le futur proche s'exprime à l'aide du verbe ***aller* au présent de l'indicatif** suivi de **l'infinitif**.

*Dans un instant, je **vais prendre** le TGV.*

400 Écrivez les verbes de ces expressions au futur simple.

★

1 ***revenir*** *dans une heure*
2 ***envoyer*** *sa commande*
3 ***revoir*** *sa maison natale*
4 ***retenir*** *son souffle*
5 ***prévoir*** *une seconde solution*
6 ***faire*** *des économies*
7 ***aller*** *jusqu'à la rivière*
8 *ne pas* ***confondre*** *les numéros*

401 **Copiez les phrases en écrivant les verbes entre parenthèses au futur simple.**

*

1 Nous ne (**savoir**) jamais quelle est la fin de ce film. **2** Si je suis malade, j'(**obtenir**) une dispense de piscine. **3** Après ton café, tu (**vouloir**) probablement prendre un petit dessert. **4** Michel (**tenir**) sa promesse ; je (**pouvoir**) l'accompagner sur le terrain de golf. **5** Dès les premières notes, je (**reconnaître**) la musique du film *Harry Potter et les Reliques de la Mort*. **6** Nous (**être**) à l'initiative de l'organisation de l'exposition sur les volcans d'Islande. **7** Dans trente ans, ce véhicule de collection (**valoir**) une petite fortune. **8** La terre est sèche, on espère qu'il (**pleuvoir**) dans peu de temps. **9** Vous (**inscrire**) votre nom et votre prénom sur les copies du brevet.

402 **Copiez les phrases en écrivant les verbes en gras au futur simple.**

**

1 Il **faut** changer les pneus de ce véhicule dans cinq mille kilomètres. **2** Cet espion **vend** des renseignements à une puissance ennemie. **3** Nous nous **satisfaisons** d'un simple plat de spaghettis à la tomate. **4** Je me **souviens** de la visite du Mont-Saint-Michel. **5** Vous ne **croyez** pas un mot de cette histoire invraisemblable. **6** On **détruit** cette bicoque pour bâtir un centre commercial. **7** Trois points de colle **suffisent** pour fixer cette gravure sur le mur de ma chambre. **8** Ce dessinateur **s'assoit** devant sa table pour achever son esquisse.

403 **Écrivez les phrases en transformant le futur proche en futur simple.**

**

1 Je **ne vais pas confondre** ces deux numéros de téléphone. **2** Mon cousin Farid **va écrire** une nouvelle. **3** Vous **allez prendre** une perceuse pour fixer les tringles des rideaux. **4** En raison de la montée des eaux, les gendarmes **vont interdire** la circulation sur les voies sur berges. **5** Tu **vas peut-être souscrire** un abonnement à un journal d'informations scientifiques. **6** Je suis certaine que le dénouement de ce film **va vous émouvoir**. **7** Pour disposer correctement notre travail, nous **allons recourir** à un logiciel de traitement de texte. **8** Au printemps, les éleveurs **vont tondre** leurs moutons. **9** Notre classe **va entretenir** une correspondance avec un collège anglais. **10** Au premier coup de fusil, les lapins **vont s'enfuir**. **11** Comme il a fait des économies, M. Garriou **va acquérir** une nouvelle moto un peu plus économique.

404 **Complétez les verbes au futur simple et justifiez la terminaison en donnant l'infinitif entre parenthèses.**

***

1 Un jour peut-être, les athlètes **cou**… le cent mètres plat en moins de neuf secondes. **2** Ces enfants **jou**… avec leurs legos. **3** Si vous empruntez ce souterrain, vous **mou**… de peur au premier pas, tant il est sombre. **4** Si vous ne suivez pas les instructions, vous **échou**… lors du montage de cette bibliothèque. **5** Le soldat **recou**… les boutons de son uniforme. **6** Philippe **secou**… les branches du noyer pour faire tomber les fruits. **7** Personne ne **vou**… s'embarquer sur un rafiot aussi délabré.

EXPRESSION ÉCRITE

Imaginez la vie dans une cité où toute circulation automobile sera interdite. Décrivez notamment les modifications que cela imposera dans notre manière de nous déplacer, et les bienfaits qui pourront en résulter.

68 Le passé simple de l'indicatif : avoir – être – verbes du 1er groupe

Le passé simple **exprime des faits passés**, complètement **achevés**, qui ont eu lieu à un moment précis, sans idée d'habitude et **sans lien avec le présent**.

Le passé simple marque **la succession des faits**, c'est **le temps du récit écrit** par excellence.

Rappel : **L'imparfait** marque **une action qui dure dans le passé** ou **des faits habituels**. C'est le temps de la **description** d'une scène, d'un paysage.

*Géraldine **regardait** un film à la télévision, lorsque le téléphone **sonna**.*

action qui dure : imparfait — *action brève : passé simple*

	avoir		être		hésiter
j'	**eus** le trac.	je	**fus** sans voix.	j'	hésit**ai**
tu	**eus** le trac.	tu	**fus** sans voix.	tu	hésit**as**
il/elle	**eut** le trac. *	il/elle	**fut** sans voix.*	il/elle	hésit**a**
nous	**eûmes** le trac.	nous	**fûmes** sans voix.	nous	hésit**âmes**
vous	**eûtes** le trac.	vous	**fûtes** sans voix.	vous	hésit**âtes**
ils/elles	**eurent** le trac.	ils/elles	**furent** sans voix.	ils/elles	hésit**èrent**

* Ces formes ne prennent jamais d'accent circonflexe au passé simple.

Pour aller plus loin

• La première personne du singulier du passé simple et celle de l'imparfait de l'indicatif des verbes du 1er groupe ont la même prononciation. Pour éviter les erreurs, on peut penser à la 2e personne du singulier ; on entend alors la différence.

*Souvent, j'hésit**ais**. → Souvent, tu hésit**ais**. → imparfait*
*Soudain, j'hésit**ai**. → Soudain, tu hésit**as**. → passé simple*

• Bien que du 3e groupe, le verbe ***aller*** se conjugue comme un verbe du 1er groupe au passé simple.

405 **Copiez les phrases en écrivant les verbes entre parenthèses au passé simple.**
**

1 Les cloches (**sonner**) pour célébrer le mariage de la cousine d'Alexandrine. **2** Pourquoi Didier (**pleurnicher**)-t-il sans raison apparente ? **3** Les congères (**se former**) en quelques heures et la circulation (**être**) interrompue. **4** Votre interlocuteur (**proférer**) des menaces, mais vous (**se maîtriser**) pour ne pas envenimer la situation. **5** Le caissier (**entrer**) le code du coffre-fort et aussitôt la porte (**pivoter**). **6** Nous (**se familiariser**) avec ce nouveau logiciel en quelques minutes.

406 **Copiez les phrases en écrivant les verbes en gras au passé simple.**
★★

1 Pourchassées par la meute, les biches **se réfugient** dans les fourrés. **2** Vous **apportez** votre soutien à la campagne de lutte contre la faim. **3** Au passage de la douane, le policier américain **tamponne** ton passeport et ta photographie. **4** Vous ne **vous fiez** pas aux apparences et vous **avez** raison. **5** Mal préparé, le projet d'une exposition de jouets anciens **avorte**. **6** Je **caresse** l'espoir de voir ma moyenne augmenter. **7** Le pizzaiolo **étale** la pâte, **dispose** les ingrédients et **enfourne** la pizza. **8** Tu **te blesses** en voulant tailler un morceau de bois.

407 **Copiez les phrases en les complétant par des verbes du 1er groupe écrits au passé simple.**
★★★

1 Gourmand, je **dév**... la tablette de chocolat aux noisettes. **2** Lors du week-end de Pâques, les gendarmes **int**... les contrôles de vitesse. **3** Une nuée de mouches **bou**... aux oreilles de Ronan. **4** Tu **app**... ta contribution au débat sur l'introduction des loups dans les Alpes. **5** Lorsque Samuel **lai**... tomber sa timbale, surpris, tu **sur**... . **6** Des flots de lave incandescente **dév**... les flancs de l'Etna. **7** L'électricien **vér**... l'état du disjoncteur. **8** Hercule **terr**... le lion de Némée. **9** N'ayant pas vu l'obstacle, tu **tréb**... . **10** Les explorateurs se **fra**... un passage à coups de machette à travers la jungle.

408 **Copiez les phrases en écrivant les verbes entre parenthèses au passé simple ou à l'imparfait de l'indicatif, selon le sens.**
★★★

1 Comme le radar ne (**fonctionner**) pas, la tour de contrôle (**annuler**) plusieurs vols. **2** Nous (**dîner**) tranquillement en famille lorsqu'on (**frapper**) à la porte. **3** Alors que je (**dessiner**), la mine de mon crayon (**se casser**). **4** Vous (**avoir**) une légère indigestion, alors vous (**jeûner**) pendant deux jours. **5** Tout (**accuser**) le pyromane, mais il (**nier**) avoir allumé l'incendie. **6** Comme vous (**inverser**) deux nombres, le résultat ne (**pouvoir**) qu'être inexact.

409 **Copiez le texte en écrivant les verbes entre parenthèses au passé simple.**
★★★

Holmes (**se coller**) littéralement contre le mur et je l'(**imiter**), non sans avoir refermé une main sur la crosse de mon revolver. En sondant l'obscurité, je (**distinguer**) une vague forme humaine, légèrement plus sombre que le noir de la porte ouverte. L'homme (**s'arrêter**) un instant, puis (**avancer**) lentement, recroquevillé, menaçant, dans la pièce. Déjà je m'étais ramassé pour le recevoir, mais je (**réaliser**) qu'il ne se doutait pas le moins du monde de notre présence. Il (**passer**) tout près de nous, et doucement, avec précaution, il (**aller**) soulever la fenêtre-guillotine de quelques centimètres. Quand il (**s'agenouiller**) pour se poster devant cette ouverture, les lumières de la rue l'(**éclairer**) en plein.

Conan Doyle, *Résurrection de Sherlock Holmes*,
traduction de Robert Latour, Robert Laffont, 1956.

EXPRESSION ÉCRITE

La municipalité a décidé de dynamiter une barre d'immeubles vétustes. Racontez les événements depuis l'évacuation des habitants jusqu'aux conséquences de cette destruction. Vous emploierez à bon escient l'imparfait et le passé simple de l'indicatif.

69 LE PASSÉ SIMPLE DE L'INDICATIF : VERBES DES 2e ET 3e GROUPES EN -I

1 **Au passé simple**, les **verbes du 2e groupe** et certains verbes du **3e groupe** ont **les mêmes terminaisons**.

2e groupe	3e groupe		
bondir	**ouvrir**	**partir**	**attendre**
je bondis	j' ouvris	je partis	j' attendis
tu bondis	tu ouvris	tu partis	tu attendis
elle bondit	il ouvrit	elle partit	il attendit
nous bondîmes	nous ouvrîmes	nous partîmes	nous attendîmes
vous bondîtes	vous ouvrîtes	vous partîtes	vous attendîtes
ils bondirent	elles ouvrirent	ils partirent	elles attendirent

Au passé simple, pour les personnes du singulier, les terminaisons des verbes du 2e groupe sont les mêmes que celles du présent de l'indicatif.
passé simple :
*L'avion **arrivait** de Mexico, il **ralentit** (2e groupe) et **atterrit** (2e groupe).*
présent de l'indicatif :
*L'avion **arrive** de Mexico, il **ralentit** (2e groupe) et **atterrit** (2e groupe).*

2 Pour **quelques verbes du 3e groupe** (et ceux de leur famille), **la forme du radical est modifiée**.

faire	je **f**is	tu **f**is	elle **f**it	ils **f**irent
apprendre	j' **appr**is	tu **appr**is	il **appr**it	elles **appr**irent
voir	je **v**is	tu **v**is	elle **v**it	ils **v**irent
mettre	je **m**is	tu **m**is	il **m**it	elles **m**irent
déduire	je **déduis**is	tu **déduis**is	il **déduis**it	elles **déduis**irent
asseoir	j' **ass**is	tu **ass**is	elle **ass**it	ils **ass**irent
écrire	j' **écriv**is	tu **écriv**is	il **écriv**it	elles **écriv**irent
peindre	je **peign**is	tu **peign**is	elle **peign**it	ils **peign**irent
naître	je **naqu**is	tu **naqu**is	il **naqu**it	elles **naqu**irent
vaincre	je **vainqu**is	tu **vainqu**is	elle **vainqu**it	ils **vainqu**irent
acquérir	j' **acqu**is	tu **acqu**is	il **acqu**it	elles **acqu**irent
coudre	je **cous**is	tu **cous**is	il **cous**it	elles **cous**irent

Remarque : pour le verbe *haïr*, le tréma remplace l'accent circonflexe pour les 1re et 2e personnes du pluriel.

410 **Conjuguez les verbes de ces expressions au passé simple.**

*

1. ***rétablir*** *la vérité*
2. ***surgir*** *à l'improviste*
3. ***répondre*** *au téléphone*
4. ***garnir*** *le réfrigérateur*
5. ***détruire*** *les documents compromettants*
6. ***resservir*** *des boissons aux invités*
7. ***se plaindre*** *du bruit*
8. ***admettre*** *une opinion différente*

411 ★★ **Copiez les phrases en écrivant les verbes entre parenthèses au passé simple.**

1 Lorsque tu (**voir**) passer une étoile filante, tu (**faire**) un vœu. **2** Napoléon Bonaparte (**naître**) un an après l'achat de la Corse par la France. **3** Nous (**réfléchir**) un instant et nous (**prendre**) la bonne décision. **4** Sous l'Ancien Régime, la forteresse de la Bastille (**servir**) de prison. **5** Les vendangeurs (**atteindre**) les derniers rangs de vigne en fin de matinée. **6** Placé derrière une dame coiffée d'un immense chapeau, tu (**se tordre**) le cou pendant toute la séance. **7** Devant le buffet, Samira (**choisir**) des carottes râpées, mais toi tu (**préférer**) un avocat vinaigrette.

412 ★★★ **Écrivez les phrases en changeant les sujets, mais en respectant les temps.**

1 Épuisé par une longue course, **vous** vous rafraîchîtes sous la douche.
(les coureurs – tu – je – Luna – vous)

2 Alors que **j'**abordais le virage, **je** ralentis.
(nous – le conducteur – les motards – vous – tu)

3 Même si **nous** eûmes un temps d'hésitation, **nous** nous ressaisîmes aussitôt.
(je – vous – les candidats – tu – Jamal)

4 Lorsque **tu** sentis la victoire proche, **tu** abattis ta carte maîtresse, l'as de cœur.
(vous – le joueur – je – nous – les deux partenaires)

413 ★★★ **Copiez les phrases en écrivant les verbes entre parenthèses au passé simple ou à l'imparfait de l'indicatif.**

1 Croyant qu'on l'(**espionner**), l'avare (**enfouir**) son trésor au fond du jardin. **2** Alors que je (**franchir**) le seuil de la maison, toutes les lumières (**s'éteindre**). **3** M. Grisot (**chercher**) une place lorsque, enfin, un véhicule (**sortir**) du parking ; sans tarder, il (**mettre**) son clignotant et (**faire**) un créneau. **4** Lorsque, dans le train fantôme, une main poilue (**se poser**) sur ton épaule, tu (**prendre**) peur et tu (**pousser**) un cri. **5** Comme l'eau (**monter**) régulièrement, les riverains (**entreprendre**) le renforcement de la digue. **6** Même si la pluie (**fouetter**) continuellement son visage, Grégory (**poursuivre**) sa route. **7** Tout (**aller**) bien entre ces deux associés, lorsque l'un d'eux (**rompre**) unilatéralement le contrat qui les (**lier**).

414 ★★★ **Copiez le texte en écrivant les verbes entre parenthèses au passé simple.**

De trou en trou, la Land Rover (**s'approcher**) du troupeau géant, (**rebondir**), grondant entre les groupes, les familles. Les petits (**prendre**) peur. Alors la trompe du vieil éléphant (**se redresser**), (**se recourber**) et un barrissement plus sonore, plus effrayant que l'éclat de cent trompettes (**retentir**) dans la sérénité de la brousse. Toute la troupe (**rejoindre**) le chef, les mâles derrière lui, les femelles protégeant les enfants.

D'après Joseph Kessel, *Le Lion*, Gallimard, 1958.

EXPRESSION ÉCRITE

Un des pionniers de l'aviation s'est écrasé dans le désert. Racontez ses difficultés pour regagner une oasis où il trouvera du secours. Vous emploierez l'imparfait et le passé simple de l'indicatif, selon les circonstances.

70 LE PASSÉ SIMPLE : VERBES EN -U ET EN -IN

courir :	je courus	tu courus	elle courut	ils coururent
vouloir :	tu voulus	elle voulut	nous voulûmes	elles voulurent
connaître :	je connus	tu connus	il connut	ils connurent
savoir :	tu sus	elle sut	vous sûtes	ils surent
lire :	je lus	tu lus	elle lut	elles lurent
pouvoir :	tu pus	il put	vous pûtes	ils purent
devoir :	je dus	tu dus	il dut	vous dûtes
vivre :	tu vécus	elle vécut	nous vécûmes	elles vécurent
boire :	je bus	tu bus	elle but	nous bûmes
plaire :	tu plus	il plut	vous plûtes	ils plurent
taire :	je tus	tu tus	il tut	elles turent
résoudre :	je résolus	tu résolus	elle résolut	ils résolurent
venir* :	tu vins	elle vint	nous vînmes	elles vinrent
tenir* :	je tins	tu tins	il tint	ils tinrent
croire :	je crus	tu crus	il crut	nous crûmes
recevoir :	tu reçus	elle reçut	vous reçûtes	ils reçurent

(*) Les verbes des mêmes familles que **venir** et **tenir** prennent les mêmes terminaisons :
venir : advenir ; survenir ; revenir ; devenir ; prévenir ; intervenir ; provenir ; convenir ; etc.
tenir : appartenir ; obtenir ; détenir ; entretenir ; retenir ; contenir ; soutenir ; maintenir ; etc.

POUR ALLER PLUS LOIN

La voyelle de la terminaison du passé simple des verbes du 3e groupe est difficile à prévoir car on ne peut pas se référer à l'infinitif, ni à d'autres formes conjuguées. On constate que :
partir → il part au présent, donne **il partit** au passé simple ;
mourir → il meurt au présent, donne **il mourut** au passé simple ;
venir → il vient au présent, donne **elle vint** au passé simple.

415 ** **Copiez les phrases en écrivant les verbes entre parenthèses au passé simple.**

1 Pour être en forme lors des championnats du monde, les nageurs (**s'astreindre**) à un entraînement intensif. **2** L'arbitre (**intervenir**) pour séparer les deux judokas. **3** Fort de mes convictions, je (**soutenir**) ton regard sans baisser les yeux. **4** Charles Lindbergh (**connaître**) la gloire en traversant le premier l'Atlantique en avion. **5** Non seulement Léonard de Vinci (**peindre**) quelques tableaux inestimables, mais il (**concevoir**) également d'ingénieuses machines, dont la vis aérienne, ancêtre de l'hélicoptère. **6** À la première sonnerie, j'(**accourir**) et je (**saisir**) le téléphone. **7** Le connétable Bertrand Du Guesclin (**mourir**) devant Châteauneuf-de-Randon. **8** Les épreuves (**être**) rudes, mais tu (**survivre**) grâce à ton courage exemplaire. **9** Très jeune, Lewis Hamilton (**savoir**) qu'il serait pilote de Formule 1.

416 **Conjuguez les verbes de ces expressions au passé simple.**

1 **conclure** le récit
2 **apercevoir** la sortie
3 **courir** à cloche-pied
4 **décevoir** son entourage
5 **reconnaître** volontiers ses torts
6 **se plaire** au cours de théâtre
7 **se maintenir** en équilibre
8 **émouvoir** les spectateurs

417 **Copiez les phrases en écrivant les verbes entre parenthèses au passé simple ou à l'imparfait de l'indicatif.**

1 On ne (**savoir**) jamais ce qu'il (**advenir**) du navire amiral de l'expédition de La Pérouse, au large du Vanuatu. **2** Les pourparlers (**s'éterniser**), aussi l'une des délégations qui (**siéger**) autour de la table (**résoudre**)-elle de quitter la réunion. **3** Lorsque le brocanteur (**voir**) que M. Chanal (**s'intéresser**) à ce guéridon marqueté, il lui (**affirmer**) qu'il (**dater**) de l'époque Louis XV, ce que M. Chanal ne (**croire**) pas un seul instant ! **4** Tu (**réparer**) ton scooter lorsque tu (**s'apercevoir**) que le frein arrière ne (**fonctionner**) plus.

418 **Copiez les phrases en écrivant les verbes entre parenthèses au passé simple ou à l'imparfait de l'indicatif.**

1 Comme le chat (**s'être**) réfugié sur le toit de l'immeuble, il (**falloir**) appeler les pompiers pour le récupérer, au grand soulagement de sa maîtresse, qui (**promettre**) de mieux le surveiller. **2** Même si sa blessure le (**faire**) souffrir, le capitaine des All Blacks (**tenir**) à terminer le match. **3** Landru, l'assassin de nombreuses femmes, (**comparaître**) devant les jurés qui le (**condamner**) à mort ; c'(**être**) au début du XXe siècle, avant l'abolition de la peine de mort. **4** Saoulé par le flot de musique que (**déverser**) les haut-parleurs, tout le monde (**se taire**).

419 **Copiez le texte en écrivant les verbes en gras à l'imparfait ou au passé simple de l'indicatif.**

Charles (**arriver**) un jour vers trois heures ; tout le monde (**être**) aux champs ; il (**entrer**) dans la cuisine mais n'(**apercevoir**) point d'abord Emma ; les auvents (**être**) fermés. Entre la fenêtre et le foyer, Emma (**coudre**) ; elle n'(**avoir**) point de fichu, on (**voir**) sur ses épaules nues de petites gouttes de sueur.
Selon la mode de la campagne, elle lui (**proposer**) de boire quelque chose. Il (**refuser**), elle (**insister**), et enfin lui (**offrir**), en riant, de prendre un verre de liqueur avec elle. Elle (**aller**) donc chercher dans l'armoire une bouteille de curaçao, (**atteindre**) deux petits verres, (**emplir**) l'un jusqu'au bord, (**verser**) à peine dans l'autre et, après avoir trinqué, le (**porter**) à sa bouche.
Elle (**se rasseoir**) et (**reprendre**) son ouvrage, qui (**être**) un bas de coton blanc où elle (**faire**) des reprises. Elle (**se plaindre**) d'éprouver depuis le commencement de la saison des étourdissements ; elle (**demander**) si les bains de mer lui seraient utiles ; elle (**se mettre**) à causer du couvent, Charles de son collège, les phrases leur (**venir**). Ils (**monter**) dans sa chambre. Elle lui (**faire**) voir ses anciens cahiers de musique, les petits livres qu'on lui (**avoir**) donnés en prix.

D'après Gustave Flaubert, *Madame Bovary*, 1857.

EXPRESSION ÉCRITE

Lors de vos dernières vacances, un de vos amis a passé une journée dans un parc d'attractions. Dans un texte, écrit au passé simple et à l'imparfait, il raconte ce qui lui a particulièrement plu et les sentiments qu'il a éprouvés.

71 LES TEMPS COMPOSÉS DE L'INDICATIF

1 **Le passé composé** de l'indicatif exprime **des faits achevés à un moment donné du passé**, en relation avec le **présent** ou dont les conséquences sont encore sensibles dans le présent.

*j'**ai terminé***	*nous **avons terminé***	*ils **ont terminé***
*elle **est arrivée***	*vous **êtes arrivées***	*elles **sont arrivées***

2 **Le plus-que-parfait** de l'indicatif exprime des **faits qui se situent avant une autre action passée** exprimée le plus souvent à l'**imparfait**, au **passé composé** ou au **passé simple**.

*j'**avais terminé***	*nous **avions terminé***	*ils **avaient terminé***
*elle **était arrivée***	*vous **étiez arrivées***	*elles **étaient arrivées***

3 **Le passé antérieur** exprime des **faits accomplis**, dont la durée est déterminée, et qui **se situent avant une autre action passée exprimée au passé simple**. On dit que **c'est le passé du passé**.

*Lorsque tu **eus terminé**, tu fermas ton cahier.*
*Lorsqu'elle **fut arrivée**, elle but un verre d'eau minérale.*

4 **Le futur antérieur** exprime une action qui **sera achevée à un moment donné du futur**. On dit que **c'est le passé du futur**.

*Lorsque tu **auras terminé**, tu fermeras ton cahier.*
*Lorsqu'elle **sera arrivée**, elle boira un verre d'eau minérale.*

POUR ALLER PLUS LOIN

• **De nombreux verbes**, en particulier les **verbes transitifs**, se conjuguent avec l'auxiliaire **avoir**. Quelques **verbes intransitifs** (*aller, partir, arriver, entrer, rester, venir*…), ainsi que les verbes pronominaux, se conjuguent avec l'auxiliaire **être**.

Attention : Hormis quelques cas particuliers pour les verbes pronominaux, **le participe passé employé avec l'auxiliaire être s'accorde avec le sujet du verbe**.

*Lorsqu'il **sera arrivé**, il boira un verre d'eau minérale.*
*Lorsqu'elles **seront arrivées**, elles boiront un verre d'eau minérale.*
*Lorsqu'ils **seront arrivés**, ils boiront un verre d'eau minérale.*

420 * **Conjuguez les verbes de ces expressions au passé composé, puis au plus-que-parfait de l'indicatif.**

1 **rebrousser** chemin sans tarder
2 **se heurter** à un refus définitif
3 **rester** sur sa faim
4 **enfoncer** des portes ouvertes
5 **s'encombrer** d'objets inutiles
6 **se doucher** à l'eau froide
7 **aborder** une question délicate
8 **suivre** les bons conseils
9 **intervenir** dans la discussion
10 **se douter** de quelque chose

421 **Copiez les phrases en écrivant les verbes entre parenthèses au passé composé. Vous choisirez l'auxiliaire en fonction du sens de la phrase.**

★★

1 Tu (**descendre**) les escaliers quatre à quatre. **2** Je (**descendre**) à la cave muni d'une lampe torche. **3** Comme il pleuvait, M. Renaud (**rentrer**) sa moto sous le hangar. **4** Après la visite des archives départementales, nous (**rentrer**) au collège. **5** Ainsi qu'elle le fait tous les jours, Mme Creste (**sortir**) sa chienne. **6** Étourdie, Delphine (**sortir**) du magasin en oubliant ses achats. **7** Il faisait très chaud, alors tous les convives (**tomber**) la veste. **8** Le cours de l'euro par rapport au dollar (**monter**) ces dernières semaines. **9** Une ovation (**monter**) d'une foule en délire : les Espagnols étaient champions du monde ! **10** La famille Kachour (**passer**) ses vacances en Lozère. **11** Pascaline (**passer**) me voir en coup de vent, comme d'habitude ! **12** M. Curien (**retourner**) la côte de bœuf.

422 **Copiez les phrases en écrivant les verbes entre parenthèses au plus-que-parfait.**

★★

1 Vous (**revenir**) parce que le ciel (**prendre**) une couleur inquiétante, annonçant un orage. **2** En finale académique, nous (**tomber**) sur une équipe plus forte que la nôtre et nous (**perdre**) la partie. **3** L'agent secret (**coder**) ses messages et ses adversaires ne purent les déchiffrer. **4** Les fauves dévoraient les proies qu'ils (**poursuivre**) à travers les herbes de la savane. **5** Le gardien de l'immeuble (**se plaindre**) du bruit, car des motards (**envahir**) le parking. **6** Pour améliorer son jeu, ce jeune pianiste (**passer**) des heures devant son clavier.

423 **Copiez les phrases en écrivant les verbes entre parenthèses au passé antérieur.**

★★

1 Après que le mécanicien (**vérifier**) l'état des moteurs, le commandant de bord prit la décision de décoller. **2** Dès que les défenseurs de la citadelle (**capituler**), les assaillants en prirent possession et se livrèrent à un pillage systématique. **3** Quand tu (**s'assurer**) une dernière fois de l'état de ton parachute, le moniteur te poussa dans le vide. **4** Aussitôt que le conférencier (**parler**), le silence se fit dans l'assistance. **5** Quelques instants après que le professeur (**entrer**) dans l'amphithéâtre, les étudiants se penchèrent sur leur travail.

424 **Copiez les phrases en écrivant les verbes entre parenthèses au futur antérieur.**

★★

1 Quand j'(**boire**) une tisane, je m'endormirai paisiblement. **2** Lorsque tu (**gonfler**) les pneus de ton VTT, tu partiras en randonnée. **3** Quand vous (**maîtriser**) les prises élémentaires du judoka, vous pourrez participer à des compétitions pour débutants. **4** Lorsque le charpentier (**se hisser**) au faîte de la maison, il posera les poutres et les chevrons. **5** Dès que nous (**se réchauffer**), nous repartirons. **6** Quand les ingénieurs (**mettre**) au point le moteur à hydrogène, nous économiserons le pétrole. **7** Lorsque Vanessa (**terminer**) son brushing, elle vaporisera un peu de laque.

EXPRESSION ÉCRITE

Avec votre classe, vous avez visité un lieu prestigieux (musée, château, site géographique…). Racontez cette découverte. Les verbes seront à des temps composés de l'indicatif.

72 LE PRÉSENT DU CONDITIONNEL

1 La conjugaison

Le conditionnel présent a toujours les terminaisons **-rais**, **-rais**, **-rait**, **-rions**, **-riez**, **-raient**.

Cette forme verbale est construite à partir de l'infinitif auquel on ajoute les terminaisons de l'imparfait de l'indicatif.

*je marcher-**ais*** — *il marcher-**ait*** — *vous marcher-**iez***
*tu marcher-**ais*** — *nous marcher-**ions*** — *ils marcher-**aient***

Mais il y a quelques exceptions : **avoir** (il aurait), **être** (il serait), **aller** (il irait), **asseoir** (il assiérait ou il assoirait), **cueillir** (il cueillerait), **faire** (il ferait), **savoir** (il saurait), **tenir** (il tiendrait), **valoir** (il vaudrait), **venir** (il viendrait), **vouloir** (il voudrait).

2 Les valeurs

Le présent du conditionnel peut avoir une **valeur temporelle**, celle du **futur dans le passé** (Je me demandais quand il viendrait), mais aussi différentes **valeurs modales**. Il peut alors exprimer :

– un fait dont la réalisation est soumise à une condition ;
*Si j'étais riche, je **m'achèterais** un piano à queue.*

– un fait incertain ;
*La classe de 3ᵉ D **partirait** en Andalousie cette année.*

– l'atténuation polie d'une demande ou d'un conseil ;
*À ta place, je **mettrais** un bonnet.*

– l'éventualité ;
***Sauriez**-vous où se trouve la poste ?*

– l'imagination.
*Je **serais** la maman et toi le papa.*

POUR ALLER PLUS LOIN

• Ne pas oublier le **-e-** devant la désinence pour les **verbes du 1er groupe**.
j'oublierais – je prierais – je créerais – je paierais

• Ne pas oublier de doubler le **-r-** des verbes **acquérir, courir, envoyer, mourir, pouvoir, voir** : *j'acquerrais – je courrais – j'enverrais – je mourrais – je pourrais – je verrais*

425 * **Conjuguez les verbes suivants au conditionnel présent aux personnes je, elle et vous. Faites-les précéder de l'expression Si je/elle/vous le pouvais/pouvait/pouviez, ...**

1 *ne pas **mentir*** — **3** ***scier** le bois* — **5** ***payer** par chèque*
2 ***boire** du champagne* — **4** ***croire** en ta parole* — **6** ***continuer** à danser*

426 **Conjuguez les verbes suivants au conditionnel présent aux personnes tu, nous et ils. Faites-les précéder de l'expression Si tu/nous/ils le pouvais/pouvions/pouvaient, ...**
*

1 **calmer** la foule
2 **s'asseoir** à l'aise
3 **vendre** la maison
4 **réunir** sa famille
5 **sacrifier** un agneau
6 **être** présent
7 **placer** de l'argent
8 **tuer** ce moustique
9 **avoir** une moto

427 **Conjuguez les verbes entre parenthèses au présent du conditionnel.**
*

1 Il paraît que, demain, les températures (**s'élever**) à 25 degrés. **2** Il (**valoir**) mieux que tu retiennes ton billet pour l'exposition Manet. **3** Vous (**faire**) bien de vérifier l'isolation de votre maison. **4** Certains cols des Alpes du nord (**fermer**) en hiver. **5** Tu avais promis que tu (**continuer**) à étudier le violon. **6** Le mariage du fils du Prince de Galles (**rassembler**) près de mille neuf cents invités. **7** (**Pleurer**)-tu que je ne t'(**autoriser**) pas à conduire cette motocyclette ! **8** Si nous avions fait des séjours en Angleterre, nous (**savoir**) mieux parler la langue de Shakespeare... . **9** Ces tulipes ne (**être**)-elles pas mieux à l'ombre ?

428 **Sur chaque ligne, ne relevez que les verbes conjugués au présent du conditionnel.**
*

1 je sais – je savais – je saurai – je saurais
2 tu plairas – tu plairais – tu plais – tu plaisais
3 il faudra – il fallait – il faudrait – il faut
4 nous plions – nous pliions – nous plierons – nous plierions
5 vous suez – vous sueriez – vous suiez – vous suerez
6 ils planaient – ils planeront – ils planeraient – ils planent

429 **Conjuguez les verbes en gras au passé simple et faites les transformations nécessaires.**
***

1 Le candidat à la présidence **promet** que ses futures mesures feront baisser le chômage. **2** Ce pêcheur nous **jure** que la marée ne remontera que dans deux heures. **3** **J'espère** que tu comprendras mon refus et que tu n'insisteras pas. **4** Je **pense** que vous ne voudrez plus participer au jeu de cette émission quand vous en connaîtrez exactement les règles.

430 **Conjuguez les verbes entre parenthèses au temps qui convient : imparfait, futur de l'indicatif ou conditionnel présent.**
***

1 Nous (**se demander**) si vous (**parvenir**) à temps à la gare. **2** Si les Troyens (**savoir**) qu'Ulysse se cachait dans le cheval de bois, ils ne le (**laisser**) pas entrer dans la ville. **3** Si le Chat Botté n'(**avoir**) pas ses bottes, il (**courir**) moins vite. **4** Les climatologues (**affirmer**) que la Terre (**se réchauffer**) si nous ne (**changer**) pas nos habitudes. **5** Si Simon vient à ta fête, tu ne m'y (**voir**) pas ! **6** Vous (**recueillir**) plus de voix aux élections si vous (**distribuer**) plus de tracts sur les marchés. **7** Avec des « si », on (**mettre**) Paris en bouteille !

EXPRESSION ÉCRITE

Si vous étiez président de la République, que feriez-vous ? Quelles mesures prendriez-vous ? Utilisez le plus possible de verbes conjugués au présent du conditionnel et soulignez-les.

73 LE PRÉSENT DU CONDITIONNEL : VERBES IRRÉGULIERS

1 Même si les terminaisons sont identiques pour tous les verbes (celles de l'imparfait de l'indicatif), on retrouve **au présent du conditionnel** les mêmes modifications du radical qu'au futur simple.

avoir	: j'**aur**ais	il **aur**ait	elles **aur**aient
être	: tu **ser**ais	elle **ser**ait	nous **ser**ions
aller	: j'**ir**ais	tu **ir**ais	nous **ir**ions
faire	: tu **fer**ais	elle **fer**ait	vous **fer**iez
venir	: je **viendr**ais	il **viendr**ait	nous **viendr**ions
tenir	: tu **tiendr**ais	il **tiendr**ait	elles **tiendr**aient
vouloir	: tu **voudr**ais	elle **voudr**ait	nous **voudr**ions
valoir	: je **vaudr**ais	il **vaudr**ait	elles **vaudr**aient
devoir	: tu **devr**ais	elle **devr**ait	nous **devr**ions
asseoir*	: j'**assoir**ais	il **assoir**ait	vous **assoir**iez
asseoir*	: tu **assiér**ais	elle **assiér**ait	nous **assiér**ions

* Les deux formes sont admises, même si la seconde appartient à une langue plus soutenue.

2 Quelques verbes (et ceux de même famille) **doublent le « r » du radical**. Il faut faire attention, car cette consonne double n'est que peu prononcée.

courir	: je cou**rr**ais	tu cou**rr**ais	elle cou**rr**ait	nous cou**rr**ions
pouvoir	: je pou**rr**ais	elle pou**rr**ait	nous pou**rr**ions	elles pou**rr**aient
acquérir	: j'acque**rr**ais	tu acque**rr**ais	elle acque**rr**ait	vous acque**rr**iez
mourir	: tu mou**rr**ais	il mou**rr**ait	nous mou**rr**ions	ils mou**rr**aient

Pour certains de ces verbes, il ne faut pas confondre les formes de l'imparfait de l'indicatif et celles du présent du conditionnel qui ont pratiquement la même prononciation.

Hier, je courais moins vite que cette année.
Si je m'entraînais, je courrais plus vite.

Revoir et **entrevoir** (ainsi qu'**envoyer**) ont le même radical que **voir** ; mais *pourvoir* et *prévoir* se conjuguent sur un autre radical.

Les verbes **cueillir**, **accueillir**, **recueillir** se conjuguent comme **des verbes du 1er groupe**.

431 **Parmi ces verbes, relevez ceux qui sont conjugués au présent du conditionnel.**
*

je sais	*je savais*	*je saurai*	*je saurais*
tu t'abstiendras	*tu t'abstiens*	*tu t'abstenais*	*tu t'abstiendrais*
il faudra	*il fallait*	*il faudrait*	*il faut*
nous plaisons	*tu plaisais*	*tu plairas*	*tu plairais*
vous fuiriez	*vous fuyiez*	*vous fuirez*	*vous fuyez*
elles concourront	*elles concouraient*	*elles concourraient*	*elles concourent*

432 **Copiez les phrases en écrivant les verbes entre parenthèses au présent du conditionnel.**

★★★

1 Qu'(**advenir**)-il des rhinocéros blancs s'ils n'étaient pas protégés ? **2** Ces tulipes ne (**être**)-elles pas mieux à l'ombre ? **3** Il se murmure que ce savant (**détenir**) un secret intéressant la Défense nationale. **4** Mieux organisé, le club de « rap » (**devoir**) attirer plus de jeunes. **5** Comment ? J'apprends que vous ne (**tenir**) pas votre promesse ! **6** Au cas où M. Delacroix n'(**obtenir**) pas satisfaction, le médiateur (**intervenir**). **7** On me dit que ces haricots verts (**provenir**) du Kenya ; si c'est vrai, ce n'est pas très écologique. **8** Vous (**faire**) bien de vérifier la validité de votre abonnement téléphonique. **9** Pour ne pas faire d'erreurs, il (**valoir**) mieux que vous utilisiez une calculatrice.

433 **Copiez les phrases en écrivant les verbes entre parenthèses au présent du conditionnel ou au futur simple.**

★★

1 Si Simon vient à ton anniversaire, y (**voir**)-tu un inconvénient ? **2** Le sorcier indien affirmait que *Peau de Bison* (**devenir**) un grand chef navajo. **3** Faute de soins, il est à peu près certain que ces plantes (**mourir**). **4** Le candidat à la députation promit que ses futures réformes (**faire**) baisser le chômage. **5** Renvoyez-moi le livre que je vous ai prêté sitôt que vous le (**pouvoir**). **6** Les délégués de classe pensaient que le principal les (**recevoir**) dans la matinée.

434 **Transformez les phrases selon l'exemple.**

★★★

Exemple : Quand ton tour arrivera, tu sauras répondre.

→ Si ton tour arrivait, tu saurais répondre.

1 Quand vous chercherez du travail, vous enverrez des dizaines de lettres de motivation. **2** Quand nous irons dans les prés au mois de mars, nous cueillerons des jonquilles. **3** Quand je croiserai mieux mes coups sur le court de tennis, mes adversaires auront du mal à renvoyer la balle. **4** Quand tu sauras le fin mot de l'histoire, tu seras surprise. **5** Quand le traducteur rencontrera des difficultés, il recourra à un dictionnaire. **6** Quand le blessé retrouvera ses esprits, il se souviendra peut-être des circonstances de l'accident.

435 **Copiez le texte en écrivant les verbes entre parenthèses au présent du conditionnel.**

★★★

Depuis mon enfance, les volcans m'avaient fascinée. Adrien m'avait promis que nous (**faire**) ensemble ce tour du monde des volcans. Il était mort, mais ma décision était restée inébranlable, je (**partir**) seule après ma retraite ; un long voyage qui (**durer**) des mois. Beaux ou laids, même si je devais être déçue, je les (**voir**), je (**marcher**) sur leurs pentes et (**atteindre**) peut-être le bord des cratères, d'où je (**pouvoir**) entrevoir l'intérieur de la Terre, comme un ventre ouvert. Un jour, ils (**recommencer**) à respirer, à lancer leurs jets de pierre, leurs fumées et leurs coulées de feu. Ils pouvaient tuer aveuglément mais sur leurs flancs et à leurs pieds, la terre était parfois si fertile que les hommes, après avoir fui, (**revenir**).

D'après Anne Philipe, *Le Regard de Vincent*, Gallimard, 1987.

EXPRESSION ÉCRITE

Si vous disposiez de pouvoirs surnaturels, que feriez-vous ? Utilisez le plus possible de verbes conjugués au présent du conditionnel et soulignez-les.

NAFIS

74 LES TEMPS COMPOSÉS DU CONDITIONNEL

1 **Le conditionnel passé** indique **qu'un fait situé dans le passé, sera accompli dans un moment à venir**.
*Nous nous doutions que tu **aurais fait** ton choix avant le nôtre.*
*Le chef de gare déclara que le train ne **serait** pas **parti** sans l'intervention des mécaniciens.*

Le conditionnel passé 1re forme est composé du **présent du conditionnel de l'auxiliaire *être* ou *avoir* et du participe passé du verbe conjugué**.

lire :	j'**aurais** lu	nous **aurions** lu
partir :	tu **serais** parti(e)	vous **seriez** parti(e)s
se taire :	il se **serait** tue	elles se **seraient** tues

Si le verbe de la proposition subordonnée, introduite par la conjonction « si », est au plus-que-parfait de l'indicatif, le verbe de la proposition principale est au conditionnel passé.
*Si tu avais vu ce film, tu l'**aurais apprécié**.*
*Si j'en avais eu l'occasion, je me **serais allongé** sous les arbres.*

2 On donnait parfois **au plus-que-parfait du subjonctif** (voir leçon 78) le nom de **conditionnel passé 2e forme**. Ce temps est composé d'une forme particulière **des auxiliaires *être* ou *avoir* et du participe passé du verbe conjugué**.

lire :	j'**eusse** lu	nous **eussions** lu
partir :	tu **fusses** parti(e)	vous **fûtes** parti(e)s
se taire :	il se **fût** tu	elles se **fussent** tues

Le conditionnel passé 2e forme, et donc le plus-que-parfait du subjonctif, sont **des temps littéraires**, que l'on ne rencontre qu'exceptionnellement à l'oral.

POUR ALLER PLUS LOIN

Pour ne pas confondre **la 3e personne du singulier du conditionnel passé 2e forme avec la 3e personne du singulier du passé antérieur de l'indicatif**, **on essaie de remplacer la forme verbale par le conditionnel passé 1re forme** ; on entend alors la différence.
*Il sortit après qu'il **eut pris** son parapluie.*
*S'il avait prévu la pluie, il **eût pris** son parapluie.*
*Si j'avais prévu la pluie, j'**aurais pris** mon parapluie.*

436 **Copiez les phrases en écrivant les verbes entre parenthèses au conditionnel passé 1re forme.**

**

1 Si tu avais changé la cartouche d'encre noire, tu (**pouvoir**) imprimer toutes les pages. **2** S'il avait fait beau, nous (**aller**) ramasser des coquillages à marée basse. **3** Si les trois coups avaient été frappés, l'actrice (**quitter**) sa loge et (**entrer**) en scène. **4** Si je t'avais écouté, j'(**commander**) une pizza quatre-saisons par téléphone. **5** Si les poulets n'avaient pas été enfermés, ils (**ne pas contracter**) une maladie. **6** Si la réunion s'était terminée plus tôt, vous (**rédiger**) le compte rendu dans la soirée. **7** Si tu avais bien suivi les instructions, le montage de la bibliothèque (**ne pas poser**) de problème. **8** Si M. Marcoux avait possédé un graveur, il (**sauvegarder**) toutes les données. **9** J'(**parier**) que ce judoka parviendrait à remporter son combat. **10** Si le passage de relais avait été mieux assuré, les athlètes français (**remporter**) le 4 x 100 mètres. **11** Si mes parents étaient restés en Afrique, je (**naître**) à l'étranger. **12** Vous (**souhaiter**) une réduction sur le prix de ce téléviseur.

437 **Écrivez les verbes en couleur au conditionnel passé 2e forme.**

**

1 Si l'autobus n'avait pas eu de retard, Nabila (**arriver**) à l'heure. **2** Si une piste cyclable avait été aménagée, vous l'(**emprunter**). **3** Tu (**préférer**) une place dans la tribune centrale, mais toutes étaient déjà louées. **4** Si l'usine avait obtenu cette importante commande, elle (**embaucher**) du personnel. **5** M. Laurent (**devoir**) mieux refermer le réservoir d'essence de son véhicule ; il en a perdu le bouchon. **6** Si tout le monde avait respecté les limitations de vitesse, on (**ne pas voir**) tant d'accidents. **7** Je (**se contenter**) d'un plat de spaghettis, s'il avait été accompagné de sauce bolognaise. **8** S'ils n'avaient pas été entretenus, ces jardins (**devenir**) de véritables terrains vagues. **9** Si les blés avaient mûri normalement, la moisson (**débuter**) à la mi-juillet. **10** S'il avait plu, la végétation en (**profiter**).

438 **Écrivez les verbes entre parenthèses au conditionnel passé 2e forme ou au passé antérieur de l'indicatif.**

***

1 Quand l'artisan (**encoller**) le mur, la pose du papier peint en fut facilitée. **2** Quand vous (**prendre**) votre température, vous constatâtes que votre fièvre était élevée. **3** Si les gravillons avaient été balayés, le pare-brise de la voiture (**ne pas être**) endommagé. **4** Si ces arbres avaient été traités, ils (**ne pas mourir**). **5** Lorsque M. Lebrun (**installer**) des panneaux solaires, il réalisa des économies de chauffage. **6** Si elles avaient été mieux entretenues, les digues (**ne pas céder**). **7** Si tu avais choisi la seconde sortie, tu (**ne pas être**) bloquée par le flot des spectateurs. **8** Quand le maquignon en (**offrir**) un bon prix, l'éleveur vendit son taureau primé au concours agricole. **9** Si Louis XIV n'avait pas aboli l'Édit de Nantes, beaucoup de protestants (**ne pas partir**) à l'étranger. **10** Quand les négociateurs (**se mettre**) d'accord, ils signèrent l'accord salarial. **11** Si nous avions consulté les panneaux, nous (**ne pas s'égarer**).

EXPRESSION ÉCRITE

Si vous aviez pu participer à une croisière en Guadeloupe, qu'auriez-vous fait ? Qu'auriez-vous vu ? Imaginez ce périple. Vous emploierez certains verbes au passé du conditionnel.

75 LE PRÉSENT DU SUBJONCTIF

1 **Le mode subjonctif** présente l'action comme **simplement envisagée**, non **placée sur le plan de la réalité**.
Il exprime généralement **un désir, un ordre, un souhait, un regret, une exhortation, une défense, un conseil, une crainte, une nécessité, une supposition, une concession, une éventualité, une affirmation atténuée**…
Les verbes au subjonctif sont généralement inclus dans une proposition subordonnée introduite par la conjonction « **que** ».
*Il faut que nous nous **abonnions** à Internet.*

2 **Au présent du subjonctif**, **tous les verbes** (sauf **être** et **avoir**) **prennent les mêmes terminaisons**.

1er groupe	**2e groupe**	**3e groupe**
… que j'hésit**e**	… que je maigriss**e**	… que je perd**e**
… que tu hésit**es**	… que tu maigriss**es**	… que tu perd**es**
… qu'elle hésit**e**	… qu'elle maigriss**e**	… qu'elle perd**e**
… que nous hésit**ions**	… que nous maigriss**ions**	… que nous perd**ions**
… que vous hésit**iez**	… que vous maigriss**iez**	… que vous perd**iez**
… qu'ils hésit**ent**	… qu'ils maigriss**ent**	… qu'ils perd**ent**

Pour les verbes du 1er groupe, quatre formes sont **identiques** à celles du présent de l'indicatif.
Pour les verbes du 2e groupe, on intercale l'élément « **ss** » entre le radical et la terminaison.
Attention : Pour ne pas confondre **les formes du singulier du présent du subjonctif** de certains verbes du 3e groupe **avec celles du présent de l'indicatif**, il faut **remplacer le verbe employé par un verbe pour lequel on entend la différence**.

présent de l'indicatif	présent du subjonctif
Je vois ce film.	*Il faut que je voie ce film.*
J'attends ce film.	*Il faut que j'attende ce film.*

439 **Copiez les phrases en changeant les sujets et en respectant les temps.**
★
1 Il est urgent que **les jardiniers de la ville** tondent la pelouse.
(je – tu – nous – Hervé – vous)
2 Il est nécessaire que **tu** te nourrisses de fruits et de légumes.
(les enfants – Sammy – nous – vous – je)
3 Il faut que **je** saisisse l'occasion de visiter le gouffre de Padirac.
(tu – nous – Solène – vous – les touristes)

440 ★ **Copiez les phrases en écrivant les verbes entre parenthèses au présent du subjonctif.**

1 Je me ferai tatouer un papillon sur l'épaule, à condition qu'il ne (**se voir**) pas trop ! **2** Mélinda n'achètera pas ce maillot de bain, à moins que la vendeuse ne lui (**consentir**) une réduction. **3** Il se peut que la gelée matinale (**flétrir**) les quelques tulipes récemment sorties de terre. **4** Il n'est pas exclu que ce tissu de piètre qualité (**rétrécir**) au premier lavage. **5** Comme j'ai terminé mon travail, le surveillant accepte que je (**sortir**) de l'étude. **6** Nous obtiendrons l'attestation de sécurité routière, pour peu que nous (**apprendre**) le code.

441 ★★ **Copiez les phrases en remplaçant le verbe de la principale par le verbe entre parenthèses et effectuez les changements nécessaires.**

1 Le coiffeur pense (**s'arranger pour**) que des cheveux plus courts m'adouciraient le visage. **2** Avant de semer le gazon, le paysagiste assure (**douter**) qu'un peu de terreau ameublira le sol. **3** Le règlement scolaire précise (**exiger**) que vous présenterez chaque jour votre badge à l'entrée du self. **4** Lorsqu'il soignera ta dent, le dentiste est (**ne pas être**) certain que tu ne sentiras rien. **5** Les promoteurs pensent (**attendre**) que la galerie commerciale étendra sa surface de vente. **6** Pour monter les blancs d'œufs en neige, il est clair (**être indispensable**) que je recourrai à un batteur électrique. **7** Le mareyeur apprend (**souhaiter**) que les huîtres sont vendues sur le marché de Rungis. **8** M. Steiner constate (**s'attendre à ce**) que son champ de colza produira une récolte abondante.

442 ★★ **Copiez les phrases en écrivant les verbes entre parenthèses au présent du subjonctif.**

1 Vos parents s'étonnent que vous (**prêter**) autant d'attention à des jeux aussi futiles. **2** Il est possible qu'une panne électrique (**interrompre**) le concert. **3** Il convient que j'(**affranchir**) mon courrier correctement si je veux qu'il (**parvenir**) à destination. **4** Ce joueur de tennis se contente de renvoyer la balle en attendant que son adversaire (**commettre**) une faute. **5** À supposer que la glace (**fondre**), dans combien de temps cette rivière sera-t-elle à nouveau navigable ? **6** Il faudra bien que tu (**admettre**) que les chauves-souris ne sont pas des animaux nuisibles.

443 ★★★ **Copiez les phrases en écrivant les verbes entre parenthèses au présent de l'indicatif ou au présent du subjonctif, selon le sens.**

1 Surpris par le déclenchement de l'alarme, le voleur (**s'enfuir**) à toutes jambes. **2** Le gibier échappera aux chasseurs pour peu qu'il (**s'enfuir**) à temps. **3** Je regrette que Cynthia ne nous (**croire**) pas lorsque nous (**affirmons**) que ce poème (**être**) de Baudelaire. **4** Marlène est certaine que son petit frère (**croire**) encore au Père Noël ; il (**être**) vrai qu'il n'(**avoir**) que quatre ans ! **5** Il est pour le moins surprenant que cet arbre (**s'abattre**) au premier coup de hache. **6** Il semble qu'un violent orage (**s'abattre**) sur le mont Aigoual. **7** Nous savons que ce billet à prix réduit (**exclure**) tout échange.

EXPRESSION ÉCRITE

Vous essayez de convaincre un de vos camarades de vous accompagner à la fête de la musique. Vous utiliserez des tournures argumentatives : « je souhaite que… j'aimerais que… il faut que… je crains que… il arrive que…, etc. ».

76 LE PRÉSENT DU SUBJONCTIF : VERBES IRRÉGULIERS

1 **Au présent du subjonctif**, **le radical de certains verbes du 3e groupe varie**, mais **les terminaisons sont toujours les mêmes** (sauf pour *être* et *avoir*).

avoir	que j'**aie**	que tu **aies**	qu'elle **ait**
avoir	que nous **ayons**	que vous **ayez**	qu'ils **aient**
être	que je **sois**	que tu **sois**	qu'il **soit**
être	que nous **soyons**	que vous **soyez**	qu'ils **soient**
savoir	qu'il **sach**e	que nous **sach**ions	qu'elles **sach**ent
faire	que tu **fass**es	qu'elle **fass**e	que vous **fass**iez
aller	que j'**aill**e	qu'elle **aill**e	que nous **all**ions
devoir	qu'elle **doiv**e	que nous **dev**ions	qu'ils **doiv**ent
vouloir	que tu **veuill**es	qu'elle **veuill**e	que vous **voul**iez
dire	que je **dis**e	que nous **dis**ions	qu'elles **dis**ent
lire	qu'il **lis**e	que vous **lis**iez	qu'ils **lis**ent
tenir	que tu **tienn**es	que vous **ten**iez	qu'ils **tienn**ent
paraître	qu'elle **paraiss**e	que nous **paraiss**ions	qu'ils **paraiss**ent
écrire	que tu **écriv**es	qu'elle **écriv**e	que vous **écriv**iez
vaincre	que je **vainqu**e	que vous **vainqu**iez	qu'ils **vainqu**ent
craindre	qu'elle **craign**e	que nous **craign**ions	que vous **craign**iez
plaire	que tu **plais**es	qu'il **plais**e	que nous **plais**ions
se taire	que je me **tais**e	qu'elle se **tais**e	qu'ils se **tais**ent
prendre	qu'il **prenn**e	que nous **pren**ions	qu'elles **prenn**ent
conduire	que je **conduis**e	qu'il **conduis**e	que vous **conduis**iez
mourir	que tu **meur**es	que nous **mour**ions	qu'ils **meur**ent
haïr	qu'elle **haïss**e	que vous **haïss**iez	qu'ils **haïss**ent
valoir	qu'il **vaill**e	que nous **val**ions	qu'elles **vaill**ent
s'asseoir	que tu t'**assoi**es	qu'elle s'**assoi**e	qu'ils s'**assoi**ent
	que je m'**assey**e	que tu t'**assey**es	qu'ils s'**assey**ent

POUR ALLER PLUS LOIN

La locution « **après que** » est suivie de l'**indicatif** (c'est une certitude).
*Tu saisis la télécommande après que tu t'**asseois** dans le fauteuil.*
La locution « **avant que** » est suivie du **subjonctif** (il demeure un doute).
*Tu saisis la télécommande avant que tu t'**asseyes** dans le fauteuil.*

444 **Conjuguez les verbes en gras au présent du subjonctif. Pour les 3es personnes, vous choisirez des noms sujets.**

*

1 *Il n'est pas question que (**s'asseoir**) sur une chaise bancale.*
2 *Il est normal que (**haïr**) le racisme et la xénophobie.*
3 *Il est temps que (**dire**) la vérité sur ces événements.*

445 Copiez les phrases en écrivant les verbes entre parenthèses au présent du subjonctif.

*

1 Quoi qu'il (**concevoir**), cet architecte fait preuve d'une certaine originalité. **2** Il n'est pas exclu que le crocodile (**feindre**) de dormir pour mieux tromper sa future proie. **3** Il vaudrait mieux que ce comédien (**vaincre**) son trac avant d'entrer en scène. **4** Il est indispensable que tous les maîtres-nageurs (**recevoir**) une formation de soins à dispenser aux personnes qu'ils secourent. **5** Il s'en faut de beaucoup que ce coureur cycliste victime d'une chute (**atteindre**) l'Alpe-d'Huez dans les délais. **6** Il est de règle qu'un botaniste (**décrire**) les caractéristiques d'une plante qu'il vient de découvrir. **7** Les sismologues craignent qu'un tremblement de terre (**se produire**) au large des Seychelles.

446 Copiez les phrases en remplaçant le verbe de la principale par le verbe entre parenthèses et effectuez les changements nécessaires.

**

1 Le sergent sait (**tenir à ce**) que la sentinelle est à son poste. **2** Je découvre (**s'habituer à ce**) que tu écris des poèmes assez originaux. **3** Le journaliste explique (**s'étonner**) que la Chine produit presque la totalité des jouets vendus dans le monde. **4** Le maire de Germolles constate (**regretter**) que son village meurt faute de travail pour les jeunes. **5** L'antiquaire souligne (**déplorer**) que cette armure médiévale vaut une petite fortune. **6** Delphine affirme (**être choquée**) qu'un bon café ne se conçoit pas sucré.

447 Copiez les phrases en complétant avec les verbes suivants que vous conjuguerez correctement.

**

pouvoir – prescrire – entretenir – vouloir – poursuivre – se souvenir – boire

1 Il faut absolument que je … de l'endroit où j'ai déposé mon sac de sport. **2** Si tu as le hoquet, il faut que tu … un verre d'eau sans respirer. **3** Stéphanie regrette que tu ne … pas l'accompagner au centre nautique. **4** Il est possible que le maître d'œuvre … modifier les plans de ce bâtiment. **5** Les écologistes souhaitent que le bureau d'études … ses recherches en vue d'économiser l'énergie fossile. **6** En attendant que le médecin me … un traitement approprié, je resterai au chaud. **7** Il faut qu'un motard avisé … régulièrement sa machine.

448 Copiez les phrases en conjuguant les verbes entre parenthèses au présent de l'indicatif ou au présent du subjonctif, selon le sens.

***

1 Je suis sûr que vous (**savoir**) ce que vous (**faire**) en abandonnant l'étude du latin. **2** Il semble que vous ne (**savoir**) pas où vous (**aller**) en prenant cette direction. **3** Le chef de gare attend que le dernier voyageur (**rejoindre**) son wagon pour donner le signal du départ. **4** Le professeur suppose que ce classeur (**appartenir**) à Andréa. **5** On constate avec regret qu'une partie de la forêt amazonienne (**disparaître**) pour laisser place à des voies de communication. **6** Il serait bon que Rodrigue (**réduire**) sa consommation de cigarettes, et même (**cesser**) de fumer. **7** Il est vraiment dommage que ce cadeau ne te (**plaire**) pas.

EXPRESSION ÉCRITE

Formulez des recommandations à un(e) camarade auquel (à laquelle) vous prêtez un lecteur MP3. Vous insisterez sur les qualités de votre appareil et la nécessité de le manipuler avec précaution. Vous utiliserez des verbes de la leçon au présent du subjonctif.

77 L'IMPARFAIT DU SUBJONCTIF

1 Emplois

Ce temps n'est plus employé que dans un registre de langue très soutenu. Il apparaît presque uniquement dans des propositions subordonnées lorsque la proposition principale est à un temps du passé ou au conditionnel.

*Je souhaitais qu'il **vînt**.* *J'aurais souhaité qu'il **vînt**.*

En effet, la règle de concordance des temps veut qu'il n'y ait pas de présent dans une subordonnée quand la principale est à un temps du passé. Mais cette règle n'est plus appliquée dans la langue courante. On dira aujourd'hui :

*Je souhaitais qu'il **vienne**.* *J'aurais souhaité qu'il **vienne**.*

2 Conjugaison

Il se construit à partir du **radical du verbe au passé simple**, auquel on ajoute les terminaisons **-sse**, **-sses**, **-^t**, **-ssions**, **-ssiez**, **-ssent**.

On peut ajouter « **Il aurait fallu que** » devant la forme verbale pour la trouver plus facilement.

parler : tu parlas → parla → que tu parlasses
finir : il finit → fini → qu'il finît
vouloir : je voulus → voulu → que je voulusse
tenir : ils tinrent → tin → qu'ils tinssent

POUR ALLER PLUS LOIN

À la 3e personne du singulier, l'imparfait du subjonctif et le passé simple de l'indicatif se prononcent de la même façon. Pour repérer le subjonctif, on peut transposer la phrase au présent.

*Je voulais qu'il **repartît**. → Je veux qu'il **reparte**.*
(**reparte** est au subjonctif présent)
*Il entra et **repartit** aussitôt. → Il entre et **repart** aussitôt.*
(**repart** est à l'indicatif présent)

449 * **Conjuguez les verbes au passé simple de l'indicatif ; puis à l'imparfait du subjonctif en faisant précéder la phrase de Il aurait fallu que… .**

Je travaille bien. → Je travaillai bien. → Il aurait fallu que je travaillasse bien.

1 *Elle part de bonne heure.*
2 *Je pense à t'écrire.*
3 *Vous lisez ce livre en entier.*
4 *Il se souvient de son enfance.*
5 *Ils s'entraînent plus.*
6 *Nous allons à grands pas.*
7 *Il plaît au public.*
8 *J'ai de la chance.*
9 *Tu retiens les invités.*
10 *Il salue ses voisins.*

450 **Conjuguez les verbes au passé simple de l'indicatif ; puis à l'imparfait du subjonctif en faisant précéder la phrase de Il eût fallu que… .**

*

Je travaille bien. → Je travaillai bien → Il eût fallu que je travaillasse bien.

1 Je reconnais mes torts.
2 Tu disparais sans laisser de traces.
3 Elle envoie des nouvelles.
4 Ils craignent leurs parents.
5 Je mets un chapeau.
6 Tu entretiens ta santé.
7 Il s'abstient de crier.
8 Nous rejoignons nos amis.

451 **Conjuguez les verbes entre parenthèses à l'imparfait du subjonctif.**

**

1 La cigale n'avait rien à manger. Que croyez-vous qu'elle (**faire**) ? **2** La duchesse se plaignit que nous lui (**écrire**) si rarement et que nous ne (**venir**) jamais à ses soirées. **3** Bien que Charles (**être**) bel homme, il n'avait aucun succès avec les femmes. **4** L'inconnu attendit que la voiture (**s'éloigner**) pour traverser la rue enfin déserte. **5** Ses parents souhaitaient que leur fils aîné (**travailler**) dans le domaine médical, bien qu'il (**préférer**) les arts. **6** La vue de la petite madeleine ne m'avait rien rappelé avant que je n'y (**goûter**).

452 **Complétez chacune de ces subordonnées avec une principale de votre choix, de façon à respecter la concordance des temps.**

**

1 … jusqu'à ce que les élèves fissent silence. **2** … que vous vinssiez avec nous à Nice. **3** … qu'Erwan persévérât dans ses efforts. **4** … qui plût à ses parents. **5** … pour que son fils ne manquât jamais de rien. **6** … de façon à ce qu'il ne pût plus bouger.

453 **Conjuguez les verbes en gras au passé simple et faites les modifications nécessaires.**

***

1 Dantès **retient** son souffle, effrayé à l'idée qu'on puisse entendre les battements de son cœur. **2** Georges **est** harcelé par la peur que ses hôtes le trouvent ridicule dans ses habits neufs. **3** Il **travaille** son article jusqu'à ce qu'il plaise au rédacteur en chef. **4** Jeanne **souhaite** qu'on lui serve son champagne dans une coupe. **5** Elle **se confond** en remerciements sans que personne ne sache si elle est sincère ou non. **6** L'étranger **s'arrête** devant la première maison du pays et demande qu'on veuille bien lui indiquer le chemin de Verrière.

454 **Complétez ces verbes en les conjuguant au passé simple ou à l'imparfait du subjonctif.**

***

1 Il était nécessaire que les Romains (**lutte**) contre ce tyran. **2** Il lui (**sembler**) que cet homme, sans qu'il (**deviner**) pourquoi, était mécontent qu'il (**être**) là. **3** Quoiqu'il (**trembler**) lui-même, Julien fut frappé de la froideur glaciale de la main de Madame de Rênal. **4** Les ténèbres peu à peu (**envahir**) la petite pièce sans qu'elle (**songer**) à remettre du bois au feu. **5** Dès l'aube, le lendemain, le travail (**commencer**) à une cadence inimaginable. **6** Souhaitait-elle que le journaliste (**intervenir**) en sa faveur auprès du ministre ?

EXPRESSION ÉCRITE

Terminez les phrases suivantes. *Elle vivait dans la crainte que… ; D'une voix de stentor, le colonel ordonna que… ; Son mari revint avant que… ; Les enfants acceptèrent la punition bien que…* Soulignez les verbes au subjonctif imparfait que vous utiliserez.

78 LES TEMPS COMPOSÉS DU SUBJONCTIF

1 On écrit **le verbe de la subordonnée** **au passé du subjonctif** **si le verbe de la proposition principale est au présent ou au futur simple ou au conditionnel**, et **si on veut exprimer un fait passé par rapport au fait de la principale** ou par rapport **à un moment à venir**.
*Je regretterai que Joyce **ait cédé** à la colère.*
*Il est possible que Joyce **soit restée** calme.*

Le passé du subjonctif est formé du **présent du subjonctif de l'auxiliaire** (**être** ou **avoir**) et du **participe passé** du verbe conjugué.
céder : que j'**aie** cédé – que tu **aies** cédé – qu'elles **aient** cédé
rester : que je **sois** resté(e) – que tu **sois** resté(e) – qu'ils **soient** restés

On écrit **le verbe de la subordonnée** **au plus-que-parfait du subjonctif** **si le verbe de la proposition principale est au passé** et **si on veut exprimer un fait passé par rapport au fait de la principale**.
*Il n'était pas possible que Joyce **eût cédé** à la colère.*
*Martin tenait à ce que Joyce **restât** avec lui.*

2 **Le plus-que-parfait du subjonctif** est formé de **l'imparfait du subjonctif de l'auxiliaire** (**être** ou **avoir**) et du **participe passé** du verbe conjugué.
céder : que j'**eusse** cédé – qu'il **eût** cédé – qu'elles **eussent** cédé
rester : que je **fusse** resté(e) – qu'elle **fût** restée – qu'ils **fussent** restés

Attention : Pour les verbes employés avec l'auxiliaire **avoir**, il ne faut **pas confondre la forme de la 1re personne du passé composé de l'indicatif avec les formes du singulier du passé du subjonctif**. Pour faire la distinction, il suffit d'employer une des deux premières personnes du pluriel.
*J'**ai** cédé à la colère.*
*Nous **avons** cédé à la colère.*
*Je regretterai que Joyce **ait** cédé à la colère.*
*Je regretterai que nous **ayons** cédé à la colère.*

• À la 3e personne du singulier, **on ne confondra pas le plus-que-parfait du subjonctif avec le passé antérieur de l'indicatif**.
Pour faire la distinction, il suffit d'employer une des deux premières personnes du pluriel.
*Quand il **eut** cédé à la colère, Joyce se calma enfin.*
*Quand vous **eûtes** cédé à la colère, vous vous **calmâtes** enfin.*
*Il n'était pas possible que Joyce **eût** cédé à la colère.*
*Il n'était pas possible que vous **eussiez** cédé à la colère.*

455 ★ **Copiez les phrases en écrivant les verbes entre parenthèses au passé du subjonctif.**

1 Pour réussir une crème brûlée, il importe que tu (**bien mélanger**) les ingrédients avant de la placer au bain-marie. **2** Il est surprenant que vous (**rester**) au gymnase après la fin du cours d'EPS. **3** Il est rare que le facteur (**terminer**) sa tournée avant dix heures. **4** Il s'agit que j'(**regrouper**) toutes mes affaires avant de quitter la classe. **5** Le chef de chœur regrette que nous (**oublier**) les paroles de ce chant. **6** Il n'est pas exclu que certains resquilleurs (**entrer**) sans billet. **7** Tu es le seul qui (**intervenir**) pour défendre la qualité de ce roman.

456 ★★ **Copiez les phrases en écrivant les verbes entre parenthèses au plus-que-parfait du subjonctif.**

1 Il aurait été souhaitable que le hérisson (**échapper**) aux roues de la voiture. **2** Morgane se réjouissait que ses parents (**louer**) un bungalow près d'Arcachon. **3** Nous étions surpris que le secrétariat de l'intendance ne (**répondre**) pas à notre demande de renseignement. **4** Il parut normal que l'envoi de ce colis à nos amis polonais (**coûter**) plus de trente euros. **5** Ces câbles auraient dû être remplacés afin que le téléphérique (**fonctionner**) en toute sécurité. **6** Pour ne pas me perdre, il n'aurait pas fallu que j'(**égarer**) le plan. **7** Beaucoup trouvèrent étonnant que cette comédie musicale assez banale (**obtenir**) un tel succès.

457 ★★★ **Copiez les phrases en écrivant les verbes entre parenthèses au passé composé de l'indicatif ou au passé du subjonctif.**

1 Il est regrettable que le conducteur (**ne pas serrer**) le frein à main ; son véhicule (**dévaler**) la pente. **2** Il est normal que j'(**pleurer**) puisque j'(**éplucher**) des oignons. **3** Ce collectionneur déplore que ses timbres (**souffrir**) de l'humidité. **4** Le magazine que j'(**parcourir**) m'(**paraître**) séduisant. **5** Ta boule (**arriver**) au bout de la piste sans qu'elle (**renverser**) une seule quille : quel maladroit ! **6** Lorsque j'(**visiter**) le zoo de Romanèche, j'(**découvrir**) qu'il existait des tigres blancs. **7** Il est possible que le sorcier vaudou (**envoûter**) le chef du village. **8** Après que vous (**escalader**) le talus, vous (**reprendre**) votre souffle.

458 ★★★ **Copiez les phrases en écrivant les verbes entre parenthèses au passé antérieur de l'indicatif ou au plus-que-parfait du subjonctif.**

1 Quand les peintres (**terminer**) les travaux, ils nettoyèrent le chantier. **2** De crainte que ce jeune garçon (**contracter**) le tétanos, les médecins lui administrèrent une dose de sérum. **3** Lorsque vous (**réfuter**) tous nos arguments, vous présentâtes les vôtres. **4** Cette photocopieuse performante permit que le document (**être**) reproduit fidèlement. **5** Dès que le berger (**rassembler**) son troupeau, il donna à manger à ses chiens. **6** Lorsqu'un ballon, lancé par des enfants, (**rebondir**) sur son bras, Pamela sourit et le renvoya. **7** Le grand couturier n'aurait pas admis que cette robe (**présenter**) un seul défaut. **8** Il aurait fallu que M. Caron (**maigrir**) de plusieurs kilos pour porter ce costume.

EXPRESSION ÉCRITE

Votre ami(e) déclare avoir vécu une aventure absolument extraordinaire, mais vous doutez de la véracité de son récit. Dites pourquoi. Votre texte débutera par : « *Je ne peux pas imaginer que…* », et contiendra des verbes au passé (ou au plus-que-parfait) du subjonctif.

79 LE PRÉSENT DE L'IMPÉRATIF

À la forme affirmative, **le présent de l'impératif** permet d'**exprimer des ordres, des conseils, des souhaits, des recommandations**.
À la forme négative, il indique souvent des **interdictions**.

1 Ce mode n'existe qu'à **trois personnes**. Il s'emploie **sans sujet**.

1er groupe	2e groupe	3e groupe
regard**e**	réfléchi**s**	répond**s**
regard**ons**	réfléchiss**ons**	répond**ons**
regard**ez**	réfléchiss**ez**	répond**ez**

2 **Pour les verbes du 2e groupe**, on intercale l'élément « **ss** » entre le radical et les terminaisons pour les personnes du pluriel.

3 Certains verbes ont des formes particulières.
Sois *heureux.*
Sachez *ralentir.*
Résous *le problème.*
Acquiers *de l'assurance.*
Aie *de la patience.*
Asseyons*-nous.*
Recouds *les boutons.*
*Ne t'****émeus*** *pas pour si peu.*

4 **On place un trait d'union entre le verbe à l'impératif et le pronom personnel** qui le suit.
Ménage-toi. *Réunissons-nous.* *Rejoignez-le.*

5 **À la deuxième personne du singulier**, **les verbes du 1er groupe** (ainsi que certains verbes du 3e groupe : *offrir, souffrir, ouvrir, savoir, aller*…) **ne prennent pas de « s »**.
Télécharge ce fichier. *Ouvre ton logiciel.*
Néanmoins, par euphonie, **on place un « s »** devant les pronoms **en** et **y**.
*Le pain est frais ; coupe**s**-en un morceau.*
*L'huile est chaude, plonge**s**-y les frites.*

POUR ALLER PLUS LOIN

• Quelques verbes ne s'emploient jamais à l'impératif (*pouvoir, pleuvoir, bruire*…).

• L'impératif passé, composé de l'auxiliaire à l'impératif présent et d'un participe passé, est très rarement employé. On l'utilise pour exprimer un fait qui devra être accompli à un moment donné du futur.
Soyez rentrés *avant la tombée de la nuit.*

459 **Conjuguez les verbes de ces expressions au présent de l'impératif.**
*
1 ***baisser*** *le son*
2 ***accomplir*** *un demi-tour*
3 ***triompher*** *modestement*
4 ***ne pas partir*** *sans une trousse de secours*
5 ***ne pas allumer*** *de feu en forêt*
6 ***ne pas dire*** *de mensonges*

460 ★ **Copiez les phrases en écrivant les verbes en gras au présent de l'impératif.**

1 Comme nous sommes soucieux d'économiser l'énergie, (**éteindre**) la lumière lorsque nous sortons. **2** Pour profiter de ta musique préférée, (**s'isoler**) dans ta chambre et (**brancher**) ton MP3. **3** Quand tu passeras ton permis de conduire, (**ne pas confondre**) la pédale de frein et l'accélérateur. **4** (**Avertir**) vos amis de votre changement d'adresse électronique. **5** (**Veiller**) à ne pas repasser notre linge avec un fer trop chaud. **6** (**Justifier**) ton absence à la répétition de la chorale. **7** (**Ne pas ménager**) vos efforts, et vous finirez bien par terminer ce puzzle. **8** (**Nourrir**) ton chaton avec des croquettes et (**donner**)-lui du lait.

461 ★★ **Copiez les phrases en écrivant les verbes en gras au présent de l'indicatif ou au présent de l'impératif.**

1 Quand tu (**pédaler**), (**aller**)-tu plus vite dans les montées ou dans les descentes ? **2** (**Ne pas se fier**) aux apparences, tu pourrais être déçue. **3** Lorsque tu (**enregistrer**) tes numéros de téléphone dans ton répertoire, (**attribuer**) à chacun un signe distinctif. **4** En oubliant de diviser ces deux nombres, (**reconnaître**) que vous (**faire**) une erreur. **5** (**Ne pas approcher**) ta main de la grille du barbecue, tu (**risquer**) de te brûler. **6** Certaines boissons (**contenir**) trop de sucre ; (**consommer**)-les avec modération pour ne pas nuire à votre santé. **7** Ce coffret (**posséder**) une solide serrure ; (**placer**)-y tes bijoux les plus précieux.

462 ★★ **Transformez les phrases selon l'exemple.**

Exemple : Il faut que vous appreniez votre rôle. → Apprenez votre rôle.

1 Il ne faut pas que tu pilotes cette moto sans casque. **2** Il convient que vous triiez les fiches de votre classeur. **3** Il est temps que tu ailles au bureau des surveillants. **4** Il faut que tu te souviennes des principaux événements qui ont marqué l'histoire. **5** Il importe que nous changions de salle de classe pour le cours de technologie. **6** À midi, il faut que tu te satisfasses d'un sandwich au fromage. **7** Il s'agit que vous souteniez vos amis lorsqu'ils en ont besoin. **8** Lorsqu'il fait froid, il ne faut pas que tu t'attardes à la sortie de la piscine. **9** Il faut que nous admettions que l'hypothèse est invérifiable.

463 ★★★ **Copiez ces vers en écrivant les verbes en gras à la 2e personne du singulier du présent de l'impératif ou au présent de l'indicatif.**

(Don Diègue, offensé par le Comte, s'adresse à son fils, Rodrigue.)

Ne (**répliquer**) point, je (**connaître**) ton amour ;
Mais qui (**pouvoir**) vivre infâme (**être**) indigne du jour.
Plus l'offenseur (**être**) cher, et plus grande (**être**) l'offense.
Enfin tu (**savoir**) l'affront, et tu (**tenir**) la vengeance :
Je ne te (**dire**) plus rien. (**Venger**)-moi, (**venger**)-toi ;
(**Montrer**)-toi digne fils d'un père tel que moi.
Accablé des malheurs où le destin me (**ranger**),
Je (**aller**) les déplorer : (**aller**), (**courir**), (**voler**), et nous (**venger**).

Corneille, *Le Cid*, Acte I, scène 5.

EXPRESSION ÉCRITE

Écrivez les conseils que vous donnez à votre camarade qui appréhende les épreuves du brevet. Vous utilisez des verbes à l'impératif.

80 PARTICULARITÉS DES VERBES EN -YER, EN -ELER, EN -ETER

1 **Les verbes terminés par -yer** à l'infinitif **transforment le « y » en « i »** devant les terminaisons débutant par un « **e** » muet.

présent de l'indicatif : *Je vouvoie mes professeurs.*
futur simple de l'indicatif : *Tu essuieras la vaisselle.*
présent du conditionnel : *En cas d'intrusion, le chien aboierait.*
présent du subjonctif : *Il faut qu'ils emploient des outils.*
présent de l'impératif : *Envoie un SMS à Ingrid.*

2 La plupart des **verbes terminés par -eler** et **-eter** à l'infinitif **doublent le « l »** ou le « **t** » devant les terminaisons débutant par un « **e** » muet.

présent de l'indicatif : *Cette musique vous ensorcelle.*
futur simple de l'indicatif : *Tu jetteras tes vieux jouets.*
présent du conditionnel : *Nous feuilletterions ce journal.*
présent du subjonctif : *Il faut que tu étiquettes tes cahiers.*
présent de l'impératif : *Épelle tous les mots.*

3 Cependant, quelques **verbes terminés par -eler** et **-eter** à l'infinitif **ne doublent pas le « l »** ou le « **t** » devant les terminaisons débutant par un « **e** » muet. Ils s'écrivent **avec un accent grave sur le « e »** qui précède le « **l** » ou le « **t** ».

peler – geler (et ses composés) – écarteler – marteler – modeler – démanteler – acheter – crocheter – haleter – fureter – receler

POUR ALLER PLUS LOIN

- Pour les **verbes terminés par -ayer** à l'infinitif, le maintien du « **y** » devant le « **e** » muet est toléré. Mais, pour mieux retenir l'ensemble des conjugaisons des **verbes terminés par -yer** à l'infinitif, il est préférable de transformer le « **y** » en « **i** » **pour tous les verbes**, quelle que soit la voyelle qui précède le « y » à l'infinitif.
- **Au futur simple et au présent du conditionnel**, les verbes **envoyer** et **renvoyer** ont une conjugaison **particulière**.

envoyer : j'enverrai *renvoyer : ils renverraient*

464 **Copiez les phrases en écrivant les verbes entre parenthèses au présent de l'indicatif.**

* **1** Le sous-sol de la Bolivie (**receler**) les plus importantes réserves de lithium de la planète. **2** À l'occasion de la fête de Noël, les grands-parents (**choyer**) leurs petits-enfants. **3** Comme tu (**attendre**) ton bulletin trimestriel, tu (**décacheter**) hâtivement l'enveloppe sur laquelle figure le tampon du collège. **4** Pourquoi les paparazzis (**harceler**)-ils cette actrice ? **5** Après la course, le lad (**dételer**) le sulky du cheval vainqueur et il (**essuyer**) ses flancs.

465 **Copiez les phrases en écrivant les verbes entre parenthèses au futur simple de l'indicatif.**

*

1 Lorsque tu iras au cours de danse, tu (**côtoyer**) des danseuses confirmées. **2** Poussés par le vent, les voiliers (**louvoyer**) parmi les écueils. **3** Profitant des courants ascendants, le planeur (**tournoyer**) au-dessus de la vallée. **4** Le conducteur (**débrayer**) après avoir freiné afin de ne pas caler. **5** Grâce à des renseignements, la brigade des stupéfiants (**démanteler**) un réseau de trafiquants. **6** Au lendemain du corso fleuri, les employés municipaux (**balayer**) les rues de la ville. **7** Lorsque les pommes seront mûres, les branches (**ployer**) sous leur poids. **8** En relisant mon texte, je (**rayer**) les adverbes qui l'alourdissent inutilement. **9** D'imposants bulldozers (**remblayer**) les fossés.

466 **Copiez les phrases en écrivant les verbes entre parenthèses au présent du conditionnel.**

**

1 S'il avait le temps et le savoir-faire, M. Tisserand (**carreler**) les murs de la salle de bains. **2** S'il disposait d'une machette, cet explorateur (**se frayer**) plus facilement un chemin à travers la végétation luxuriante. **3** Si nous étions fatigués, nous (**s'octroyer**) une petite pause. **4** Si vous n'aviez pas de monnaie, vous (**payer**) avec votre carte bancaire. **5** S'il tombait un peu de pluie, les pelouses (**verdoyer**). **6** Si les prises étaient abondantes, le patron pêcheur les (**congeler**) sur le bateau même. **7** S'il faisait une découverte sensationnelle, ce chimiste la (**breveter**) immédiatement. **8** Si Jeanne ne voulait pas de grumeaux dans sa pâte à crêpes, elle (**délayer**) plus lentement la farine.

467 **Copiez les phrases en écrivant les verbes entre parenthèses au présent du subjonctif.**

**

1 Il faut vraiment que ce romancier (**déployer**) des trésors d'imagination pour créer de tels personnages. **2** Il est regrettable que cet actrice (**monnayer**) chacune de ses interviews. **3** Pour desserrer cet écrou, il faut que tu (**employer**) une clé à molette. **4** Il est urgent que j'(**appeler**) le centre qui débloquera mon téléphone. **5** Il est possible qu'Alexandre (**projeter**) un séjour linguistique près de Londres. **6** Il est naturel que les personnes sensibles (**s'apitoyer**) sur le sort des animaux abandonnés au début de l'été. **7** Il est inévitable que ces inconscients (**peler**), puisqu'ils sont restés au soleil sans protection.

468 **Copiez les phrases en écrivant les verbes entre parenthèses au présent de l'impératif.**

**

1 N'(**amonceler**) pas tes vieux papiers, ils pourraient prendre feu. **2** À l'occasion des soldes d'hiver, (**renouveler**) ta garde-robe. **3** (**Jeter**) un regard sur cette photographie, et tu reconnaîtras un monument célèbre. **4** (**Ne pas grommeler**), personne ne comprendra tes paroles. **5** (**Nettoyer**) les verres de tes lunettes, tu y verras mieux ! **6** (**Empaqueter**) cet objet avec soin, si tu ne veux pas qu'il se brise lors du transport. **7** Lorsque tu récites ce poème, (**ne pas bégayer**), ce serait dommage. **8** (**Ne pas se fourvoyer**) dans ce maquis, tu t'y perdrais.

EXPRESSION ÉCRITE

Que ferez-vous lors des prochaines vacances ? Décrivez vos projets en une quinzaine de lignes. Vous emploierez quelques-uns des verbes de la leçon.

81 Particularités des verbes en -cer, en -ger, en -guer, en -quer

1 **Les verbes du 1er groupe terminés par -cer** à l'infinitif **prennent une cédille sous le « c »** devant les terminaisons débutant par les voyelles « **o** », ou « **a** », pour conserver le son **[s]**.

présent de l'indicatif : *Nous nous exerçons.*
présent de l'impératif : *Exerçons-nous.*
imparfait de l'indicatif : *Je m'exerçais.*
passé simple de l'indicatif : *Tu t'exerças.*
gérondif : *En s'exerçant, il progressera.*

2 **Les verbes du 1er groupe terminés par -ger** à l'infinitif **prennent un « e » après le « g »** devant les terminaisons débutant par « **o** » ou « **a** », pour conserver le son **[ʒ]**.

présent de l'indicatif : *Nous nous changeons.*
présent de l'impératif : *Changeons-nous.*
imparfait de l'indicatif : *Elle se changeait.*
passé simple de l'indicatif : *Nous nous changeâmes.*
gérondif : *En te changeant, tu te sentiras mieux.*

3 **Pour tous les temps simples et à toutes les personnes**, **les verbes terminés par -guer** à l'infinitif conservent le « **u** » de leur radical, même s'il n'est pas indispensable pour maintenir le son **[g]**.

nous nous fatiguons – ils se fatiguaient – tu te fatiguas.

Il en est de même pour **les verbes terminés par -quer** à l'infinitif qui conservent toujours le « **u** » du radical.

nous débarquons – elle débarquait – je débarquai.

POUR ALLER PLUS LOIN

Quelques verbes du 3e groupe (apercevoir, percevoir, concevoir, décevoir, recevoir) s'écrivent avec un « **ç** » devant les voyelles « **o** », « **u** » **au présent et au passé simple**.

apercevoir : j'aperçois ; il aperçoit — j'aperçus ; ils aperçurent
recevoir : tu reçois ; ils reçoivent — tu reçus ; vous reçûtes

469 **Copiez les phrases en écrivant les verbes entre parenthèses à l'imparfait de l'indicatif.**

*

1 Chaque hiver, les riverains (**déneiger**) les trottoirs. **2** Toutes les fois que le silence (**se prolonger**), je (**relancer**) la conversation. **3** Le service d'ordre du concert (**endiguer**) avec peine le flot des spectateurs. **4** Tu (**avancer**) à petits pas, néanmoins la file d'attente (**s'allonger**) de minute en minute. **5** Au mépris des interdictions, certains (**taguer**) les murs du boulevard. **6** Dans les diligences, on (**voyager**) dans des conditions inconfortables. **7** Certains prophètes de malheur (**annoncer**) régulièrement la fin du monde.

470 **Conjuguez les verbes de ces expressions aux quatre temps simples de l'indicatif.**

*

1 **recharger** la batterie du téléphone
2 **marquer** un essai des quatre-vingts mètres
3 **prodiguer** des conseils aux débutants
4 **remplacer** l'ampoule du spot
5 **rédiger** une réclamation
6 **rincer** les verres à l'eau chaude

471 **Copiez les phrases en conjuguant les verbes entre parenthèses au temps qui convient.**

**

1 Tout au long de l'année dernière, Olivier (**pratiquer**) l'escrime à la salle d'armes. **2** Comme les bruits de la ville devenaient insupportables, la famille Younsi (**envisager**) sérieusement d'habiter à la campagne. **3** Mal graissée, la poulie (**grincer**) et tu devais régulièrement la lubrifier. **4** Le metteur en scène s'écrie : « (**Braquer**) vos projecteurs sur les acteurs ! » **5** Christophe Colomb croyait atteindre les Indes ; en réalité, il (**se diriger**) vers les Antilles. **6** Après la défaite de Waterloo, Napoléon Ier (**abdiquer**) et fut exilé sur l'île de Sainte-Hélène. **7** Au temps des pharaons, les crues du Nil (**irriguer**) déjà les abords du fleuve. **8** Au Moyen Âge, d'imposantes armures (**protéger**) le corps des chevaliers des flèches ennemies.

472 **Copiez les phrases en les complétant par des verbes terminés par -cer à l'infinitif que vous conjuguerez au passé simple de l'indicatif.**

***

1 Le pilote de l'Airbus **amo**... un virage sur l'aile gauche en vue de l'aéroport. **2** Ta remarque désobligeante **aga**... vivement tes camarades. **3** Dans les vingt derniers mètres, le coureur américain **dis**... le champion jamaïcain. **4** L'entraîneur **éno**... la liste des quinze joueurs retenus pour jouer contre les Anglais. **5** Pour les besoins du film, le cascadeur **fon**... contre les bottes de paille ; la voiture fit trois tonneaux, sans gravité pour le conducteur. **6** Pour laisser passer plusieurs personnes, tu **dép**... ta chaise. **7** Je **m'eff**... de retenir les paroles de cette chanson. **8** M. Varrin **per**... le mur pour fixer un tableau. **9** La gymnaste **lan**... son cerceau à une hauteur vertigineuse et, miracle, le rattrapa.

473 **Copiez les phrases en les complétant par des verbes terminés par -ger à l'infinitif que vous conjuguerez au passé simple de l'indicatif.**

***

1 Comme tu étais en retard, tu **all**... le pas. **2** Le mécanicien **vid**... l'huile du moteur dans le bac réservé aux produits à recycler. **3** Vous **amé**... la mezzanine avec beaucoup de goût. **4** La vague **sub**... la jetée et renversa plusieurs véhicules qui stationnaient là malgré les interdictions. **5** Le candidat **arr**... son nœud de cravate avant de se présenter. **6** J'avais commis une petite erreur, que je **cor**... aussitôt. **7** Comme tu étais doué pour le dessin, je **t'enc**... à t'inscrire à un cours de perfectionnement. **8** L'électricien **ju**... plus prudent de couper le courant avant de faire les branchements. **9** Fatigués par une longue promenade, nous **man**... de bon appétit. **10** L'archer était si habile que la flèche se **lo**... au centre de la cible.

EXPRESSION ÉCRITE

Pour le journal du collège, vous devez rédiger un article pour relater la visite d'un auteur de bande dessinée qui est venu expliquer comment il travaillait. Vous emploierez des verbes de la leçon au passé simple ou à l'imparfait de l'indicatif.

82 Particularités des verbes comme « peser » et « régler »

1 Pour **les verbes du 1er groupe** qui ont un « **e** » muet dans l'avant-dernière syllabe de leur infinitif, **on place un accent grave sur ce « e »** devant une terminaison débutant par un **« e » muet**.

présent de l'indicatif : *Je me p**è**se chaque jour.*
futur simple de l'indicatif : *Demain matin, tu te p**è**seras.*
présent du conditionnel : *Si Luc avait une balance, il se p**è**serait.*
présent de l'impératif : *P**è**se-toi souvent.*
présent du subjonctif : *Il faut que tu te p**è**ses.*

2 Pour **les verbes du 1er groupe** qui ont un « **é** » dans l'avant-dernière syllabe de leur infinitif, **l'accent aigu devient un accent grave** devant une terminaison débutant par un **« e » muet**.

présent de l'indicatif : *Tu r**è**gles ta note.*
futur simple de l'indicatif : *Je r**è**glerai la facture.*
présent du conditionnel : *S'il le fallait, il r**è**glerait avec un chèque.*
présent de l'impératif : *R**è**gle tes dettes.*
présent du subjonctif : *Il faut que Franck r**è**gle sa montre.*

Pour le futur simple, l'usage admet que l'on conserve le « **é** » devant la terminaison muette. Cependant, pour ne pas créer de confusion, il est préférable d'appliquer la même règle qu'au présent de l'indicatif, d'autant que la prononciation actuelle appelle le plus souvent l'accent grave.

POUR ALLER PLUS LOIN

- On applique **la même règle de transformation du « é » en « è »** devant une terminaison débutant par un **« e » muet** pour les quelques **verbes du 1er groupe terminés par** « **-éguer** » ou « **-égner** » à l'infinitif.

déléguer : je dél**è**gue ; nous dél**è**guerons ; ils dél**è**gueraient
régner : tu r**è**gnes ; il r**è**gnera ; vous r**è**gneriez

- **Les verbes terminés par** « **-éer** » à l'infinitif **conservent l'accent aigu** dans toute leur conjugaison.

créer : je cr**é**e ; tu cr**é**ais ; elle cr**é**a ; nous cr**é**erons

474 * **Copiez les phrases en écrivant les verbes entre parenthèses au présent de l'indicatif.**

*__1__ Le vent du nord (**ramener**) le beau temps, mais (**faire**) chuter la température. __2__ Les consignes sont claires et précises ; tu (**obtempérer**) immédiatement. __3__ L'odeur du tabac froid (**imprégner**) les vêtements de tous les fumeurs. __4__ L'arbitre ne (**tolérer**) pas le moindre geste dangereux, et il (**procéder**) à l'expulsion des fautifs. __5__ Le prix de ce scooter n'(**excéder**) pas trois mille euros ; c'(**être**) un prix raisonnable.*

475 **Copiez les phrases en écrivant les verbes entre parenthèses au futur simple de l'indicatif.**

*

1 Je suis sûre que le programme du concert vous (**agréer**) et que vous (**retenir**) vos places. **2** Le technicien (**prélever**) un échantillon d'eau et il l'(**analyser**). **3** Vous n'(**accéder**) au gymnase qu'en ôtant vos chaussures de ville. **4** Comme elle n'a pas d'enfants, cette femme généreuse (**léguer**) sa fortune à des associations d'aide aux enfants handicapés. **5** Les cerises (**macérer**) dans l'eau-de-vie pendant plusieurs mois. **6** Devant le tribunal, l'avocat (**intercéder**) en faveur de son client. **7** Tu (**soupeser**) les melons avant de faire ton choix. **8** Les coureurs n'(**enlever**) leur survêtement qu'au moment du départ.

476 **Copiez les phrases en écrivant les verbes entre parenthèses au présent du conditionnel de l'indicatif.**

**

1 Si vous achetiez ce jeu électronique hors de prix, vous (**grever**) votre budget destiné aux loisirs. **2** S'il devait s'absenter, le maire de la commune (**déléguer**) ses pouvoirs à son premier adjoint. **3** Si nous allions à Deauville, nous (**se promener**) sur la plage. **4** Si leur maître leur présentait des croquettes, les chiens (**se pourlécher**) les babines. **5** Si le satellite quittait son orbite, il se (**désintégrer**). **6** Si j'avais le choix, je (**préférer**) aller dans le lycée proche de chez moi. **7** S'il n'y avait pas de modérateur, bien des débats (**dégénérer**) rapidement.

477 **Écrivez les phrases en remplaçant les mots en gras par les sujets proposés, mais en conservant les temps.**

**

1 **Nous** nous démenons comme des beaux diables et **nous** achevons le travail.
(Je – Vous – Les ouvriers – Samir – Tu)

2 **Vous** malmenez le boîtier de commande et il ne fonctionne plus.
(Patrick – Nous – Tu – Les enfants – Je)

3 **Tu** soulèveras le pied de la table et **tu** insèreras une cale.
(Je – Les serveurs – Nous – Mélanie – Vous)

4 **J'**opèrerai un demi-tour et **je** relèverai la visière de mon casque.
(Les motards – Tu – Vous – Nous – Tanguy)

478 **Copiez les phrases en écrivant les verbes entre parenthèses au présent de l'impératif.**

**

1 (**Suggérer**) une autre solution, car vos calculs sont inexacts. **2** Si tu veux te rendre au rayon des articles de sport, (**accéder**) au troisième étage en prenant l'escalier mécanique. **3** Comme tu as oublié ta serviette, (**se sécher**) au soleil ! **4** Même si tu ne connais pas le nom de ce champignon, (**ne pas s'inquiéter**), le pharmacien te dira s'il est comestible. **5** (**Abréger**) ton exposé, tu vas finir par lasser tout le monde. **6** En cas d'inondation de votre cave, (**surélever**) les objets qui craignent l'humidité. **7** (**Modérer**) ton enthousiasme, le match n'est pas terminé et tu n'as pas encore gagné.

EXPRESSION ÉCRITE

Une nappe d'hydrocarbures vient d'atteindre la plage. Décrivez la réaction des habitants qui découvrent le désastre. Vous emploierez quelques-uns des verbes de la leçon.

Révisions

479 ★ **Recopiez les phrases et indiquez, entre parenthèses, l'infinitif des verbes conjugués.** (Leçon 60)

1 *Je ne connais pas l'auteur de ce poème.* **2** *Le colosse a ouvert la porte d'un coup d'épaule.* **3** *Tu dors de préférence en chien de fusil.* **4** *De nombreuses personnes te confondent avec ton frère jumeau.* **5** *Les maçons bâtissent un mur de soutènement.* **6** *M. et Mme Raoul se sont endettés pour acquérir un appartement au centre de la ville.* **7** *Si vous aperceviez une vipère, vous fuiriez à toutes jambes.* **8** *Vous avez cru voir un satellite artificiel, mais ce n'était qu'une étoile filante.* **9** *M. Simonet craignait de voir sa cave inondée.* **10** *As-tu revu tes camarades d'école primaire ?* **11** *Après que chacun a avancé ses arguments, que faut-il conclure ?*

480 ★ **Copiez le texte en écrivant les verbes entre parenthèses au présent de l'indicatif.** (Leçon 61)

*À Paris, les oranges (**avoir**) l'air triste de fruits tombés ramassés sous l'arbre. À l'heure où elles vous (**arriver**), en plein hiver pluvieux et froid, leur écorce éclatante, leur parfum exagéré dans ces pays de saveurs tranquilles, leur (**donner**) un aspect étrange, un peu bohémien. Par les soirées brumeuses, elles (**longer**) tristement les trottoirs, entassées dans leurs petites charrettes ambulantes, à la lueur sourde d'une lanterne en papier rouge. Un cri monotone et grêle les (**escorter**), perdu dans le roulement des voitures, le fracas des omnibus.*

Alphonse Daudet, *Les Oranges*, in *Lettres de mon moulin*, 1869.

481 ★★ **Copiez le texte en écrivant les verbes entre parenthèses au présent de l'indicatif.** (Leçon 62)

*Oluf, sur son grand cheval à forme d'éléphant, dont il (**labourer**) les flancs à coups d'éperon, (**s'avancer**) dans la campagne ; il (**traverser**) le lac, dont le froid n'(**avoir**) fait qu'un seul bloc de glace. Les quatre fers du cheval, armés de crochets, (**mordre**) solidement la dure surface ; un brouillard produit par sa sueur et sa respiration, l'(**envelopper**) et le (**suivre**) ; on dirait qu'il (**galoper**) dans un nuage ; les deux chiens, Murg et Fenris, (**souffler**), de chaque côté de leur maître, par leurs naseaux sanglants, de longs jets de fumée comme des animaux fabuleux.*

D'après Théophile Gautier, *Le Chevalier double*, 1840.

482 ★★ **Copiez le texte en écrivant les verbes entre parenthèses au présent de l'indicatif.** (Leçon 62)

*Le promeneur solitaire et pensif (**tirer**) une singulière ivresse de cette universelle communion. Celui-là qui (**épouser**) facilement la foule (**connaître**) des jouissances fiévreuses, dont seront éternellement privés l'égoïste, fermé comme un coffre, et le paresseux, interné comme un mollusque. Il (**adopter**) comme siennes toutes les professions, toutes les joies et toutes les misères que la circonstance lui (**présenter**). Ce que les hommes (**nommer**) amour est bien petit, bien restreint et bien faible, comparé à cette ineffable orgie qui (**se donner**) tout entière, poésie et charité, à l'imprévu qui (**se montrer**), à l'inconnu qui (**passer**).*

Charles Baudelaire, *Le Spleen de Paris*, 1869.

483 ★★ **Copiez le texte en écrivant les verbes entre parenthèses au présent de l'indicatif. (Leçon 63)**

Je (**descendre**) dans la ville. Je (**ne pas s'arrêter**) au Martouret, parce que ma mère (**pouvoir**) me voir des fenêtres de notre appartement.

Je (**faire**) le sage et le pressé en passant sur le marché ; mais, dans la rue Porte-Aiguière, je (**s'abriter**) derrière le premier gros homme qui (**passer**), et j'(**entrer**) dans la cour de l'auberge du Cheval-Blanc.

De cette cour, je (**voir**) la rue en biais, et je (**pouvoir**) dévorer des yeux la devanture du bourrelier, où il y (**avoir**) des tas de houppes et de grelots, des pompons bleus, de grands fouets couleur de cigare et des harnais qui (**briller**) comme de l'or.

Je (**rester**) caché le temps qu'il (**falloir**) pour voir si ma mère (**être**) à la fenêtre et me (**surveiller**) encore ; puis, quand je (**se sentir**) libre, je (**sortir**) de la cour du Cheval-Blanc et je (**se mettre**) à regarder les boutiques à loisir.

D'après Jules Vallès, *L'Enfant*, 1879.

484 ★ **Copiez le texte en écrivant les verbes entre parenthèses à l'imparfait de l'indicatif. (Leçon 64)**

(Monsieur Bordas, instituteur de campagne, mène une vie monotone.)

L'instituteur ne (**lire**) pas sa revue ; il (**déchiffrer**) le sommaire, (**couper**) les pages, (**s'arrêter**) aux signatures, (**approcher**) le fascicule de son visage, le (**flairer**) avec gourmandise. Cette revue qui (**venir**) de Paris… Il (**songer**) au bonheur inimaginable des hommes qui y (**collaborer**). Il (**essayer**) de se représenter leurs visages, la salle de rédaction où ils (**se rencontrer**) pour des échanges de vues ; ces hommes qui (**savoir**) tout, qui (**avoir**) fait le tour des idées. La pluie maintenant (**ruisseler**) sur les tuiles, (**déborder**) des gouttières.

D'après François Mauriac, *Le Sagouin*, Plon, 1951.

485 ★★★ **Copiez le texte en écrivant les verbes entre parenthèses à l'imparfait de l'indicatif. (Leçon 65)**

(Une compagnie de Poilus quitte sa tranchée pour prendre un peu de repos.)

Nous (**faire**) le gros dos sous la pluie. Ce village boueux et noir ne nous (**attendre**) pas, et tassés par paquets mouillés le long des maisons endormies, nous (**guetter**) le retour des fourriers (*) qui nous (**chercher**) des cantonnements. Le nôtre, le grand Lambert, (**venir**) d'entrer dans cette ferme dont la fenêtre aux rideaux rouges (**ensanglanter**) la nuit d'une lueur d'assommoir et, de la rue, nous (**reconnaître**), sans distinguer les mots, sa voix cordiale qui (**chercher**) à convaincre l'habitant. Le fermier, quelque paysan buté, (**répondre**) en braillant :

– Non, non, j'en coucherai point dans le cellier, que j'vous dis. Ils m'boiraient la feuillette qu'il me reste.

(*) soldat chargé de l'hébergement et du ravitaillement des troupes.

Roland Dorgelès, *Les croix de bois*, Albin Michel, 1919.

486 ★★★ **Copiez les phrases en écrivant les verbes entre parenthèses à l'imparfait de l'indicatif. (Leçon 65)**

1 Les médecins de Molière (**prescrire**) des saignées à tous les malades, quelles que fussent les causes de leurs maux. **2** Les contrebandiers qui (**enfreindre**) la loi (**finir**) souvent leur vie aux galères. **3** Les artistes de la Renaissance (**peindre**) volontiers des scènes mythologiques. **4** Tu (**craindre**) sans cesse de ne plus avoir de batterie pour ton portable. **5** Dans les monastères, les moines (**écrire**) avec des plumes d'oie sur des parchemins. **6** Cet été-là, chaque matin, je (**boire**) un grand verre de jus d'orange.

487 **Copiez les phrases en écrivant les verbes entre parenthèses au futur simple.** (Leçon 66)

★

1 Lorsque la sirène (**retentir**), vous (**évacuer**) les lieux sans tarder. **2** Un séjour prolongé dans l'eau (**assouplir**) les brins d'osier. **3** Peut-être (**avoir**)-nous le plaisir de passer un moment en votre compagnie ? **4** Licencié de son entreprise de menuiserie, M. Chardon (**se reconvertir**) probablement dans la restauration ; pour cela il (**effectuer**) un stage de formation. **5** Pour la rendre plus savoureuse, la cuisinière (**farcir**) la dinde avec un yaourt. **6** Le jury (**présélectionner**) six chanteurs en vue de la finale d'un jeu télévisé. **7** Je (**déposer**) mes affaires dans mon casier pour alléger mon sac. **8** La partie de poker est serrée, mais si tu possèdes un carré d'as, tu (**rafler**) la mise. **9** Nous (**profiter**) des soldes pour renouveler notre garde-robe. **10** Après l'épreuve de mathématiques, nous (**apprécier**) une pause.

488 **Copiez le texte en écrivant les verbes entre parenthèses au futur simple.** (Leçon 67)

★★

Vois-tu, mon vieux, disait Paul Haberposch à Johann August Suter, moi, je t'offre une sinécure et tu (**être**) nourri, logé, blanchi. Même que je t'(**habiller**). J'ai là un vieux garrick (*) à sept collets qui (**éblouir**) les émigrants irlandais. Nulle part tu ne (**trouver**) une situation aussi bonne que chez moi ; surtout, entre nous, que tu ne sais pas la langue ; et c'est là que le garrick (**faire**) merveille, car avec les Irlandais qui sont de sacrés bougres, tous fils du diable tombés tout nus du paradis, tu n'(**avoir**) qu'à laisser ouvertes tes oreilles pour qu'ils y entrent tous avec leur bon dieu de langue. Je te jure qu'avant huit jours, tu en (**entendre**) tant que tu me (**demander**) à entrer dans les ordres.

(*) vêtement popularisé par l'acteur anglais David Garrick.

Blaise Cendras, *L'or*, Éditions Denoël, 1960, 2001.

489 **Copiez le texte en écrivant les verbes entre parenthèses au passé simple.** (Leçon 68)

★★

La pluie (**tomber**) plus serrée. Une tôle violentée (**vibrer**) dans le terrain vague d'en face.

Germain Laugier (**rentrer**) dans le jardin et (**fermer**) lourdement le portillon de fer. La grille (**trembler**), sonore, sur toute sa largeur. Le manteau de lierre qui matelassait la clôture (**s'éveiller**), (**palpiter**) de ses feuilles mouillées et brillantes. Des gouttes d'eau (**glisser**) sur les mains de Germain Laugier. Il (**avancer**) les doigts vers la serrure froide, (**tourner**) la clef, (**pousser**) le loquet de sûreté, (**accrocher**) une chaînette.

Henri Troyat, *Le Signe du taureau*, Plon, 1945.

490 **Copiez le texte en écrivant les verbes entre parenthèses au passé simple.** (Leçon 69)

★★

Micromégas, bien meilleur observateur que son nain, (**voir**) clairement que les atomes se parlaient. Aussitôt, il (**tirer**) une paire de ciseaux dont il (**se couper**) les ongles, et d'une rognure de l'ongle de son pouce, il (**faire**) sur-le-champ une espèce de grande trompette parlante comme un vaste entonnoir, dont il (**mettre**) le tuyau dans son oreille. La circonférence de l'entonnoir enveloppait le vaisseau et tout l'équipage. La voix la plus faible entrait dans les fibres circulaires de l'ongle ; de sorte que, grâce à son industrie le philosophe de là-haut (**entendre**) parfaitement le bourdonnement de nos insectes de là-bas.

Voltaire, *Micromégas*, 1752.

491 **Écrivez les verbes de ce texte au passé simple ou à l'imparfait de l'indicatif, selon le sens.** (Leçon 70)

Obligé par la raideur de la pente à mettre pied à terre, Orso, qui (**avoir**) laissé la bride sur le cou de son cheval, (**descendre**) rapidement en glissant sur la cendre ; et il n'(**être**) guère qu'à vingt-cinq pas d'un de ces enclos en pierre à droite du chemin, lorsqu'il (**apercevoir**), précisément en face de lui, d'abord un canon de fusil, puis une tête dépassant la crête du mur. Le fusil (**s'abaisser**) et il (**reconnaître**) Orlanduccio prêt à faire feu. Orso (**être**) prompt à se mettre en défense, et tous deux, se couchant en joue, (**se regarder**) quelques secondes avec cette émotion poignante que le plus brave éprouve au moment de donner ou de recevoir la mort.

Prosper Mérimée, *Colomba*, 1927.

492 **Copiez les phrases en écrivant les verbes entre parenthèses au temps composé de l'indicatif qui convient.** (Leçon 71)

1 Mme Guichon (**commander**) une voiture blanche, et le concessionnaire lui en (**livrer**) une rouge ! Elle est fort mécontente. **2** Ce cheval (**sauter**) les trois premières haies lorsqu'il chuta sur la quatrième. **3** Quand le sculpteur (**saisir**) le chalumeau, il soudera les éléments qu'il (**sélectionner**) parmi ceux qui garnissent son atelier. **4** Si tu (**peindre**) ta chambre en rouge, tu l'aurais regretté. **5** Les secrets que je vous (**confier**), pourquoi les (**divulguer**)-vous à d'autres personnes ? **6** Le chanteur signa des autographes aux admirateurs qui l'(**attendre**). **7** Après que les témoins (**s'éloigner**), la querelle reprit de plus belle.

493 **Recopiez les verbes suivants dans un tableau à trois colonnes : futur de l'indicatif, imparfait de l'indicatif et conditionnel présent.** (Leçon 72)

1 je montrais
2 je faisais
3 je ferai
4 j'entendrais
5 tu courras
6 tu connaîtrais
7 il permettait
8 elle continuera
9 il soupirerait
10 elle croyait
11 nous arriverions
12 nous finirons
13 vous saluerez
14 vous calmeriez
15 vous faisiez
16 vous verriez
17 elles paieraient
18 ils couraient

494 **Conjuguez les verbes de ces expressions au présent du conditionnel. Pour les 3es personnes, vous choisirez des noms (ou des groupes nominaux) sujets.** (Leçon 73)

1 **être** content de son travail
2 **acquérir** de l'assurance
3 **mourir** de peur devant un reptile
4 **avoir** peut-être un emploi temporaire
5 **feindre** un malaise
6 **aller** de succès en succès

495 **Copiez les phrases en écrivant les verbes entre parenthèses au présent du conditionnel.** (Leçon 73)

1 Si vous vous y preniez autrement, vous (**entrevoir**) peut-être une solution au problème. **2** Sous aucun prétexte, le commandant de bord ne (**contrevenir**) aux directives de la tour de contrôle. **3** Si les ordinateurs étaient en panne, le directeur de l'usine (**recourir**) aux services d'un spécialiste. **4** Si de nouveaux éléments apparaissaient, le juge (**surseoir**) à sa décision. **5** S'il s'entraînait plus régulièrement, ce sportif (**parfaire**) sa forme. **6** S'il n'était pas endommagé, ce tableau (**valoir**) plusieurs milliers d'euros.

496 **Écrivez les verbes en bleu au plus-que-parfait et ceux en noir au conditionnel passé 1re forme.** (Leçon 74)

***

1 Si j'en (avoir) l'occasion, j'(**effectuer**) quelques tours au volant d'un kart. **2** Si tu (réfléchir) un peu, tu (**ne pas répondre**) à la légère. **3** S'il (ne pas faire) une faute, ce cheval (**devancer**) ses concurrents de plusieurs longueurs. **4** Nous (**reporter**) notre départ, si les circonstances l'(exiger). **5** Si le plombier (intervenir) plus tôt, la fuite d'eau (**ne pas avoir**) de conséquences. **6** Si le modèle (ne pas bouger), le peintre (**saisir**) son expression avec plus de finesse. **7** Si les riverains (débroussailler) leur terrain, le feu (**ne pas se propager**) aussi vite. **8** Si Barbara (teindre) ses cheveux, nous (**ne pas la reconnaître**). **9** Si les barrières (être) mieux fixées, les poneys (**ne pas s'échapper**).

497 **Transformez les phrases selon l'exemple.** (Leçon 75)

***

Vous vous habillez à la mode. → Il faut que vous vous habilliez à la mode.

Nous distribuons les cartes.	Il convient que …
L'émir du Qatar s'enrichit.	Il est peut-être le seul qui …
Vous glissez sur le sol gelé.	Il ne faut pas que …
Nous profitons du soleil.	Il est temps que …
Avec l'expérience, je m'enhardis.	Avec l'expérience, il faut que …
Vous réalisez vos rêves.	Il se peut que …
Tu me rejoins au bowling.	Je tiens à ce que …

498 **Copiez les phrases en écrivant les verbes entre parenthèses au présent du subjonctif.** (Leçon 76)

***

1 Il faut éviter que la construction du barrage (**nuire**) à l'écosystème du fleuve. **2** Es-tu certain que des chaussettes rouges (**convenir**), avec ton costume bleu foncé ? **3** J'apprécie que tu (**tenir**) tes engagements. **4** La maman s'arrange pour que son enfant (**prendre**) son remède sans faire la grimace. **5** Il est possible que, dans un bref délai, l'on (**proscrire**) l'usage des colles contenant de l'acétone. **6** Le cuisinier n'est pas sûr qu'un brin de cerfeuil (**suffire**) pour donner du goût à cette salade. **7** Beaucoup sont choqués que ce terroriste (**apparaître**) comme un héros aux yeux de quelques irresponsables.

499 **Copiez ce texte en conjuguant les verbes entre parenthèses soit au passé simple, soit à l'imparfait du subjonctif.** (Leçon 77)

***

Cottard (**monter**) lentement les marches, harcelé par la crainte qu'on le (**trouver**) ridicule dans ses nouveaux habits. Soudain, il (**apercevoir**) en face de lui un monsieur en smoking qui le regardait. Il (**demeurer**) stupéfait : c'était lui-même, reflété par une haute glace. Un élan de joie le (**faire**) tressaillir, tant il se (**juger**) mieux qu'il n'(**avoir**) cru. Alors, il (**s'étudier**) comme le font les acteurs pour apprendre leur rôle. Il (**se sourire**), (**se tendre**) la main, (**exprimer**) des sentiments. Il aurait voulu avoir un public pour qu'on l'(**admirer**). Une porte (**s'ouvrir**) dans l'escalier. Il (**avoir**) peur qu'on le (**surprendre**) et il se (**mettre**) à monter fort vite.

500 **Transposez ce texte dans un niveau de langue plus courant.** (Leçon 77)

***

La reine le suivit des yeux ; elle ne pouvait parler, car sa voix était couverte par le bruit ; elle ne pouvait le montrer du doigt car ses mains étaient liées ; d'ailleurs, eût-elle pu le montrer, eût-on pu l'entendre, elle l'eût sans doute demandé inutilement.

D'après Alexandre Dumas, *Le chevalier de Maison-Rouge*, 1847.

501 **Conjuguez, à toutes les personnes, les verbes entre parenthèses au passé du subjonctif.** (Leçon 78)

★★

1 Il faut que … (**flâner**) pour arriver si tard.
2 Il faut que … (**arriver**) avant le début de la représentation.
3 Il faut que … (**apprendre**) à piloter avant de monter dans ce petit avion.
4 Il faut que … (**convertir**) les euros avant de partir au Japon.
5 Il faut que … (**rétablir**) la situation pour espérer remporter le match.
6 Il faut que … (**brancher**) la tablette numérique pour regarder ce film.

502 **Copiez le texte en écrivant les verbes en gras à la 2e personne du singulier du présent de l'impératif ou au présent de l'indicatif.** (Leçon 79)

★★★

Pour t'inscrire sur Facebook, (**commencer**) par mettre de l'ordre dans les renseignements que tu (**souhaiter**) communiquer et (**choisir**) la photo que tu (**aller**) afficher ; au besoin (**recadrer**)-la ou (**agrandir**)-la. (**Indiquer**) tes centres d'intérêt et tes pages Internet favorites. (**Ne pas oublier**) de définir les paramètres de confidentialité de ton profil, pour éviter que tout le monde ait accès à tes informations personnelles. Lorsque tu as fini, (**valider**) ton inscription. Tu (**accéder**) alors à toutes les fonctionnalités du site. (**Rechercher**) tes amis, et (**ajouter**)-les à ta liste de contact. Si tu ne les (**trouver**) pas, c'est peut-être qu'ils ne (**être**) pas encore inscrits. Quand tu (**vouloir**) communiquer avec tes contacts, (**poster**) un message sur leur mur. Si tu (**avoir**) une information à partager avec tous tes amis, (**écrire**)-la sur ton propre mur. Enfin, un dernier conseil : (**ne pas laisser**) trop de fautes dans ton texte !

503 **Copiez le texte en écrivant les verbes entre parenthèses au présent de l'indicatif.** (Leçon 80)

★

Nous (**arriver**) par le village qui (**s'ouvrir**) déjà sur la baie. Nous (**entrer**) dans un monde jaune et bleu où nous (**accueillir**) le soupir odorant et âcre de la terre d'été en Algérie. Partout des bougainvillées rosat (**dépasser**) les murs des villas. […] Toutes les pierres (**être**) chaudes. À l'heure où nous (**descendre**) de l'autobus couleur de bouton d'or, les bouchers dans leurs voitures rouges (**faire**) leur tournée matinale et les sonneries de leurs trompettes (**appeler**) les habitants.

Albert Camus, *Noces à Tipasa*, Gallimard, 1959.

504 **Copiez les phrases en écrivant les verbes entre parenthèses au présent de l'indicatif.** (Leçon 80)

★★★

1 Ce collectionneur (**amonceler**) des milliers de vieux journaux dans son grenier ; que (**vouloir**)-il en faire ? **2** Le sous-sol de la Guinée (**receler**) des quantités importantes de minerais. **3** Pour bien te faire comprendre de la standardiste, tu (**épeler**) lentement ton nom. **4** Le propriétaire de ce chien le (**museler**) avant de sortir ; on ne sait jamais ce qu'il (**pouvoir**) se passer. **5** Avant la plongée, le moniteur (**renouveler**) les consignes de sécurité et les précautions à prendre lors de la remontée. **6** Dès son retour au paddock, le lad (**dételer**) le trotteur qui (**venir**) de remporter le Prix d'Amérique. **7** Pour mieux convaincre les spectateurs, ce journaliste (**marteler**) chacune de ses phrases. **8** Je (**modeler**) mon allure sur celle du concurrent qui me (**devancer**). **9** Les mimiques de votre visage (**déceler**) clairement vos intentions. **10** Le diamant (**étinceler**) ; le bijoutier en vante les mérites à la princesse.

505 ★★★ **Copiez les phrases en écrivant les verbes entre parenthèses au passé simple ou à l'imparfait de l'indicatif.** (Leçon 81)

1 Le commissaire (**convoquer**) les témoins pour les écouter une dernière fois. **2** Alors que nous (**progresser**) dans le souterrain, une chauve-souris nous (**frôler**) et nous (**glacer**) le sang. **3** Lorsqu'il (**voir**) le baigneur en difficulté, le maître-nageur (**plonger**), (**hisser**) le malheureux sur le bord de la piscine et (**pratiquer**) aussitôt un massage cardiaque. **4** Chaque automne, l'agriculteur (**labourer**) ses champs, puis il les (**ensemencer**). **5** Sous la Convention, les Montagnards (**siéger**) sur les bancs les plus élevés de la salle, ce qui ne les (**empêcher**) pas de donner de la voix. **6** Comme Richard avait une côte cassée, il (**grimacer**) chaque fois qu'il (**changer**) de position.

506 ★★★ **Copiez les phrases en écrivant les verbes entre parenthèses à l'imparfait ou au passé simple de l'indicatif.** (Leçon 81)

1 Ce récit (**retracer**) quelques-uns des épisodes de la vie du chevalier Bayard, mais il est probable que beaucoup n'étaient pas véridiques. **2** Lorsque l'infirmière (**changer**) ton pansement, tu (**grimacer**) et tu (**serrer**) les dents. **3** Autrefois, les lavandières (**rincer**) le linge au lavoir communal ; à cette occasion, elles (**échanger**) des propos, pas toujours aimables, sur les gens du village. **4** Pour une poignée de secondes, le coureur finlandais (**s'adjuger**) la victoire. **5** Tu (**négliger**) de prévenir tes parents de ton retard, et ils se firent bien du souci. **6** Comme la rouille (**ronger**) la barrière, M. Dumoulin la (**poncer**) et il (**appliquer**) une couche d'une peinture spéciale. **7** Tu (**s'efforcer**) d'échapper aux rafales de vent et tu (**se protéger**) derrière une palissade.

507 ★ **Copiez le texte en écrivant les verbes entre parenthèses au présent de l'indicatif.** (Leçons 81-82)

Chaque jour, je (**aller**) jusqu'au rivage. Il (**falloir**) traverser les champs, les cannes (**être**) si hautes que je (**aller**) à l'aveuglette, coupant le long des chemins de coupe, quelquefois perdu au milieu des feuilles coupantes. Là, je n'(**entendre**) plus la mer. Le soleil de la fin de l'hiver (**brûler**), (**étouffer**) les bruits. Quand je (**être**) tout près du rivage, je le (**sentir**) parce que l'air (**devenir**) lourd, immobile, chargé de mouches. Au-dessus, le ciel (**être**) bleu, tendu, sans oiseaux, aveuglant. Dans la terre rouge et poussiéreuse, j'(**enfoncer**) jusqu'aux chevilles. Pour ne pas abîmer mes souliers, je les (**enlever**) et les (**porter**) autour de mon cou, noués par les lacets. Ainsi, j'(**avoir**) les mains libres.

J.-M. G. Le Clézio, *Le chercheur d'or*, Gallimard, 1985.

508 ★★★ **Copiez les phrases en écrivant les verbes entre parenthèses au présent de l'indicatif.** (Leçon 82)

1 L'oncle Gustave (**léguer**) toute sa fortune à ses neveux. **2** Les météorologistes (**relever**) chaque jour la température au sommet du mont Ventoux. **3** Tu (**espérer**) réaliser ton rêve : visiter les chutes du Niagara ! **4** Lors des transhumances, les bergers (**emmener**) leurs troupeaux dans les alpages. **5** Lorsque le professeur (**prendre**) la parole, le silence (**régner**). **6** Je ne (**digérer**) pas les galettes de maïs. **7** Comme les conditions climatiques (**se dégrader**), nous (**abréger**) notre séjour en Pologne. **8** En rentrant dans l'atmosphère, de nombreuses météorites (**se désintégrer**). **9** Ces propos m'(**exaspérer**) au plus haut point, car je ne (**supporter**) pas la vulgarité.

Vocabulaire

83 LA FORMATION DES MOTS : LES PRÉFIXES

Le **préfixe** est un élément qui se place **devant le radical** d'un mot pour former un mot d'un autre sens. L'adjonction d'un préfixe ne change pas la nature grammaticale du mot.

paraître → **ap-**paraître – **dis-**paraître – **re-**paraître – **com-**paraître

préfixes	variantes orthographiques	sens	exemples
a-	**an-** devant une voyelle	la négation, la privation	**a**pesanteur, **a**moral, **an**alphabète
ad-	**a-**, **ac-**, **af-**, **ag-**, **al-**, **an-**, **ap-**, **ar-**, **as-**, **at-**	la direction, le but, le changement d'état	**ad**joint, **a**mener, **ac**courir, **af**fluer, **ag**graver, **al**lier, **ar**river
dé-	**dés-** devant une voyelle ou un h muet **dis-**	la séparation, la privation, la négation	**dé**charger, **dés**ordre, **dés**habiller, **dis**paraître
dys-		la privation, la difficulté	**dys**lexie, **dys**harmonie
en-	**em-** devant m, b, p	dans, l'éloignement	**en**terrer, **em**barquer
in-	**im-** devant m, b, p **ir-** devant r **il-** devant l	la négation	**in**égal, **im**mobile, **ir**respect **il**logique
re-	**ré-** **r-**	la répétition, le retour à un ancien état	**re**trouver, **re**coiffer, **ré**élire, **r**assurer

POUR ALLER PLUS LOIN

Le **préfixe r-** indique **la répétition**. Il faut donc employer les verbes *rentrer* et *rajouter* à bon escient.

*Après les cours, Lysiane **rentre** chez elle.*

Lysiane ne peut rentrer chez elle que si elle est, auparavant, sortie.

*Lysiane trouve son thé trop fort, elle **rajoute** un peu d'eau.*

C'est au moins la deuxième fois que Lysiane ajoute de l'eau.

509 **Décomposez les mots suivants pour mettre en évidence le préfixe.**

*

Exemple : apprendre : ap-prendre

1 *relire*
2 *malveillant*
3 *inactif*
4 *extraordinaire*
5 *contredire*
6 *biscuit*
7 *intramusculaire*
8 *enneiger*
9 *maladroit*
10 *archiduc*
11 *surcharge*
12 *effeuiller*
13 *présupposé*
14 *essouffler*
15 *emmener*
16 *transpercer*

510 **Trouvez l'antonyme de ces adjectifs en leur ajoutant le préfixe négatif in-. Faites les transformations, si nécessaire, selon la première lettre du mot.**

1 rattrapable **2** envisageable **3** logique **4** responsable **5** mérité **6** occupé **7** régulier **8** mangeable **9** mobile **10** lettré **11** compréhensible **12** lisible **13** réparable **14** achevé **15** légal **16** accessible **17** parfait **18** licite **19** rationnel **20** flexible

511 **Utilisez le préfixe co- pour trouver des mots de la même famille. Faites les transformations, si nécessaire, selon la première lettre du mot.**

1 exister **2** un frère **3** la passion **4** un citoyen **5** battre **6** mander **7** une mère **8** un patriote **9** un père **10** un détenu **11** mettre **12** paraître **13** un fondateur **14** une mission **15** une plainte **16** habiter **17** poser **18** fondre **19** prendre **20** latéral

512 **Différents préfixes indiquent la négation. Ajoutez ceux qui conviennent devant chacun des mots en bleu.**

1 **plaire** au public
2 un joueur **heureux**
3 un bureau **organisé**
4 une mode **temporelle**
5 une morale **conformiste**
6 **approuver** une décision
7 une somme **suffisante**
8 un jongleur **adroit**
9 **estimer** un artiste
10 une syllabe **accentuée**
11 des températures **normales**
12 des clients **contents**

513 **Copiez les phrases en complétant les mots en bleu par a-. Il faut parfois doubler la consonne qui suit le a- issu du préfixe ad-.**

1 Une fois …**tablée** au restaurant, la famille examina le menu du jour. **2** Le lendemain du concert, Julie s'est réveillée …**phone**, tant elle avait crié. **3** Les soldats ont été …**tirés** dans un guet-apens avant d'être …**saillis** par les rebelles. **4** Mme Ancelle était consternée de voir son fils passer ses journées étendu sur le canapé, …**tone**, …**morphe**, complètement …**pathique**. **5** …**faibli** par la vieillesse, blessé par les …**fronts** de ses filles, le père Goriot mourut seul. **6** …**sujetti** à sa maîtresse dépensière, …**servi** à ses moindres caprices, le baron Hulot fut …**culé** à la ruine.

514 **Copiez les phrases en ajoutant les préfixes qui conviennent.**

1 Il faut signaler tout …**fonctionnement** de cet ordinateur à la direction. **2** …**ivré** par le succès, …**orgueilli** par sa réussite, cet employé ne voyait pas les regards brillants d'…**imitié** et de …**sentiment** que lui lançaient ses collègues. **3** Les jeunes mères …**maillotèrent** chaudement leurs enfants avant de sortir dans la campagne …**neigée**. **4** Il …**hérita** son fils, …**honoré** par des pratiques frauduleuses enfin …**voilées**. **5** Les planches …**jointes** laissaient entrer un vent coulis glacial qui ôtait toute envie de se …**habiller**. **6** Pour vaincre l'infection, il convient que vous preniez immédiatement des …**biotiques**.

EXPRESSION ÉCRITE

Vanessa est fortement révoltée par un événement. Évoquez ce qu'elle ressent et ce qu'elle pense en utilisant le plus possible de mots commençant par des préfixes vus dans la leçon ci-dessus. Soulignez-les.

84 La formation des mots : les suffixes

Le suffixe se place **à la fin du radical** pour former un mot nouveau.
*le pilot**age** – la trahis**on** – un séch**oir** – savon**ner** – une cent**aine***
L'ajout d'un suffixe change très souvent la classe grammaticale du mot.

Quelques suffixes :

-able	: la possibilité	→ fais**able** – ski**able**
	: la qualité	→ vérit**able** – aim**able**
-age	: un état, une action	→ le bronz**age** – le tir**age**
-ance	: résultat de l'action	→ la résist**ance** – l'obéiss**ance**
-ation	: résultat de l'action	→ la rot**ation** – la vibr**ation**
-ment	: formation d'adverbes	→ fine**ment** – large**ment**
-erie	: une action	→ la sonn**erie** – la flân**erie**
	: une qualité, un défaut	→ la drôl**erie** – la fourb**erie**
	: un lieu	→ la fond**erie** – la lait**erie**
-eur	: au masculin celui qui agit	→ le coiff**eur** – le chass**eur**
-eur	: au féminin, une qualité	→ la douc**eur** – la blanch**eur**
-ise	: une qualité ou un défaut	→ la franch**ise** – la bêt**ise**
-isme	: notion abstraite	→ le civ**isme** – le réal**isme**
-iste	: celui qui pense ou agit	→ le chim**iste** – le pomp**iste**
-in	: péjoratif, diminutif	→ plaisant**in** – cheval**in**
-té	: la qualité, un défaut	→ la mobili**té** – l'avidi**té**
-ure	: l'action ou son résultat	→ la brûl**ure** – la cout**ure**
	: un ensemble	→ la chevel**ure** – la voil**ure**

POUR ALLER PLUS LOIN

• Certains suffixes ont des formes homophones.
*la résist**ance** – la prud**ence***　　*ambit**ieux** – offic**ieux***
Comme il est toujours difficile de se fier à un mot de la même famille, il est préférable, en cas de doute, de vérifier dans un dictionnaire.
*la glace → glac**ial***　　mais　　*l'espace → spat**ial***
*l'acte → l'ac**tion***　　mais　　*connecter → la conne**xion***

• Certains mots sont formés avec des préfixes et des suffixes.
*le dys-**fonction**-nement　ir-ré-**par**-able*

515 **Trouvez trois mots formés en ajoutant trois suffixes différents à ces radicaux. Vous pouvez également ajouter des préfixes.**
*
Exemple : rond → la rondeur – rondement – arrondir

1 *la fleur*　**4** *direct*　**7** *la forme*　**10** *long*　**13** *la paille*
2 *la terre*　**5** *l'étal*　**8** *le lait*　**11** *mobile*　**14** *la règle*
3 *le fer*　**6** *l'exploit*　**9** *local*　**12** *noir*　**15** *le saut*

516 **Recopiez ces phrases en complétant les mots en bleu avec le suffixe qui convient.**

★★

1 Ce pian… joue les sonates de Chopin à la perfec… . **2** En hiver, le bét… reste dans les prés ; cela fortifie les muscles des animaux. **3** Une flot… de voil… a pris le départ de la régate. **4** Lorsque la famine sévit dans une région, il y a risque de développement d'un foyer infec… . **5** Tous les gestes de cette danseuse sont gra… . **6** Yassim veut réaliser la maquette du Mont-Saint-Michel ; c'est une vraie obse… . **7** Dans le désert, la progre… de la caravane est ralentie par le vent. **8** L'agence aérospa… prépare les fusées du futur ; celles qui iront sur Mars. **9** Avec ses baskets bleu fluo, Ève a fait sensa… . **10** Irène a l'impre… que vous lui cachez quelque chose. **11** L'alphabet phéni… a été adopté par de nombreux pays occidentaux. **12** Le dalma… est un chien à robe blanche tachetée de noir. **13** Les physi… tentent une expérience. **14** Cette église paroi… est un monument historique.

517 **Recopiez ces phrases en complétant avec des mots que vous formerez à partir des mots entre parenthèses auxquels vous ajouterez un suffixe.**

★★

1 Dans une … (**dix**) d'années, des voitures … (**l'électricité**) rouleront dans les grandes villes. **2** Les … (**les astres**) observent une éclipse de soleil. **3** On … (**le pardon**) souvent une faute spontanément avouée. **4** Depuis qu'elle a son … (**porter**), Clarisse … (**le téléphone**) souvent. **5** Un superbe vase … (**la Chine**) trône sur la table du salon. **6** As-tu visité la … (**la rose**) du parc de la Tête d'Or ? **7** Les camions … (**l'Espagne**) … (**le sillon**) l'autoroute A6. **8** Les parents des … (**la prison**) peuvent les rencontrer au … (**parler**). **9** Dans l'avion, tous les … (**passer**) bouclent leur … (**ceindre**) de sécurité. **10** Une … (**nourrir**) équilibrée est un gage de bonne santé.

518 **Copiez les phrases en complétant les mots avec un des suffixes suivants : -cial ; -ciel ; -tiel ; -tial. N'oubliez pas les accords.**

★★★

1 La famille Sabin habite un quartier **résiden**… de la banlieue bordelaise. **2** Les arbitres se doivent d'être toujours **impar**… . **3** Dans cette usine métallurgique, chacun porte une combinaison **spé**… . **4** La Suisse a trois langues **offi**… : le français, l'allemand et l'italien. **5** Avec cette calculatrice, nous n'avons obtenu qu'un résultat **par**… . **6** Un orage **providen**… vient interrompre une longue période de sécheresse. **7** Dans cette phrase, il faut encadrer le complément **circonstan**… . **8** Les fleurs **artifi**… n'ont pas le parfum des fleurs naturelles. **9** Dans ce couloir, il souffle un courant d'air **gla**… . **10** Le texte **ini**… a été remanié avant d'être diffusé. **11** Le cortège **présiden**… s'engage sur l'avenue des Champs-Élysées. **12** Les préjugés **ra**… sont intolérables. **13** Certains **logi**… informatiques sont gratuits ; profitez-en. **14** Une pluie **torren**… s'est abattue sur le village. **15** Surtout n'ouvrez pas cette lettre **confiden**… qui ne vous est pas destinée. **16** À la suite de son accident, M. Fradin a obtenu une indemnité **substan**… .

EXPRESSION ÉCRITE

Vous découvrez, près de chez vous, un vaste chantier de construction ; décrivez-le. Vous encadrerez les mots formés avec des suffixes.

85 LES FAMILLES DE MOTS

1 Les **mots issus du même radical** appartiennent à la **même famille**, quel que soit leur suffixe ou leur préfixe.
marquer – une contre**marque** – un **marqu**eur – **marqu**ant

2 Le **radical** peut se présenter sous des **formes différentes**.

une **saveur** – **savour**er | **chant**er – une **cant**atrice
une **heure** – un **hor**aire | la **fin**ale – **fig**noler

3 La connaissance du mot latin dont les mots français sont issus peut aider à assembler ceux-ci dans une même famille.
un **cœur**, **courag**eux, **cord**ial appartiennent à la même famille : ils viennent du nom latin **cor** (au nominatif), **cordis** (au génitif).
Les **gens** et **gentil** viennent du mot latin **gens**, **gentis**.
Un **œil**, **ocul**aire et in**ocul**er viennent du mot latin **oculus**.

POUR ALLER PLUS LOIN

Les mots appartenant à la même famille ont parfois une orthographe irrégulière : certaines consonnes ne sont pas systématiquement doublées, des accents sont modifiés.

résonner et la résonance | *une femme et féminin*
un concurrent et concourir | *une monnaie et monétaire*
le séchage et la sècheresse | *extrême et l'extrémité*

519 **Sur chaque ligne, trouvez le mot qui n'est pas de la même famille que les autres.** ★★

1 un cheveu	capillaire	la capillarité	une capitale
2 un somnambule	une ambulance	un funambule	une ambiance
3 nuire	une nuisette	une nuisance	innocent
4 pédestre	la piété	un piéton	un piédestal
5 une vitre	la vitalité	vitreux	la verrière
6 la terrasse	un terrain	terrestre	terrifiant
7 la plantation	replanter	une planète	plantureux
8 la sortie	un sortilège	un sorcier	ensorceler

520 **Copiez les phrases en les complétant avec des mots issus du verbe latin « *loquor* » (parler).** ★★

1 Fabien a consulté un orthophoniste, il avait des problèmes d'… . **2** Ce … sur les rayons gamma a réuni de nombreux chercheurs. **3** Certains élèves ne participent guère aux discussions : ils sont d'un naturel peu … . **4** Accompagné de sa marionnette, ce … se produit de spectacle en spectacle. **5** Dans un dialogue, il y a au moins deux … . **6** Énervé par la bêtise du vicomte de Valvert se moquant de son nez, Cyrano lui répondit une longue tirade empreinte d'… .

521 **Copiez les phrases en les complétant avec des mots issus du nom latin « *caput* » (la tête).**

★★★

1 Les parfums ... peuvent provoquer de vrais maux de tête. **2** Louis XVI est mort ... . **3** Le règlement du collège impose d'ôter son couvre-... dans les couloirs. **4** Ce livre est fait pour ceux qui n'aiment pas lire : il contient peu de ... et ils sont très courts. **5** Le ... de ce navire corsaire a un crochet à la place du bras. **6** La ... du Mali est Bamako. **7** Le ... d'orchestre dirige les musiciens sans même jeter un œil sur la partition : il la connaît par cœur.

522 **Copiez les phrases en les complétant avec des mots issus des mots latins. Attention à leur orthographe : certaines consonnes sont doubles.**

★★★

a. ***famille de « raison », du latin « ratio, rationis »***

1 Dans les romans fantastiques, il arrive de nombreux événements ... . **2** Pour souligner le ... d'un paragraphe argumenté, on utilise des mots de liaison. **3** L'ingénieur américain Taylor a ... le travail en l'organisant de la façon la plus rentable possible. **4** Vu les conditions météorologiques, il serait ... de prendre la mer.

b. ***famille d' « homme », du latin « homo »***

1 Ce tueur en série a commis d'innombrables ... . **2** Les enfants se sont amusés à construire un ... de neige. **3** La douceur et l'... de ce vieillard en font un compagnon charmant. **4** Des organisations ... viennent au secours des populations touchées par la famine. **5** Dans vingt ans, combien d'habitants comptera l'... .

c. ***famille de « don », du latin « donum »***

1 Chaque dimanche, M. Maréchal s'... aux joies de la course à pied. **2** Cet échange est équitable, c'est ...-... . **3** Ce château a pu être restauré grâce à un généreux ... . **4** La grand-mère a effectué une ... à tous ses petits-enfants. **5** Les ... de sang sont des personnes bénévoles.

523 **Copiez les phrases en les complétant avec des mots issus des mots latins. Attention à leur orthographe : certaines consonnes sont doubles.**

★★★

a. ***famille de « ton », du latin « tonus »***

1 Alors que le drapeau français était hissé, le nageur ... *la Marseillaise*. **2** J'ai un très mauvais accent en anglais, car je ne sais jamais quelles sont les syllabes ... . **3** Ce téléphone ne fonctionne pas, je n'entends aucune ... . **4** L'orage est particulièrement violent : il a ... une dizaine de fois.

b. ***famille de « son », du latin « sonum »***

1 Une syllabe est souvent composée d'une ... suivie d'une voyelle. **2** Christópoulos est un nom de ... grecque. **3** La voix ... de la cantatrice ... dans toute la cathédrale. **4** Cette pièce est bien ... ; on n'entend aucun bruit venant de l'extérieur. **5** Il n'y a pas de bon concert de rock sans une ... parfaite.

EXPRESSION ÉCRITE

Écrivez un texte de cinq à six lignes contenant le plus possible de mots de la famille de *jeter* (radical « -jet- » ou « -ject- »). Soulignez-les.

Écrivez un texte de cinq à six lignes contenant le plus possible de mots de la famille de *tenir* (radical « -ten- »). Soulignez-les.

86 Les synonymes – Les antonymes – Les hyperonymes

1 **Les synonymes** sont des **mots** qui, dans un même contexte, ont des **sens à peu près identiques**.

*Ce film est **lassant**.* *Ce film est **ennuyeux**.*

Les **synonymes** appartiennent à la **même classe grammaticale**.

Il faut choisir des **synonymes** pour **éviter les répétitions**, ou pour être **plus précis**.

*Comme son chat a disparu, Sandrine a de **la peine**.*
*Ses parents la consolent et s'efforcent d'atténuer **sa tristesse**.*

Les **synonymes** peuvent appartenir à des **niveaux de langue différents**.

langage soutenu : *Jules **s'exprime** en allemand.*
langage courant : *Jules **parle** allemand.*
langage familier : *Jules **baragouine** un peu l'allemand.*

2 **Les antonymes** sont des **mots** qui, dans un même contexte, ont **des sens contraires**. Ils appartiennent à la même classe grammaticale.

*dormir dans un **grand** lit* *dormir dans un **petit** lit*

Un **mot qui a plusieurs sens** peut avoir un **antonyme pour chacun d'eux**.

*passer un **mauvais** moment* *passer un **agréable** moment*
*avoir une **mauvaise** haleine* *avoir une haleine **fraîche***
*sortir par **mauvais** temps* *sortir par **beau** temps*

L'hyperonyme est **un nom de sens général** qui englobe un ensemble de noms de sens plus restreint et plus précis.

*une **saison** → le printemps – l'été – l'automne – l'hiver*

POUR ALLER PLUS LOIN

Deux mots peuvent être **synonymes dans un certain contexte**, mais pas dans un autre.

*tracer **une ligne*** *tracer **un trait***
*avoir **une ligne** élégante* *avoir **une silhouette** élégante*
***une ligne** de conduite* ***une règle** de conduite*

524 **Associez les mots de chaque liste pour obtenir des couples de synonymes.**

*

Exemple : songer – rêver

1 *ignorer – succinct – un engagement – une remarque – limiter – fragmenter – se lamenter – prédire – malin – un lieu – la permanence – la renommée*

2 *borner – la réputation – se plaindre – astucieux – la continuité – morceler – méconnaître – bref – un endroit – annoncer – une promesse – une objection*

525 **Associez les mots de chaque liste pour obtenir des couples d'antonymes.**
★
Exemple : l'arrivée – le départ
1 le masculin – évasif – la récompense – fatigant – économiser – l'union – la force – construire – détaillé – attentif – impatient – inclure
2 reposant – détruire – le féminin – patient – vague – exclure – étourdi – la désunion – la punition – précis – la faiblesse – dépenser

526 **Trouvez au moins quatre noms qu'englobent ces hyperonymes.**
★
Exemple : une boisson → du lait – de l'eau – du vin – de la bière

1 un magasin
2 un arbre
3 une habitation
4 un mollusque
5 une maladie
6 un siège
7 un défaut
8 une saison
9 un os
10 un doigt
11 un parent
12 une céréale

527 **Recopiez les phrases en remplaçant les mots en bleu par un synonyme.**
★★
1 Ne **te tourmente** pas si tu as oublié ton livre : ce n'est pas grave. **2** Les **modifications** apportées à ce texte le rendent plus lisible. **3** En recopiant le résumé, Claudia a **fait** trois **erreurs**. **4** Une foule **passionnée** acclame les vainqueurs de la Coupe du monde. **5** Davina **s'enthousiasme** pour la recherche des origines de sa famille. **6** Pour aller à la pêche, M. Collet a **mis** des cuissardes. **7** Où as-tu **mis** les enveloppes grand format ? **8** Même si tu as raison, Alec reste **imperméable** à tes arguments. **9** Avec ce vêtement **imperméable**, Anthony peut marcher sous la pluie. **10** Les rongeurs **se multiplient** en grand nombre. **11** Afin de mieux voir, tu **te places** près de l'écran. **12** Avez-vous déjà **pris part** à un carnaval ? **13** Mme Albertine reçoit ses amies sans **manières**. **14** Toute la classe est **mobilisée** pour préparer le séjour linguistique.

528 **Recopiez les phrases en remplaçant les mots en bleu par des antonymes.**
★★
1 La description que tu nous fais est **précise**. **2** Je présente un visage **sombre** à mes amis. **3** Cet appartement est plutôt **sombre**. **4** Le vendeur **ajoute** les frais de transport. **5** Cette pièce de théâtre est **interminable**. **6** Lorsqu'il vit un serpent, Serge **recula**. **7** Le metteur en scène **critique** les acteurs. **8** Le tribunal reconnaît la **culpabilité** de l'accusé. **9** Le langage de Clément est toujours **choquant**. **10** Les règles du rugby **autorisent** les passes en avant. **11** La diligence est un moyen de déplacement **actuel**. **12** Le lancement de la fusée Ariane a **réussi**. **13** Philippe est **inconscient** ; jamais il ne s'aventurera dans cette direction. **14** Pourquoi certains vivent-ils **luxueusement** ? **15** Dans ce morceau de viande, il y a beaucoup de **maigre** **16** Le **malentendu** est évident entre ces deux personnes. **17** Le corbeau de la fable est plus **malin** que le renard. **18** Tu as **manqué** l'occasion de t'exprimer lorsqu'on t'a donné la parole.

EXPRESSION ÉCRITE

Romain parle avec sa grand-mère de la vie au collège, mais il emploie des tournures familières aux jeunes que sa grand-mère ne comprend pas toujours. Elle l'interrompt pour le corriger et lui proposer des synonymes appartenant à un langage soutenu. Rédigez leur dialogue.

87 LES HOMONYMES LEXICAUX

1 **Les homonymes** sont des mots qui **se prononcent de la même manière** mais qui, le plus souvent **s'écrivent différemment**.

*L'eau **bout** à cent degrés.* *Ne marche pas dans la **boue**.*

2 Les **homonymes** peuvent être de **classes grammaticales différentes**.

nom : *Le **vin** doit être bu avec modération.*
adverbe : *Tu essaies en **vain** de retrouver ton stylo.*
déterminant numéral : *Je tends un billet de **vingt** euros à la caissière.*
verbe conjugué : *Comme j'étais perdu, tu **vins** à ma rencontre.*

3 Pour trouver la bonne orthographe, on doit examiner le sens de la phrase ou consulter un dictionnaire.

*Ton **père** t'accompagne au stade.* — *un parent*
*Je ne **perds** jamais mon sang-froid.* — *le verbe perdre au présent*
*Jade a une **paire** de boucles d'oreilles.* — *deux boucles d'oreilles*
*Six est un nombre **pair**.* — *un nombre divisible par deux*

4 **La présence d'un accent circonflexe** permet parfois de distinguer **certains mots homophones**.

*Voici une **tâche** bien difficile.*
*Tu as fait une **tache** sur ton vêtement.*

5 Certains mots **ont la même orthographe mais pas la même prononciation**. Ce sont des **homographes**.

*Il ne faut jamais emprunter un **sens** (nom) interdit.*
*Tu **sens** (verbe) bon ; quel est le nom de ton parfum ?*

POUR ALLER PLUS LOIN

• Des mots de la même famille permettent quelquefois de trouver l'orthographe correcte.

*avoir **faim** → souffrir de la **famine** (on entend le « a » dans **famine**)*
*attendre la **fin** → cela va bientôt **finir** (on entend le « i » dans **finir**)*

529 **Copiez ces phrases en plaçant correctement les homonymes en bleu.**
*

coke – coque – coq

1 Les nouveaux habitants du hameau sont surpris par le chant du … . **2** Il n'y a plus guère de chaudières fonctionnant au … . **3** La … de ce pétrolier a été endommagée lors de la collision.

scène – saine – Seine

1 Une nourriture …, à base de fruits et de légumes, est à recommander. **2** La … est parfaitement navigable de Paris à Rouen. **3** Dimitri apprend la … de l'*Avare*, celle où Harpagon part à la recherche de sa cassette.

530 ★★ **Copiez ces phrases en complétant avec des homonymes des mots entre parenthèses.**

1 Le sang circule dans les … (**vaine**) et les artères. **2** Je ne parviens pas à ouvrir le … (**un saut**) de peinture. **3** L'… (**l'autel**) de Bourgvilain accueille les voyageurs. **4** Les taxes sur cet article représentent le … (**un car**) du prix de vente. **5** M. Chartier utilise une … (**un vice**) pour assembler ces deux montants. **6** Ce film n'est pas très … (**le guet**) ; je ne vous le recommande pas. **7** De nombreux pédalos sillonnent le … (**le plant**) d'eau de Miribel. **8** La … (**le tribut**) des Mohicans a longtemps résisté aux envahisseurs. **9** La charlotte aux pommes est servie avec un … (**un coolie**) de fruits rouges. **10** M. Garçon ne peut changer sa roue : il a oublié son … (**une crique**). **11** Le contrôleur aérien obtient un … (**un écot**) radar de l'avion Rome-Paris.

531 ★★ **Copiez ces phrases en plaçant correctement les homonymes en bleu.**

cou – coup – coût – couds

1 Pour atteindre les feuilles des arbres, la girafe a un long … . **2** Le défenseur dégage son camp d'un magistral … de pied. **3** Quel est le … de ce vêtement ? **4** Je … l'ourlet de la robe.

voie – voix – voit

1 Kamel a trop encouragé son équipe ; il a la … cassée. **2** Le chat … très bien dans le noir. **3** Sur l'autoroute, on roule à droite et on laisse la … de gauche libre.

532 ★★ **Copiez ces phrases en complétant avec des homonymes des mots entre parenthèses.**

1 Laurent prend le … (**la mort**) aux dents et il se jette dans l'aventure. **2** … (**la vue**) l'état des pneus, il serait imprudent d'aller plus loin. **3** Dans ce traité, figure une … (**close**) secrète connue des seuls signataires. **4** Il n'est plus possible de … (**la terre**) cette information ; Internet la diffuse. **5** La … (**le basilic**) de Fourvière, à Lyon, a la forme d'un château fort. **6** Jamais une personne … (**censée**) n'oserait croire aux revenants. **7** La circulation des péniches sur les … (**les canots**) est lente, mais économique. **8** Une pointe d'… (**aïe**) relèvera le goût de ce plat. **9** Grâce au … (**allô**) de la pleine lune, on distingue toutes les maisons. **10** Omar est … (**comptant**) : ses vacances s'annoncent bien.

533 ★★★ **Copiez chaque couple de phrases en complétant avec deux mots homonymes.**

1 Les escalopes de …, Jessica les préfère panées. **2** Cette cafetière électrique ne … qu'une trentaine d'euros. **3** Le comédien vainc son … en pensant à autre chose qu'à son rôle. **4** Le garde-chasse … les braconniers qui déciment les hardes de cerfs. **5** Rachel refuse de prendre … dans cette stupide querelle. **6** Henriette et Coralie disputent une … de badminton. **7** Bastien exprime un avis … de celui de ses camarades. **8** Un léger … oppose ces deux voisins à propos d'une place de parking. **9** La … dispute au vautour la carcasse du malheureux gnou. **10** Le … est la monnaie utilisée par les Japonais.

EXPRESSION ÉCRITE

Vous souhaitez adopter un animal de compagnie, mais vos parents sont réticents. Rédigez un argumentaire pour les convaincre. Vous emploierez au moins trois couples d'homonymes.

88 Les paronymes – Les barbarismes – Les pléonasmes

1 **Certains mots ont des formes écrites et des prononciations proches**, ce sont des **paronymes**.
Pour choisir le terme correct, il faut bien examiner le sens de la phrase.
*Je ne voudrais pas être **importun**, mais je dois entrer dans cette salle.*
importun : qui déplaît, qui ennuie, qui gêne par sa présence
*Edith est arrivée au moment **opportun**.*
opportun : qui convient, qui vient fort à propos

2 **Quand on déforme un mot**, on commet un **barbarisme**.
*Les employés de cette entreprise sont bien **rémunérés**.*
et non
*Les employés de cette entreprise sont bien **rénumérés**.*
(même si on dit : énumérer)
Remarque : Dans la Grèce antique, un barbare était un étranger qui déformait la langue de la cité lorsqu'il s'exprimait.

3 **Lorsqu'on emploie consécutivement deux mots qui signifient la même chose**, on commet un **pléonasme**.
*La commune a généralisé **le tri sélectif** des ordures ménagères.*
trier, c'est évidemment répartir selon des critères sélectionnés à l'avance.
Remarque : L'expression « au jour d'aujourd'hui » est à proscrire.
Aujourd'hui est déjà la contraction de deux mots : au jour et hui, qui vient du latin, et qui veut dire : « ce jour-ci ».
Aujourd'hui veut donc dire : « Au jour de ce jour-ci », ce qui constitue déjà un pléonasme. Inutile donc d'en ajouter un, ce qui signifierait : « Au jour du jour de ce jour-ci » !

POUR ALLER PLUS LOIN

Les humoristes utilisent parfois les paronymes pour nous faire sourire.
*Voici une personne qui a gagné une somme **gastronomique** à la loterie.* (au lieu *d'une somme **astronomique***)

534 **Recopiez les phrases en remplaçant les mots en bleu avec des paronymes.**
★★
*1 **L'adhérence** à cette association est gratuite. 2 Cet employé ne connaît pas **l'affection** qui lui est réservée. 3 Des **avènements** imprévus ont perturbé l'émission. 4 Le **blanchissage** de l'argent est totalement **illégitime**. 5 Le bébé dort calmement dans son **coussin**. 6 Je ne **décerne** pas bien les détails de cette enluminure. 7 Pour **recouvrir** ton carnet de correspondance, tu iras au secrétariat. 8 La mairie envisage la **prolongation** du boulevard Garibaldi. 9 Le violoniste a **raccordé** son instrument.*

535 **Copiez ces phrases en les complétant comme il convient.**

maudire – médire ; suggestion – sujétion ; vigie – vigile ; intégral – intègre

1 La ... signale au timonier un récif à bâbord ; il faudra l'éviter. **2** Le ... surveille l'entrée de la discothèque. **3** Un des musiciens fait une ... pour le prochain concert. **4** Habiter loin de son lieu de travail, c'est une ... importante pour les banlieusards. **5** La plupart des motards portent un casque .... **6** Personne ne doute que le maire de cette commune soit un homme .... **7** Les personnes capables de ... de leurs voisins sont heureusement fort rares. **8** Les femmes de soldats prisonniers doivent toutes ... la guerre.

536 **Recopiez les phrases en corrigeant les barbarismes.**

1 Cet automobiliste impudent a commis une effraction. **2** Ce panneau indicateur, mal placé, nous a enduit en erreur. **3** Le stage d'animateur sportif se déroulera en deux cessions. **4** Toutes les naissances doivent être enregistrées sur les registres de l'état-civique. **5** La cohérence de ce groupe d'amis n'est plus à démontrer. **6** Pour l'achat de sa voiture, Mme Guy a contacté un emprunt. **7** Une ligne de démarquage sépare toujours le nord et le sud de l'île de Chypre. **8** L'oncle Raoul a fait une dotation à ses neveux. **9** Chaque année, les marmottes du parc de la Vanoise hivernent. **10** Dans ce bar, on ne consume que des boissons non alcoolisées. **11** Le sucre se dissolve dans la tasse de chocolat. **12** La maman affleure la joue de son bébé. **13** Le ministre élucide la question du journaliste.

537 **Copiez les phrases en corrigeant les barbarismes.**

1 Après l'opération, M. Châtel se trouve en salle de ranimation. **2** Cette veste est pratique, car elle est réversable. **3** Avec tes histoires invraisemblables, tu nous rabats les oreilles. **4** L'astérixe qui figure à côté du mot nous renvoie à sa définition. **5** Les arbustres du square du quartier ont été taillés. **6** Des peintures rupestes ont été découvertes dans la grotte Chauvet. **7** Lorsqu'il se rend au stade, Simon porte son sac en bandelière. **8** Ce tableau peut être sans contexte attribué à Édouard Manet. **9** L'allure déglingandée de Gaston Lagaffe est reconnaissable entre toutes. **10** Quel dommageable que ces villages soyent abandonnés. **11** Adeline est sortie regaillardie de la séance de sauna. **12** Les policiers relèvent les empruntes sur l'arme du crime.

538 **Copiez les phrases en supprimant les pléonasmes.**

1 M. Smith ajoute en plus un peu de lait dans son thé. **2** Victime d'une chute verticale, le couvreur s'est brisé la jambe. **3** La majeure partie du pétrole indispensable à la France est importée de l'étranger. **4** Il est parfois dangereux de s'en remettre au hasard imprévisible. **5** Les élèves se sont cotisés à plusieurs pour envoyer des dons gratuits au Mali. **6** L'autobus va partir ; dépêchez-vous vite pour ne pas le manquer ! **7** M. Saunier s'est fait livrer deux tonnes de bûches de bois. **8** Les résultats du brevet seront proclamés incessamment sous peu. **9** Les travaux des chercheurs progressent par étapes successives.

EXPRESSION ÉCRITE

Un élève a contesté le bon déroulement de l'élection des délégués de classe. Rédigez la réponse du CPE qui estime, en argumentant, que le scrutin est parfaitement valide.

89 L'ORIGINE DES MOTS

1 **La langue française**, comme toutes les langues, **s'est construite au fil de l'histoire**. Les guerres, les invasions, les échanges ont contraint les hommes à adapter leur langage afin de se faire comprendre.

2 **Si 80 % des mots du français** sont **d'origine latine**, ils ont souvent été déformés et seuls les latinistes sont capables de donner précisément l'étymologie de beaucoup de mots.

Cependant, environ **300 mots et expressions ont conservé leur forme latine** et sont employés fréquemment. Ils sont parfois légèrement déformés ou peuvent prendre des accents alors que ceux-ci n'existent pas en latin : *un spécimen – un déficit – un mémento*

3 Les mots **d'origine grecque** sont **assez nombreux**, mais la plupart sont d'usage restreint car ils appartiennent, généralement, à des lexiques spécialisés (scientifiques ou techniques).
la philosophie – la cardiologie – la physique – la technologie

4 Comme le français est une langue vivante, **les emprunts à d'autres langues** sont **habituels**. Peu à peu, les mots sont francisés et leur origine n'est plus connue que des linguistes.
Mais des mots résistent à cette assimilation, peut-être parce qu'ils sont d'usage courant dans d'autres langues.

l'anglais : *un tandem*
l'arabe : *un magasin*
l'italien : *les spaghettis*
l'espagnol : *l'embargo*
l'allemand : *un hamster*
le japonais : *le kimono*
le russe : *un mammouth*
le portugais : *la pintade*

Mais les mots ne viennent pas uniquement de l'étranger. Il y avait sur le territoire de la France actuelle **des dizaines de langues et de patois**. **Des mots de ces régions sont entrés dans notre langue** :
la ***cigale*** (provençal) – *la* ***choucroute*** (alsacien) – *le* ***bocage*** (normand) – *un* ***bijou*** (breton) – *le* ***maquis*** (corse)

539 ** **Copiez ces phrases en les complétant par ces expressions ou ces mots d'origine latine.**

vice versa – vivarium – sine die – visa – lapsus – campus – ipso facto

1 Nadine a commis un … : elle a dit qu'elle avait confié ses amies à son anniversaire. **2** Appuyez sur le bouton droit et … le dictionnaire des synonymes apparaîtra. **3** La décision d'abattre cet immeuble insalubre est suspendue … . **4** Ce téléphone prend des photos et … cet appareil photo permet de téléphoner ! **5** Les étudiants se réunissent sur le … de l'université. **6** Pour se rendre en Chine, faut-il avoir un … ? **7** Dans ce …, on peut découvrir d'étranges reptiles.

540 **Copiez les phrases en les complétant par ces noms d'origine étrangère.**
muezzin – iceberg – stress – paparazzi – slalom – sauna – yaourt – star – kayak – atoll
1 Damien a loué un … pour découvrir les gorges du Verdon. **2** Un … se précipite au devant de la … du festival de Cannes. **3** Un milliardaire a acheté un … polynésien inhabité : quelle idée ! **4** À l'approche des examens, le … perturbe de nombreux étudiants. **5** Il semblerait que les … fondent plus vite depuis quelques années. **6** Il paraît que la longévité des Bulgares est due à leur consommation de … . **7** À heures fixes, le … appelle les fidèles musulmans à la prière. **8** Les Finlandais sont des adeptes inconditionnels du … . **9** C'est un Autrichien qui a remporté le … géant de Wengen.

541 **Copiez ces phrases en les complétant par des mots d'origine grecque.**
aéroport – anonyme – atmosphère – chronomètre – amnésie – photocopie – oxygène – gyrophare – sympathie – étymologie
1 Pour avoir la priorité, les véhicules de police circulent avec leur … allumé. **2** En altitude, l'… est plus pauvre en … ; la respiration est difficile. **3** L'… de Roissy accueille chaque jour des centaines d'avions. **4** Frappé d'…, cette personne ne sait plus où elle habite. **5** Quelle est l'… de ce mot ? **6** Le … est formel : Usain a précédé Christophe de deux centièmes de seconde. **7** La … de la carte d'identité est exigée pour une inscription aux concours. **8** Pendant la guerre, certains adressaient des lettres … aux Occupants. **9** Les personnes souriantes et aimables attirent facilement la … .

542 **Recopiez les phrases en remplaçant les noms d'origine étrangère récents par des noms appartenant au français depuis longtemps.**
1 Si vous devez traverser le désert, prévoyez plusieurs **jerricans** d'essence. **2** Le **barman** ne sait plus où donner de la tête ; il y a trop de clients. **3** Des généraux ont programmé un **putsch** contre le président. **4** Pour un **club** amateur, c'est un beau **challenge** que celui de la Coupe de France. **5** À l'issue du tournage, le producteur a organisé une petite **fiesta**. **6** Le ministre de l'Agriculture accorde une **interview** aux journalistes. **7** Les explorateurs ont installé un **bivouac** au bord du fleuve. **8** Le dernier livre d'Amélie Nothomb est un vrai **best-seller**. **9** À quatre-vingts ans, M. Ferrand fait encore son **footing** quotidien.

543 **Donnez les noms d'origine étrangère correspondant à ces définitions.**
1 Un vêtement fourré porté notamment par les skieurs. → **un a…**
2 Inscriptions sauvages tracées sur les murs des villes. → **les t…**
3 Un pantalon de toile résistante que les jeunes adorent. → **un j…**
4 Un engin de terrassement très puissant. → **un b…**
5 Il affronte le taureau dans l'arène. → **le t…**
6 On en jette de nombreux le jour du carnaval. → **des c…**

EXPRESSION ÉCRITE

Durant la période des soldes, vous vous rendez dans un centre commercial. Racontez ce que vous voyez et, éventuellement, ce que vous achetez. Employez des mots d'origine étrangère.

Révisions

544 **Copiez les phrases en ajoutant les préfixes qui conviennent. Vous en donnerez le sens entre parenthèses.** (Leçon 83)

1 Qui a remporté la dernière course ...**atlantique** en solitaire ? **2** Les personnes qui souffrent d'...**tension** artérielle peuvent être victimes d'un infarctus. **3** Corentin va effectuer son premier saut en ...**chute**. **4** Que faites-vous pendant l'...**classe** de midi ? **5** Sur cette clé USB, on peut stocker huit ...**octets** d'informations. **6** On ne peut voir les globules rouges qu'à l'aide d'un ...**scope**. **7** Il faut être ...**conscient** pour rouler en moto. **8** Dès le spectacle terminé, les employés du cirque opèrent le ...**montage** du chapiteau. **9** Dans quel ...**sphère** se trouve l'Australie ? **10** Le dieu des mers, Neptune, est généralement représenté armé d'un ...**dent**. **11** Même si vous arrivez à l'improviste, vous serez toujours le ...**venu**.

545 **Les mots en gras sont formés avec des suffixes. Décomposez-les en donnant le radical et le suffixe.** (Leçon 84)

Exemple : décision → radical « déci- » ; suffixe « -sion ».

Je dois ajouter aux **décisions** de votre père diverses **dispositions** que je prends moi-même en tant que **maîtresse** de maison. En premier lieu, je supprime les poêles dans vos chambres : je n'ai pas envie de vous retrouver asphyxiés, un beau matin. Je supprime également les **oreillers** : ils donnent le dos rond. Les édredons suivront les oreillers. Une **couverture** en été, deux en hiver suffisent **largement**. À table, j'entends que personne ne parle sans être interrogé. Vous vous tiendrez **correctement**, les coudes au corps, les mains posées de chaque côté de votre **assiette**, la tête droite. Défense de vous appuyer au **dossier** de votre chaise. En ce qui concerne vos chambres, vous les entretiendrez vous-mêmes. Je passerai l'**inspection** régulièrement, et gare à vous si je trouve une toile d'araignée ! Enfin, je ne veux plus vous voir cette **tignasse** de **bohémiens**. Désormais, vous aurez les cheveux **tondus** : c'est plus propre.

Hervé Bazin, *Vipère au poing*, Grasset.

546 **Complétez le tableau par des mots de même famille sur chaque ligne.** (Leçon 85)

noms	noms	verbes	adjectifs	adverbes
...	...	...	...	nommément
...	...	éclairer	...	...
...	...	...	fort	...
...	...	s'amouracher	...	...
...	...	...	...	numériquement
un globule	...	...	...	...
...	la maniabilité	...	...	...
...	la grossesse	...	...	...
...	...	ajourner	...	...
...	...	...	variable	...

547 **Recopiez les phrases en les complétant avec des mots de la même famille que ceux entre parenthèses. (Leçon 85)**

★★

1 Après bien des palabres, M. Juillet a obtenu une … (**mettre**) importante sur l'achat de ce téléviseur. **2** Les taxidermistes sont quelquefois appelés des … (**la paille**). **3** L'… (**la panne**) est un virement de bord par vent arrière. **4** En toutes circonstances, un arbitre doit rester … (**la part**). **5** Bien que ce travail soit pénible, les … (**l'œuvre**) qui l'effectuent ne touchent qu'un salaire … (**le rire**). **6** En poésie, savez-vous ce qu'est un … (**la jambe**) ? **7** La … (**le lac**) de Venise offrait une excellente protection contre les envahisseurs venus de la mer. **8** Victime d'une … (**long**) au mollet droit, cet athlète ne participera pas aux championnats d'Europe. **9** Désormais, pratiquement toutes les femmes accouchent à la … (**la mère**). **10** La … (**servir**) de ce hameau de montagne est impossible durant l'hiver.

548 **Recopiez les phrases en remplaçant les mots en bleu par des synonymes. (Leçon 86)**

★★★

1 Lorsque la discussion **s'envenime**, Léonard a du mal à **se calmer**. **2** Dans ce restaurant, le prix d'un repas est bien **modique**. **3** Les moyens de communication **novateurs** sont d'une rapidité exceptionnelle. **4** Les **mœurs** de certains pays **surprennent** parfois les étrangers. **5** Attendez-moi, j'arrive dans **un moment**. **6** Morat est trop **mou** pour protester, alors qu'il est **lésé** par le partage. **7** Pourquoi **t'obstines**-tu, alors que ce problème est insoluble ? **8** Cette pommade **calme** les démangeaisons dues aux piqûres d'insectes. **9** L'énigme était simple, pourtant tu es tombé dans le **panneau**. **10** Le facteur nous apporte un **paquet envoyé** par nos amis de Toulouse. **11** Pensant s'attirer les faveurs des dieux, les Incas **immolaient** des animaux.

549 **Recopiez les phrases en remplaçant les mots en gras par des synonymes. (Leçon 86)**

★★★

1 Poli, ce jeune homme **s'efface** pour laisser passer une personne âgée. **2** Avec le temps, il semble que les souvenirs **s'effacent** insensiblement. **3** L'escrimeur **évite** les assauts de son adversaire. **4** Si vous voulez rester en bonne santé, **évitez** de consommer des boissons alcoolisées. **5** D'un pas **léger**, tu te diriges vers le restaurant scolaire. **6** Insensible aux railleries, Justine répond d'un ton **léger**. **7** Nous voudrions bien savoir qui **nourrit** cette rumeur d'annulation du brevet blanc ? **8** La jeune mère **nourrit** elle-même son bébé. **9** Rejoindre la Corse à la nage, voilà un projet absolument **démentiel**. **10** Les élèves de la classe s'apprêtent à **désigner** leurs délégués. **11** Pour tourner ce film, le metteur en scène **dispose** de moyens considérables. **12** En attendant les invités, je **dispose** les assiettes et les couverts.

550 **Recopiez les phrases en remplaçant les mots en gras par des antonymes. (Leçon 86)**

★★★

1 Tu es revenue **affaiblie** de ton séjour à Tignes. **2** La calculatrice a-t-elle donné un résultat **erroné** ? **3** Le conférencier tient des propos **sibyllins** ; l'auditoire est **distrait**. **4** Cette starlette, en mal de notoriété, **dissimule** sa nouvelle tenue pour **décourager** les paparazzis. **5** Certaines coutumes des îles polynésiennes sont **passagères** ; tous les habitants les **dénigrent**. **6** Ce modèle de véhicule est **anodin** ; les ingénieurs ont fait preuve d'imagination. **7** Ce roman est l'œuvre d'un **célèbre** écrivain ; le public est **déçu**. **8** Le château est **modestement** meublé ; les visiteurs sont surpris.

551 **Corrigez les erreurs en remplaçant les mots en bleu par des groupes de mots homonymes. (Leçon 87)**

★★★

1 On dit que **l'égout** et les couleurs, cela ne se discute pas ! **2** Le banquier échange **l'échec** contre des billets de cinquante ou de **sent** euros. **3** 29 **éteint** nombre **un père**, **mets** c'est aussi un nombre premier. **4** La nourriture principale de nombreux habitants d'Asie, **céleri**. **5** Le chardonnay est un **ces pages** qui permet de produire un excellent **vain** blanc. **6** **L'époux** sont des parasites qui adorent les chevelures enfantines ! **7** **Sept** année, **l'étau** d'intérêt ont augmenté de trois pour **sang**. **8** Mme Mazurek **paix** son loyer **levain** de chaque **moi**. **9** Le vendeur **haie** formel : « **Mépris** sont les plus avantageux du quartier ! »

552 **Recopiez les phrases en remplaçant les mots en bleu par des paronymes. (Leçon 88)**

★★★

1 Les **serments** de vigne brûlent en dégageant une odeur agréable. **2** Corentin change les **têtes** d'oreiller de son lit. **3** Cet ancien résistant nous **amène** un témoignage poignant sur son engagement. **4** Cette ceinture est **expansible** et s'adapte à toutes les tailles. **5** Le départ du Grand Prix est **éminent** ; la piste est dégagée. **6** Le boxeur se baisse pour **esquisser** les coups de son adversaire. **7** Henri IV a **adjuré** la religion protestante pour devenir roi de France. **8** Une fumée **âpre** se dégage du brasier allumé par **inadaptation**. **9** Ton raisonnement est parfaitement **compréhensif** ; toute la classe écoute. **10** Ce pêcheur est bien **impudent** de s'avancer au bord de la falaise.

553 **Copiez les phrases en complétant les noms d'origine étrangère. (Leçon 89)**

★★★

1 Les Vikings possédaient des **dra**… capables de naviguer au large. **2** La **ma**… sicilienne, en toute illégalité, **ra**… les commerçants de l'île. **3** Un **bli**… épouvantable balaie les plaines de l'Alaska. **4** Montpellier est actuellement **lea**… du championnat de France de hand-ball. **5** Tu **za**… à l'aide de la télécommande, à la recherche d'un **wes**… . **6** Sous aucun prétexte, Claire ne manquerait sa séance de **yo**… . **7** Pour aller au troisième étage, empruntez **l'esc**… . **8** Un **fa**…-**fo**… ouvre ses portes à deux pas du collège : est-ce un hasard ? **9** En Iran, de nombreuses femmes circulent vêtues d'un **tch**… . **10** Les **squ**… de cet immeuble ont été expulsés **man**… **mil**… par les gendarmes.

554 **Copiez les phrases en remplaçant les noms d'origine étrangère par leurs équivalents en français. (Leçon 89)**

★★★

1 Le **coach** est formel ; nous devons mieux jouer en seconde mi-temps si nous voulons remporter le **match**. **2** Ce journaliste est satisfait, car il a déniché un **scoop** : la princesse de Malte va épouser un footballeur ! **3** De nombreux amateurs de musique ne peuvent se séparer de leur **walkman**. **4** Le **manager** de cette usine se rend en Indonésie afin de trouver de nouveaux débouchés pour ses produits. **5** Au début du cours, le professeur de mathématiques nous donne le **planning** des exercices à effectuer. **6** La municipalité ne sait pas encore si la rue de la Barre sera réservée aux piétons ; la décision est en **stand-by**. **7** Cette bande dessinée est vraiment **fun**. **8** Tout le monde plaint ce **looser** ; va-t-il enfin retrouver un **job** ? **9** Cette chaîne de télévision diffuse les **news non stop**.

MÉMENTO GRAMMATICAL

90 LES TYPES ET LES FORMES DE PHRASE

1 Les types de phrase

a. **La phrase déclarative** donne pour vraie **une information**.

Zoé accuse Marie. *Claire n'est pas malade.*

b. **La phrase interrogative** pose **une question**. Elle peut être :

– **totale** si elle demande une validation par oui ou non : **Viens-tu ?**

– **partielle** si elle demande un complément d'information : **Où vas-tu ?**

On emploie pour cela **des mots interrogatifs de différentes natures** : des **déterminants** (*quel*), des **pronoms** (*qui, lequel*), ou des **adverbes** (*où, quand*, etc.).

c. **La phrase impérative ou injonctive** exprime **un ordre, une prière ou un conseil**.

Le **verbe est conjugué à l'impératif** au **subjonctif ou à l'infinitif**.

La phrase peut être nominale.

Cesse d'embêter ta sœur. *Qu'il parte.*

Faire mijoter à feu doux. *À table !*

d. **La phrase exclamative** exprime **une émotion**. Sa marque est **le point d'exclamation**. Elle peut être accompagnée de **mots exclamatifs** : des **déterminants** (*quel*), des **adverbes** (*combien, que, comme*), ou des **interjections** (*ah, bravo*, etc.). La phrase peut être nominale.

Comme elle doit souffrir ! *Quel spectacle !*

La modalité exclamative peut se combiner aux trois types précédents.

2 Les formes de phrase

a. **la forme affirmative** :

Paul a répondu à mon SMS.

b. **la forme négative** est construite le plus souvent avec **deux adverbes** (*ne ... pas / plus / jamais / que / guère / point*, etc.) :

*Paul **n'**a **pas** répondu à mon SMS.*

c. **la forme emphatique** met en relief un élément en plaçant au début de la phrase un **présentatif** :

***C'est** Paul **qui** a répondu à mon SMS.*

ou par **détachement** en début ou fin de phrase :

Ce film, il est génial. *Il est génial, ce film.*

POUR ALLER PLUS LOIN

Les types et les formes de phrase se combinent entre eux. Ainsi, on peut trouver des **phrases interro-négatives**. Ce sont en fait **des interrogations rhétoriques** (ou oratoires) car leur formulation pousse l'interlocuteur à acquiescer.

Ne crois-tu pas que tu as suffisamment d'argent de poche ?

555 **Transformez ces phrases affirmatives en phrases interrogatives. La question portera sur l'élément en gras.**

* **1** **Ce chien de race** a gagné le concours de beauté. **2** Le chien mythologique Cerbère a **trois** têtes. **3** M. Dubois est nommé ambassadeur **en Chine**. **4** **M. Dubois** est nommé ambassadeur en Chine. **5** Mon père prendra sa retraite **en mars**. **6** Je suis allé voir **le dernier film d'*Harry Potter***. **7** Les caisses du supermarché sont équipées **de lecteurs d'étiquettes**. **8** **Ces sculptures** sont l'œuvre d'un artiste de talent.

556 **Indiquez par quelle forme de phrase les recommandations et ordres suivants sont exprimés.**

** **1** Ne pas marcher sur les pelouses. **2** Le roi exige que ses ordres soient exécutés immédiatement. **3** Mettez-vous en rang. **4** Ne pas dépasser la dose prescrite. **5** À l'abordage ! **6** Je te conseille de ne pas marcher dans les orties. **7** Ne faites pas de bruit, bébé dort. **8** Tous avec moi pour ranger le matériel ! **9** Ne pas toucher les fils électriques avec des mains mouillées. **10** Veuillez baisser le son de l'amplificateur.

557 **Transformez ces phrases affirmatives en phrases injonctives. Variez les modes verbaux.**

** **1** Vous devez faire marche arrière. **2** Je veux qu'ils fassent feu. **3** Il est interdit de se pencher par la fenêtre. **4** Les enfants, il est l'heure d'aller au lit. **5** Tu sortiras le chien. **6** Il faut qu'elle aille immédiatement prévenir la police. **7** Le metteur en scène réclame le silence. **8** Vous devez revenir le plus vite possible.

558 **Transposez ces phrases à la forme emphatique en utilisant un présentatif suivi de que ou qui. Vous mettrez en relief l'élément en gras.**

** **1** Jean-Jacques Rousseau, enfant, fut accusé **à tort**. **2** Nicolas est puni **parce qu'il a cassé un vase**. **3** J'ai vu cet homme **hier** pour la première fois. **4** **Les contes de fées** plaisent aux enfants. **5** Le magicien mystifie **les badauds incrédules**. **6** Les violettes fleurissent **dès la mi-février**. **7** **Les chaînes sportives** retransmettent la finale de la Coupe. **8** **Les melons** ont fait la réputation de la région de Cavaillon. **9** Le train a déraillé à la sortie de **la gare de Culoz**.

559 **Écrivez les phrases à la forme négative.**

** **1** Tout le monde applaudit la chanteuse. **2** Les enfants étaient contents du spectacle de marionnettes. **3** Les premiers secours avaient déjà été donnés au blessé. **4** Après la séance de natation, Thierry a toujours faim. **5** Il a un peu plu aujourd'hui. **6** Florian a tout compris à la leçon de grammaire. **7** J'ai vu quelqu'un entrer dans la galerie marchande. **8** Ces personnes ont bénéficié d'une réduction. **9** Vous avez déjà dressé un tigre.

EXPRESSION ÉCRITE

Rédigez le monologue d'une personne désespérée d'avoir été injustement punie. Vous utiliserez les quatre formes de phrase et en soulignerez un exemple de chaque. Vous commencerez ainsi : « Stéphane se prit la tête entre les mains. Comment était-ce possible ? »

91 Les propositions indépendantes, juxtaposées, coordonnées et subordonnées

1 La proposition

Une proposition est un groupe qui ne contient **qu'un seul noyau verbal** (en général un verbe conjugué à un mode personnel). Ce noyau **peut être enrichi de différents compléments**.

Cours *! Malgré ses efforts, Anaïs* ***est arrivée*** *en retard au cinéma.*

On dit qu'une proposition est **indépendante** quand elle peut exister **seule**, sans devoir être complétée par une autre proposition.

On différencie les **phrases simples**, formées d'une seule proposition indépendante, des **phrases complexes**, formées d'au moins deux propositions.

2 La phrase complexe

Les propositions de la phrase complexe sont reliées de trois façons possibles.

a. Les propositions peuvent être des propositions **indépendantes juxtaposées**, c'est-à-dire séparées par **un signe de ponctuation** (virgule, point-virgule, deux-points).

[Je prends mon parapluie] : [il pleut.]

b. Les propositions peuvent être des propositions **indépendantes coordonnées** par une **conjonction de coordination** (*mais, ou, et, donc, or, ni, car*) ou un **adverbe de liaison** (*puis, pourtant, alors, d'ailleurs, finalement*, etc.).

[J'ai mis ma veste] ***et*** *[je suis sorti.]*

c. Une proposition peut être dépendante d'une autre. Ainsi, la **proposition subordonnée** ne peut exister seule, elle est forcément reliée à une autre **proposition dite principale**.

[Je mets mon bonnet] ***[parce qu****'il fait froid.]*

proposition principale — proposition subordonnée

La proposition subordonnée est généralement introduite par un **mot subordonnant** (*qui, que, quoi, dont, lorsque, parce que, pourquoi, si*, etc.).

560 * **Soulignez les verbes conjugués à un mode personnel. Délimitez les propositions par des crochets. Précisez le nombre de propositions que comporte chaque phrase.**

1 Je pars en vacances en Espagne parce que j'aime le soleil et que ce pays n'est pas très loin. **2** Quand je suis sorti du cinéma, j'ai vu que j'avais oublié le parapluie que tu m'as offert. **3** Je ne sais pas quel âge peut avoir la femme qui est assise au bar. **4** Dans les siècles passés, les bateaux s'échouaient souvent au large du cap Horn. **5** Le chevalier s'apprête à frapper son adversaire en pleine poitrine, sur la peau d'ours qui le protège. **6** Soudain, contre toute attente, le géant s'effondra sur le sol en hurlant. **7** Demain, il fera beau, mais des orages sont possibles sur le Sud-Est. **8** Après sa condamnation, Galilée aurait déclaré en parlant de la Terre : « Et pourtant elle tourne. »

561 ★ **Mettez les propositions entre crochets. Entourez le mot ou le signe de ponctuation qui les relie. Dites si les propositions sont juxtaposées, coordonnées ou subordonnées.**

1 Les gonds de la porte d'entrée grincèrent et des pas lents et lourds retentirent dans l'escalier. **2** J'entrai doucement, très doucement, dans le bureau de mon père et me cachai derrière un rideau qui voilait une fenêtre. **3** Absorbé par sa lecture, mon père ne m'entendit ni ne me vit. **4** Les pas s'approchaient de plus en plus : l'homme était derrière la porte. **5** Je l'entendais qui respirait difficilement. **6** Alors, la poignée s'abaissa, la porte s'ouvrit, l'étranger entra.

562 ★ **Recopiez les phrases et complétez-les par une conjonction de coordination selon le sens.**

1 Il n'y a plus de pain pour le repas, … il reste quelques biscottes. **2** Samedi, Cindy n'ira pas à la patinoire, … elle restera devant son ordinateur pour terminer son travail. **3** L'autoroute est bloquée, … les automobilistes ont la possibilité de prendre une déviation. **4** Les algues vertes envahissent les plages des Côtes-d'Armor, … est-il impossible de se baigner. **5** Le gratin dauphinois est délicieux, … le rôti est trop cuit.

563 ★★ **Transformez ces propositions juxtaposées en propositions coordonnées, puis en principales et subordonnées.**

1 Nicolas n'a pas de compas ; il ne pourra pas tracer correctement son cercle. **2** M. Carmet s'est engagé dans la marine ; il espère découvrir de nombreux pays. **3** Carole veut se rendre à Bordeaux : elle doit y retrouver sa cousine. **4** Ces roses ne sont pas encore écloses ; elles devraient embellir l'appartement pendant plusieurs jours.

564 ★★ **Recopiez ces phrases et entourez les conjonctions de subordination. Soulignez en rouge les propositions principales et en bleu les subordonnées.**

1 Depuis que Gérard a gagné au loto, il ignore ses anciens amis. **2** Les digitales sont de grandes fleurs que l'on trouve dans les sous-bois. **3** M. Garcia préparait le repas, tandis que sa femme regardait la télévision. **4** Quand tu verras Agathe, dis-lui que je lui rendrai bientôt visite. **5** À mesure qu'il s'approche du cratère, le vulcanologue découvre des coulées de lave refroidies. **6** Justin s'exercera jusqu'à ce qu'il puisse réussir son salto arrière.

565 ★★ **Complétez ces phrases par une proposition subordonnée. Entourez le mot subordonnant et soulignez le verbe de la subordonnée.**

1 Je poussai un cri… . **2** Sur la porte était clouée une pancarte… . **3** L'enfant promit… . **4** Ils poursuivirent leur route… . **5** On avait pu voler le tableau… . **6** Je suis sûr… . **7** Nous suivîmes les traces de pas… . **8** Les rafales de vent étaient si violentes… . **9** Ma mère ne croit pas… .

EXPRESSION ÉCRITE

Deux hommes se retrouvent face à face sur le toit d'un train roulant à toute vitesse. L'un essaie d'empêcher l'autre de voler le trésor transporté par le train. Rédigez l'affrontement en une dizaine de lignes. Au moment le plus intense de l'action, vous utiliserez des phrases simples et des propositions juxtaposées.

92 LES PROPOSITIONS SUBORDONNÉES RELATIVES

1 La proposition subordonnée relative

Une proposition subordonnée relative est introduite par un **pronom relatif** **simple** (*qui, que, quoi, dont, où*) ou **composé** (*lequel, duquel…*).

*Esméralda, [**qui** danse comme une déesse], séduit les spectateurs.*

Elle fait partie des expansions du nom ; **elle qualifie un groupe nominal, un nom ou un pronom** qui est son **antécédent.** Sa fonction est épithète du nom qu'elle qualifie.

Il existe **des subordonnées relatives sans antécédent** qui sont introduites par les pronoms ***qui*** ou ***où***. Leur fonction est sujet ou complément.

*[**Qui** veut voyager loin], ménage sa monture.*

*J'irai [**où** tu iras].*

2 Fonction et orthographe du pronom relatif

a. Le choix du **pronom relatif** dépend de sa **fonction** dans la proposition subordonnée.

– *J'aime les livres [**qui** finissent bien].* « **qui** » est sujet de *finir*.

– *J'aime les livres [**que** ma mère m'a achetés].*

« **que** » est COD de *acheter*.

– *Voilà un livre [**dont** je n'ai pas entendu parler].*

« **dont** » est COI de *parler*.

b. **Les pronoms relatifs composés** **s'accordent en genre et en nombre avec leur** **antécédent.**

***Les amis** [avec **lesquels** j'étais l'an dernier] ne sont plus dans ma classe.*

Remarque : Le pronom relatif composé peut être précédé d'une préposition.

Masculin		**Féminin**	
singulier	*pluriel*	*singulier*	*pluriel*
lequel	lesquels	laquelle	lesquelles
auquel	auxquels	à laquelle	auxquelles
duquel	desquels	de laquelle	desquelles

566 **Recopiez les phrases et soulignez les propositions subordonnées relatives aux mots en gras. Encadrez le pronom relatif et reliez-le par une flèche à son antécédent.**

*

*__1__ La fête de la musique a lieu à **une date** que l'on retient facilement. __2__ Magali a ressorti **la recette** de clafoutis aux pommes qu'elle tenait de sa grand-mère. __3__ Michel s'installa confortablement dans **son hamac**, où il comptait faire une bonne sieste. __4__ La réapparition de **l'inconnue** au chapeau de paille qu'il avait repérée sur la plage le laissa rêveur toute la soirée.*

567 **Recopiez les phrases et soulignez les groupes nominaux comportant une proposition subordonnée relative.**

*

1 Le soir où tout commença était un soir comme tous les autres. **2** Le jeune détective se retrouva face à face avec un homme en costume noir, qui le regardait. **3** Marcel revint brisé de la bataille de la Marne, au cours de laquelle il avait vu périr la plupart de ses camarades. **4** Le point de vue d'où l'on aperçoit le lac de Genève est difficile d'accès. **5** La foule se pressait pour voir la fanfare qui défilait. **6** Le boxeur, qui semblait pourtant K.O., se releva lentement.

568 **Reliez les deux phrases en utilisant un pronom relatif simple. Ne modifiez pas l'ordre des phrases.**

**

1 Grâce à M. Masson, nous avons découvert de fameux coins à framboises. Peu de personnes les connaissent. **2** M. Lamy a acheté une nouvelle voiture. Il en est très fier. **3** Les canards barbotaient dans l'eau. Les promeneurs avaient jeté des bouteilles vides dans cette eau. **4** Les numéros de cirque mettent en scène des singes. Ces numéros ont le plus grand succès auprès des enfants. **5** C'est une joueuse chinoise qui a gagné la finale. Je n'avais jamais entendu parler d'elle avant. **6** Lauryn a descendu tout schuss des pistes noires. Elle n'osait pas s'y aventurer l'année dernière.

569 **Recopiez les phrases en les complétant par le pronom relatif composé qui convient. Vous l'encadrerez et le relierez par une flèche à son antécédent.**

**

1 Je soigne particulièrement les chemises… je tiens le plus. **2** Le tournoi … les plus valeureux chevaliers participent a lieu à Kameloot. **3** Ma voisine, … je n'ai pas de nouvelles depuis son déménagement, faisait un peu trop de bruit. **4** La piscine dans … un enfant a failli se noyer a été fermée. **5** Les amis, … j'écris régulièrement, me répondent rapidement. **6** Les personnes sur … on peut toujours compter sont rares. **7** L'idée … j'ai pensé n'était finalement pas si bonne que ça. **8** Les chiens avec … je vis sont très calmes. **9** Le client … M. Clerc a téléphoné était de mauvaise humeur.

570 **Relier les deux phrases en utilisant un pronom relatif composé. Ne modifiez pas l'ordre des phrases.**

***

1 Robinson explora l'île. Il avait échoué sur cette île. **2** Les radios diffusent différentes émissions littéraires. Grâce à ces émissions, on découvre des écrivains contemporains. **3** Ibrahim écarta avec précaution les lamelles du store. À travers les persiennes, il espionna son voisin. **4** L'inconnu avança lentement dans la rue. Au bout de cette rue habitait le maire. **5** Les élèves de 3e B ont participé à un stage sur le bruitage des films. À la fin de ce stage, ils sont repartis avec l'enregistrement de leur travail. **6** Lilou monta avec hésitation sur le toboggan. Elle en était tombée la veille.

EXPRESSION ÉCRITE

Enrichissez le texte suivant de trois propositions subordonnées relatives.

Il nous arrive une chose terrible. Nous voilà prisonniers de ce lieu. J'ai du mal à imaginer comment nous nous en sortirons. Il est inutile d'attendre du secours de nos amis et nous pouvons à tout instant être attaqués par des bêtes féroces.

93 LES PROPOSITIONS SUBORDONNÉES COMPLÉTIVES

Les propositions subordonnées complétives sont généralement complément d'objet du verbe de la proposition principale.
Elles ne peuvent être ni supprimées ni déplacées.

1 Les propositions subordonnées complétives conjonctives

Quasimodo trouve [qu'Esméralda danse admirablement].

Elles sont introduites par la **conjonction de subordination** « ***que*** » ou la **locution conjonctive** « ***ce que*** » après une préposition (*de, à*).
Elles peuvent avoir toutes les fonctions d'un groupe nominal, mais elles sont le plus souvent **complément d'objet d'un verbe d'opinion** (*penser*), de **volonté** (*vouloir*), ou de **sentiment** (*craindre, espérer, se réjouir*).

2 Les subordonnées interrogatives indirectes

Elles correspondent à une **phrase qui serait de type interrogatif dans un discours direct**. Mais elles ont perdu les marques de l'interrogation : **le sujet est placé avant le verbe et la phrase se termine par un simple point**.

Où va-t-il ? → Je me demande [où il va.]

Elles sont introduites par un **mot interrogatif** : un **pronom** (*qui, ce qui, que, ce que, lequel*), un **déterminant** (*quel*), un **adverbe** (*où, quand, comment*, etc.), ou une **conjonction de subordination** (*si*).
Elles sont **complément d'objet de verbes qui expriment une question** (*demander*), une **ignorance** (*ne pas savoir, ne pas comprendre*), ou qui **rapportent des paroles** (*raconter, dire*).

POUR ALLER PLUS LOIN LA CONCORDANCE DES TEMPS

Il ne peut y avoir un trop grand écart temporel entre la principale et la subordonnée : par exemple, du passé simple dans l'une, du présent dans l'autre. Ainsi, certaines transpositions de temps s'imposent lorsque l'on transforme le discours direct en discours indirect.

*Où **va**-t-il ? → Je me demandais où il **allait**.*

571 Transformez la proposition complétive de ces phrases en groupe nominal.

*

1 Les journalistes qui couvrent le procès sont convaincus **que l'accusé est innocent**. **2** Certains scientifiques nient **que le climat se réchauffe**. **3** Les parents de Julien ne souhaitent pas **que leur fils redouble**. **4** Les agriculteurs ne s'attendaient pas **à ce que les fortes chaleurs durent si longtemps**. **5** Le patron apprécie **que ses apprentis soient à l'heure**. **6** Sur le chantier, le maître d'œuvre vérifie **que les menuisiers ont bien posé les portes**.

572 **Copiez les phrases en remplaçant le groupe nominal en gras par une subordonnée complétive.**
*
1 Les employés voudraient **une augmentation de leur salaire**. **2** Le président redoute **une révolte des opposants au régime**. **3** Les policiers ont promis **l'arrestation des coupables**. **4** Le règlement intérieur a interdit **l'utilisation des téléphones portables** dans le collège. **5** Cet écrivain attend avec impatience **la publication de son roman**.

573 **Copiez les phrases et indiquez entre parenthèses si les subordonnées introduites par que sont des relatives (R) ou des complétives (C). Reliez-les par une flèche au nom ou au verbe auquel elles se rapportent.**
**
1 Le programme de physique que nous étudions cette année est passionnant. **2** Jupiter jura qu'il ne lui était pas possible de choisir la plus belle des déesses. **3** Voulez-vous que nous allions au théâtre ce soir ? **4** Je crains que nous ne puissions être à l'heure. **5** Le livre que vous avez commandé est malheureusement épuisé. **6** Les poèmes que j'écris sont en vers libres.

574 **Copiez les phrases et indiquez entre parenthèses si les subordonnées introduites par qui sont des relatives (R) ou des interrogatives indirectes (I ind). Reliez-les par une flèche au nom ou au verbe auquel elles se rapportent.**
**
1 Je voudrais acheter un vélo qui ne soit pas trop lourd. **2** Dis-moi qui est venu à la maison en mon absence. **3** Zacharie préfère ne pas savoir qui l'a dénoncé. **4** Malik a planté un rosier qui sent très bon. **5** L'avion qui vient d'atterrir est un Airbus A380. **6** Je me demande qui va oser annoncer la mauvaise nouvelle à Rachel. **7** Sais-tu qui a remporté la bataille de Marignan ?

575 **Transformez les phrases en subordonnées interrogatives indirectes. La proposition principale débutera par « Je ne sais pas... ».**
***
1 Quelqu'un s'est-il occupé de la réservation des billets ? **2** Lequel de vous deux est l'aîné ? **3** Est-ce que je peux desservir la table ? **4** Qui a construit ces magnifiques châteaux de sable ? **5** Combien de temps a duré l'opération de l'appendicite ? **6** Pourquoi pleures-tu ? **7** Qu'a-t-il fait à manger ? **8** Le facteur est-il déjà passé ? **9** Chez qui Clément et Élie sont-ils allés ?

576 **Transformez le discours direct en discours indirect. Attention à la concordance des temps.**
***
1 L'architecte affirme : « Dans deux jours, les travaux seront terminés. » **2** L'antiquaire rassura ses clients : « Ce fauteuil a vraiment appartenu à Voltaire ! » **3** Ils lui demandèrent : « Combien coûte-t-il ? » **4** Il commença par répondre : « Il est absolument inestimable. » **5** Puis, il ajouta : « Je vous ferai un prix si vous prenez aussi cette authentique arbalète du Moyen Âge. »

EXPRESSION ÉCRITE

Le soir de la rentrée des classes, vous racontez à vos parents ce que vous ont dit vos professeurs et vos conversations avec vos camarades. Utilisez au moins quatre complétives que vous soulignerez.

94 LES PROPOSITIONS INFINITIVES ET PARTICIPIALES

Les propositions infinitives et participiales sont des **propositions subordonnées qui ne sont pas introduites par un mot subordonnant**. Leur **noyau verbal** est conjugué à un mode impersonnel : **l'infinitif** ou le **participe**.

1 La proposition infinitive

Son noyau verbal est conjugué à **l'infinitif présent**. Son sujet est obligatoirement différent de celui de la proposition principale.

La maman regarde [ses enfants jouer].

Le sujet de « *regarde* » est « *la maman* », le sujet de « *jouer* » est « *les enfants* ».

Son sujet n'est pas toujours exprimé :

J'entends marcher. (J'entends qu'on marche.)

Elle a la fonction de **complément d'objet d'un verbe de perception** (*voir, écouter, sentir,* etc.). Elle fait donc partie des **propositions complétives**.

Il ne faut pas confondre la **proposition infinitive** avec un **infinitif complément** :

Elle aime ***regarder la pluie****.*

ou **centre de périphrase** :

Je viens ***de le faire****. Il peut encore* ***venir****.*

Dans ces cas, l'infinitif n'a pas de sujet propre.

2 La proposition participiale

Son noyau verbal est conjugué au **participe présent** (*étant*) ou **passé** (*ayant mangé*).

Son sujet est obligatoirement différent de celui de la proposition principale.

[Cet exercice ***étant*** *difficile], il vaut mieux le faire en dernier.*

[Ses voisins ***ayant fait*** *la fête], Florent a peu dormi.*

La proposition participiale est séparée de la principale par une **virgule**.

Elle a la fonction de **complément circonstanciel de temps ou de cause**.

POUR ALLER PLUS LOIN

- Il ne faut pas confondre la **proposition participiale** avec une **épithète**. En effet, le participe présent ou passé peut aussi être employé comme un adjectif. Il fait alors partie du groupe nominal.

Les enfants ***jouant sur la pelouse*** *sont calmes.*

Énervé par le bruit*, Franck a du mal à se concentrer.*

577 ** **Transformez les propositions subordonnées circonstancielles en propositions participiales.**

1 **Lorsque leurs regards se croisèrent**, ces deux adversaires pâlirent. **2** **Comme les risques d'éboulement sont grands**, la route a été provisoirement coupée. **3** **Après que l'orateur eut fini son discours**, les applaudissements ont retenti. **4** La construction du parking a dû être interrompue **parce que des vestiges archéologiques ont été découverts**. **5** **Lorsque l'hiver fut venu**, les troupes napoléoniennes durent se retirer.

578 ** **Transformez les phrases suivantes en propositions participiales selon l'exemple, puis inventez la principale.**

Ex. : Le temps se couvre. → Le temps s'étant couvert, nous restons à l'abri.

1 Les virages sont nombreux. → …
2 L'électricité est coupée. → …
3 La calèche est secouée. → …
4 Ce joueur est blessé. → …
5 Le vol est annulé. → …
6 Le rôti est froid. → …
7 Les skieurs sont débutants. →
8 Clément est indiscret. → …

579 ** **Transformez les phrases suivantes en propositions participiales selon l'exemple, puis inventez la principale.**

Ex. : La rivière a débordé. → La rivière ayant débordé, les prés sont inondés.

1 Un cri a retenti. → …
2 Un cadavre a été découvert. → …
3 Mes voisins font du bruit. → …
4 La biche a pris la fuite. → …
5 Le professeur a terminé son cours. → …
6 Sherlock Holmes a été appelé. → …
7 Les coureurs prennent du retard. → …
8 Amar termine son travail. → …

580 ** **Ne relevez que les phrases qui comportent une proposition participiale. Soulignez-les et entourez leur sujet.**

1 Marchant avec difficulté, la vieille dame sort peu. **2** Sa fille étant allergique aux acariens, Mme Richet chasse sans cesse la poussière. **3** L'automobiliste ayant freiné brusquement, sa voiture a dérapé. **4** Ayant attendu cinq heures en vain, Souad est repartie très énervée. **5** Le Père Grandet étant avare, sa famille vivait pauvrement. **6** Mariette passant pour une sorcière, tout le village l'évitait. **7** Jane ayant perdu ses parents, elle dut vivre chez sa tante.

581 *** **Ne relevez que les phrases qui comportent une proposition infinitive. Soulignez-les et entourez leur sujet.**

1 Le courtisan dut attendre dans l'antichambre que roi fût visible. **2** Alors que je rentrais chez moi, je crus voir une ombre glisser le long du mur. **3** En pénétrant dans le vieux château, les visiteurs sentirent un souffle glacial frôler leurs épaules. **4** L'inconnu sembla vouloir prononcer quelques mots. **5** Au loin, nous entendîmes retentir les cors de chasse. **6** Grâce à l'échographie, les futurs parents ont vu battre le cœur du fœtus. **7** Imany apprit à ne plus croire aux promesses de Mathilde. **8** Peu à peu, Zohra réussit à oublier complètement ses ennuis passés.

EXPRESSION ÉCRITE

Un homme est assis à la terrasse d'un café. Il décrit ce qu'il voit et entend autour de lui. Employez au moins deux propositions infinitives et deux propositions participiales que vous soulignerez.

95 LES COMPLÉMENTS D'OBJET

Les compléments d'objet complètent les **verbes transitifs**. On ne peut ni les supprimer ni les déplacer.

1 Le complément d'objet direct

Il complète un **verbe transitif direct**, c'est-à-dire un **verbe qui se construit sans préposition**.

guetter quelque chose (ou quelqu'un) ; attendre quelque chose (ou quelqu'un)

Ce complément peut être de natures différentes.

- groupe nominal : *Le chat guette patiemment* ***sa proie****.*
- pronom personnel : *Le chat* ***la*** *guette.*
- infinitif : *Le chat aime* ***chasser****.*
- proposition subordonnée complétive : *Le chat attend* ***que la souris sorte****.*

2 Le complément d'objet indirect

Il complète un **verbe transitif indirect**, c'est-à-dire un **verbe qui se construit avec une préposition**.

participer ***à*** *quelque chose ; insister* ***sur*** *quelque chose*

Ce complément peut être de natures différentes.

- groupe nominal : *Je ne pourrai pas participer* ***à sa fête d'anniversaire****.*
- pronom personnel : *Nous avons parlé* ***d'elle*** *toute la soirée.*
- proposition subordonnée complétive: *Je ne m'attendais pas* ***à ce qu'il vienne****.*

3 Le complément d'objet second

C'est le **deuxième complément d'un verbe transitif**. Il est introduit par une **préposition**.

offrir quelque chose ***à*** *quelqu'un ; demander quelque chose* ***à*** *quelqu'un*

Ce complément peut être de natures différentes.

- groupe nominal : *J'ai offert un DVD* ***à Marine****.*
- pronom personnel : *Je* ***lui*** *ai demandé ce qu'elle voulait pour Noël.*

Pour trouver le complément d'objet d'un verbe, il est conseillé de passer par la construction de celui-ci à **l'infinitif**.

582 * **Employez les verbes en gras dans une phrase en remplaçant quelque chose ou quelqu'un par un groupe de votre choix. Indiquez si celui-ci est COD, COI ou COS ?**

1 ***s'informer*** *de quelque chose*
2 ***applaudir*** *quelqu'un*
3 ***croire*** *quelque chose*
4 ***donner*** *quelque chose à quelqu'un*
5 ***accuser*** *quelqu'un de quelque chose*
6 ***souhaiter*** *quelque chose à quelqu'un*
7 ***croire*** *en quelque chose*
8 ***croire*** *à quelque chose*

583 **Parmi les groupes en gras, recopiez uniquement ceux qui sont COI. Vous préciserez leur nature grammaticale et le verbe qu'ils complètent.**

★

1 Accoudés **au bastingage**, les cheveux **au vent**, les touristes ne s'intéressent guère **aux commentaires de leur guide**. **2** Devant les facéties du clown, les enfants rient **à gorge déployée**. **3** Les saumons s'épuisent **à nager à contre-courant** pour retrouver leur lieu de naissance. **4** Nous nous rendons **à Bordeaux** pour participer **à une manifestation**. **5** Enchantés par le concert, les spectateurs applaudissent **à tout rompre**.

584 **Recopiez les phrases et dites si les groupes en gras sont COD, COI ou COS. Vous préciserez leur nature grammaticale et le verbe qu'ils complètent.**

★★

1 Les promeneurs longent **les quais** en regardant distraitement **les livres des bouquinistes**. **2** Dans le square, les retraités s'adonnent **à leur sport favori : le tai chi**. **3** Simon ne peut s'empêcher de crier **des conseils à son fils** depuis les gradins. **4** Pour gagner **de l'argent** pendant les vacances, ma voisine sous-loue **son studio à des touristes**. **5** Je n'ai pas encore osé **lui** avouer **que nous ne pouvions plus partir au Portugal**. **6** Alerté par les cris de son nouveau-né, Martin est allé s'occuper **de lui**. **7** Grâce à son odorat développé, le chat reconnaît **ses maîtres**.

585 **Recopiez les phrases et encadrez les compléments d'objet des verbes en gras. Précisez s'ils sont COD, COI ou COS et leur nature grammaticale.**

★★★

1 M. Dubois **écrit** souvent des lettres enflammées à l'*Équipe* pour **se plaindre** des arbitres. **2** Nous vous **rappelons** que c'est demain la date limite d'inscription au brevet. **3** Ma sœur m'a menacé de révéler mon mensonge à nos parents si je ne **l'aidais** pas à cacher son bulletin de notes. **4** Les musiciens professionnels **s'astreignent** à jouer de leur instrument tous les jours. **5** Je **me demande** quand se termine l'exposition Modigliani au Grand Palais. **6** En chimie, le test à l'eau de chaux **sert** à montrer la présence de dioxyde de carbone.

586 **Recopiez les phrases en transformant les groupes en gras en pronom. Précisez s'ils sont COD, COI ou COS et le verbe qu'ils complètent.**

★★★

1 Au XIXe siècle, les travaux du baron Haussmann ont transformé **la physionomie de Paris**. **2** Le général Cambronne ordonna **à la Vieille Garde / de faire feu sur les Anglais**. **3** C'est un architecte japonais qui a dessiné **les plans du musée Pompidou de Metz**. **4** La crémière a disposé **différents fromages** sur son étal. **5** On a interrompu **les recherches de l'épave** en raison de l'orage. **6** Melvin a envoyé **des messages / à tous ses camarades** pour les avertir de l'absence de leur professeur. **7** Je soupçonne **ce shérif / de ne pas être bien honnête**.

EXPRESSION ÉCRITE

Évoquez vos souvenirs de l'année de sixième. Quatre phrases commenceront par « Je me souviens de (suivi d'un COI)… » et quatre autres par « Je me rappelle (suivi d'un COD)… ».

96 L'ATTRIBUT DU SUJET ET DU COMPLÉMENT D'OBJET

L'attribut exprime **une qualité** ou **une propriété** que l'on attribue à **un groupe nominal qui est sujet ou COD**. **L'attribut** est généralement un **adjectif**, plus rarement un nom. À la différence de l'épithète, **l'attribut ne peut être ôté de la phrase**.

1 L'attribut du sujet

***Tes explications** ne sont guères **convaincantes**.*

L'adjectif « convaincantes » qualifie « tes explications », sujet du verbe être : il est donc attribut du sujet « tes explications ».

L'attribut du sujet se construit avec certains types de verbes :

– les verbes d'état : *être, sembler, paraître, avoir l'air, passer pour, se révéler, se montrer, rester, demeurer,* etc.

– les verbes d'appellation au passif : *être nommé, être élu, être jugé,* etc.

– des verbes d'action intransitifs : *vivre, mourir, arriver, naître, partir,* etc.

Les attributs du sujet peuvent être de différentes natures : **adjectif qualificatif, participe, groupe nominal, pronom, infinitif, ou proposition subordonnée**.

2 L'attribut du COD

*Le surveillant a trouvé **ton excuse étrange**.*

L'adjectif « étrange » qualifie « ton excuse », COD du verbe trouver : il est attribut du COD « ton excuse ».

L'attribut du COD est construit grâce à certains types de verbes :

– des verbes de jugement : *juger, estimer, trouver, considérer comme,* etc.

– des verbes indiquant une transformation : *laisser, rendre, faire,* etc.

– des verbes attribuant un titre : *nommer, traiter de, élire,* etc.

– le verbe *avoir*.

L'attribut du COD est le plus souvent **un adjectif qualificatif, un participe ou un groupe nominal**.

587 **Recopiez les phrases en accordant les attributs du sujet avec les noms ou les pronoms qu'ils qualifient.**

*

1 Sur l'île de Santorin, les maisons sont tellement (**blanc**) qu'elles semblent (**incandescent**) sous le soleil. **2** Les enfants de la famille se montrèrent (**prévenant**) envers tous les invités, qui en furent (**enchanté**). **3** Les gains promis par le banquier se révélèrent (**insignifiant**) ; les épargnants se retrouvèrent (**proche**) de la ruine. **4** Les enfants furent (**déçu**) par le passage de la comète de Halley : elle semblait si (**petit**) dans le ciel ! **5** Marlène passait pour (**irréfléchi**) dans son entourage, mais elle se révéla fort (**avisé**) dès que les problèmes surgirent. **6** Au crépuscule, les arbres plantés à l'horizon sont (**noir**), alors que le ciel apparaît encore (**bleu**).

588 **Recopiez les phrases et analysez la fonction des adjectifs et des participes passés : épithète ou attribut du sujet. Précisez quel groupe nominal ils qualifient.**
******
1 Après la mort de son mari tant aimé, ma grand-mère désira rester seule dans la vieille maison familiale. **2** La cigale, très insouciante, se trouva fort dépourvue quand une bise glaciale se mit à souffler. **3** Le chef d'entreprise eut l'air embarrassé lorsque le journaliste l'interrogea sur une vieille affaire de détournements de fonds. **4** Le temps, souvent cruel avec les belles femmes, n'eut pas de prise sur Madame Récamier, qui parut jeune toute sa vie.

589 **Recopiez les phrases et analysez la fonction des adjectifs : épithète ou attribut du COD. Précisez quel groupe nominal ils qualifient.**
******
1 Peut-on considérer le rire comme bénéfique à la santé ? **2** Le conseil de classe a jugé vingt-deux élèves de 3e C aptes à passer en seconde. **3** La voix émue, le président du CIO déclare les Jeux olympiques d'été ouverts. **4** C'est Bob Marley qui, dans les années 1980, a rendu les dreadlocks célèbres. **5** À l'horizon, s'amoncelaient de lourds nuages noirs annonciateurs d'un prochain orage.

590 **Recopiez les phrases et analysez la fonction des groupes en gras : épithète, attribut du sujet ou attribut du COD. Précisez quel groupe nominal ils qualifient.**
******
1 Pauline est revenue **bredouille** de ses courses : elle trouve la mode de cette année vraiment peu **seyante**. **2** Dès ses **premiers** pas dans Florence, Stendhal est tombé **amoureux** de cette ville. **3** Les habitants du village, **suspicieux**, prirent l'inconnu **dépenaillé** pour **un dangereux vagabond**. **4** Brusquement, les gouttes de pluies tombèrent si **drues** que Frédéric se mit à courir, **éperdu**, le long du quai **déserté par les promeneurs**.

591 **Recopiez les phrases en accordant l'attribut du COD avec le nom ou le pronom qu'il qualifie.**
******
1 Il est impossible que les jurés la reconnaissent (**innocent**). **2** Sonia est ravie : les élèves de la 4e C veulent l'élire (**délégué**). **3** Le chef étoilé juge la sauce au poivre de son apprenti trop (**salé**). **4** Le changement d'heure a rendu les vaches du troupeau de monsieur Verpillaz (**nerveux**). **5** Furieux de voir sa carrosserie cabossée, l'automobiliste a traité la personne qui l'avait heurté d'(**écervelé**).

592 **Recopiez ce texte et précisez la fonction des adjectifs en gras.**
******
Mis à part ces mutilations, l'enfant était **beau**. Sa chevelure **brune** formait un casque de boucles **serrées** épousant une tête bien **ronde**. Il avait le nez **droit**, des **narines palpitantes,** finement **dessinées** ; des yeux **noirs et luisants** comme des olives. [...] Ce corps **tronqué**, ce visage **meurtri** avaient, semblait-il, laissé l'âme **indemne**, **vivace**.

Andrée Chedid, *L'Enfant multiple*, Flammarion, 1989.

EXPRESSION ÉCRITE

Évoquez un personnage acariâtre qui juge sévèrement tous les voisins de sa rue. Vous utiliserez le plus possible d'attributs du sujet et du COD, que vous soulignerez.

97 Les compléments circonstanciels de temps, de lieu, de manière et de moyen

Les compléments circonstanciels apportent **une information sur l'ensemble sujet-groupe verbal**. Ils peuvent être supprimés et déplacés.

1 **Les compléments circonstanciels de temps** situent **l'action à un moment**, expriment **une durée ou une répétition**. Ce sont des **groupes nominaux** (*ce matin, tous les jours*, etc.) souvent introduits par des **prépositions** (*avant, après, durant*, etc.) ; ou des **adverbes** (*maintenant, hier*, etc.) ; ou des **propositions subordonnées** introduites par des **conjonctions suivies du subjonctif** (*avant que, jusqu'à ce que*) ou de **l'indicatif** (*après que, pendant que, tandis que*, etc.).

2 **Les compléments circonstanciels de lieu** situent **l'action dans un lieu**, indiquent **un déplacement ou une direction**.
Ce sont des **groupes nominaux** introduits par des **prépositions** (*à, en, dans, sur, du haut de*, etc.) ou des **adverbes** (*ici, là, dehors*, etc.).

3 **Les compléments circonstanciels de manière** indiquent **une manière d'agir ou d'être**.
- Ce sont des **adverbes** en **-ment** (*lentement, difficilement*, etc.),
- des **verbes au gérondif** (*en rougissant, en sifflotant*, etc.) ou
- des **groupes nominaux** introduits par une **préposition** (*avec, sans*).

4 **Les compléments circonstanciels de moyen**
Ils désignent **l'objet qui permet d'accomplir une action**.
Ce sont des **groupes nominaux** introduits par une **préposition** (*avec*) ou une **locution prépositionnelle** (*à l'aide de, grâce à*, etc.).

POUR ALLER PLUS LOIN

- Il ne faut pas confondre **les compléments circonstanciels de lieu et de temps** avec **les compléments essentiels de temps et de lieu** qui, eux, ne peuvent être effacés.
Le film a duré ***deux heures****. La famille Colin habite à* ***Bobigny****.*

593 * **Recopiez les phrases ; encadrez les compléments de manière et soulignez les compléments de moyen.**
1 À la tribune de l'assemblée générale de l'ONU, pour appuyer ses propos, un président de séance frappa son pupitre avec sa chaussure. **2** D'un geste discret de la main, Dimitri essuya une larme. **3** Il est recommandé de manipuler l'acide avec précaution. **4** Les danseuses de flamenco maintiennent leurs cheveux avec un grand peigne. **5** Après son opération du dos, Aladin ne se déplaçait qu'avec difficulté. **6** L'alpiniste se hissa à grand peine au sommet.

594 **Transformez les propositions subordonnées de temps en groupe nominal prépositionnel.**

★★

1 Dès que Francis arrive, on éteint les lumières et on crie tous : « Bon anniversaire ! » **2** Quand le film fut terminé, je découvris que mes voisines avaient pleuré. **3** Avant que les éboueurs n'interviennent, les quais étaient jonchés de cannettes vides et de détritus. **4** Les téléchargements illégaux de films ont continué, même après qu'a été votée une loi Hadopi. **5** Ce n'est qu'au moment où l'avion atterrit que je peux me détendre. **6** Tandis que l'aube approchait, les oiseaux commençaient à chanter.

595 **Recopiez les phrases, puis encadrez et analysez les compléments circonstanciels. Vous préciserez leur nature entre parenthèses.**

★★

1 À l'arrivée du marathon, Laurent arborait fièrement un large sourire, malgré sa fatigue. **2** Le château de Fontainebleau accueillit la cour de François Ier dès le XVIe siècle. **3** Impossible de tracer une droite perpendiculaire sans utiliser un compas ! **4** Souvent, pour exécuter ses vocalises, le chanteur s'accompagnait au piano. **5** Par tous les temps, vers midi, on peut voir M. Maréchal traverser la place avec son beauceron qu'il tient fermement en laisse. **6** À partir du XVIIe siècle, des fouilles furent entreprises sur le site de Pompéi, qui avait été parfaitement conservé grâce à une couche de cendre de près de vingt mètres. **7** Dans l'hémisphère sud, vous verrez des manchots, alors que les pingouins vivent dans l'hémisphère nord.

596 **Recopiez les phrases en écrivant les verbes entre parenthèses à l'indicatif ou au subjonctif.**

★★

1 On raconte que Newton a conçu la loi de la gravitation après qu'une pomme lui (**être**) tombée sur la tête. **2** Depuis que je (**faire**) ce régime, je suis toujours de mauvaise humeur. **3** Il faut que tu (**avoir**) fini tes devoirs avant que ta mère ne (**revenir**) des courses. **4** Jusqu'à ce que je (**faire**) une chute, je n'avais jamais eu peur à cheval. **5** Ces parents n'ont été rassurés sur l'avenir de leur fils qu'après que celui-ci (**avoir**) obtenu son baccalauréat.

597 **Recopiez les phrases et précisez si les groupes en gras sont essentiels (E) ou circonstanciels (C).**

★★

1 Heidi et son grand-père habitaient **dans un chalet perché dans les montagnes**. **2** Un soldat courut **de Marathon à Athènes** pour annoncer la victoire des Grecs. **3** Florence a choisi d'aller **à Istanbul pendant les vacances de Pâques**. **4** Le film le plus long de l'histoire du cinéma durerait **quatre-vingt-cinq heures** ! **5** En 1793, Louis XVI fut guillotiné **sur l'actuelle place de la Concorde**. **6** **En France**, le droit de vote des femmes date **de 1944**. **7** Né en Roumanie, le dramaturge Eugène Ionesco a **longtemps** vécu **en France**.

EXPRESSION ÉCRITE

Enrichissez ce texte avec au moins cinq compléments circonstanciels que vous soulignerez.

Nous vîmes apparaître le dernier char du défilé, celui de la reine du carnaval. Une cascade de fleurs partait du sommet et formait un trône où était assise la reine. Des danseuses se déhanchaient au son d'une musique rythmée.

98 Les compléments circonstanciels de cause, de conséquence, de but, d'opposition

1 Les compléments circonstanciels de cause

Ils indiquent **la cause d'une action** et répondent à la question « **Pour quelle raison** ? ».

Ils sont introduits par des **locutions prépositionnelles** *à cause de, en raison de*, **ou des conjonctions de subordination** *parce que, puisque, étant donné que, vu que, comme.*

***En raison du mauvais temps**, le vol pour Rome a été annulé.*

***Étant donné qu'il neige**, le vol pour Rome a été annulé.*

2 Les compléments circonstanciels de conséquence

Ils indiquent **le résultat d'une action** et répondent à la question « **Quelle en est la conséquence** ? ».

Ils sont introduits par des **conjonctions de subordination** : *si bien que, tant… que, au point que, tellement… que, de telle sorte que.*

*Il fait froid, **si bien que le vol pour Rome est annulé**.*

3 Les compléments circonstanciels de but

Ils indiquent **ce que l'on cherche à atteindre ou à éviter** et répondent à la question « **Dans quel but** ? ».

Ils sont introduits par les **prépositions** *pour, afin de* et les **conjonctions de subordination** *pour que, afin que* (but positif), *de crainte que, de peur que* (but négatif).

***Pour se rendre en Russie**, il faut obtenir un visa.*

4 Les compléments circonstanciels d'opposition

On exprime une **opposition** quand on montre **une différence, un contraste entre deux faits**.

Ils sont souvent introduits par des **conjonctions de subordination** *alors que, tandis que*, etc.

***Alors** que je suis toujours en avance, mon frère est un éternel retardataire.*

Mais ils peuvent également être introduits par un groupe prépositionnel, ou « tout » suivi d'un gérondif.

598 ★★ **Recopiez les phrases suivantes, encadrez les compléments circonstanciels et précisez leur fonction.**

1 Les manifestants défilent pour défendre leurs droits. **2** La loi autorisant l'avortement a été votée malgré l'opposition farouche de nombreux députés. **3** Tous les autobus ont été annulés à cause du verglas. **4** Le réalisateur est si nerveux que les acteurs sont à leur tour perturbés. **5** On n'ose rien dire à Mélanie, de crainte de la vexer. **6** Certains pays européens ont renoncé à leur devise nationale pour adopter la monnaie unique. **7** Puisque tu as réponse à tout, explique-nous pourquoi ta chambre n'est toujours pas en ordre.

599 **Recopiez les phrases suivantes, encadrez les compléments circonstanciels et précisez leur fonction et leur nature (GN ou proposition subordonnée).**

★★

1 Certains fuient le bonheur, de peur qu'il ne se sauve. **2** Victor Hugo a été si accablé par la mort de sa fille qu'il n'a rien pu écrire dans les années qui l'ont suivie. **3** Comme Wissam lit beaucoup, son vocabulaire est très riche. **4** Malgré l'intervention des Américains lors de la dernière guerre mondiale, l'armistice n'a été signé que plusieurs mois plus tard. **5** Pour laver plus blanc que blanc, utilisez la lessive Le Minet ! **6** En raison d'une réunion, les professeurs d'EPS seront absents demain. **7** Le starter prend un porte-voix, de peur que les concurrents présents sur la ligne de départ ne l'entendent pas.

600 **Transformez les groupes nominaux compléments circonstanciels en gras en subordonnées circonstancielles dont vous préciserez la fonction.**

★★

1 Maude n'a pu participer au championnat de France de natation, en raison de sa blessure à la jambe. **2** La soprano a dû renoncer au concert, en raison d'un rhume. **3** Ce plat est pimenté au point d'en être immangeable. **4** Par amour pour sa Dame, un chevalier était capable d'affronter mainte épreuve. **5** À cause de sa forme pointue, l'un des gratte-ciel de New York est surnommé « Flatiron », ce qui signifie « le Fer à repasser ».

601 **Remplacez les deux points par une préposition ou une conjonction de façon à faire apparaître un complément circonstanciel de cause ou de conséquence. Faites toutes les transformations nécessaires.**

★★★

1 Le canal du Centre a été asséché : il faut le curer. **2** Tu as déjà pris ta décision : il est inutile de discuter. **3** Fatima a travaillé longtemps sur son ordinateur : ses yeux sont fatigués. **4** Le vent souffle fortement : il fait plier les tournesols. **5** L'île de Capri n'est qu'à trois quarts d'heure en bateau de Naples : nous pourrons aller y passer la journée. **6** Des glaces ont été accrochées dans cette pièce : elle paraît plus grande.

602 **Reliez les phrases suivantes de façon à faire apparaître un complément circonstanciel d'opposition. Vous pouvez modifier les phrases.**

★★★

1 Ce jean est très beau. Je n'ai pas envie de l'acheter. **2** L'explorateur a passé trois ans sur l'île aux Mouettes. Il n'a vu aucun oiseau. **3** Mon frère n'aime pas la chaleur. Il a passé tout l'après-midi en plein soleil à jouer au tennis. **4** Tu as peur. Tu descends à la cave. **5** Alice ne supporte pas le bruit. Elle a offert une batterie à son fils. **6** Je suis optimiste de nature. Je n'envisage pas son projet d'excursion avec sérénité. **7** Théo a de l'ambition. Il ne fait guère d'effort pour réussir. **8** Les critiques ont été sévères. Ce film a eu beaucoup de succès. **9** Tu peux me supplier, je ne cèderai pas. **10** Esther est de nature assez calme. Il lui arrive d'entrer dans une colère noire.

EXPRESSION ÉCRITE

Siriné hésite entre rejoindre des amis à la piscine et accompagner son frère à un match de foot. Évoquez sa situation et ce qu'il en pense en utilisant le plus possible de compléments circonstanciels vus dans la leçon ci-dessus. Soulignez-les.

99 Les compléments circonstanciels de condition, de concession, de comparaison

1 Les compléments circonstanciels de condition

Ils sont généralement introduits par la conjonction de subordination *si*, toujours suivie de l'indicatif.

Si tu perds tes clés, tu devras appeler un serrurier.

La condition peut également être exprimée par :

– **une subordonnée** introduite par les locutions conjonctives *au cas où, à condition que, pourvu que, à supposer que, à moins que*, etc. ;

Pour peu que tu fasses attention, tu ne perdras pas tes clés.

– **un groupe nominal** précédé de locutions prépositionnelles *en cas de, dans le cas de* ;

En cas de perte de ses clés, il faut appeler un serrurier.

– **un verbe à l'infinitif** précédé de la locution prépositionnelle *à condition de* ou d'**un gérondif**.

À condition d'être attentif, on ne perd pas ses clés.

En prenant quelques précautions, on ne perd pas ses clés.

2 Les compléments circonstanciels de concession

On exprime une concession quand on signale une contradiction, une conséquence illogique, inattendue. Ces compléments sont introduits par *les prépositions malgré, au lieu de,* et les conjonctions de subordination *alors que, quoi que, bien que, quoique, même si.*

Malgré le beau temps, je prends un parapluie.

Bien qu'il fasse beau, je prends mon parapluie.

La concession peut également être exprimée par un gérondif ou la locution *avoir beau*.

Tout en étant optimiste, je prends mon parapluie.

Il a beau faire un soleil magnifique, je prends mon parapluie.

3 Les compléments circonstanciels de comparaison

Ils sont introduits par la préposition *comme* ; les locutions prépositionnelles *en comparaison de, à la manière de, à la façon de* ; ou les conjonctions de subordination *comme, ainsi que, de même que, tel que, moins que, plus que*.

Cette personne se défend **comme un beau diable**.

Cette personne se défend **à la manière d'un beau diable**.

Cette personne se défend **autant qu'il est possible**.

On peut également exprimer la comparaison avec des mots ou locutions.

Cette personne **ressemble** à un vaillant guerrier.

Tel un beau diable, cette personne se défend bien.

603 **Recopiez les phrases suivantes, encadrez les compléments circonstanciels et précisez leur fonction.**

**

1 Si vous êtes témoin d'un accident grave, composez immédiatement le numéro du SAMU. **2** Quoique la police ait enquêté de longues années, le mystère de ce crime reste entier. **3** Kévin réussira son brevet, à condition qu'il révise l'ensemble du programme. **4** Malgré sa phobie de l'eau et des araignées, cette comédienne a accepté de participer à *Fort Boyard*. **5** Si tout le monde triait ses déchets, la pollution diminuerait peut-être. **6** Quelle que soit ta taille, tu trouveras certainement un pantalon qui te convienne dans cette boutique.

604 **Copiez les phrases que vous compléterez avec un complément circonstanciel de condition de votre choix.**

***

1 …, on mettrait Paris en bouteille ! **2** …, vous ne ferez pas la queue. **3** …, la vie est bien monotone. **4** …, Maëlle boucle toujours sa ceinture de sécurité. **5** …, il faut taper son code confidentiel à l'abri des regards indiscrets. **6** …, Jordan parviendra à enfiler ses chaussures de ski. **7** …, je louerais un canoë pour descendre les gorges du Verdon. **8** …, l'équipe de France sera qualifiée pour la finale de la Coupe du monde. **9** Bertrand sortira de la clinique demain … . **10** …, nous arriverons plus tôt à destination. **11** …, les poules seraient carnivores !

605 **Copiez les phrases que vous compléterez avec un complément circonstanciel de comparaison de votre choix.**

***

1 Le coureur cycliste vécut l'ascension du Galibier … . **2** …, Gérald a retrouvé la trace de ses arrière-grands-parents. **3** Tu portes un blouson absolument … . **4** Le marmiton assaisonne le plat … . **5** Avec sa barbe et ses longs cheveux, Sébastien Chabal … . **6** Les yeux de Caroline sont bleus … . **7** Aujourd'hui, il pleut à verse, … . **8** Autrefois, les voyages en diligence avaient tout … . **9** Lors de la représentation du *Malade imaginaire* devant l'ensemble du collège, Lisa a joué … . **10** Le rire de Dracula résonna … . **11** Les tenues de Roumaïssa sont très extravagantes … . **12** Ce livre se termine exactement … .

606 **Copiez les phrases que vous compléterez avec un complément circonstanciel de concession de votre choix.**

***

1 Tu prendras ta douche … . **2** Maxime, …, est très affecté par sa mauvaise note lors du contrôle d'anglais. **3** …, Mourad retrouve toujours ses affaires. **4** Je mange rarement les poireaux en salade, mais pour … . **5** …, un chat retombe toujours sur ses pattes. **6** …, le chasseur épargna le faisan au vol incertain. **7** Cet écrivain n'a jamais obtenu de prix littéraire … . **8** …, Tartarin de Tarascon n'avait rien d'un grand chasseur de fauves. **9** Je ne crois pas un mot de cette histoire … . **10** L'avion décollera à l'heure … . **11** …, certains continuent à pêcher le thon rouge.

EXPRESSION ÉCRITE

Trois ami(e)s cherchent un moyen de tromper leur ennui en cette après-midi pluvieuse, mais la discussion est vive car ils (elles) ne semblent d'accord sur rien. Imaginez les échanges. Vous utiliserez des compléments circonstanciels de condition, de concession ou de comparaison.

100 LES EXPANSIONS DU NOM

Le groupe nominal est **un ensemble de mots organisés autour d'un nom principal** (nom noyau). Les expansions du nom sont variées.

1 **Le déterminant** est **un constituant obligatoire du groupe nominal**, sauf le cas particulier des noms propres.
Les *musiciens répètent.* ***Hervé*** *répète.*

2 **L'adjectif qualificatif épithète**, quelle que soit sa place dans la phrase, **s'accorde en genre et en nombre avec le nom auquel il se rapporte**.
Les ***jeunes*** *musiciens répètent. Les musiciens* ***débutants*** *répètent.*
L'adjectif qualificatif peut être précédé d'un adverbe.
Les ***tout jeunes*** *musiciens répètent.*
Les musiciens ***juste débutants*** *répètent.*

3 Lorsqu'il est séparé du nom par une ou deux virgules, l'adjectif qualificatif est placé en **apposition**. On dit qu'il est **épithète détaché**.
Attentifs*, les jeunes musiciens du collège répètent.*
L'adjectif qualificatif placé en apposition est souvent accompagné d'un complément.
Attentifs aux conseils*, les jeunes musiciens répètent.*
L'apposition peut également être un groupe nominal, un groupe pronominal ou un groupe infinitif.
Les musiciens, ***les plus assidus****, répètent.*
Les musiciens, ***ceux que tout le collège admire****, répètent.*
Les musiciens n'ont qu'une préoccupation, ***suivre les conseils****.*

4 **Le complément du nom**, introduit **par une préposition**, **ne s'accorde pas avec le nom**.
Les jeunes musiciens ***du collège*** *répètent.*
Le complément du nom peut être **un verbe à l'infinitif, un pronom indéfini, un adverbe, un pronom personnel**.
un instrument ***à accorder*** *la partition* ***de chacun***
une répétition ***de trop*** *l'estime* ***de soi***

POUR ALLER PLUS LOIN

• Lorsque **le groupe nominal** est introduit **par une préposition**, c'est **un groupe nominal prépositionnel**.
Ils répètent ***dans la salle de musique****.*

• **Le groupe nominal** peut également être **complément d'un nom ou d'un adjectif qualificatif**.
On relève les noms ***des musiciens*** *absents* ***aux répétitions****.*

607 **Recopiez ces groupes nominaux en écrivant les noms en gras au pluriel.**

★

1 un **gardien** de phare patient
2 un minuscule **tube** de dentifrice
3 une soudaine **giboulée** de mars
4 un énorme **jouet** en plastique
5 un **port** de plaisance bien aménagé
6 un excellent **sauteur** à la perche
7 la première **page** de ce livre
8 une délicieuse **pâte** à chou
9 un **train** à grande vitesse
10 un **avion** à réaction bruyant

608 **Recopiez les phrases en remplaçant les noms en gras par ceux entre parenthèses.**

★★

1 À midi, nous avons dégusté de savoureuses **asperges** (champignons) à la crème. **2** Les nouveaux **papiers** (la carte grise) de la voiture se trouvent dans la boîte à gants. **3** M. Anciaux prend régulièrement ses petits **cachets** (pilule) contre la toux. **4** Ce coquet **pavillon** (villa) de deux étages est en vente depuis trois mois. **5** Poursuivies par le loup, les **brebis** (moutons) se réfugient dans l'**enclos** (la bergerie) bien fermé. **6** Saïd (**Anne**) est bien embarrassé ; le **plan** (notice) de montage n'est pas assez détaillé. **7** Totalement innocenté par un **témoin** (témoins) digne de foi, le **suspect** (suspects) est relâché.

609 **Recopiez les phrases en complétant avec les noms qui conviennent ; accordez les mots entre parenthèses.**

★★★

piste – base – pièce – aile – bidonville – corde – abricot – succès – vent – monstre – batterie – touriste

1 (**Originaire**) d'Arménie, les … se sont bien (**adapté**) au (**chaud**) climat de la Provence. **2** (**Gêné**) par ses … (**gigantesque**), l'albatros peine à s'envoler. **3** La … de l'ordinateur est (**déchargé**) ; celui-ci doit être (**branché**) immédiatement. **4** (**Attiré**) par l'espoir d'apercevoir le … du Loch Ness, les … se rendent en Écosse. **5** (**Noyé**) dans le brouillard, les … d'atterrissage sont (**impraticable**). **6** (**Surpeuplé**), les … de la banlieue de Calcutta devront être (**évacué**). **7** Trop (**tendu**), les … de la guitare sont (**cassé**). **8** (**Contrarié**) par des … (**contraire**), la montgolfière s'éloigne de sa … (**habituel**). **9** (**Encensé**) par tous les critiques, cette … de théâtre connaît un (**franc**) … .

610 **Recopiez ces phrases en complétant les noms par des adjectifs qualificatifs, des compléments du nom, ou des relatives de votre choix.**

★★★

1 Le cargo … n'émet que de … signaux … . **2** …, les étudiants posent de … questions … . **3** Les … plongeurs … ont découvert l'épave … . **4** Le … coffret … renferme une bague … et des colliers … . **5** …, l'arbre barrait la route … . **6** Les hommes … se nourrissaient de viande … et de fruits … . **7** Durant les … soirées …, les paysans réparaient leurs outils … . **8** … et légèrement …, ces pâtisseries mettent l'eau … des gourmands. **9** …, le terrain ne permettra pas à la partie … de se dérouler normalement. **10** … à des oreilles …, les secrets ne sont pas bien gardés. **11** …, ces vêtements ne coûtent plus que la moitié … .

EXPRESSION ÉCRITE

Le sac de Ludovic renferme des trésors ! Imaginez tout ce qu'il peut contenir : objets, livres, jeux, vêtements, friandises, etc. Vous serez le plus précis possible dans votre description.

101 LE GROUPE ADJECTIVAL – LES DEGRÉS DE L'ADJECTIF

L'adjectif apporte **une précision de sens à un nom** avec lequel il **s'accorde en genre et en nombre**. Il peut être enrichi de différents éléments dont l'ensemble forme le **groupe adjectival**.

1 Le groupe adjectival

Les adjectifs peuvent recevoir des **compléments**. Certains compléments sont essentiels (mais pas toujours exprimés) ;

Nous sommes ***prêts (à partir)****.*

d'autres sont facultatifs et donnent des indications de lieu, de temps, etc.

Cannes est ***célèbre (dans le monde entier) (pour son festival)****.*

Ces compléments sont de natures différentes :

- pronom ou groupe nominal prépositionnel : *Il est jaloux* ***de sa femme****.*
- infinitif introduit par une préposition : *Nous sommes prêts* ***à partir****.*
- proposition subordonnée complétive : *Je suis content* ***qu'il vienne****.*
- adverbe : *Il est* ***rarement/toujours/très/peu*** *content.*

2 Les degrés de l'adjectif

La propriété de **l'adjectif** peut être évaluée en **degré**.

a. **le degré de comparaison** : le degré de l'adjectif est comparé à un seul élément suivant trois possibilités :

- le comparatif d'infériorité : *Elle est* ***moins*** *grande* ***que*** *toi.*
- le comparatif d'égalité : *Elle est* ***aussi*** *grande* ***que*** *toi.*
- le comparatif de supériorité : *Elle est* ***plus*** *grande* ***que*** *toi.*

ou à l'ensemble d'un groupe qui est parfois sous-entendu :

- le superlatif d'infériorité : *Elle est* ***la moins*** *grande (****de*** *la classe).*
- le superlatif de supériorité : *Elle est* ***la plus*** *grande (****de*** *la classe).*

b. **le degré d'intensité** : **le degré** de **l'adjectif** est exprimé **sans référence à un autre élément**. L'évaluation se fait par l'emploi d'un adverbe d'intensité qui exprime :

- le bas degré : ***peu***, ***médiocrement***
- le moyen degré : ***assez***, ***suffisamment***, ***à peu près***
- le haut degré : ***très***, ***trop***, ***si***, ***parfaitement***

611 **Relevez les groupes des adjectifs (ou des participes passés) en gras et donnez la nature de leurs compléments.**

*

1 Le routier était ***content*** *que le pont ne fût pas interdit aux poids lourds.* *2 La jeune fille,* ***vêtue*** *de blanc, était* ***pareille*** *à un lys à peine* ***éclos****.* *3 Les bateaux* ***destinés*** *à prendre le large étaient amarrés au bout du quai.* *4 Il est* ***étrange*** *que ces vignes ne soient pas encore vendangées.* *5* ***Confiant*** *en sa bonne étoile, James Bond pilote un bolide* ***truffé*** *de gadgets.* *6 Très* ***adroite*** *de ses mains, Nadine réalise des bijoux* ***agréables*** *à porter.* *7 Avant Copernic, tout le monde était* ***convaincu*** *que le Soleil tournait autour de la Terre.*

612 **Relevez les groupes adjectivaux. Indiquez le degré de comparaison de l'adjectif.**
★★
1 Le pays le plus petit du monde est le Vatican. **2** Le nombre des neurones chez l'homme est encore plus important que je ne le pensais. **3** Seuls les huit meilleurs concurrents disputeront la finale. **4** Mes connaissances en géographie sont bien aussi étendues que les tiennes. **5** La susceptibilité de Cédric est le moindre de mes soucis. **6** Moins troublé par les cris lugubres des corbeaux que par le silence soudain, Rouletabille scruta l'horizon. **7** Cette salle est extrêmement bruyante ; les conversations sont inaudibles. **8** La situation est de plus en plus embarrassante ; comment allez-vous résoudre le problème ?

613 **Relevez les groupes adjectivaux. Indiquez le degré d'intensité de l'adjectif.**
★★
1 Quatre très vieux noyers encadraient la place du village. **2** Les branches, légèrement bercées par le vent, donnaient une ombre claire. **3** Le clocher, bien que peu élevé, dominait toute la campagne alentour. **4** Passionnément amoureux de sa femme, ce marin ne s'en éloignait qu'à regret. **5** Moyennement occupé par son travail, l'ouvrier s'octroyait de longues pauses. **6** Mlle Clarisse s'assoupit dans la pièce faiblement éclairée par une seule chandelle. **7** Le versant sud du mont Ventoux est plus difficile à escalader que le versant nord ; tous les cyclistes vous le diront. **8** Le film est moins long que je ne le pensais.

614 **Relevez les groupes adjectivaux. Indiquez précisément quel degré est exprimé.**
★★★
1 La descente de l'Ardèche en rafting n'est pas le moins éprouvant de mes souvenirs. **2** Regarde ce chiot, il est tellement mignon ! **3** L'iguane était plus semblable à une bête empaillée qu'à un animal vivant. **4** Contrairement à ce que je redoutais, la traversée de l'Amazone fut assez tranquille. **5** Existe-t-il des agents secrets aussi intrépides qu'OSS 117 ? **6** Les piranhas ne représentent pas le pire danger de ce fleuve. **7** Quand il est dans son atelier, M. Ruffier est le plus heureux des hommes. **8** On dit que Saint-Véran est le village le plus élevé de France. **9** La lame de ce couteau n'est pas bien affutée, tu ne pourras pas couper ce cordage.

615 **Relevez les groupes adjectivaux et analysez leur fonction en précisant le nom qu'ils qualifient.**
★★★
1 La lionne, harcelée par la faim, guettait une antilope. **2** Ignorants les dangers de la jungle, les touristes commettaient des imprudences. **3** M. Durret n'a pas l'air pressé de sauter à l'élastique de ce pont. **4** Les enfants aussi peuvent pratiquer la plongée sous-marine. **5** Le vertige a rendu Brigitte incapable de poursuivre la via ferrata. **6** Marc et Steve ont dormi une semaine dans une cabane perchée dans les arbres. **7** Vue de l'espace, la Terre semble toute bleue. **8** Il est impossible d'escalader ce mur hérissé de tessons de bouteille. **9** Trois moulins posés sur les rives de l'Indre faisaient tourner leur roue.

EXPRESSION ÉCRITE

Comparez en quelques lignes les qualités et les défauts de deux ordinateurs (ou tablettes numériques) de votre choix. Soulignez en rouge les comparatifs, en bleu les superlatifs et en vert les adverbes d'intensité.

102 LES DÉTERMINANTS ET LES PRONOMS INDÉFINIS

1 **Les déterminants indéfinis** indiquent **une quantité ou une qualité**.
Ils donnent une information sur **la valeur nulle, unique, semblable, totale ou imprécise du nom qu'ils déterminent**.
valeur nulle : *aucun – nul – pas un*
valeur unique : *chaque – chacun*
valeur semblable : *même – tel – autre*
valeur totale : *tout*
valeur imprécise : *certains – divers – différents – maint – plusieurs – quelque – plus d'un – n'importe quel – quelconque*

2 **Les pronoms indéfinis** **remplacent des groupes nominaux dont les déterminants pourraient être indéfinis**.
valeur nulle : *aucun – nul – pas un – rien – personne – ni l'un ni l'autre*
valeur unique : *l'un(e) – chacun(e) – quelqu'un*
valeur semblable : *le même – tel(le) – un (une) autre – l'autre*
valeur totale : *tout – toute – tous – toutes*
valeur imprécise : *certains – divers – différents – on – peu de chose – plusieurs – la plupart – quelques-un(e)s – autrui – n'importe qui*

POUR ALLER PLUS LOIN

- Après **les déterminants et les pronoms indéfinis de sens négatif**, il ne faut pas oublier de placer **la particule négative**.
Aucune de ces propositions **ne** me convient.
Nul **ne** se risquera sur une mer aussi agitée.

- Certains **déterminants et pronoms indéfinis** ne sont variables qu'en **genre** : *aucun(e) – divers(e)s* ; d'autres ne sont variables qu'en **nombre** : *quelque(s) – même(s) – autre(s)* ; quelques-uns sont **invariables** : *chaque – plusieurs*

616 ** **Copiez les phrases en complétant avec les déterminants indéfinis qui conviennent.**

plusieurs – certaines – chaque – tous – telle – pas un – maintes – n'importe quelle – aucune – diverses – différente

1 Monsieur Tardieu n'a … difficulté à régler le ralenti du moteur. **2** … les appartements de cet immeuble possèdent une vue sur la mer. **3** … qualités d'huile d'olive sont à disposition des clients. **4** Dans ce puzzle de cinq cents pièces, … morceau ne manque. **5** Après … tentatives infructueuses, la fusée a enfin décollé. **6** On n'a pas vu une … finale depuis bien longtemps. **7** Dans … circonstances, il vaut mieux se taire que parler trop vite. **8** Ce basketteur marque des paniers dans … position. **9** Sur ce menu, on a le choix entre … entrées. **10** Au départ de la course, … jockey porte une casaque … .

617 **Copiez les phrases en complétant avec des déterminants indéfinis qui conviennent. Il peut y avoir plusieurs solutions.**

★★

1 … nageur ne se risquerait à affronter ces vagues gigantesques. **2** Monsieur Romero a changé de voiture, mais il a choisi le … modèle que le précédent. **3** Il ne reste plus que … jours pour participer à ce concours de photos ; dépêchez-vous ! **4** … de ces champignons n'est comestible ; jetez-les. **5** … les issues de secours sont dégagées ; les pompiers l'ont vérifié. **6** … chanteuses ont tenté d'imiter Édith Piaf, aucune n'y est parvenu. **7** Dans ce lagon, on découvre … espèces de poissons de corail. **8** Le mécanicien n'a pas de tournevis, mais … outil fera aussi bien l'affaire. **9** Avec une … coiffure, il est certain que Diana ne passera pas inaperçue. **10** Au petit matin, … les sapins sont recouverts de givre. **11** … de personnes prennent des risques insensés lors des sorties en mer. **12** Pour se rendre en Allemagne, il existe … possibilités : le TGV, l'autoroute ou l'avion.

618 **Copiez les phrases en complétant avec les pronoms indéfinis qui conviennent.**

★★

quelques-unes – certains – autrui – quiconque – la plupart – chacun – aucune – personne – tout – aucun

1 Parmi tous ces modèles de téléviseur, … ne séduit monsieur Gagnaire. **2** Ces formules sont compliquées, néanmoins tu en as retenu … . **3** Les enfants de la famille Garcia ont … leur chambre. **4** J'ai oublié une partie de mes affaires, mais je ne peux pas penser à … ! **5** Les agriculteurs ont un métier difficile, aussi … abandonnent-ils la terre. **6** Les participants de ce jeu télévisé restent muets : … n'a la bonne réponse. **7** … prétendent que les soucoupes volantes ont déjà survolé la Terre. **8** … présentera l'appareil dans son emballage d'origine sera remboursé. **9** Ne faites pas à … ce que vous ne voulez pas qu'on vous fasse. **10** Comme les tuiles étaient mal fixées, … ne résista au vent violent.

619 **Copiez les phrases en complétant avec des pronoms indéfinis qui conviennent. Il peut y avoir plusieurs solutions.**

★★★

1 … n'est plus agréable que d'avoir des amis fidèles et sincères. **2** … ne résoudra le problème de la quadrature du cercle. **3** Comme le directeur de l'usine est satisfait de ses ouvriers, il offre une prime de productivité à … . **4** Il suffirait de … pour que cette maisonnette soit habitable. **5** … des deux cravates n'est assortie à ce costume ; il faudra en trouver … . **6** En démocratie, … ne possède le droit d'entraver la liberté d'… . **7** Un proverbe affirme : « … se croient géants parce qu'ils sont assis sur la bosse d'un chameau. » **8** La devise des Trois Mousquetaires était : « … pour …, … pour … » **9** On dit qu'au rugby, … déménagent les pianos et que d'… en jouent ! **10** Que … ne bouge ! s'écrit le shérif brandissant son arme à l'entrée du saloon.

EXPRESSION ÉCRITE

Deux ami(e)s, se rendent dans un magasin spécialisé pour acheter un nouveau téléphone portable. Ils (Elles) comparent les qualités et les défauts supposés des différents modèles. Imaginez leur dialogue (une douzaine de répliques). Vous emploierez des déterminants et des pronoms indéfinis.

103 LES ADVERBES

1 **Les adverbes** sont **des mots invariables qui modifient le sens d'un verbe, d'un adjectif** (ou d'un participe passé), **d'un autre adverbe**.

*Je consulte **souvent** mes messages ; ils sont **parfois très** courts.*

2 **Les locutions adverbiales** sont **des groupes de mots équivalant à des adverbes**.

*Ce message est **sans doute** important.*

3 Il existe **des adverbes de manière, de lieu, de temps, de quantité, d'affirmation ou de doute, de négation**, mais il n'y a pas entre ces catégories de limites bien fixes. Certains adverbes peuvent, en fonction du sens de la phrase, être placés dans des catégories différentes.

*Tu resteras **ici** un instant.* (lieu)

*Tu partiras d'**ici** un instant.* (temps)

4 Beaucoup d'**adverbes de manière** sont formés **à partir d'un adjectif qualificatif au féminin** ; ils se terminent par « **-ment** ».

*brutal – brutale → brutale**ment*** *sec – sèche → sèche**ment***

Mais dans certains cas, la forme de l'adjectif féminin est modifiée, ou l'adverbe est formé sur l'adjectif masculin.

*gentil – gentille → genti**ment*** *poli – polie → poli**ment***

5 **Les adverbes** formés **à partir d'adjectifs terminés par le son [ɑ̃]**, s'écrivent :

« **-emment** », s'ils sont formés à partir d'adjectifs terminés par « **-ent** » :

*innocent → innoc**emment*** *ardent → ard**emment***

« **-amment** », s'ils sont formés à partir d'adjectifs terminés par « **-ant** » :

*méchant → méch**amment*** *élégant → élég**amment***

POUR ALLER PLUS LOIN

Certains **adjectifs** sont employés comme des **adverbes** ; ils sont alors **invariables**. Pour faire la différence, on essaie de remplacer l'adverbe par un autre adverbe, et l'adjectif par un autre adjectif.

*Ces hommes parlent **franc**. [franchement]* → adverbe

*Ces hommes sont **francs**. [honnêtes]* → adverbe

debout, **ensemble**, **à demi** sont des **adverbes**, donc **invariables**.

620 * **Écrivez les adverbes de manière formés à partir de ces adjectifs qualificatifs.**

1 abondant **2** bruyant **3** savant **4** absolu **5** habituel **6** brillant **7** dangereux **8** cru **9** intelligent **10** éminent **11** indu **12** réel **13** décent **14** apparent **15** gai

621 **Copiez les phrases en les complétant avec des adverbes de votre choix.**

**

1 Pour arriver à l'heure à votre rendez-vous, il vaudrait ... que vous accélériez le pas. **2** L'éleveur s'approche avec ses seaux de maïs, ... les poulets s'approchent. **3** Comme ces logements sont ... isolés, les dépenses de chauffage sont ... réduites. **4** Il n'y a ... de billets dans ce distributeur ; vous en trouverez ... un autre dans la prochaine banque. **5** On dit que l'avenir appartient aux gens qui se lèvent ... : est-ce la réalité ? **6** Pour faire des gaufres, commencez ... par sortir les ingrédients et préparez la pâte. **7** Les gens superstitieux voient de mauvais présages un peu ... ; ils se font peur ! **8** L'équipe médicale reste ... du blessé dans l'attente de l'hélicoptère qui l'évacuera.

622 **Copiez les phrases en écrivant les noms en gras au pluriel ; faites les accords nécessaires.**

**

1 Bien soutenu par un **tuteur**, cet **arbre** pousse droit. **2** On peut tracer un **angle** droit à l'aide d'une règle et d'un compas. **3** Le **moteur** tourne rond ; le **mécanicien** aura droit à des compliments. **4** À la vue d'un **chevreuil** traversant lentement la route, Patricia ouvre un **œil** rond. **5** Un fort **soupçon** pèse sur l'accusé, car il n'a pas d'alibi. **6** Ce **traiteur** a fort à faire à l'approche des fêtes. **7** Lorsque la saison est terminée en Europe, le **raisin** est cher. **8** La **réserve** de pétrole s'épuise peu à peu, alors le **carburant** coûte cher. **9** **L'énoncé** du **problème** est compliqué, mais l'**élève** essaie d'y voir clair.

623 **Copiez les phrases en complétant les mots terminés par le son [ɑ̃] ; faites les accords nécessaires.**

***

1 Les **placem**... sur le livret A ont **habituellem**... des **rendem**... peu élevés. **2** Les **assist**... de production admettent **difficilem**... les **revirem**... de l'actrice. **3** Les **dégagem**... du gardien de but arrivaient **invariablem**... dans les pieds de l'adversaire. **4** Les **gisem**... de nickel assurent **régulièrem**... la fortune de ce pays. **5** Les **saignem**... de nez handicapent **considérablem**... les personnes hémophiles. **6** Les **habit**... du Salvador attendent **anxieusem**... les **tremblem**... de terre. **7** Les **changem**... d'horaires surprennent **forcém**... les usagers. **8** **Actuellem**..., les **lancem**... des fusées spatiales sont **fréqu**... .

624 **Recopiez ces phrases en remplaçant les adverbes en gras par des adverbes (ou des locutions adverbiales) de sens équivalents.**

***

1 **Autrefois**, les moines recopiaient et illustraient les livres avec beaucoup de soin. **2** Cette valise pèse **approximativement** vingt kilos. **3** Quand Charles a le choix, il lit **plutôt** des romans de science-fiction. **4** Les sauveteurs sont à pied d'œuvre ; les blessés seront **bientôt** dégagés. **5** Amine est **pleinement** rassuré ; sa blessure n'est **assurément** pas grave. **6** **Parfois**, le centre commercial est ouvert le dimanche matin.

EXPRESSION ÉCRITE

C'est le grand jour ! Le principal va afficher les résultats du brevet. Décrivez, en une vingtaine de lignes, l'attente qui précède cet événement, et ensuite les réactions des élèves. Vous soulignerez les adverbes.

104 VOIX ACTIVE – VOIX PASSIVE

1 Un verbe est à **la voix active** **quand le sujet fait l'action.**

*Albert Camus a écrit l'**Étranger**.*
sujet — COD

*Beaucoup de lecteurs connaissent l'**Étranger**.*
sujet — COD

2 Un verbe est à **la voix passive** **quand le sujet subit l'action, l'état ou la situation.**

*L'**Étranger** a été écrit **par** Albert Camus.*
sujet — comp. d'agent

*L'**Étranger** est connu **de** beaucoup de lecteurs.*
sujet — comp. d'agent

Le complément d'objet direct du verbe actif devient le sujet du verbe passif, et le sujet du verbe actif le complément d'agent du verbe passif. **Le complément d'agent** est introduit par les prépositions **par** et **de**.

3 **Au passif, tous les verbes sont conjugués avec l'auxiliaire *être*** qui porte la marque du mode et du temps.

présent de l'indicatif : *Le fer **est** rongé par la rouille.*
futur simple de l'indicatif : *Le fer **sera** rongé par la rouille.*
passé composé de l'indicatif : *Le fer **a été** rongé par la rouille.*
présent du conditionnel : *Le fer **serait** rongé par la rouille.*
présent du subjonctif : *Je crains que le fer **soit** rongé par la rouille.*

Les verbes comme *arriver, tomber, entrer, partir*, etc., dont la conjugaison se fait avec l'auxiliaire *être*, ne sont jamais à la voix passive.

POUR ALLER PLUS LOIN

- Il est possible que le complément d'agent soit sous-entendu.

*L'immeuble **a été bâti** en peu de temps.*

Le passage à l'actif se fait avec **le pronom sujet « on »**.

***On** a bâti l'immeuble en peu de temps.*

- Un verbe pronominal peut avoir un sens passif.

*Ces appartements **se sont loués** en quelques jours.*

Le sujet « Ces appartements » ne fait pas l'action, il la subit.

625 **Transformez les phrases à la voix active. Respectez les temps.**

* **1** La route est coupée par une avalanche. **2** Les récoltes furent détruites par un violent orage. **3** La paix avait été signée par les généraux. **4** Vous avez été surpris par ce bruit. **5** Les Italiens de notre ville jumelle furent reçus par le maire. **6** Cette fillette sera élevée par ses grands-parents. **7** Un nouvel hymne national est adopté par la Serbie. **8** Tu es émerveillée par les décorations de Noël. **9** Les enfants royaux étaient instruits par des précepteurs.

626 **Transformez les phrases à la voix passive. Respectez les temps.**

★★ **1** Les convives ont apprécié le repas. **2** Gutenberg a inventé l'imprimerie au XVe siècle. **3** Le contrôleur a vérifié les billets des voyageurs. **4** Le demi de mêlée transforme l'essai marqué par son ailier. **5** Alexander Fleming a découvert la pénicilline. **6** La Lune éclipsera peu à peu le Soleil. **7** La loi interdit la contrefaçon de vêtements de luxe. **8** Une violente averse interrompt le concert des rappeurs déchaînés. **9** La réaction du fauve surprend le dompteur. **10** Tous les habitants de l'île de Futuna ont ressenti le tremblement de terre. **11** Le remords tortura longtemps Caïn, meurtrier de son frère Abel. **12** Martial a-t-il ponctué le texte ? **13** La banque prélèvera cent euros sur le compte de M. Deschamps.

627 **Transformez les phrases à la voix active. Respectez les temps.**

★★ **1** Les deux satellites furent placés sur leur orbite par la fusée Ariane. **2** L'exposition a été réalisée par un conservateur admirateur de Claude Monet. **3** Les costumes du banquet médiéval furent confectionnés par une habile couturière. **4** Ces énormes rochers sont arrachés, puis roulés par les eaux du torrent. **5** La Méditerranée a toujours été sillonnée par de hardis marins. **6** La panne d'allumage a été détectée par un mécanicien à l'aide d'un ordinateur. **7** Les protestants cévenols furent persécutés par les dragons de Louis XIV. **8** Une parabole sera installée par M. Vernay pour capter de nouvelles chaînes. **9** Nous sommes choqués par les propos que tient Ferdinand.

628 **Transformez les phrases à la voix passive. Respectez les temps.**

★★ **1** Dans le métro, des milliers de personnes lisent les journaux. **2** Un architecte de talent dessinera les plans du nouvel hôtel des Finances. **3** L'archiviste conserve tous les documents dans des armoires blindées. **4** N'importe qui aurait pu ouvrir cette porte. **5** Seuls quelques cruciverbistes compléteront la grille de mots croisés. **6** Une flaque d'huile sur la chaussée aurait provoqué la chute du motard. **7** Hergé a dessiné lui-même les aventures de Tintin et Milou. **8** Des internautes inondent les messageries de courriers incompréhensibles. **9** Tes arguments m'ont convaincue. **10** Il est temps que Mme Lacour nourrisse ses perruches.

629 **Copiez les phrases que vous compléterez avec des compléments d'agent de votre choix.**

★★★ **1** Les prévisions alarmistes de Bison Futé sont démenties … . **2** Ces parents sont attendris … . **3** D'importantes coulées de lave étaient vomies … . **4** Les spectateurs furent émerveillés … . **5** Il serait bon que l'atmosphère soit rafraîchie … . **6** Le zèbre est poursuivi … . **7** Faute d'avoir prévu des provisions, les randonneurs seront tenaillés … . **8** Ta réussite au brevet est compromise … . **9** Le boomerang était lancé … . **10** Avant d'être ensemencée, la terre est labourée … . **11** Ces châteaux de sable ont été bâtis … . **12** Le fourgon des sapeurs-pompiers est ralenti … . **13** Les plans de pommes de terre étaient envahis … . **14** Allongée sur le sable, Maud est protégée du soleil … .

EXPRESSION ÉCRITE

Après un orage, vous pouvez enfin sortir. Dans un texte d'une quinzaine de lignes, dites ce que vous constatez. Vous emploierez des verbes à la voix passive.

105 L'EMPLOI DU SUBJONCTIF

1 **Le mode subjonctif** est celui du **possible**. Il compte quatre temps : **le présent, le passé, l'imparfait et le plus-que-parfait**, mais seuls les deux premiers sont employés dans la langue courante. Il apparaît dans deux types de propositions.

Dans une proposition indépendante, **le subjonctif** exprime :
– l'ordre ou le souhait : *Qu'ils se* ***taisent*** *!* ***Vive*** *la France !*
– l'indignation : *Moi, que je t'****aide*** *?*
– l'irréel du passé. Le subjonctif plus-que-parfait a alors la même valeur que le conditionnel passé dans un langage moins littéraire :
Sa visite lui ***eût fait*** *plaisir. (Sa visite lui* ***aurait fait*** *plaisir.)*

2 **Dans une proposition subordonnée**, **le subjonctif** apparaît dans les trois types de subordonnées :
– **les propositions subordonnées complétives**
après un verbe de volonté :
Je veux, j'ordonne, j'exige qu'il ***sorte****.*
après un verbe de sentiment :
Je souhaite, je redoute, je me ***réjouis*** *qu'il vienne.*
après un verbe d'opinion à la forme négative ou interrogative :
Penses-tu qu'il ***sache*** *tricoter ? Je ne crois pas qu'il le* ***sache****.*
– les propositions subordonnées circonstancielles
après certaines conjonctions exprimant le temps (*avant que*), le but (*pour que*) l'opposition (*quoique, bien que*), ou la condition (*à moins que*).
– les propositions subordonnées relatives
après un superlatif :
C'est le plus beau que je ***connaisse****.*
après une construction qui exprime une restriction :
Il n'y a que lui / C'est le seul qui ***sache*** *sa leçon.*
ou pour exprimer un fait envisagé ou voulu :
Je cherche une maison qui ***ait*** *un jardin.*

POUR ALLER PLUS LOIN

Dans la langue littéraire, la concordance des temps est appliquée aussi quand la subordonnée est au subjonctif.

Principale à l'indicatif	**Subordonnée au subjonctif**	
présent Je doute	présent qu'il **revienne**.	passé qu'il **soit revenu**.
passé simple ou imparfait Je doutais	imparfait qu'il **revînt**.	plus-que-parfait qu'il **fût revenu**.

630 **Recopiez les phrases, soulignez les relatives et justifiez l'emploi du subjonctif.**
★
1 Je voudrais une chambre qui ait un balcon avec vue sur la mer. **2** Napoléon III est le seul homme politique qui ait été président de la République et empereur. **3** Notre croisière dans les îles grecques est la plus belle qui nous ait été donné de faire. **4** Essayons de trouver une date de réunion qui convienne à tous. **5** C'est le chien le plus gentil que je connaisse.

631 **Recopiez les phrases, soulignez les propositions subordonnées circonstancielles et justifiez l'emploi du subjonctif.**
★★
1 Notre bateau atteindra Capri avant la nuit à condition que le vent ne faiblisse pas. **2** Avant que le pont ne soit construit, il fallait faire un grand détour par le village. **3** Bien qu'il ait vérifié plusieurs fois sa valise, Léo était inquiet d'avoir oublié quelque chose. **4** Ferme la fenêtre, pour que la musique ne résonne pas dans la courette. **5** Les curieux visitaient les catacombes à la bougie, jusqu'à ce que l'électricité soit installée.

632 **Recopiez les phrases, soulignez les complétives et justifiez l'emploi du subjonctif.**
★★
1 Je ne pense pas que ce film soit déjà sorti en DVD. **2** Craignant qu'on ne l'entende, il descendit l'escalier sur la pointe des pieds. **3** Le témoin ne veut pas que son nom soit cité dans l'article. **4** Nous regrettons que le concert ait été annulé. **5** Ils déploraient que leur fils s'entêtât à épouser cette inconnue. **6** Croyez-vous que le téléphérique fonctionne en cette saison ? **7** Le général ordonna que la ville fût attaquée par l'ouest.

633 **Recopiez les phrases, soulignez les propositions au subjonctif et justifiez l'emploi de ce mode.**
★★★
1 La commune a fait des démarches pour que son église soit inscrite aux Monuments historiques. **2** Qu'ils cessent tout de suite ce vacarme ! **3** La pirogue est le seul moyen de transport qui donne accès au campement. **4** Mme Dunand refuse que sa fille crée un blog. **5** Une intervention auprès du ministre eût résolu le problème. **6** Restez assis jusqu'à ce que l'avion soit immobile. **7** Moi, que je m'abaisse à la supplier ? Jamais ! **8** Ce cycliste a besoin d'un entraîneur qui soit plus exigeant envers lui.

634 **Imaginez une suite à ces propositions et justifiez l'emploi du subjonctif.**
★★★
1 Je voudrais une voiture qui … . **2** Le règlement interdit que les élèves … . **3** Les ouvriers bloqueront l'usine jusqu'à ce que … . **4** Je me réjouis que … . **5** Vincent est le seul qui … . **6** Ma mère ne croit pas que … . **7** Nous resterons ici à condition que … . **8** Mon père exige que … . **9** Nous nous mobiliserons pour que … . **10** Il n'est pas sûr que … . **11** Il est juste que … . **12** Les clients du supermarché regrettent que … .

EXPRESSION ÉCRITE

Une mère donne une série de recommandations à son fils (à sa fille) avant qu'il (elle) ne parte en colonie de vacances. Imaginez ce qu'elle lui dit. Employez au moins cinq subordonnées conjuguées au subjonctif et soulignez-les.

106 NATURES ET FONCTIONS

1 **La nature** (on dit également **la classe grammaticale**) est **l'identité d'un mot**. Elle nous est donnée **par le dictionnaire** sous la forme d'**abréviations**.

bureau : n. m. (nom masculin)   **manger** : tr. (verbe transitif)

Il existe des classes :

– **de mots variables**

les noms : *la partie – le sommet – René Char…*

les déterminants : *les – un – son – cette – chaque – trois – quelle…*

les adjectifs qualificatifs : *beau – chanceux – agréable…*

les verbes : *acheter – réfléchir – attendre – refaire…*

les pronoms : *celui – le mien – qui – dont – lequel – tu – toi…*

– **de mots invariables**

les adverbes : *assez – ailleurs – beaucoup – souvent – facilement*

les prépositions : *avec – contre – dans – pour – depuis…*

les conjonctions : *donc – car – et – quand – lorsque – parce que…*

les interjections et les onomatopées : *bravo – chut – hélas – ouf – dring…*

2 **La fonction** d'un mot (ou d'un groupe de mots) est **le rôle qu'il occupe dans la phrase**. On distingue :

– **les fonctions dans le groupe nominal**

épithète : une salle **comble**

apposition : **De capacité réduite**, la salle ne peut plus accueillir de spectateurs.

complément du nom : une salle **de spectacles**

– **les fonctions dans la phrase**

sujet : Les **comédiens** jouent.

attribut du sujet : La salle est **comble**.

complément d'objet : Les comédiens jouent **une pièce de Ionesco**.

complément circonstanciel : Les comédiens arrivent **sur scène**.

complément d'agent : La pièce de Ionesco est jouée **par des comédiens amateurs**.

635 **Copiez des phrases en les complétant avec des prépositions ou des déterminants.**

*

1 … poids lourd stationne … l'aire de Jugy, … l'autoroute … Soleil. **2** Jamais tu ne découperas le rôti … un tel couteau ébréché ! **3** Géraldine place … livres et … cahiers … le casier qui lui a été attribué. **4** Alicia se rend … la fleuriste … commander un bouquet … roses. **5** Mon petit frère est allé … l'école maternelle … l'âge de trois ans. **6** Comment fais-tu … te faufiler ainsi … les obstacles ? **7** Dans ce magasin, les blousons sont alignés … leurs tailles et … coloris.

636 **Copiez les phrases en les complétant selon les indications.**
★★
1 Le vendeur de journaux est dans son kiosque … (**préposition**) le lever du jour. **2** Avant de consulter sa messagerie, il faut … (**adverbe**) se connecter à Internet. **3** Pourquoi … (**déterminant démonstratif**) pompe à essence ne fonctionne-t-elle pas ? **4** Pour … (**verbe à l'infinitif**) un avion, un long apprentissage est nécessaire. **5** Sur certaines voitures, la clé … (**complément du nom**) est remplacée par une carte magnétique. **6** Mme Michaud se rend … (**complément circonstanciel**) pour acheter ses fruits. **7** Le message restera … (**attribut du sujet**), car le temps a effacé l'encre. **8** … (**pronom interrogatif**) frappe à la porte ? **9** Tu as oublié tes rollers, … (**conjonction**) tu ne pourras pas nous accompagner. **10** Les œufs sont pondus … (**complément d'agent**). **11** Le rhinocéros est un animal … (**adjectif**) ; on ne peut guère s'en approcher.

637 **Copiez des phrases en les complétant avec des COD ou des COI de votre choix. Vous préciserez la fonction de votre ajout.**
★★★
1 Pour déménager dans de bonnes conditions, M. Kodjo a fait appel … . **2** Même si vous insistez, Mariama ne dévoilera jamais … . **3** Aussi étrange que cela paraisse, ce document appartient … . **4** Avec mon oncle et mon cousin, nous jouons … . **5** Avant de commencer le chantier, le carreleur ouvre … . **6** Lorsqu'il est placé devant l'évidence, Yvon reconnaît … . **7** Après la pause de midi, le surveillant convoquera … . **8** Du haut de la colline, le promeneur contemple … . **9** Dès qu'elle en prendra connaissance, Blandine répondra … . **10** Perdu dans un dédale de rues, Jun demande … … .

638 **Lisez ce texte et indiquez la nature des mots en gras.**
★★★
Ex. : vigne → nom commun

Après sa vigne de **Châteauneuf**, **ce** que le pape aimait le plus au monde, c'était sa mule. Le bonhomme **en** raffolait de **cette** bête-là. **Tous** les soirs, avant de se **coucher**, il allait voir **si son** écurie était **bien** fermée, si **rien** ne manquait dans sa mangeoire, et jamais il ne se serait levé de table sans faire **préparer** sous ses yeux un **grand** bol de vin à la française, avec beaucoup de sucre et d'aromates, **qu'**il allait **lui** porter lui-même, **malgré** les observations de ses cardinaux.

D'après Alphonse Daudet, *Lettres de mon moulin, La Mule du Pape*, 1869.

639 **Lisez ce texte et indiquez la fonction des mots (ou des groupes de mots) en gras.**
★★★
Ex. : cela → sujet du verbe paraisse

Du reste, aussi étrange et difficile à croire que cela paraisse **à ceux** qui ne l'ont vu, **hommes**, ***femmes* et enfants**, non seulement ne cachent **aucune partie de leur corps**, mais n'en ressentent ni honte ni embarras, et ont l'habitude d'aller et venir aussi nus qu'au sortir du ventre **de leurs mères**. Néanmoins, il s'en faut de beaucoup, comme le pensent **certains** et d'autres veulent le faire croire, que **leur corps** soit entièrement **couvert de poils**.

D'après Jean de Léry, *Voyage en terre de Brésil*. Hachette Éducation.

EXPRESSION ÉCRITE

Vous avez eu l'occasion de rencontrer un peintre dans son atelier. Il terminait une nature morte. Vous lui avez posé quelques questions. Racontez.

RÉVISIONS

640 Dans le texte suivant, relevez trois phrases de formes différentes. (Leçon 90)

*

Oui, la mort ! [plutôt que les travaux forcés] Et d'ailleurs, me répétait je ne sais quelle voix intérieure, qu'est-ce que je risque à dire cela ? A-t-on jamais prononcé sentence de mort autrement qu'à minuit, aux flambeaux, dans une salle sombre et noire, et par une froide nuit de pluie et d'hiver ? Mais au mois d'août, à huit heures du matin, un si beau jour, ces bons jurés, c'est impossible ! Et mes yeux revenaient se fixer sur la jolie fleur jaune du soleil.

Victor Hugo, *Le dernier jour d'un condamné*, 1829.

641 Encadrez les propositions de ces phrases. Précisez entre parenthèses leur nature (juxtaposées, coordonnées ou subordonnées). (Leçon 91)

*

1 Soudain, un formidable grognement se fit entendre et une seconde détonation éclata. **2** Affolée, Nadia courut à la voiture, prit un des revolvers de Michel Strogoff et fit feu sur l'ours. **3** L'animal poussa un rugissement furieux, vacilla un instant mais ne tomba pas. **4** D'un bond, il se jeta sur la jeune fille : la balle n'avait fait que l'effleurer. **5** Nadia s'évanouit alors car l'émotion avait été trop forte. **6** Alors que l'ours allait abattre ses pattes sur la jeune fille, Michel Strogoff tira sur lui : cette fois-ci, il s'abattit sur le sol, vaincu.

642 Recopiez les phrases, soulignez les propositions subordonnées et analysez leur nature : relative ou complétive ? (Leçons 92 et 93)

*

1 Madagascar est une île que je n'ai pas encore visitée. **2** Le conférencier s'assura que son micro marchait en tapotant dessus. **3** Les points de suture que l'infirmière a cousus sur l'arcade sourcilière du karatéka ne se voient presque plus. **4** Camille a loué à Millau une chambre d'hôtes que lui avait conseillée une amie. **5** Tourmentée par de sombres pensées, Angèle ne s'aperçut pas que le feu s'éteignait dans la cheminée. **6** Craignant qu'un accident ne se produise, le principal a décidé de fermer l'escalier inondé. **7** Visitez le parc du Marquenterre et découvrez des oiseaux que vous ne verrez nulle part ailleurs ! **8** Le phare que vous apercevez au loin fonctionne sans intervention humaine ; tout est automatisé. **9** Le maraîcher certifie que tous les légumes qui sortent de son exploitation sont exempts de pesticides.

643 Recopiez le texte, soulignez les subordonnées et analysez leur nature : circonstancielle, relative ou complétive (conjonctive en que ou interrogative indirecte). (Leçons 92 et 93)

**

Je restais là à admirer la mer quand j'entendis des pas derrière moi. En me retournant, je vis sur le sentier une femme qui s'approchait. Elle n'était qu'à une dizaine de mètres : le vent soufflait tellement fort que je ne l'avais pas entendue plus tôt. Je ne pouvais douter que ce fût mademoiselle d'Aubrion, dont on m'avait tant parlé, puisque les dames étaient peu nombreuses sur la lande. J'ignorais la raison qui l'avait conduite en ces lieux. J'étais curieux de savoir ce qu'elle allait me dire.

644 **Copiez le texte, puis encadrez les propositions infinitives et soulignez les propositions participiales. (Leçon 94)**
★★
Les enfants étant montés se coucher, le calme fut bientôt complet dans le jardin. Les pierres de la maison, ayant accumulé la chaleur pendant la journée, nous la renvoyaient adoucie. Nous regardâmes le soleil baisser à l'horizon et prendre des teintes pourpres. Le vent étant tombé, le lac sembla se figer en un disque noir et brillant. De temps en temps, des grenouilles coassaient, troublant à peine le silence. Nous restâmes assis là longtemps, à sentir le parfum des fleurs monter par bouffées jusqu'à nous.

645 **Relevez les différents types de compléments d'objet dans ce texte. Vous préciserez quel verbe ils complètent et leur nature grammaticale. (Leçon 95)**
★★
Le lendemain de notre première aventure sur le plateau, Summerlee et moi souffrions de la fièvre, et Challenger avait le genou si endolori qu'il ne marchait qu'en boitant. Nous passâmes donc tout le jour au camp, aidant tant bien que mal Lord Roxton à exhausser et renforcer la barrière épineuse qui nous protégeait seule contre le dehors. Je me souviens que malgré moi je ne pouvais me distraire de l'idée que nous étions observés : d'où et par qui, je n'aurais su le dire.

Conan Doyle, *Les exploits du Professeur Challenger, Le monde perdu*, 1912.

646 **Recopiez les phrases et analysez la fonction des adjectifs : épithète, attribut du sujet ou attribut du COD. (Leçon 96)**
★★
1 Le médecin a jugé le malade apte à reprendre le travail. **2** Jasmine nous a paru plus aimable que sa sœur. **3** Trempés par la pluie, les deux chiens avaient l'air misérable. **4** Pourtant pris sur le fait, le serviteur resta muet et nia toujours être responsable des dégâts subis par le parquet. **5** Je suis content de voir mon film favori récompensé par un César. **6** Pierre Béranger, célèbre chansonnier au XIXe siècle, est désormais quasiment inconnu. **7** Impitoyables, les deux garnements s'amusaient à voir leur sœur aînée rouge de colère.

647 **Relevez différents types de compléments circonstanciels dans ce texte. Précisez leur fonction. (Leçon 97)**
★★
Le comte Oluf de Lodbrog, car tel est son titre depuis que le vieux comte est mort, part sur son bon cheval, accompagné de ses deux chiens géants, Murg et Fenris, car le jeune seigneur aux paupières couleur d'orange a un rendez-vous, et déjà peut-être, du haut de la petite tourelle aiguë en forme de poivrière, se penche sur le balcon sculpté, malgré le froid et la bise, la jeune fille inquiète, cherchant à démêler dans la blancheur de la plaine le panache du chevalier.

Théophile Gautier, *Le Chevalier double, Romans et Contes*, 1863.

648 **Conjuguez les verbes entre parenthèses. Selon la conjonction, certains seront au présent de l'indicatif, d'autres au présent du subjonctif ou au présent du conditionnel. (Leçon 98)**
★★★
1 Avant que sa famille ne (**s'établir**) en France, Pavel vivait en Roumanie. **2** L'accès à la place a été interdit, de peur que de nouveaux rassemblements n'(**avoir**) lieu. **3** Quand bien même il (**s'excuser**), je ne voudrais pas le revoir. **4** Bien que Monsieur Aubert ne (**savoir**) pas bien parler allemand, il n'hésite pas à partir seul à Vienne. **5** Même après que le camp d'Auschwitz (**avoir**) été libéré, Primo Levi n'a pu rentrer directement en Italie. **6** Alors que les bombardements (**détruire**) le port, les Marseillais se réfugient dans les caves.

649 **Recopiez les phrases suivantes, encadrez les compléments circonstanciels et précisez leur fonction. (Leçon 99)**

★★★

1 Sous réserve de trouver une clé de 14, tu pourras effectuer le montage de cette bibliothèque par éléments. **2** En dépit de l'absence du cheval favori, la course fut palpitante. **3** Quelque timide qu'il soit par nature, Charles osa prendre la parole en public. **4** Avec une relecture plus attentive, tu n'aurais pas laissé autant d'erreurs dans ton texte. **5** En donnant de légers coups de pinceau, vous ferez un bien meilleur travail. **6** S'il apprenait correctement son texte, ce comédien n'aurait pas de trous de mémoire une fois en scène. **7** Quel que soit l'outil que l'on utilise, l'essentiel est de bien savoir le manier.

650 **Recopiez les phrases en complétant avec les noms qui conviennent ; accordez les mots entre parenthèses. (Leçon 100)**

★★★

légume – équipe – faim – fourmi – éolienne – peinture – musicien – galerie – scène – cessez-le-feu – sauce – manifestant – piéton – juré – oreille

1 Cette…, (**installé**) près des côtes, fournira de l'électricité à tout le village. **2** Les …, (**partisan**) d'un … (**immédiat**), défilent devant l'ambassade. **3** (**Placé**) au congélateur, ces … seront toujours (**disponible**) pour calmer une (**petit**) … . **4** (**Acclamé**) par une foule (**déchaîné**), les … entrent en … (balayé) par les projecteurs. **5** (**Accompagné**) d'une … (**pimenté**), ces côtelettes d'agneau devraient être (**appétissant**). **6** L'… de Mont-de-Marsan, désormais (**qualifié**) pour la finale, s'entraîne tous les jours. **7** (**Fouillé**) de fond en comble, les … ont livré leur secret : de (**splendide**) … (**rupestre**). **8** Les …, (**semblable**) à une colonne de (**minuscule**) …, s'acheminent vers la gare. **9** Parlez plus bas car des … (**indiscret**) pourraient vous entendre. **10** (**Convaincu**) de son innocence, les … prononcent l'acquittement de l'accusée.

651 **Relevez les groupes adjectivaux en entier. Indiquez précisément quel degré de l'adjectif est exprimé. (Leçon 101)**

★★★

1 La seconde attaque du jaguar fut plus redoutable encore que la première. **2** Bérénice a la chance d'être parfaitement bilingue. **3** Il est peu probable que ce candidat soit élu. **4** Parmi les chutes d'eau les plus spectaculaires, celles du Niagara sont en bonne place. **5** Moins expérimenté que toi, je n'ai pas réussi à poser mon deltaplane en toute délicatesse. **6** Je suis très impatient de rencontrer mon correspondant espagnol. **7** Il est aussi dangereux de conduire quand on a sommeil que quand on a bu.

652 **Complétez avec des déterminants ou des pronoms indéfinis qui conviennent. Il peut y avoir plusieurs solutions. (Leçon 102)**

★★★

1 L'avenue Renoir est en travaux, mais les … rues sont totalement dégagées. **2** L'architecte surveille le chantier ; il ne néglige … détail. **3** Le président de la République est toujours entouré de … gardes du corps. **4** … des rivières du nord de la France sont navigables. **5** De … tes explications, … ne convainc tes interlocuteurs. **6** … de touristes pratiquent les sports nautiques, mais … préfèrent visiter les musées, surtout les jours de pluie ! **7** … pays africains possèdent d'importantes ressources minières ; … connaissent des problèmes pour simplement nourrir leur population. **8** … pensent que … compositeur n'égalera jamais Mozart.

653 ★ **Copiez ces phrases en les complétant avec des adverbes formés à partir des adjectifs entre parenthèses. (Leçon 103)**

1 Si j'ai le temps, je vous accompagnerai … (**éventuel**) au parc d'attractions. **2** Le chevalier se saisit … (**hardi**) de son épée et va au-devant du loup : quel courage ! **3** Beaucoup de peuples scandinaves parlent … (**courant**) plusieurs langues. **4** Comme il n'a pas plu, le niveau d'eau des barrages est … (**évident**) au plus bas. **5** En 1796, … (**puissant**) armées, les troupes de Napoléon Ier ont envahi l'Italie. **6** En manœuvrant, le tracteur a … (**violent**) heurté le transformateur électrique. **7** Le chauffeur de l'autobus scolaire était … (**précédent**) moniteur d'auto-école ! **8** … (**Constant**) dérangé, l'écrivain ne peut achever la réaction de son livre. **9** Le professeur te fait … (**pertinent**) observer que tu as commis des erreurs. **10** Douglas examine … (**attentif**) les données du problème et il se met au travail.

654 ★ **Transformez les phrases à la voix passive. Respectez les temps. (Leçon 104)**

1 Le vent du nord active les éoliennes. **2** Le Diable acheta l'âme du malheureux Faust, amoureux de Marguerite. **3** La loi française prohibe l'usage des stupéfiants. **4** Alors que Zacharie s'approchait de la ruche, une abeille le piqua. **5** Incapable de soulever seul le sac de ciment, Kilian demande de l'aide. **6** Ce médicament procura un soulagement temporaire au malade. **7** Avisé, le directeur modernise l'usine de fabrication de chaussures. **8** Selon le rapport de la police, un pacte secret lierait les conjurés. **9** Agacé par le bruit, M. Journet huile les charnières des portes de placard. **10** Le trapéziste a minimisé les risques.

655 ★ **Recopiez les phrases, soulignez les propositions au subjonctif et justifiez l'emploi de ce mode. (Leçon 105)**

1 Il est à craindre que les pluies estivales ne rechargent pas les nappes phréatiques. **2** Il me faut des vis qui soient cruciformes. **3** Il eût voulu suivre son frère sur la frêle passerelle, mais le courage lui manqua. **4** Bon anniversaire, que l'année entière vous soit douce et légère ! **5** Roméo doit quitter Juliette avant qu'il ne fasse jour. **6** Gaspard est le garçon le plus malicieux que je connaisse. **7** Je souhaite que ton opération se déroule pour le mieux. **8** Les médecins pensent-ils que des complications soient possibles ?

656 ★ **Donnez la nature et la fonction des mots en gras. (Leçon 106)**

Ex. : **presque** : adverbe – précise le sens de l'adjectif « close ».

Le chat se roulait sur mes **genoux** sur le dos, les pattes **en l'air**, **ouvrant** et fermant **ses** griffes, montrant sous ses lèvres ses crocs **pointus** et ses yeux verts dans la fente **presque** close de ses paupières. Je caressais et je maniais la **bête** molle et nerveuse, souple comme une étoffe **de soie**, douce, chaude, délicieuse et dangereuse. Elle ronronnait **ravie** et prête à mordre, car elle aime griffer autant qu'être flattée. **Elle** tendait son cou, ondulait, et quand je cessais de la toucher, se redressait et poussait sa tête sous ma main levée.
Je **l'**énervais et elle m'énervait aussi, car je les aime et je les déteste, ces **animaux** charmants et perfides. J'ai plaisir à les **toucher**, à faire glisser sous ma main leur poil soyeux **qui** craque, à sentir leur chaleur sous ce poil, dans cette fourrure fine, exquise.

Guy de Maupassant, *Sur les chats*, 1886.

Annexes

Classes grammaticales

Classes	Sous-classes	Exemples
noms Ils varient en nombre et peuvent être précédés d'un déterminant.	**noms communs** Ils désignent, **en général**, des êtres, des objets, des actions, des états, des qualités, des relations… Ils peuvent être composés.	**– masculins :** *un* **chien**, *le* **jour**… *un* **non-lieu**, *un* **porte-voix**, *des* **deux-roues**… **– féminins :** *une* **balle**, *la* **sincérité**…
	noms propres Ils désignent, **en particulier**, des êtres, des lieux, des monuments, des fêtes … Ils prennent toujours une majuscule.	**Enzo**, **Molière**, *l'***Inde**, **Tours**, *la* **Seine**, *le* **Mont-Saint-Michel**, **Noël**, *les* **Pyramides**…
déterminants Ils précèdent le nom et peuvent en indiquer le genre et/ou le nombre. Ils s'accordent avec le nom (sauf pour les adjectifs numéraux cardinaux).	**articles**	**– définis :** ***le, la, les, au, aux*** **– indéfinis :** ***un, une, des*** **– partitifs :** ***du, de l', de la***
	adjectifs possessifs Ils indiquent l'appartenance.	**– singuliers :** ***mon, ma, ton, ta, son, sa, notre, votre, leur*** **– pluriels :** ***mes, tes, ses, nos, vos, leurs***
	adjectifs démonstratifs Ils marquent ce qu'on désigne.	***ce, cet, cette, ces***
	adjectifs indéfinis	***nul, plusieurs, chaque, quelques, aucun, divers, tout…***
	adjectifs numéraux cardinaux Ils indiquent le nombre.	**trois** *points*, **huit** *heures*, **trente** *ans*, **mille** *pages*…
	adjectifs numéraux ordinaux Ils indiquent le rang.	*la* **dixième** *épreuve* *le* **cinquième** *rang*
	adjectifs interrogatifs Ils indiquent un questionnement.	***quel, quelle, quels, quelles***
	adjectifs exclamatifs Ils traduisent l'étonnement.	***quel charme ! quelle nuit !*** ***quels bruits ! quelles fleurs !***
adjectifs qualificatifs Ils s'accordent avec les noms qu'ils caractérisent.	Ils peuvent être placés avant ou après le nom ; ils sont parfois séparés du nom. **participes passés** **participes présents**	*le tube* **digestif** *Le menu est* **copieux**. *un oiseau* **blessé** *une porte* **coulissante**
verbes Ils se conjuguent.	**auxiliaires**	***avoir***, ***être***
	1er groupe infinitif en -er	**louer**, **bouder**… (*sauf* **aller**)
	2e groupe infinitif en -ir (-issant)	**obéir** (**obéissant**)…
	3e groupe tous les autres verbes	**dire**, **savoir**, **attendre**…

Classes	Sous-classes	Exemples
pronoms Ils remplacent un nom ou un groupe nominal.	**pronoms personnels sujets** Ils sont utilisés pour les conjugaisons.	***je, tu, il, elle, on, nous, vous, ils, elles***
	pronoms personnels compléments Ils désignent souvent des personnes ou des objets (3e personne).	***me, te, lui, nous, se, moi, vous, soi, eux, en, y***
	pronoms possessifs Ils remplacent un nom précédé d'un déterminant possessif.	***le mien, la mienne, les miens, le sien, le nôtre, les siens, les leurs***
	pronoms démonstratifs Ils remplacent un nom précédé d'un déterminant démonstratif.	***ce, c', celui, celle, ceux, celles, cela, celui-ci...***
	pronoms relatifs Ils remplacent un nom, leur antécédent.	***qui, que, quoi, dont, où, lequel, auquel, duquel...***
	pronoms interrogatifs	***qui, que, quoi, lequel ...***
	pronoms indéfinis Ils désignent des êtres ou des choses sans précision.	***chacun, personne, certain, rien, tout, tous, quelqu'un...***
adverbes Ils modifient, ils précisent, ils apportent une nuance, à un verbe, à un adjectif, à un autre adverbe. S'ils sont composés de plusieurs mots, ce sont des locutions adverbiales.	**adverbes de manière** Beaucoup sont formés sur un adjectif féminin.	***bien, mieux, ensemble, debout... sèchement, couramment...***
	adverbes interrogatifs Ils introduisent une proposition interrogative directe ou indirecte.	***combien ? comment ? où ? pourquoi ? quand ? ...***
	autres adverbes **lieu**	***ailleurs, par ici, dehors, là, devant, dessus, partout...***
	temps	***alors, tard, déjà, soudain, enfin, bientôt, après ...***
	quantité	***aussi, encore, très, autant, moins, guère, assez...***
	affirmation	***bien sûr, oui, sans doute, vraiment, soit...***
	négation	***non, ne pas, ne guère, ne jamais, aucun...***
	doute	***peut-être, environ, par hasard...***
prépositions Si elles sont composées de plusieurs mots, ce sont des locutions prépositives.	Elles introduisent un complément avec lequel elles forment un groupe.	***contre, sur, avec, dans, chez, pendant, sauf, parmi, de, depuis, entre, malgré... à cause de, autour de, près de, hors de, jusqu'à, auprès de...***
conjonctions	**de coordination** Elles relient deux mots ou deux propositions de même nature et de même fonction.	***mais, ou, et, donc, or, ni, car***
	de subordination Elles introduisent une proposition subordonnée conjonctive.	***que, quand, lorsque, si, parce que, quoique, bien que, tandis que, afin que, après que...***
interjections Elles n'ont pas de fonction grammaticale précise.	**onomatopées et autres interjections** Elles manifestent un bruit, un cri, des sentiments, des avertissements, des surprises.	***Boum ! Chut ! Ouf ! Crac ! Hélas ! Hue ! Paf ! Aïe ! Ah ! Courage ! Vlan ! Attention ! Bravo ! Eh bien ! En avant ! Par exemple !***

FONCTIONS GRAMMATICALES

Les fonctions dans le groupe nominal

Fonctions	Nature des mots exerçant les fonctions	Exemples
épithète Elle apporte une information sur le nom. Elle peut être placée avant ou après le nom. Il peut y avoir plusieurs épithètes pour un même nom.	**adjectif qualificatif** **participe passé** **participe présent**	*une journée* **pluvieuse** *une* **agréable** *journée* *une journée* **ensoleillée** *une journée* **plaisante**
complément du nom Il apporte une information sur le nom. Il est souvent introduit par une préposition.	**nom ou groupe nominal** **pronom** **adverbe** **verbe à l'infinitif** **subordonnée relative**	*une tarte* **aux pommes** *le bien* **d'autrui** *le programme* **d'aujourd'hui** *une pince* **à épiler** *un téléphone* **qui prend des photos**
apposition Elle apporte une information sur le nom. Elle est séparée du nom par une virgule.	**adjectif qualificatif** **nom ou groupe nominal** **verbe à l'infinitif** **subordonnée relative**	**Lucide**, *Mathias sait qu'il ne pourra pas terminer son travail à temps.* *Usaïn Bolt*, **sprinter jamaïcain**, *a battu le record du monde.* **Tourner**, *voilà le rêve de toutes les actrices.* *La colline*, **dont vous apercevez le sommet**, *est couverte de vignobles.*
complément de l'adjectif Il apporte une précision sur l'adjectif. Il est toujours placé après l'adjectif.	**nom ou groupe nominal** **adverbe** **verbe à l'infinitif** **subordonnée conjonctive**	*un naufragé mort* **de faim** *un homme venu* **d'ailleurs** *un film agréable* **à regarder** *Il est regrettable* **que tu sois malade.**

Les fonctions dans la phrase

Fonctions	Nature des mots exerçant les fonctions	Exemples
sujet du verbe Il commande l'accord du verbe. Il peut être placé après le verbe (sujet inversé). Un verbe peut avoir plusieurs sujets. Un sujet peut se rapporter à plusieurs verbes.	**nom ou groupe nominal** **pronom** **verbe ou groupe verbal à l'infinitif** **proposition subordonnée relative ou conjonctive**	**La deuxième mi-temps** *débute.* **Vous** *corrigez vos erreurs.* **Qui** *répondra à la question ?* **Téléphoner** *ne coûte pas cher.* **Qui cochera les six bons numéros** *empochera le gros lot.* **Que tu m'écrives** *me ferait plaisir.*

Fonctions	Nature des mots exerçant les fonctions	Exemples
complément d'objet direct Il indique ce sur quoi (ou sur qui) porte l'action exprimée par le verbe. Il est relié directement (sans préposition) au verbe. Il n'est pas déplaçable et, généralement, ne peut être supprimé.	**nom ou groupe nominal** **pronom** **verbe à l'infinitif** **proposition subordonnée conjonctive**	*Léo attend* **l'autobus**. *On reconnaît* **la tour Eiffel**. *Lisa attend* **quelqu'un**. *On* **la** *reconnaît*. *Tu as entendu* **frapper**. *Je pense* **que tu as raison**.
complément d'objet indirect Il indique ce sur quoi (ou sur qui) porte l'action exprimée par le verbe. Il est relié au verbe par une préposition. Il n'est pas déplaçable et, généralement, ne peut être supprimé.	**nom ou groupe nominal** **pronom** **verbe à l'infinitif** **proposition subordonnée conjonctive**	*Certains croient* **aux revenants**. *Andy parle* **à quelqu'un**. *L'alpiniste peine* **à respirer**. *On tient* **à ce que Maxime s'explique**.
complément d'objet second Si un verbe a deux compléments d'objet, c'est celui le moins important pour le sens. Il est introduit par une préposition.	**nom ou groupe nominal** **pronom**	*Je donne des conseils* **à mon frère**. *Tu* **lui** *apportes ton aide*. *Le député serre la main de* **chacun**.
compléments circonstanciels Il en existe de différentes sortes : – lieu – temps – manière – cause – conséquence – moyen – but – condition …	**nom ou groupe nominal** **groupe pronominal** **adverbe** **verbe à l'infinitif** **gérondif** **proposition conjonctive**	*Il a neigé* **toute la nuit**. *Tu restes* **près de moi**. *L'orateur s'exprime* **prudemment**. *Je me concentre* **pour réfléchir**. *Il ne faut pas lire* **en mangeant**. *L'avion est en retard* **parce qu'il y avait trop de brouillard**.
attribut du sujet Il donne un renseignement sur le sujet par l'intermédiaire d'un verbe.	**nom ou groupe nominal** **pronom** **adjectif qualificatif** **verbe à l'infinitif** **proposition conjonctive**	*Paris est* **la capitale de la France**. *Si j'étais* **toi**, *je renoncerais à ce projet*. *Cet étang est* **poissonneux**. *Le métier de M. Gay est de* **conduire**. *La vérité est que* **nous nous félicitons de votre aide**.
complément d'agent À la voix passive, il indique qui fait l'action exprimée par le verbe.	**nom ou groupe nominal** **pronom**	*Il est poursuivi* **par la malchance**. *Maéva est aimée* **de tous**.
attribut du complément d'objet direct Il donne un renseignement sur le complément d'objet par l'intermédiaire d'un verbe.	**nom ou groupe nominal** **adjectif qualificatif**	*Pascal est sérieux ; l'entraîneur le choisit comme* **capitaine**. *Pascal, je le sais* **sérieux**.
complément de l'adverbe Il apporte une précision à l'adverbe.	**nom ou groupe nominal** **adverbe** **pronom**	*Nous vivons loin* **du bruit**. *Ce vêtement coûte* **trop** *cher*. *Vous vous installez derrière* **nous**.

TABLEAUX DE CONJUGAISON

		auxiliaires		1er groupe		
		être	**avoir**	**marcher**	**essuyer**	**appeler**
indicatif	**présent**	je suis ns sommes elles sont	j'ai ns avons ils ont	je marche vs marchez ils marchent	j'essuie ns essuyons ils essuient	tu appelles ns appelons ils appellent
	imparfait	j'étais ns étions ils étaient	j'avais ns avions elles avaient	je marchais vs marchiez ils marchaient	j'essuyais ns essuyions ils essuyaient	tu appelais ns appelions ils appelaient
	passé simple	je fus ns fûmes ils furent	j'eus ns eûmes ils eurent	je marchai vs marchâtes ils marchèrent	j'essuyai ns essuyâmes ils essuyèrent	tu appelas ns appelâmes ils appelèrent
	futur simple	je serai ns serons ils seront	j'aurai ns aurons elles auront	je marcherai vs marcherez ils marcheront	j'essuierai ns essuierons ils essuieront	tu appelleras ns appellerons ils appelleront
	passé composé	j'ai été ns avons été elles ont été	j'ai eu ns avons eu ils ont eu	j'ai marché vs avez marché ils ont marché	j'ai essuyé elle a essuyé ns avons essuyé	tu as appelé ns avons appelé vs avez appelé
	plus-que-parfait	j'avais été ns avions été ils avaient été	j'avais eu ns avions eu ils avaient eu	j'avais marché ils avaient marché	j'avais essuyé ns avions essuyé	tu avais appelé ns avions appelé
	passé antérieur	j'eus été ns eûmes été ils eurent été	j'eus eu ns eûmes eu ils eurent eu	j'eus marché ils eurent marché	j'eus essuyé ils eurent essuyé	tu eus appelé ils eurent appelé
	futur antérieur	j'aurai été ns aurons été ils auront été	j'aurai eu ns aurons eu ils auront eu	j'aurai marché ils auront marché	j'aurai essuyé ns aurons essuyé	tu auras appelé ns aurons appelé
conditionnel	**présent**	je serais elle serait ns serions	j'aurais ns aurions ils auraient	tu marcherais vs marcheriez ils marcheraient	j'essuierais elle essuierait ns essuierions	tu appellerais ns appellerions ils appelleraient
	passé	j'aurais été il aurait été ns aurions été	j'aurais eu ns aurions eu ils auraient eu	tu aurais marché ns aurions marché	j'aurais essuyé ns aurions essuyé	tu aurais appelé ns aurions appelé
subjonctif	**présent**	je sois il soit ns soyons	j'aie ns ayons ils aient	tu marches il marche ns marchions	tu essuies elle essuie ns essuyions	tu appelles ns appelions ils appellent
	imparfait	je fusse elle fût ns fussions	j'eusse il eût ils eussent	je marchasse il marchât vs marchassiez	j'essuyasse elle essuyât vs essuyassiez	tu appelasses il appelât ns appelassions
	passé	j'aie été elle ait été vs ayez été	j'aie eu ns ayons eu elles aient eu	j'aie marché vs ayez marché ils aient marché	tu aies essuyé elle ait essuyé ns ayons essuyé	j'aie appelé il ait appelé ils aient appelé
	plus-que-parfait	j'eusse été ns eussions été	tu eusses eu elle eût eu vs eussiez eu	j'eusse marché ns eussions marché	j'eusse essuyé ils eussent essuyé	j'eusse appelé ns eussions appelé
impératif	**présent**	sois soyons soyez	aie ayons ayez	marche marchons marchez	essuie essuyons essuyez	appelle appelons appelez
participe	**présent**	étant	ayant	marchant	essuyant	appelant

1er groupe				2e groupe	
acheter	***semer***	***céder***	***envoyer***	***finir***	***haïr***
il achète vs achetez elles achètent	je sème tu sèmes ns semons	il cède ns cédons vs cédez	j'envoie ns envoyons ils envoient	je finis ns finissons ils finissent	je hais ns haïssons ils haïssent
il achetait vs achetiez ils achetaient	tu semais ns semions vs semiez	je cédais il cédait vs cédiez	j'envoyais ns envoyions ils envoyaient	je finissais elle finissait ns finissions	je haïssais ns haïssions ils haïssaient
il acheta vs achetâtes ils achetèrent	tu semas ns semâmes ils semèrent	je cédai elle céda vs cédâtes	j'envoyai ns envoyâmes ils envoyèrent	je finis ns finîmes vs finîtes	je haïs ns haïmes vs haïtes
il achètera vs achèterez ils achèteront	je sèmerai tu sèmeras ns sèmerons	il cèdera vs cèderez ils cèderont	j'enverrai ns enverrons ils enverront	je finirai tu finiras ns finirons	il haïra vs haïrez elles haïront
j'ai acheté il a acheté vs avez acheté	tu as semé elle a semé ns avons semé	il a cédé vs avez cédé ils ont cédé	j'ai envoyé tu as envoyé ns avons envoyé	j'ai fini ns avons fini elles ont fini	j'ai haï elle a haï ils ont haï
il avait acheté ns avions acheté	j'avais semé il avait semé vs aviez semé	j'avais cédé ils avaient cédé	j'avais envoyé il avait envoyé vs aviez envoyé	j'avais fini ns avions fini vs aviez fini	j'avais haï tu avais haï vs aviez haï
j'eus acheté il eut acheté vs eûtes acheté	j'eus semé il eut semé ils eurent semé	j'eus cédé vs eûtes cédé ils eurent cédé	j'eus envoyé tu eus envoyé vs eûtes envoyé	j'eus fini il eut fini ils eurent fini	j'eus haï elle eut haï vs eûtes haï
il aura acheté ns aurons acheté	tu auras semé elle aura semé vs aurez semé	il aura cédé vs aurez cédé ils auront cédé	j'aurai envoyé il aura envoyé vs aurez envoyé	j'aurai fini il aura fini vous aurez fini	j'aurai haï tu auras haï vs aurez haï
j'achèterais elle achèterait vs achèteriez	tu sèmerais ns sèmerions vs sèmeriez	il cèderait vs cèderiez ils cèderaient	j'enverrais ns enverrions ils enverraient	je finirais ns finirions vs finiriez	je haïrais il haïrait ns haïrions
j'aurais acheté ils auraient acheté	tu aurais semé ns aurions semé vs auriez semé	j'aurais cédé il aurait cédé vs auriez cédé	j'aurais envoyé ns aurions envoyé	j'aurais fini elle aurait fini ns aurions fini	j'aurais haï tu aurais haï vs auriez haï
il achète vs achetiez ils achètent	tu sèmes elle sème ns semions	il cède nous cédions vs cédiez	j'envoie ns envoyions ils envoient	je finisse ns finissions ils finissent	je haïsse il haïsse ns haïssions
j'achetasse il achetât vs achetassiez	je semasse il semât ils semassent	je cédasse elle cédât ns cédassions	j'envoyasse il envoyât vs envoyassiez	je finisse il finît ils finissent	je haïsse il haït ns haïssions
il ait acheté vs ayez acheté ils aient acheté	j'aie semé tu aies semé ils aient semé	il ait cédé vs ayez cédé ils aient cédé	il ait envoyé vs ayez envoyé ils aient envoye	j'aie fini il ait fini ils aient fini	j'aie haï tu aies haï vs ayez haï
j'eusse acheté tu eusses acheté il eût acheté	j'eusse semé elle eût semé ils eussent semé	j'eusse cédé il eût cédé ils eurent cédé	j'eusse envoyé vs eussiez envoye	j'eusse fini vs eussiez fini ils eussent fini	j'eusse haï tu eusses haï elle eût haï
achète achetons achetez	sème semons semez	cède cédons cédez	envoie envoyons envoyez	finis finissons finissez	hais haïssons haïssez
achetant	semant	cédant	envoyant	finissant	haïssant

		3e groupe			
		aller	***partir***	***dire***	***faire***
indicatif	**présent**	je vais ns allons elles vont	tu pars vs partez ils partent	tu dis vs dites elles disent	tu fais ns faisons ils font
	imparfait	j'allais ns allions ils allaient	tu partais vs partiez ils partaient	tu disais vs disiez elles disaient	tu faisais ns faisions ils faisaient
	passé simple	j'allai ns allâmes ils allèrent	tu partis vs partîtes ils partirent	tu dis vs dîtes elles dirent	tu fis ns fîmes elles firent
	futur simple	j'irai ns irons ils iront	tu partiras vs partirez elles partiront	tu diras vs direz ils diront	tu feras ns ferons elles feront
	passé composé	je suis allé(e) tu es allé(e) ils sont allés	je suis parti(e) elle est partie vs êtes parti(e)s	tu as dit vs avez dit ils ont dit	tu as fait ns avons fait ils ont fait
	plus-que-parfait	j'étais allé(e) ils étaient allés	j'étais parti(e) elles étaient parties	j'avais dit il avait dit ns avions dit	tu avais fait ns avions fait vs aviez fait
	passé antérieur	je fus allé(e) tu fus allé(e) elle fut allée	tu fus parti(e) elle fut partie ils furent partis	j'eus dit nous eûmes dit	tu eus fait elle eut fait vous eûtes fait
	futur antérieur	je serai allé(e) elle sera allée ils seront allés	elle sera partie vs serez parti(e)s	tu auras dit elle aura dit ils auront dit	tu auras fait vous aurez fait ils auront fait
conditionnel	**présent**	j'irais ns irions elles iraient	tu partirais ns partirions vs partiriez	tu dirais vs diriez ils diraient	tu ferais ns ferions elles feraient
	passé	je serais allé(e) il serait allé	je serais parti(e) ils seraient partis	tu aurais dit vs auriez dit ils auraient dit	tu aurais fait ns aurions fait ils auraient fait
subjonctif	**présent**	j'aille ns allions ils aillent	je parte tu partes vs partiez	tu dises vs disiez ils disent	tu fasses ns fassions ils fassent
	imparfait	j'allasse il allât ils allassent	je partisse il partît ils partissent	je disse il dît ils dissent	je fisse elle fît vous fissiez
	passé	je sois allé(e) tu sois allé(e) il soit allé	je sois parti(e) ns soyons parti(e)s ils soient partis	j'aie dit nous ayons dit ils aient dit	j'aie fait tu aies fait ils aient fait
	plus-que-parfait	je fusse allé(e) il fût allé	tu fusses parti(e) ns fussions parti(e)s	j'eusse dit elle eût dit ils eussent dit	j'eusse fait il eût fait ils eussent fait
impératif	**présent**	va allons allez	pars partons partez	dis disons dites	fais faisons faites
participe	**présent**	allant	partant	disant	faisant

3e groupe					
courir	***venir***	***devoir***	***savoir***	***vouloir***	***voir***
je cours il court ns courons	tu viens vs venez ils viennent	tu dois ns devons vs devez	elle sait ns savons ils savent	je veux elle veut ns voulons	il voit vs voyez ils voient
je courais ns courions vs couriez	tu venais vs veniez ils venaient	tu devais elle devait ns devions	je savais il savait ils savaient	je voulais ns voulions ils voulaient	il voyait vs voyiez ils voyaient
je courus elle courut ns courûmes	tu vins vs vîntes ils vinrent	tu dus ns dûmes ils durent	je sus elle sut ils surent	je voulus ns voulûmes elles voulurent	il vit vs vîtes ils virent
je courrai ns courrons ils courront	tu viendras vs viendrez ils viendront	tu devras elle devra ns devrons	elle saura ns saurons ils sauront	je voudrai tu voudras ns voudrons	il verra vs verrez ils verront
j'ai couru ns avons couru	tu es venu(e) vs êtes venu(e)s ils sont venus	tu as dû ns avons dû ils ont dû	il a su ns avons su ils ont su	j'ai voulu il a voulu ns avons voulu	j'ai vu vs avez vu ils ont vu
j'avais couru vs aviez couru	j'étais venu(e) elle était venue ils étaient venus	j'avais dû elle avait dû vs aviez dû	j'avais su elle avait su ils avaient su	j'avais voulu ns avions voulu vs aviez voulu	j'avais vu elle avait vu ns avions vu
j'eus couru ns eûmes couru	je fus venu(e) nous fûmes venu(e)s	j'eus dû elle eut dû ns eûmes dû	j'eus su tu eus su vs eûtes su	j'eus voulu il eut voulu ns eûmes voulu	j'eus vu elle eut vu ils eurent vu
il aura couru ns aurons couru	je serai venu(e) elle sera venue ils seront venus	j'aurai dû ns aurons dû vs aurez dû	tu auras su ns aurons su ils auront su	j'aurai voulu elle aura voulu ns aurons voulu	j'aurai vu elle aura vu vs aurez vu
je courrais elle courrait ns courrions	tu viendrais vs viendriez ils viendraient	je devrais tu devrais ns devrions	je saurais il saurait ils sauraient	je voudrais ns voudrions ils voudraient	il verrait vs verriez ils verraient
j'aurais couru ns aurions couru	tu serais venu(e) vs seriez venu(e)s	tu aurais dû ns aurions dû vs auriez dû	il aurait su ns aurions su ils auraient su	j'aurais voulu elle aurait voulu ns aurions voulu	j'aurais vu vs auriez vu ils auraient vu
je coure tu coures ns courions	tu viennes vs veniez ils viennent	je doive tu doives ns devions	je sache il sache ils sachent	je veuille ns voulions vs vouliez	je voie vs voyiez ils voient
je courusse il courût vs courussiez	tu vinsses vs vinssiez ils vinssent	tu dusses ns dussions vs dussiez	je susse il sût ns sussions	je voulusse il voulût ns voulussions	je visse ns vissions ils vissent
tu aies couru ns ayons couru	je sois venu(e) il soit venu ils soient venus	tu aies dû vs ayez dû ils aient dû	j'aie su elle ait su ns ayons su	tu aies voulu il ait voulu vs ayez voulu	tu aies vu elle ait vu ns ayons vu
j'eusse couru ns eussions couru	je fusse venu(e) elle fût venue ils fussent venus	tu eusses dû vs eussiez dû ils eussent dû	j'eusse su il eût su vs eussiez su	j'eusse voulu tu eusses voulu vs eussiez voulu	j'eusse vu tu eusses vu vs eussiez vu
cours courons courez	viens venons venez	dois devons devez	sais sachons sachez	veux/veuille voulons/veuillons voulez/veuillez	vois voyons voyez
courant	venant	devant	sachant	voulant	voyant

		3e groupe			
		peindre	**lire**	**croire**	**conduire**
indicatif	**présent**	je peins il peint ns peignons	tu lis nous lisons vs lisez	elle croit ns croyons elles croient	je conduis ns conduisons ils conduisent
	imparfait	je peignais elle peignait ns peignions	tu lisais vs lisiez ils lisaient	il croyait ns croyions ils croyaient	je conduisais elle conduisait ils conduisaient
	passé simple	je peignis ns peignîmes ils peignirent	tu lus vs lûtes elles lurent	elle crut ns crûmes ils crurent	je conduisis tu conduisis ils conduisirent
	futur simple	je peindrai tu peindras ns peindrons	tu liras elle lira vs lirez	il croira ns croirons ils croiront	je conduirai vs conduirez elles conduiront
	passé composé	j'ai peint ns avons peint	tu as lu ns avons lu vs avez lu	il a cru ns avons cru ils ont cru	j'ai conduit elle a conduit ils ont conduit
	plus-que-parfait	tu avais peint ns avions peint	tu avais lu elle avait lu ils avaient lu	j'avais cru elle avait cru vs aviez cru	j'avais conduit elle avait conduit ils avaient conduit
	passé antérieur	j'eus peint tu eus peint vs eûtes peint	tu eus lu ns eûmes li vs eûtes lu	j'eus cru elle eut cru ns eûmes cru	tu eus conduit ns eûmes conduit vs eûtes conduit
	futur antérieur	il aura peint ils auront peint	tu auras lu ns aurons lu ils auront lu	j'aurai cru il aura cru vs aurez cru	tu auras conduit ns aurons conduit vs aurez conduit
conditionnel	**présent**	je peindrais elle peindrait ns peindrions	tu lirais vs liriez elles liraient	il croirait ns croirions ils croiraient	je conduirais elle conduirait ils conduiraient
	passé	j'aurais peint ns aurions peint	tu aurais lu ns aurions lu vs auriez lu	tu aurais cru elle aurait cru ns aurions cru	j'aurais conduit il aurait conduit ils auraient conduit
subjonctif	**présent**	je peigne il peigne ns peignions	je lise tu lises ns lisions	je croie ns croyions elles croient	je conduise ns conduisions ils conduisent
	imparfait	je peignisse il peignît vs peignissiez	je lusse il lût ns lussions	tu crusses ns crussions vs crussiez	je conduisisse il conduisît ns conduisissions
	passé	j'aie peint tu aies peint vs ayez peint	j'aie lu elle ait lu ns ayons lu	tu aies cru vs ayez cru ils aient cru	j'aie conduit il ait conduit ns ayons conduit
	plus-que-parfait	j'eusse peint vs eussiez peint	j'eusse lu il eût lu vs eussiez lu	tu eusses cru vs eussiez cru ils eussent cru	j'eusse conduit elle eût conduit vs eussiez conduit
impératif	**présent**	peins peignons peignez	lis lisons lisez	crois croyons croyez	conduis conduisons conduisez
participe	**présent**	peignant	lisant	croyant	conduisant

3e groupe					
connaître	***apercevoir***	***cueillir***	***mourir***	***asseoir***	***asseoir***
tu connais elle connaît ils connaissent	j'aperçois il aperçoit ns apercevons	je cueille tu cueilles ils cueillent	je meurs elle meurt vs mourez	j'assois il assoit ns assoyons	j'assieds elle assied vs asseyez
tu connaissais il connaissait ils connaissaient	j'apercevais il apercevait ns apercevions	je cueillais elle cueillait nous cueillions	je mourais il mourait vs mouriez	j'assoyais ns assoyions vs assoyiez	j'asseyais ns asseyions vs asseyiez
tu connus elle connut ils connurent	j'aperçus elle aperçut ns aperçûmes	je cueillis tu cueillis vs cueillîtes	je mourus elle mourut vs mourûtes	j'assis ns assîmes ils assirent	j'assis ns assîmes elles assirent
tu connaîtras elle connaîtra ils connaîtront	j'apercevrai il apercevra ns apercevrons	je cueillerai tu cueilleras vs cueillerez	je mourrai il mourra vs mourrez	j'assoirai il assoira ns assoirons	j'assiérai tu assiéras ns assiérons
tu as connu il a connu ils ont connu	tu as aperçu elle a aperçu ns avons aperçu	tu as cueilli elle a cueilli vs avez cueilli	je suis mort(e) il est mort vs êtes mort(e)s	j'ai assis elle a assis ns avons assis	j'ai assis ns avons assis vs avez assis
j'avais connu elle avait connu vs aviez connu	j'avais aperçu tu avais aperçu ns avions aperçu	j'avais cueilli elle avait cueilli ils avaient cueilli	j'étais mort(e) elle était morte vs étiez mort(e)s	elle avait assis ns avions assis ils avaient assis	j'avais assis tu avais assis vs aviez assis
j'eus connu il eut connu ns eûmes connu	j'eus aperçu elle eut aperçu ils eurent aperçu	tu eus cueilli elle eut cueilli vs eûtes cueilli	je fus mort(e) ns fûmes mort(e)s	tu eus assis elle eut assis vs eûtes assis	il eut assis ns eûmes assis ils eurent assis
j'aurai connu tu auras connu ns aurons connu	j'aurai aperçu elle aura aperçu vs aurez aperçu	j'aurai cueilli tu auras cueilli ns aurons cueilli	je serai mort(e) vs serez mort(e)s	tu auras assis elle aura assis ns aurons assis	j'aurai assis il aura assis ns aurons assis
tu connaîtrais elle connaîtrait ils connaîtraient	j'apercevrais il apercevrait ns apercevrions	je cueillerais tu cueillerais ns cueillerions	je mourrais il mourrait ns mourrions	j'assoirais il assoirait ns assoirions	j'assiérais elle assiérait ns assiérions
tu aurais connu il aurait connu ils auraient connu	j'aurais aperçu il aurait aperçu ns aurions aperçu	j'aurais cueilli tu aurais cueilli ns aurions cueilli	il serait mort ns serions mort(e)s	j'aurais assis il aurait assis vous auriez assis ils auraient assis	tu aurais assis il aurait assis ils auraient assis
tu connaisses elle connaisse ils connaissent	j'aperçoive il aperçoive ns apercevions	tu cueilles il cueille ns cueillions	je meure elle meure nous mourions	j'assoie ns assoyions vs assoyiez	j'asseye ns asseyions vs asseyiez
je connusse elle connût ns connussions	j'aperçusse ns aperçussions ils aperçussent	je cueillisse il cueillît ns cueillissions	tu mourusses ns mourussions vs mourussiez	j'assisse elle assît ns assissions	tu assisses il assît vs assissiez
tu aies connu elle ait connu vs ayez connu	tu aies aperçu elle ait aperçu ns ayons aperçu	j'aie cueilli il ait cueilli ns ayons cueilli	tu sois mort(e) vs soyez mort(e)s	j'aie assis il ait assis ns ayons assis	tu aies assis il ait assis vs ayez assis
tu eusses connu elle eût connu vs eussiez connu	j'eusse aperçu tu eusses aperçu vs eussiez aperçu	j'eusse cueilli il eût cueilli vs eussiez cueilli	je fusse mort(e) il fût mort ils fussent morts	j'eusse assis il eût assis vs eussiez assis	tu eusses assis il eût assis vs eussiez assis
connais connaissons connaissez	aperçois apercevons apercevez	cueille cueillons cueillez	meurs mourons mourez	assois assoyons assoyez	assieds asseyons asseyez
connaissant	apercevant	cueillant	mourant	assoyant	asseyant

Mots invariables qui doivent être parfaitement connus

afin de
ailleurs
ainsi
alors
après
assez
à travers
au-dessous
au-dessus
aujourd'hui
auparavant
auprès
aussi
aussitôt
autant
autour
autrefois
avant
avec
beaucoup
bientôt
car
ceci
cela
cependant
certes
chez
combien
comme
contre
d'abord
dans
davantage
debout
dedans
dehors
déjà
demain
depuis
derrière
dès que
désormais
dessous
dessus
devant
donc
durant
encore
enfin
ensuite
entre
envers
guère
hier
hélas
hors
ici
jadis
jamais
jusque
là-bas
la plupart
loin
longtemps
lorsque
maintenant
mais
malgré
mieux
moins
néanmoins
par
parce que
parfois
parmi
partout
pas
pendant
peu
peut-être
plus
plusieurs
plutôt
pour
pourquoi
pourtant
près
presque
puis
puisque
quand
quelquefois
quoi
rien
sans
sauf
selon
sinon
sitôt
soudain
souvent
sur
surtout
tandis que
tard
tôt
toujours
toutefois
très
trop
vers
vite
voici
voilà
volontiers

INDEX

A

accents
aigu 10
grave 10
circonflexe 10
accords du verbe 82-84-86
avec un adverbe de quantité 86
avec un sujet collectif 86
avec deux sujets 84
acronymes 14
adjectifs qualificatifs
féminins 76
pluriels 78
épithètes 240
épithètes détachées 240
attributs 232
en apposition 240
adverbes 246
antécédent 224
antonymes 208
apostrophe 12
attributs
du sujet 232
du complément d'objet 232

B

barbarismes 212

C

c'est, ce sont 110
c'est, s'est 106
ces, ses 106
chiffres romains 80
classes grammaticales 252
complément du nom 240
compléments circonstanciels
de but 236
de cause 236
de comparaison 238
de concession 238
de condition 238
de conséquence 236
de lieu 234
de manière 234
de moyen 234
d'opposition 236
de temps 234
complément d'agent 248
complément de l'adjectif 242
compléments d'objet
direct 230
indirect 230
second 230
concordance des temps 226
conditionnel passé 1re et 2e formes 176
conjonctions
de coordination 222
de subordination 226-234
consonnes doubles 26
consonnes muettes 52
construction impersonnelle 84

D

dans, d'en 130
degrés de l'adjectif qualificatif 242
demi 134
déterminants 240
indéfinis 244
interrogatifs 226
numéraux 80
deux points 66
discours direct – discours indirect 226

E

est, es, et, ai, aie, aies, ait, aient 102
emploi du subjonctif 250
eu, eus, eut, eût 98

F

familles de mots 206
fonctions grammaticales 252
formes
affirmative 220
emphatique 220
négative 220
pronominale 148
fus, fut, fût 98
futur antérieur de l'indicatif 170
futur simple de l'indicatif
avoir et *être* 160
1er groupe 160
2e groupe 160
3e groupe 162
verbes irréguliers 162

G

genre des noms 68
gérondif 100
groupe adjectival 242
groupe nominal 240
groupes de verbes 148
guillemets 66

H

homographes 210
homonymes lexicaux 210
hyperonymes 208

I

imparfait de l'indicatif
- *avoir* et *être* 158
- 1er groupe 156
- 2e groupe 156
- 3e groupe 156
- verbes irréguliers 158

imparfait du subjonctif 182
infinitif des verbes 148
inversion du sujet 84

L

la, là, l'a, l'as 122
lettre *h* 50
lettre *x* 54
leur, leur(s) 132
liaisons 12
locutions
- adverbiales 246
- conjonctives 226
- prépositives 234

M

m* devant *b, m, p 18
ma, m'a, m'as 114
majuscules 14
même, mêmes 116
modes des verbes 148
mots commençant par
- aff-, eff-, off- 24
- app-, acc-, att- 28
- ag-, ab-, ad-, am- 28

mots d'origine
- étrangère 214
- grecque 214
- latine 214

mots invariables 252-270
mots terminés par
- les sons [sjɛl], [sjɛ̃l], [sjal], [sjø] 44

N

nature des mots 252
ni, n'y 112
noms
- propres 72
- composés 74

noms terminés par
- le son [j] 20
- le son [o] 32
- le son [ɛ] 34
- le son [e] 36
- les sons [i] et [y] 30
- les sons [œʀ] et [waʀ] 46
- les sons [u] et [wa] 38
- les sons [il], [yl], [al] 48
- les sons [iʀ], [yʀ], [aʀ] 48

le son [ɑ̃s] 40
le son [sjɔ̃] 42
nu 134

O

ont, on, on n' 108
ou, où 112

P

par ce que, parce que 128
paronymes 212
participe passé
- avec *être* 88
- avec *avoir* 90
- *fait* 90
- précédé de *en* 90
- des verbes pronominaux 92

participe passé en -é ou infinitif en -er ? 94
participe présent ou adjectif verbal ? 100
particularités des verbes
- comme *peser* et *régler* 192
- en -yer, -eler, -eter 188
- en -cer, -ger, -guer, -quer 190

passé antérieur de l'indicatif 170
passé composé 170
passé du subjonctif 184
passé simple de l'indicatif
- *avoir* et *être* 164
- 1er groupe 164
- 2e groupe 166
- 3e groupe en -i 166
- 3e groupe en -u 168
- 3e groupe en -in 168

peux, peut, peu 124
phrases
- déclarative 220
- interrogative 220
- injonctive (impérative) 220
- exclamative 220
- impersonnelle 84
- interro-négatives 220
- nominale 220

pléonasmes 212

pluriel des noms
- terminés par -al 70
- terminés par -ail 70
- terminés par -ou 70
- terminés par z ou x 70
- d'origine étrangère 72
- propres 72
- composés 74

plus-que-parfait de l'indicatif 170
plus-que-parfait du subjonctif 176-184
plutôt, plus tôt 134
point virgule 64
points
- simple 64
- d'exclamation 64
- d'interrogation 64

pour quoi, pourquoi 128
préfixes 202
près, prêt(s) 124
présent de l'impératif 186
présent de l'indicatif
- *avoir* et *être* 150
- 1er groupe 150
- 2e groupe 152
- 3e groupe 152
- verbes irréguliers 154

présent de l'indicatif ou présent du subjonctif ? 178
présent du conditionnel 172
- verbes irréguliers 174

présent du subjonctif 178
- verbes irréguliers 180

pronoms
- indéfinis 244
- interrogatifs 226
- relatifs 224

pronoms personnels
- compléments 230
- réfléchis 92
- sujets 148

propositions
- coordonnées 222
- indépendantes 222-250
- infinitives 228
- incises 66
- juxtaposées 222
- participiales 228
- relatives 224

propositions subordonnées 222
- circonstancielles 250
- conjonctives 226
- complétives 226-250
- relatives 224-250

Q

quand, quant, qu'en 130
quel(s), quelle(s), qu'elle(s) 118
quelque(s), quel(s) que, quelle(s) que 120
quoi que, quoique 128

R

radical des verbes 148

S

sa, ça, çà 122
sait, sais 106
sans, s'en, sent, sens 116
se (s'), ce (c'), ceux 104
si, s'y 112
sigles 14
soi, sois, soit, soient 110
sons [ɑ̃] **et** [ɛ̃] 18
son [f] 24
sons [g] **et** [ʒ] 22
son [j] 20
son [k] 24
sons [s] **et** [z] 16
sont, son 104
suffixes 204
symboles 14
synonymes 208

T

ta, t'a 114
tant, t'en, tend(s), temps 134
temps des verbes 148
terminaisons des verbes 148
tirets 66
ton, t'ont 114
tout, toute, tous, toutes 126
trait d'union 12
tréma 10
types de phrases
- déclaratives 220
- exclamatives 220
- injonctives 220

V

verbe conjugué ou participe passé ? 96
verbes
- d'état 232
- défectifs 148
- pronominaux 92-148
- intransitifs 148
- transitifs directs 148
- transitifs indirects 148

virgule 64
voix passive – voix active 248

Achevé d'imprimer par L.E.G.O. S.p.A. Italie – Dépôt légal : Août 2015
Collection n° 14 - Édition 03 – 12/5654/4